中国样本
精准扶贫经典案例国际分享

刘俊文　邹德文 ◎ 主编

图书在版编目(CIP)数据

中国样本：精准扶贫经典案例国际分享 / 刘俊文, 邹德文主编. — 武汉：湖北人民出版社, 2021.8
ISBN 978-7-216-10215-5

Ⅰ.①中… Ⅱ.①刘… ②邹… Ⅲ.①扶贫-案例-中国 Ⅳ.①F724.6②F126

中国版本图书馆CIP数据核字(2021)第088531号

责任编辑：刘天闻　曾若雪
　　　　　梁莹雪　李汶怡
封面设计：刘舒扬
责任校对：范承勇
责任印制：杨　锁

中国样本：精准扶贫经典案例国际分享
ZHONGGUO YANGBEN JINGZHUN FUPIN JINGDIAN ANLI GUOJI FENXIANG

出版发行：湖北人民出版社	地址：武汉市雄楚大道268号
印刷：湖北新华印务有限公司	邮编：430070
开本：710毫米×1000毫米　1/16	印张：26
字数：384千字	插页：1
版次：2021年8月第1版	印次：2021年8月第1次印刷
书号：ISBN 978-7-216-10215-5	定价：68.00元

本社网址：http://www.hbpp.com.cn
本社旗舰店：http://hbrmcbs.tmall.com
读者服务部电话：027-87679657
投诉举报电话：027-87679757
（图书如出现印装质量问题，由本社负责调换）

《中国样本：精准扶贫经典案例国际分享》编委会

主　编：刘俊文　邹德文
副主编：李　昕　魏长仙　鲁长安
成　员：贺胜年　谭诗斌　洪绍华　刘　娟
　　　　邓小燕　许　飞　赵　倩　林华珰

课题组

组　长：邹德文　刘俊文
成　员：魏长仙　鲁长安　李　昕　谭诗斌
　　　　洪绍华　刘　娟　邓小燕　贺胜年
　　　　张俊鹏　王　宇　吕　丹

目 录 CONTENTS

导论 001

第一篇 扣好"第一颗扣子":夯实精准扶贫基础 011

专题一:精准识别 013

扣好精准扶贫"第一颗扣子"
——贵州省威宁县迤那镇精准识贫"四看法" 013

专题二:动态管理 027

三卡识别 因户施策
——江西省井冈山市"三卡"分类精准管理模式 027

专题三:驻村帮扶 040

风起苗寨 立言立行
——湖南省花垣县十八洞村精准扶贫首倡地的驻村
帮扶 040

专题四:党建引领 052

以脱贫攻坚统揽经济社会发展全局
——河南省兰考县弘扬焦裕禄精神抓党建促脱贫 052

第二篇　产业扶贫：稳定脱贫的根本之策 ... 063

专题五：特色种养业扶贫 ... 065

小香菇撑开脱贫致富"伞"
——河北省阜平县食用菌特色种植业扶贫 ... 065

专题六：电商扶贫 ... 075

为山区插上致富的"金翅膀"
——甘肃省陇南市电商扶贫探索 ... 075

专题七：旅游扶贫 ... 086

花茂人的笑
——贵州省遵义市花茂村农旅文融合发展促脱贫 ... 086

专题八：光伏扶贫 ... 096

"阳光"生财　"百姓"致富
——山西省大同市天镇县光伏扶贫探索 ... 096

第三篇　创业＋就业：用劳动摆脱贫困 ... 107

专题九：创业扶贫 ... 109

创业扶贫产生"裂变"效应
——湖北省英山县神峰山庄创业扶贫带贫之路 ... 109

专题十：就业扶贫 ... 122

饭碗端得稳　脱贫底气足
——贵州从江、山东鄄城、黑龙江桦南三地就业扶贫样本 ... 122

专题十一：公益岗位扶贫 ... 133

一户一岗　生态管护
——青海省三江源国家公园生态管护员公益岗位的创新 ... 133

第四篇　生态扶贫：绿水青山就是金山银山 　145

专题十二：生态补偿　147

保护生态　整族脱贫
——云南贡山县独龙江乡生态保护和生态脱贫相融共赢　147

专题十三：生态治理　156

生态治理　增绿增收
——山西省吕梁市扶贫攻坚造林专业合作社的生动实践　156

专题十四：绿色发展　167

构树扶贫　产业推进
——贵州省务川县构树产业拓宽扶贫路　167

第五篇　人力资源开发：扶志扶智提升发展能力　177

专题十五：职业教育培训　179

给钱给物更要给技术
——河南省罗山县"职教扶贫"模式　179

专题十六：科技扶贫　188

把"科技论文"写在广袤的燕赵大地上
——河北农业大学李保国教授扎根太行山带领群众依靠科技脱贫　188

专题十七：致富带头人创业培训　201

两地培训　两育结合
——东西部协作培育贫困村创业致富带头人的"善港样本"　201

专题十八：扶残助困 ······ 212

　　身残志坚的脱贫致富带头人

　　　　——杨淑亭、陈兹方等残疾人楷模自强不息脱贫带贫的

　　　　故事 ······ 212

专题十九：激发内生动力 ······ 226

　　等不是办法　干才有希望

　　　　——云南省西畴县弘扬"西畴精神"治石治贫战胜绝对

　　　　贫困 ······ 226

专题二十：精神扶贫 ······ 237

　　五扶并举拔穷根　精神扶贫显成效

　　　　——贵州省龙里县冠山街道平西村"五扶法" ······ 237

第六篇　全社会动员：构建大扶贫格局 247

专题二十一：东西协作 ······ 249

　　山海手牵手　荒原变绿洲

　　　　——东西部扶贫协作的"闽宁模式" ······ 249

专题二十二：消费扶贫 ······ 264

　　凝聚消费合力　助力脱贫攻坚

　　　　——深圳市"全链式"消费生态扶贫新探索 ······ 264

专题二十三：企业帮扶 ······ 276

　　产业就业加搬迁　但愿苍生俱饱暖

　　　　——恒大集团结对帮扶贵州省毕节市 ······ 276

第七篇　改革创新：推动扶贫体制机制变革 287

专题二十四：金融扶贫 ······ 289

金融"活水"精准"滴灌"乡村产业
——金融扶贫小额信贷的湖北郧阳模式 …………… 289

专题二十五：资产收益 ………… 303

要素活起来 青山变金山
——贵州省六盘水市创造性提出农村"三变"改革 …… 303

专题二十六：易地扶贫搬迁 ………… 314

从藤梯到钢梯再到楼梯
——四川省凉山彝族自治州昭觉县"悬崖村"易地搬迁
脱贫 …………………………………………………… 314

第八篇 基本公共服务：多维度编织扶贫保障网 ……… 325

专题二十七：教育扶贫 ………… 327

用教育阻断贫困代际传递
——云南省大理白族自治州教育扶贫实践 ……… 327

专题二十八：健康扶贫 ………… 338

没有全民健康就没有全面小康
——山东淄博、河北围场、湖北长阳的健康扶贫实践 … 338

专题二十九：社保兜底 ………… 349

社会保障"兜底" 民生幸福"有底"
——河南省南阳市"四集中"确保脱贫路上不落一人 … 349

第九篇 贫困退出与防返：巩固脱贫攻坚成果 ………… 359

专题三十：精准退出 ………… 361

让脱贫成效经得起实践和历史检验
——陕西省完善贫困退出机制确保脱贫质量的实践 …… 361

专题三十一：防范返贫 ·············· 373
  临贫设防 返贫即保
  ——河北省魏县创新建立"防贫保"机制 ············· 373

专题三十二：新民风建设 ·············· 383
  "五字新风"进村户 筑牢脱贫精准治理根基
  ——陕西省安康市推进"诚孝俭勤和"主题行动 ········ 383

名词解释 ························ 392
参考文献 ························ 404
后记 ···························· 406

导 论

一

贫困是一个全球性问题，是人类社会的顽疾；反贫困则是一道世界难题，是古今中外治国安邦的一件大事。消除贫困，自古以来就是人类梦寐以求的理想；摆脱贫困，也是实现中华民族伟大复兴中国梦的重要内容。中国政府从1986年开始实施大规模减贫计划，成立专门的扶贫机构，开启了具有中国特色的扶贫开发之路。在中国共产党的领导下，通过推动经济增长，缩小地区差距，改善收入分配，促进基本公共服务均等化，在包容性发展中摆脱贫困，走出了一条政府主导、市场主体、社会参与的开发式扶贫道路。

党的十八大以来，以习近平同志为核心的党中央把脱贫攻坚摆在治国理政突出位置，纳入"五位一体"总体布局和"四个全面"战略布局，作为实现第一个百年奋斗目标的重点任务，把贫困人口全部脱贫作为全面建成小康社会的底线任务和标志性指标，作出一系列重大部署和制度安排。习近平总书记提出精准扶贫方略，亲自指挥、亲自部署、亲自督战，作出一系列重要指示批示，形成了关于扶贫工作的重要思想，为脱贫攻坚指明了方向，提供了根本遵循。党中央、国务院立足中国国情，把握减贫规律，采取了一系列具有原创性、独特性、超常规的重大举措，构建了一整套卓有成效的政策体系、工作体系、制度体系，充分发挥党的领导的政治优势和中国特色社会主义的制度优势，团结带领全党全国各族人民，组织实施了人类历史上规模最大、力度最强、惠及人口最多的脱贫攻坚人民战争，推动了扶贫减贫理论创新、政策创新和实践创新。

在中国共产党成立一百周年的重要时刻，中国脱贫攻坚战取得了全面胜利，现行标准下9899万农村贫困人口全部脱贫，832个贫困县全部摘帽，12.8万个贫困村全部出列，区域性整体贫困得到解决，历史性地消除了困扰中华民族几千年的绝对贫困问题，创造了又一个彪炳史册的人间奇迹，积累了丰富的精准扶贫经验，成功走出了一条中国特色减贫道路，形成了中国特色反贫困理论，为全球减贫事业作出了重大贡献，谱写了人类反贫困历史的崭新篇章！

二

本书立足讲好人类反贫困史中的中国扶贫故事，对中国精准扶贫主要政策实践进行全面系统案例开发研究，旨在向国际社会分享中国减贫智慧和经验。

全书框架结构。所选案例共分9篇32个专题，每个专题精选一个案例。第一篇为"扣好'第一颗扣子'：夯实精准扶贫基础"，分4个专题：精准识别、动态管理、驻村帮扶、党建引领。第二篇为"产业扶贫：稳定脱贫的根本之策"，分4个专题：特色种养业扶贫、电商扶贫、旅游扶贫、光伏扶贫。第三篇为"创业+就业：用劳动摆脱贫困"，分3个专题：创业扶贫、就业扶贫、公益岗位扶贫。第四篇为"生态扶贫：绿水青山就是金山银山"，分3个专题：生态补偿、生态治理、绿色发展。第五篇为"人力资源开发：扶志扶智提升发展能力"，分6个专题：职业教育培训、科技扶贫、致富带头人创业培训、扶残助困、激发内生动力、精神扶贫。第六篇为"全社会动员：构建大扶贫格局"，分3个专题：东西协作、消费扶贫、企业帮扶。第七篇为"改革创新：推动扶贫体制机制变革"，分3个专题：金融扶贫、资产收益、易地扶贫搬迁。第八篇为"基本公共服务：多维度编织扶贫保障网"，分3个专题：教育扶贫、健康扶贫、社保兜底。第九篇为"贫困退出与防返：巩固脱贫攻坚成果"，分3个专题：精准退出、防范返贫、新民风建设。

为了便于对案例的阅读理解，在前面加了导论，在后面加了名词解释。

体现了本书既立足于要讲好中国精准扶贫案例故事，又努力讲清楚案例故事这一实践逻辑所蕴含的理论逻辑、政策创新逻辑及历史演进逻辑。

全书内在逻辑关系。第一篇回答"扶持谁、谁来扶"。扣好精准扶贫的"第一颗扣子"，要从精准识别扶贫对象开始，建档立卡、动态管理，摸清扶贫底数，解决"扶持谁"的问题；加强领导、建强队伍，驻村帮扶、党建引领打造基层治理体系，解决"谁来扶"的问题。第二篇至第八篇重点展现"怎么扶"。坚持分类施策，紧扣脱贫攻坚的重点难点和方式方法，从最主要的脱贫路径（发展产业、创业+就业、生态扶贫，使脱贫增收可持续），到凸显扶贫对象的主体地位（人力资源开发、志智双扶、培育内生动力），到全社会动员（构建大扶贫格局），到改革创新（推动扶贫体制机制变革），到完善基本公共服务（多维度编织扶贫保障网）等，所有这些举措都瞄准"两不愁三保障"这一目标任务，区分类别、靶向施策，回答"怎么扶"的问题。第九篇关注"如何退、如何稳"。建立贫困精准退出机制，严格标准，有序退出，确保脱贫质量，让脱贫成效经得起实践和历史检验，回答"如何退"的问题；跟踪监测，建立防范返贫机制，加强新民风建设，筑牢脱贫精准治理根基，回答"如何稳"的问题。从总体看，这9篇32个案例，各有侧重，大体上按"扶持谁、谁来扶、怎么扶、如何退、如何稳"的大逻辑展开；从"扣好'第一颗扣子'"到"巩固脱贫攻坚成果"，完整展现了精准扶贫精准脱贫的全过程、各环节；系统地反映了精准扶贫的历史进程。从个体看，这个大逻辑在具体的案例上、在各地的做法上都有所呈现。无论是从整体看还是从个体看，这一逻辑既贯穿各地的实践，也贯穿整个精准扶贫脱贫过程，还贯穿全书始终。

案例选择和写作标准。以习近平总书记扶贫重要论述为指导，聚焦精准扶贫重点区域、重要举措和关键环节，努力体现习近平总书记的扶贫足迹和人民情怀。力争实现"全、准、实、优"四项目标。一是关于"全"，尽可能涵盖精准扶贫精准脱贫政策实践的各个方面。按照"篇—专题"遴选案例，争取少漏项或不漏项；兼顾地域分布，兼顾少数民族、妇女儿童、残疾人等特殊群体。32个专题经典案例，基本涵盖了中国精准扶贫精准脱贫的政策实践，如"五个一批""六个精准""十大工程"等，东西协作、社会扶贫、消费扶贫等。二是关于"准",即选得准、写得准,还要紧扣"精准"二字。所编写案例力图做到立得住、叫得响、群众认可,可复制、可推广,能经受实践的检验、历史的检验。重点选择习近平总书记考察调研过的地方,以及获得全国脱贫攻坚奖的典型地区、典型事迹和典型人物。三是关于"实",案例写作求实,具体表现为素材实、做法实。案例创作素材和援引数据均来自于实地调研、政府相关部门或主流媒体报道,信息来源可靠。做法求实,在案例写作中注重归纳出具有操作性的做法,梳理出执行层面的流程等,为国际国内从事减贫工作的人员提供有益借鉴。四是关于"优",指选择优、开发优,以小见大,将案例写活、写出生命力。案例选择经过反复论证,优中选优;以合适的体例进行案例开发,注重国际表达;小案例见大精神,小案例见大时代。通过案例故事,一件一件的小事、具体的事,反映政策的实施效果和时代的变化。案例编写力图形象生动,把案例写活,写得有生命有灵魂。如小香菇撑开脱贫致富"伞",花茂人的笑,把论文写在燕赵大地上,金融"活水"精准"滴灌"乡村产业,由工业经济扶贫到数字经济和生态旅游扶贫等,增强案例的生命力和鲜活性、可读性。

案例结构。每个案例由四部分组成:一是案例导读,简明扼要表达案例的中心思想,导出案例主题,体现问题导向,说明案例的特色和要解决的主要问题;二是政策安排,对该案例所属专题的精准扶贫政策体系进行基本梳理和介绍,阐明国家政策部署、安排和要求;三是创新实践,这是案例的主体、重点,即每个专题的政策在基层落实的实施方式、推进机制,实施后的绩效、成果及变化,包括政策实践创新的背景、做法、体制机制创新、成效、典型的人和事等案例故事;四是经验启示,即从理论层面提炼案例中蕴含的可复制、可推广的一般性规律、共性规律,回应国际减贫领域的普遍问题、难点问题、基本问题,起到画龙点睛的作用。

从案例选择、结构、逻辑和写作来看,本书所选经典案例以精准扶贫的政策实践为主体,同时又将精准扶贫的理论、政策、实践和经验融于一体,既有针对性强的理论、政策,又有生动的实践,还有可复制、可推广的经验,体现了以理论创新引领经济社会发展的伟大实践,以总结实践经验推动思想理论丰富和发展,是"理论—政策—实践—经验—理论"的良性循环和螺旋式上升。

三

中国脱贫攻坚取得全面胜利,贫困人口"两不愁三保障"全面实现,贫困地区面貌彻底改变。全面建成小康社会,第一个百年奋斗目标如期实现,极大增强了人民群众获得感、幸福感、安全感。中国减贫的核心经验就是在执政党的政治议程推动下,以政府为主导,依靠开发式扶贫和保障式扶贫相结合,在不同阶段对扶贫总体方略进行战略性的递进演化,在新时代成功走出了一条精准扶贫的脱贫攻坚之路。精准扶贫是打赢脱贫攻坚战的制胜法宝,开发式扶贫方针是中国特色减贫道路的鲜明特征。本书荟萃的32个经典案例,是波澜壮阔的脱贫攻坚伟大实践的一个缩影,从这批典型案例中,我们可以总结概括、感悟出精准扶贫精准脱贫的宝贵经验,这些经验可以具体归纳为以下11条。

一是坚持党的领导,强化组织保证。脱贫攻坚,党的领导是根本。脱贫攻坚取得举世瞩目成就,根本在于以习近平同志为核心的党中央坚强领导。习近平总书记既挂帅又出征,亲自指挥、亲自部署、亲自督战,激励全党全国各族人民奋力攻坚。坚持"中央统筹、省负总责、市县抓落实"的扶贫工作机制,坚持发挥各级党委总揽全局、协调各方的作用,落实脱贫攻坚"一把手"负责制,落实省市县乡村五级书记一起抓,为脱贫攻坚提供坚强政治保证。农村基层党组织是党在农村全部工作和战斗力的基础,是贯彻落实党的精准扶贫方略的战斗堡垒,充分发挥农村基层党组织的党建引领和战斗堡垒作用,带领乡亲们发展经济、改善民生、脱贫致富。广大党员、干部吃苦耐劳、不怕牺牲,充分彰显了共产党人的使命担当和牺牲奉献精神。

二是坚持人民立场,走共同富裕道路。在脱贫攻坚伟大实践中,中国共产党始终坚守初心使命,坚持以人民为中心的发展思想。消除贫困、改善民生、实现共同富裕是社会主义的本质要求,是我们党坚持全心全意为人民服务根本宗旨的重要体现,是党和政府的重大责任。党的十八大以来,习近平总书记情系贫困群众,跋山涉水,走遍了14个集中连片特困地区;在贵州遵义花茂村考察时说，党中央制定的政策好不好，要看乡亲们是哭还是笑。我们把群众满意度作为衡量脱贫成效的重要尺度，集中力量解决贫困群众基本民生需求；把贫困群众和全国各族人民一起迈向小康社会、一起过上好日子作为脱贫攻坚的出发点和落脚点。

三是坚持精准扶贫方略，提高脱贫实效。贫困不仅仅是收入贫困，而是多维贫困，找准问题，瞄准靶心，精准扶贫是打赢脱贫攻坚战的制胜法宝。2013年11月3日，习近平总书记视察湖南省湘西州花垣县十八洞村时，首次提出"精准扶贫"。精准扶贫精准脱贫是中国扶贫开发模式的深度调整，是一次重大创新。精准既是一种科学的思维方法，更是一种务实的工作方法。脱贫攻坚，精准是要义，贵在精准，重在精准。坚持精准扶贫、精准脱贫，重点是坚持扶持对象精准、项目安排精准、资金使用精准、措施到户精准、因村派人（第一书记）精准、脱贫成效精准等"六个精准"，解决好"扶持谁、谁来扶、怎么扶、如何退、如何稳"问题，不搞大水漫灌，不搞"手榴弹炸跳蚤"，下足绣花功夫，因村因户因人施策，因贫困原因施策，因贫困类型施策，对症下药、精准滴灌、靶向治疗，扶贫扶到点上、扶到根上。精准扶贫方略，不仅确保了脱贫攻坚取得全面胜利，而且有力提升了国家治理体系和治理能力现代化水平。

四是坚持开发式扶贫，用发展"赋能""创富"。发展是解决贫困的根本途径，开发式扶贫方针是中国特色减贫道路的鲜明特征。改善发展条件，增强发展能力，实现由"输血式"扶贫向"造血式"帮扶转变，让发展成为消除贫困最有效的办法、创造幸福生活最稳定的途径。一方面，从贫困地区实际情况出发，因地制宜发展产业，释放贫困地区的优势和活力；另一方面，将贫困户纳入产业链条当中，建立稳定的利益联结机制，促进就业，使贫困人口通过劳动和分红等方式获得持续收益。最重要的是要将扶贫事业嵌入时代发展。随着中国进入信息和数字经济时代，信息技术的快速运用，极大缩短了沟通距离和时间，加快了农村资源的流动，提高了农村资源配置的效率，让农村和农民快速、深度融入经济发展的大潮中，有了更多追赶的机会。从工业经济扶贫迈向数字经济创富，用"赋能"和"创富"，赋予贫困者脱贫致富的能力，激发其创造财富的意愿，共享改革开放与技术进步红利。

五是坚持群众主体，激发内生动力。脱贫攻坚，群众自身动力是基础。必须紧紧依靠人民群众，充分调动贫困群众积极性、主动性、创造性，激发脱贫内生动力，打破贫困的恶性循环。坚持扶贫和扶志、扶智相结合，既富口袋也富脑袋，让脱贫具有可持续的内生动力。脱贫必须摆脱思想意识上的贫困，把人民群众对美好生活的向往转化成脱贫攻坚的强大动能。正确处理外部帮扶和贫困群众自身努力的关系，培育贫困群众依靠自力更生实现脱贫致富的意识，变"帮我脱贫"为"我要脱贫"。培养贫困群众发展生产和务工经商技能，组织、引导、支持贫困群众用自己的辛勤劳动和顽强意志改变命运，用人民群众的内生动力支撑脱贫攻坚。摆脱贫困，不仅是物质条件的改善，更是人的"可行能力"[①]提升和全面发展，这是中国反贫困斗争的题中应有之义。

六是坚持制度优势，构建大扶贫格局。发挥中国特色社会主义能够集中力量办大事的制度优势，形成脱贫攻坚的共同意志、共同行动。脱贫攻坚，各方参与是合力。广泛动员全党全国各族人民以及社会各方面力量共同向贫困宣战，举国同心，合力攻坚，党政军民学劲往一处使，东西南北中拧成一股绳。充分发挥各级党委、政府和社会各方面力量的作用，构建专项扶贫、行业扶贫、社会扶贫协同推进、互为补充的大扶贫格局。调动各方面积极性，引领市场、社会协同发力，弘扬和衷共济、团结互助美德，营造全社会扶危济困的浓厚氛围，形成全社会广泛参与脱贫攻坚的大格局。

七是坚持改革创新，优化扶贫体制机制。改革创新是根本动力，是决定脱贫攻坚成败的关键一招。脱贫攻坚时间紧、任务重、情况复杂，必须要有开拓进取、不断创新的能力和素质，敢于善于啃最难啃的硬骨头。如何解决"贫困户贷款难"这一"世界难题"？如何有效破除要素自由流动和平等交换的体制机制壁垒，促进各类要素在乡村汇聚并进入良性循环？针对生产生活条件恶劣、常规扶贫措施成效不显著的地区，如何解决群众"生存性""发展性"

[①] 1998年诺贝尔经济学奖获得者阿马蒂亚·森在《以自由看待发展》一书中，论述了可行能力贫困理论。他认为贫困的本质是人的基本可行能力的缺失或被剥夺，贫困的真正含义不仅仅是收入低下，而是人的能力贫困。

难题？所有这些问题，都必须坚持脱贫领域的改革创新，突出目标导向和问题导向，与时俱进不断推进制度创新、政策创新、方式创新，建立健全扶贫体制机制，攻克一个又一个的难关。

八是坚持多元投入，强化资金保障。脱贫攻坚，资金投入是保障。坚持发挥政府投入在扶贫开发中的主体和主导作用，加大中央和省级财政扶贫投入，增加金融资金对扶贫开发的投放，发挥资本市场支持贫困地区发展的作用，吸引社会资金广泛参与扶贫开发。积极开辟扶贫开发新的资金渠道，形成资金来源多渠道、投入多样化。统筹整合使用财政涉农资金，强化扶贫资金监管，确保把钱用到刀刃上。真金白银的投入，为打赢脱贫攻坚战提供了强大资金保障。

九是坚持培育市场益贫机制，用好超大规模市场力量。中国特有的扶贫模式、减贫机制，是中国特色扶贫开发道路的重要内容，为中国的脱贫攻坚工作打下了坚实基础。扶贫的本质是让更多的人参与到财富创造与市场交换中来，扶贫的目的是为国家进一步发展提供更大的空间与动力。中国拥有14亿多人口，中等收入群体已经超过4亿，市场主体超过1亿户，国内生产总值总量超过100万亿元，每年城镇新增劳动力1500多万人，网络电商上千万家……这个庞大的体量、雄厚的基础、活跃的市场，蕴含任何经济体都无可比拟的消费力量和巨大优势。将超大规模的市场需求同贫困地区的发展、供给相对接，带动落后地区发展。坚持培育市场益贫机制，充分发挥市场"涓滴效应"，把超大规模市场优势转化为减贫优势，是中国扶贫的鲜明特点之一。

十是坚持优化基本公共服务，织牢扶贫保障网。优化基本公共服务供给、补齐短板是改善和提升民生福祉的重要途径。实施教育扶贫，紧紧扭住教育这个脱贫致富的根本之策。中国脱贫奇迹背后的一大逻辑就是"抓教育"，加大人力资本投资。强调再穷不能穷教育、再穷不能穷孩子，不让孩子输在起跑线上，让贫困家庭子女都能接受公平教育，让每个孩子都有人生出彩的机会，阻断贫困代际传递。古人云：授人以鱼，不如授人以渔。良好教育提高了贫困人口的素质，从而为他们创造了更多就业和创业的机会，增加了摆脱贫困的可能性。推动健康扶贫，让贫困人口都能获得公平的卫生服务保障，消除致贫根源；完善农村社会保障制度，让贫困人口都能得到基本生活保障，改善贫困人口基本生存条件;对完全或部分丧失劳动能力,无法依靠自身力量脱贫的人口,通过保障政策实行兜底脱贫。所有这些,体现了国家绝不落下一个贫困人口的坚定决心。

十一是坚持从严从实,促进真抓实干。贫困之冰,非一日之寒;破冰之功,非一春之暖。做好扶贫开发工作,尤其要拿出踏石留印、抓铁有痕的劲头,发扬钉钉子精神,锲而不舍、驰而不息、慎终如始抓下去。脱贫攻坚,从严从实是要领。突出实的导向、严的规矩,不搞花拳绣腿,不搞繁文缛节,不做表面文章。坚持求真务实、较真碰硬,做到真扶贫、扶真贫、脱真贫。如建立大数据比对负面清单制度,在保证贫困户识别的精准性和公正性方面,堵塞了漏洞,加上了一道"保险关卡"。坚持把从严从实要求贯穿脱贫攻坚工作全过程和各环节,实施经常性的督查巡查和最严格的考核评估,建立全方位监督体系,确保脱贫过程扎实、脱贫结果真实,使脱贫攻坚成效经得起人民群众的检验,经得起实践和历史的检验。

向贫困宣战,是物质的角力,也是精神的对垒。中国脱贫攻坚的伟大胜利,靠的是中华民族自力更生、艰苦奋斗的精神品质。脱贫攻坚伟大实践锻造形成了"上下同心、尽锐出战、精准务实、开拓创新、攻坚克难、不负人民"[①]的脱贫攻坚精神。这一伟大精神,赓续传承了伟大民族精神和时代精神,彰显了中国精神、中国价值、中国力量,彰显了中国人民为实现梦想拼搏奋斗、敢教日月换新天的意志品质,彰显了中华民族无所畏惧、不屈不挠、敢于斗争、坚决战胜前进道路上一切困难和挑战的精神品格,将激励我们为创造美好未来继续奋斗。

四

脱贫摘帽不是终点,而是新生活、新奋斗的起点。我国人民在创造美好生活、实现共同富裕的道路上迈出了坚实的一大步。同时,我国仍是世界上最大的发展中国家,仍面临人民日益增长的美好生活需要和不平衡不充分发展之间的矛盾。打赢脱贫攻坚战之后,将持续巩固拓展脱贫攻坚成果,"压茬"

---

① 习近平.在全国脱贫攻坚总结表彰大会上的讲话[N].人民日报,2021-02-26(2).

推进乡村振兴，实现"三农"工作重心的历史性转移。民族要复兴，乡村必振兴。立足新发展阶段、贯彻新发展理念、构建新发展格局、推动高质量发展，要把解决好"三农"问题作为重中之重，坚持农业农村优先发展，走中国特色社会主义乡村振兴道路，以更有力的举措、汇聚更强大的力量推进农业强、农村美、农民富的乡村全面振兴。

中国的减贫成就加速了全球减贫进程，为全球减贫事业作出了重大贡献，创造了全球减贫治理的中国样本。打赢脱贫攻坚战，标志着中国提前10年实现《联合国2030年可持续发展议程》减贫目标。改革开放以来，按照现行贫困标准计算，我国7.7亿农村贫困人口摆脱贫困；按照世界银行国际贫困标准，我国减贫人口占同期全球减贫人口70%以上。纵览古今、环顾全球，世界上没有哪一个国家能在这么短的时间内实现几亿人脱贫。"人心齐，泰山移。"中国人民众志成城移走了绝对贫困这座大山。中国在扶贫脱贫领域的成功做法以及取得的成就、经验和精神，将构成中国重要的软实力。联合国秘书长古特雷斯称赞中国是"减贫领域的世界纪录保持者"，认为精准扶贫方略是帮助贫困人口、实现2030年可持续发展议程设定宏伟目标的唯一途径，中国的经验可以为其他发展中国家提供有益借鉴。我们相信，在共建"一带一路"的国际合作和"南南合作"中，中国精准扶贫的经典案例可以让许多发展中国家获得分享并从中受益。

世界好，中国才能好；中国好，世界才更好。当今世界正处于百年未有之大变局，新冠肺炎疫情仍在全球蔓延，贫穷、饥饿、疾病侵蚀着人们追求美好生活的希望和信心。建设什么样的世界、人类文明走向何方，攸关每个国家、每个人的前途和命运。我们愿同世界各国人民一道，携手推进国际减贫进程，推动构建人类命运共同体，为加速全球减贫进程贡献智慧和力量！

撰文：邹德文

第一篇
扣好"第一颗扣子":夯实精准扶贫基础

解决好"扶持谁"的问题。扶贫必先识贫。建档立卡在一定程度上摸清了贫困人口底数,但这项工作要进一步做实做细,确保把真正的贫困人口弄清楚。只有这样,才能做到扶真贫、真扶贫。

解决好"谁来扶"的问题。推进脱贫攻坚,关键是责任落实到人。要加快形成中央统筹、省(自治区、直辖市)负总责、市(地)县抓落实的扶贫开发工作机制,做到分工明确、责任清晰、任务到人、考核到位,既各司其职、各尽其责,又协调运转、协同发力。

——《在中央扶贫开发工作会议上的讲话》(2015年11月27日),《十八大以来重要文献选编》(下),中央文献出版社2018年版,第38—40页

把握精准是要义,脱贫攻坚贵在精准,精准识别、精准施策,根据致贫原因有针对性地制定方案,对不同原因不同类型的贫困采取不同措施,因人因户因村施策,对症下药、精准滴灌、靶向治疗。

——《在十八届中央政治局第三十九次集体学习时的讲话》(2017年2月21日),《习近平扶贫论述摘编》,中央文献出版社2018年版,第75页

专题一：精准识别

扣好精准扶贫"第一颗扣子"
——贵州省威宁县迤那镇精准识贫"四看法"*

◎ **案例导读**

精准识贫是精准扶贫的首要、关键环节，是精准扶贫的"第一颗扣子"。如果扶贫对象没找准，"第一颗扣子"扣错了，就会导致其他"扣子"扣错，影响扶贫效果。如何建立一套科学管用的多维度识贫指标体系和操作方法，将贫困人口从农村人口中精准识别出来，做到既符合国家政策规范，又符合基层客观实际，并得到农民群众广泛认同？本案例讲述的贵州省威宁彝族回族苗族自治县迤那镇精准识贫"四看法"的故事，从基层实践层面回答了这一问题。

◎ **政策安排**

2011年5月，中共中央、国务院印发《中国农村扶贫开发纲要（2011—2020年）》，提出10年扶贫工作总体目标：到2020年，稳定实现扶贫对象不愁吃、不愁穿，义务教育、基本医疗和安全住房有保障，即"两不愁三保障"扶贫目标。2011年11月，中央扶贫开发工作会议召开，宣布国家新的农村

---

* 本案例系作者于2020年上半年新冠肺炎疫情期间在远程调研基础上原创撰写。文中的相关数据及附表由贵州省威宁县迤那镇扶贫办提供；贵州省人民政府发展研究中心对本案例多处进行了很好的书面修改，并审定了附表中的指标体系及分值，在此一并表示感谢。

贫困标准为农民年人均纯收入 2300 元（2010 年不变价）。2013 年 11 月初，习近平总书记到湖南省湘西土家族苗族自治州花垣县十八洞村视察，首次提出"精准扶贫"的重要思想。2013 年 12 月，中共中央办公厅、国务院办公厅印发《关于创新机制扎实推进农村扶贫开发工作的意见》，要求在全国范围内建立精准扶贫工作机制，精准识别农村扶贫对象，对贫困人口实行建档立卡，并建立全国扶贫信息网络系统。2015 年 11 月，中共中央、国务院出台《关于打赢脱贫攻坚战的决定》，要求"抓好精准识别、建档立卡这个关键环节，为打赢脱贫攻坚战打好基础，为推进城乡发展一体化、逐步实现基本公共服务均等化创造条件"。

为贯彻中央决策部署，2014 年 4 月，国务院扶贫办下发《扶贫开发建档立卡工作方案》，专项部署在全国范围内全面开展农村贫困人口精准识别、建档立卡工作。从 2014 年到 2019 年底，国务院扶贫办就建档立卡工作共下发了 15 个操作性文件，涉及精准识贫、数据核查、动态管理、跟踪监测、平台建设、数据应用等多方面。国家规定，贫困人口识别工作以县为单位，采取"村—乡镇—县"自下而上方式进行。

根据中央决策部署和国务院扶贫办的统一安排，2014 年全国各地共组织了 80 多万名基层干部进村入户开展精准识别工作，共识别出贫困户 2948 万户、贫困人口 8962 万人。2015 年、2016 年连续两年，全国各地又组织近百万人开展建档立卡数据核查"回头看"，进一步提高了识贫精准度和数据质量，并接续实行建档立卡动态管理。扣好"第一颗扣子"，为打赢脱贫攻坚战奠定了坚实基础。

◎ 创新实践

乡村基层尤其是村一级，是贫困户识别工作的最前沿或"第一关口"责任人。如何将贫困人口从农村人口中精准识别出来，力求做到既符合国家政策规范，又符合本土客观实际，并得到农民群众广泛认同？这对乡村基层组织的治理能力和实践智慧是一个考验和挑战。在这方面，贵州省威宁县迤那镇和贵州省委驻威宁县同步小康工作队三队敢为人先、大胆创新，因地制宜地首创提出精准识贫"四看法",为全国作出了示范,提供了实践借鉴。

一、"四看法"的提出

贵州省毕节市威宁彝族回族苗族自治县,是国家重点贫困县、乌蒙山特困片区县。威宁县下辖的迤那镇更是"贫中之贫",平均海拔高度2140米,山深坡陡,条件恶劣,基础设施薄弱,生产水平落后,农民群众生活困难。2014年,全镇16个行政村(社区),农户9598户、农村人口41012人,其中贫困村7个,贫困户1757户6252人,贫困发生率15.2%,是全县脱贫攻坚难啃的一块"硬骨头"。

2014年初,贵州省委驻威宁县同步小康工作队三队驻村干部和迤那镇五星村党支部在识别贫困户过程中,遇到了三个难题:①农户收入说不清,除了实物收入以外,货币化收入都是现金交易,再加上农民没有记账习惯,所以在回忆上一年实际收入时完全说不清。②农户收入信息不对称,村干部和驻村工作队在入户核查时,有些农户故意隐瞒收入,争戴"贫困户"帽子。③有些农户算收入账,虽然超过国家贫困线标准,但基本生产生活条件较差,家庭成员因病、因残、因学等刚性支出负担较重,导致家庭生活困难。

如何解决这三个难题,让识别出来的贫困户得到村民群众一致认可,不发生错评、漏评和攀比现象?贵州省委驻威宁县同步小康工作队三队和五星村党支部在迤那镇党委、政府支持下,经过探索与实践,提出了精准识别贫困户的"四看法"。

何谓"四看"?

一看房。从农户住房结构条件、人均住房面积、出行条件、饮水条件、用电条件、生产条件等方面,来看农户的基本生产生活条件,估算其贫困程度。

二看粮。从农户承包土地面积、种植结构、人均占有粮食、养殖情况等方面,看农户土地资源条件和利用水平,估算家庭农业经营收入来源情况。

三看劳动力强不强。从农户劳动力数量、劳动力文化技术素质、家庭成员健康状况、务工就业等方面,看农户的劳动力状况和有无病残人口,估算务工收入和医疗支出负担。

四看家中有没有读书郎。从农户子女就读情况、教育支出负债、教育回报预期等方面，看子女受教育程度和教育支出，估计其稳定脱贫和持续发展潜力。

"四看法"总分值为100分，其中"一看房"20分，"二看粮"30分，"三看劳动力强不强"30分，"四看家中有没有读书郎"20分（见文末附表）。实际得分60分以下的为贫困户；60~80分为脱贫不稳定、有返贫风险的边缘户；80分以上为稳定脱贫户。

2014年，五星村率先试验"四看法"，共识别出60分以下贫困户136户438人，分别占全村总户数、总人口的10.8%、8.4%；边缘户42户168人，分别占3.3%、3.2%；稳定脱贫户1086户4617人，分别占85.9%、88.4%。这一识别结果在村内公示后，无一村民提出异议。

五星村"四看法"的"试水"成功，为迤那镇推广这一做法提供了示范样本。在2014年全面开展建档立卡工作中，迤那镇16个行政村普遍采用"四看法"，共精准识别贫困户1757户6252人，分别占全镇农户总数、农村总人口的18.3%、15.2%；边缘户203户1209人，分别占2.1%、2.9%。

二、"四看法"的完善

"四看法"是迤那镇精准识贫的一种创新。随着脱贫攻坚的深入推进，这一创新逐步得到完善和提升。

（1）指标体系逐步完善。经过一年多的实践，2015年5月，在贵州省委政策研究室、贵州省人民政府发展研究中心、贵州省扶贫开发办公室的帮助下，威宁县迤那镇正式出台了"精准扶贫'四看法'贫困户动态管理指标体系"。完善后的"四看法"，设置二级指标16项、三级指标59项，总分值仍为100分。"四看法"贫困户动态管理指标体系，体现了缓解农村多维贫困的减贫理念，体现了坚持国家"两不愁三保障"扶贫标准和满足农村贫困家庭生存与发展基本需求。迤那镇对贫困户采取"低进高出"原则，即总得分不足60分的纳入建档立卡贫困户的范围；总分达到80分以上的视为稳定脱贫，进入贫困退出程序；对60~80分的脱贫不稳定的脆弱性边缘户，给予继续帮扶,力保这类农户能稳定脱贫不返贫。

（2）操作程序更加公正透明。"四看法"的操作程序如下：①农户自愿申请。②村级组织专班入户"四看"核查评估。③村民代表大会民主评议。④民主评议通过的名单在村内张榜公示。⑤公示无异议后名单报镇政府审核。⑥镇政府审核后名单再次在村内公示。⑦村内二次公示无异议后名单报县进行大数据相关信息比对和复核。⑧县比对复核通过后的名单在村内公告。⑨公告无异议后由县脱贫攻坚领导小组正式批复。⑩按照"户有卡、村有册、乡有簿、县有档"的要求建档立卡,统一录入全国扶贫开发信息系统。10道程序自下而上、公正透明(图1-1)。这一程序简称为"农户申请、专班核查、村级评议、乡镇审核、两公示、一比对、一公告"。

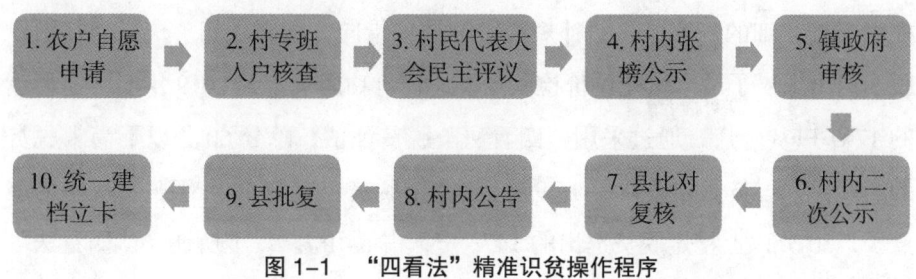

图1-1 "四看法"精准识贫操作程序

（3）建立大数据比对负面清单制度。采取县工商、房地产、公安、财政、民政等部门信息共享和大数据比对方式,对有以下8种情况的农户,一律排除在贫困户识别对象范围之外：①在城镇购买有商品房、门市房等属于国土部门不动产登记范围的资产(不含因灾重建、扶贫搬迁和拆迁建房)。②家庭成员拥有小轿车、载客机动船舶、工程机械、大型农机具等。③家庭成员作为企业法人或股东在工商部门注册企业且有年审记录的,或长期雇用他人从事生产经营活动。④家庭成员中有财政供养的机关事业单位、国有大中型企业在职在编在岗干部职工(不含公益性岗位和临聘人员)。⑤举家长年在外(1年以上),不在当地居住、生产和生活失联户。⑥子女或法定赡养抚养人收入明显高于当地扶贫标准,未尽赡养抚养义务的老人户。⑦集中供养的五保人员(不含孤儿)。⑧其他明显不符合扶贫开发对象标准的情形。这一大数据比对负面清单制度的建立,在保证贫困户识别的精准性和公正性方面,堵塞了漏洞,加上了一道"保险关卡"。

(4)扶贫功能逐步递进拓展。"四看法"的最初功能,是为了在全体农户中把贫困户识别出来(识别功能)。后来发展为通过入户核实调查、指标打分,把贫困户的主要致贫原因和贫困症结找出来(诊断功能)。迤那镇"四看法"识别的1757户贫困户,其主要致贫原因诊断分析排序居前六位的是:①因学致贫(教育支出负担较重)占34.3%;②缺技术能力占18.2%;③因病致贫占17.6%;④缺生产资金占11.6%;⑤因残致贫占6.6%;⑥缺劳动力占6.1%(图1-2)。这六项主要致贫原因占贫困户总数的94.4%,为迤那镇脱贫攻坚"对症下药"指明了重点努力方向。

此外,"四看法"还有两项重要功能:①为因户施策、精准帮扶贫困户,提供了较详细的一家一户"补短板"的缺口指向(指向功能);②为贫困户脱贫退出提供了一个量化评价检验功能(评价功能)。到2019年底,迤那镇的1757户贫困户,通过采用"四看法"脱贫评估,总分60分以下尚未脱贫的279户,占贫困户总数的15.9%(这些未脱贫户成为2020年脱贫攻坚的重点),80分以上稳定脱贫退出的1478户,占84.1%。综上所述,"四看法"具有四个方面且逐步递进的精准扶贫功能(图1-3)。

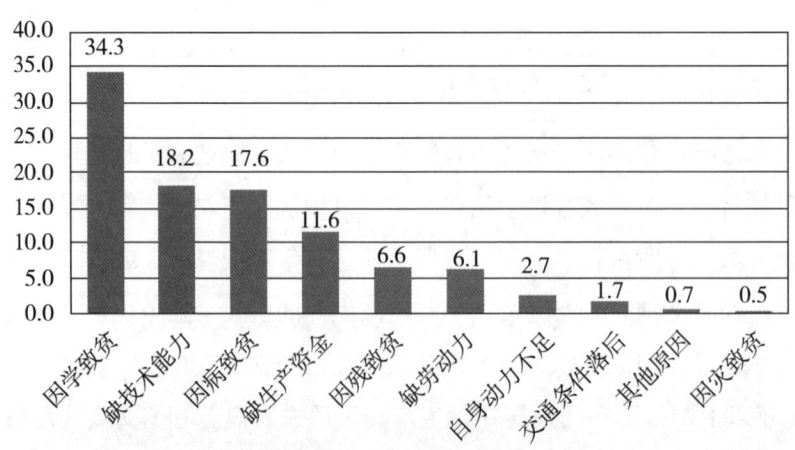

图1-2 迤那镇贫困户主要致贫原因占比排序(%)

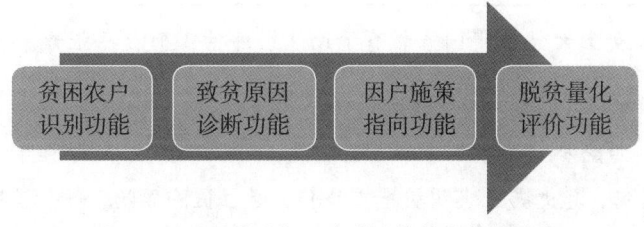

图 1-3 "四看法"逐步递进的精准扶贫功能

三、"四看法"的成果运用

2014年以来,迤那镇运用"四看法"精准识贫成果,以问题为导向,以补短板为重点,对贫困人口采取了一系列有针对性的精准扶贫措施,组织党员干部与贫困户实行结对帮扶,全镇脱贫攻坚取得了实实在在的成效。

针对"一看房"的短板和基本需求,迤那镇共实施了588户贫困户的危房改造,保障了他们的住房安全;实施155户贫困户的易地扶贫搬迁,改善了他们的生活条件和生产发展空间;新修和硬化乡村及村组公路209公里,改善了农民的出行条件;实施农村安全饮水工程,使农村居民安全饮水覆盖率达到100%;完成农田水利工程项目15个,有效灌溉面积增加到4867公顷,农田有效灌溉率达到67.6%。

专栏 1-1 运用"四看法"成果有针对性地对贫困户精准帮扶

迤那镇五星村农民张开举,年逾古稀,体弱多病,家中无青壮年劳动力,大儿子上大学,二儿子念高中,家住两间破旧小瓦房。张开举向村里提出纳入建档立卡贫困户的申请。村里组织专班按照精准识贫"四看法",对他家的情况进行核查识别并量化打分。经村民代表民主评议并按相关程序审核报批后,张开举一家被列为精准扶贫对象。迤那镇党委副书记、村党支部书记李仁兵与贫困户张开举建立了"一对一"结对帮扶关系。采取因户因人施策措施,争取政府危房改造补助资金50000元,帮助他家修建了安全住房;鼓励他家种植党参中药材2亩,落实产业发展资金10000元,扶持养殖了能繁母牛2头;生活上按低保政策实行最低生活保障兜底；子女上大学获得国家教育资助。经评估，2019年张开举一家达到了"两不愁三保障"脱贫标准。

五星村农民饶召会一家4口人，原本不是贫困户。2018年3月发生了一场火灾，其丈夫王忠明被严重烧伤，送往医院医治，一个星期后不幸去世。不仅家庭丧失了一个主要劳动力，还因治烧伤欠下了3万多元的债务。五星村驻村工作队及时入户走访，按"四看法"标准和程序把饶召会一家纳入精准扶贫对象。争取民政临时救助资金3000元；鼓励她家种植党参3亩，解决了产业扶持资金10000元，养殖了能繁母牛2头；争取政府危房改造补助资金50000元，修建了安全住房；2个子女上学均享受了教育资助。村里还安排饶召会在村办专业合作社基地务工，可获得90元/天的劳动报酬。"四看法"的动态管理机制，有效防止了饶召会一家因灾返贫致贫。

针对"二看粮"的短板和基本需求，这几年，迤那镇加快推进特色农业产业发展步伐，共建特色种植业、养殖业规模基地26个。发展特色经济（果）林3333公顷、优质苹果种植2667公顷、烤烟面积1333公顷、蔬菜种植667公顷，建成蔬菜独体大棚3183栋，养殖肉牛等大牲畜2万头。通过完善土地流转、基地务工、产品收购、入股分红等产业扶贫机制，带动1147户贫困户依靠产业发展实现增收，产业扶贫覆盖率达65.3%。全镇已建立农民专业合作社65个，共吸纳866户贫困户加入合作社，占贫困户总数的49.3%。

专栏1-2　中海村发展特色产业带动贫困户稳定增收

迤那镇中海村共530户2494人，其中，通过"四看法"识别建档立卡贫困户55户235人。中海村自然条件优越，土壤较为肥沃，耕地面积462公顷，林地600余公顷。过去，村民们以种植玉米、马铃薯等传统作物为主，产业结构单一，农业效益低下。

> 为了使土地资源有更好的产出效益,让贫困农民有稳定的增收来源,这些年,中海村加大农业产业结构调整力度,坚持不懈地发展特色产业。目前,全村已发展优质苹果270公顷,烤烟173公顷,樱桃、核桃、黄桃、葡萄、李子、板栗等180公顷,蔬菜13公顷,全村人均经济(林果)作物面积达0.255公顷。
>
> 中海村成立了7个专业合作社,采取"合作社+产业基地+贫困户"的带贫方式,全村55户贫困户全部纳入合作社带动的产业扶贫链条。贫困户通过产业发展、土地流转、基地务工、合作社分红等方式,获得多重收益,实现稳定增收。2017年8月,贵州苗品果业有限公司投资中海村,流转60余户农户土地37.3公顷,每公顷流转年租金12000元,果园基地最多每天可安排100余人(包括贫困户劳动力)就业,务工农民每月收入都在2000元左右。

针对"三看劳动力强不强"的短板和基本需求,迤那镇落实健康扶贫政策措施,实现建档立卡贫困人口基本医疗保险参保率达到100%,建档立卡贫困户家庭医生签约全覆盖,村卫生室建设全部达到规定标准。全镇建档立卡贫困人口在本县内住院就医,享受多重医疗保障扶持政策和"先诊疗后付费""一站式"结算优惠服务。有针对性地组织开展农民技能提升培训,帮助每户贫困户掌握1~2门实用技术,近年来,全镇共培训贫困劳动力5000余人次,组织和支持1056名贫困劳动力外出务工就业,安排257名贫困户劳动力从事护林员、保洁员等公益岗位工作,使他们能获得较稳定的劳务收入。

针对"四看家中有没有读书郎"的短板和基本需求,对所有九年义务教育阶段学生实行责任到人、跟踪管理,确保贫困家庭子女入学率100%,辍学率为零。落实贫困地区教育扶贫政策措施,使全镇576名义务教育阶段困难学生均按照资助标准享受生活补助;高中阶段在校生208人、高职高专在校生58人和本科以上在校生141人,均按照国家标准获得了教育资助,有效防止因家庭经济困难而中断学业,阻断贫困代际传递。

迤那镇运用"四看法"成果，因户制宜，精准施策，经过几年努力，到2019年底，全镇建档立卡贫困户有1478户5618人实现稳定脱贫，贫困发生率由2014年的15.2%下降到1.5%；全镇农民人均可支配收入由2014年的5505元增加到12234元，增长1.22倍。

四、"四看法"的复制推广

2015年6月，习近平总书记在贵州省考察座谈时，谈到威宁县迤那镇的"四看法"实践创新。"'四看法'实际效果好，在实践中管用，是一个创造，可以在实践中不断完善。"[1]2016年6月15日，贵州省委办公厅、贵州省人民政府办公厅印发《贵州省扶贫对象精准识别和脱贫退出程序管理暂行办法》（黔委厅〔2016〕35号），明确将"四看法"作为贵州省扶贫对象精准识别和脱贫退出的重要评价方法，在全省推广使用。

"四看法"在全国产生了广泛影响。湖北、湖南、四川、重庆、广西、云南、甘肃、内蒙古、西藏等10多个省（区、市）的考察团，先后到迤那镇现场考察、观摩、学习"四看法"。一些省（区、市）结合本地实际，将"四看法"扩展为"五看法"，如河北、内蒙古、重庆、陕西等所辖部分贫困地区，积极复制推广"一看房，二看粮，三看劳动力强不强，四看家中有没有读书郎，五看有没有病人躺在床"。宁夏回族自治区提出的"五看"是："一看房，二看种植和牛羊，三看劳动力强不强，四看儿女上学堂，五看信用良不良。"这些"四看法""五看法"等大众化、简便化的方法，为农村基层实施精准识贫、精准扶贫，提供了一种切实可行的政策执行工具和实践操作机制。

作为"四看法"精准识别首创地迤那镇的先进个人代表，迤那镇党委副书记、五星村党支部书李仁兵荣获了2019年全国脱贫攻坚奖创新奖。

◎ 经验启示

迤那镇的"四看法"，为解决好精准识贫、精准扶贫政策在农村基层实施落地问题，提供了有益经验和启示。

---

[1] 汪晓东，宋静思，崔璨. 历史性的跨越 新奋斗的起点——习近平总书记关于打赢脱贫攻坚战重要论述综述[N]. 人民日报，2021-2-24（3）.

（1）"四看法"将国家现行扶贫标准和识贫原则要求，与农村基层本土实际有机结合，实现了扶贫对象精准识别的可操作性。"四看法"在坚持国家现行的"两不愁三保障"扶贫标准基础上，因地制宜采取本土化、大众化、简便化的方法，化解了基层在识别贫困人口过程中的所遇到困难和矛盾，着眼于扣好"第一颗扣子"。由于"四看法"通俗易懂、接地气、易操作，村民们对此认同感强，因而对识别出来的贫困人口认可度高，有效避免了漏评、错评和相互攀比现象。

（2）"四看法"的指标体系构成，秉承了消除或缓解多维贫困的理念，而不仅仅是关注收入或消费贫困。"四看法"设置了16项二级指标、59项三级指标，除农户现金收入和实物收入以外，指标内容涉及土地资源、交通出行、饮水用电、住房安全、人力资源、文化教育、健康卫生等基本生产生活条件和公共服务诸多方面。"四看法"较好适应了农村贫困特征逐步趋于个性化、异质性和多维度的新变化、新需要，它不仅与国家提出的"两不愁三保障"扶贫目标高度契合，而且为下一步解决农村多维度相对贫困问题，提供了一种经验和思路。

（3）"四看法"有利于扣好精准扶贫"第一颗扣子"，为因户因人精准施策提供了明确靶向。通过"四看法"精准识别出贫困户、贫困人口，为精准分析致贫原因、精准制定扶贫措施、精准投入项目资金、精准跟进组织保障，提供了明确的瞄准靶向和资源配置依据。"四看法"为对症下药扶真贫、真扶贫奠定了坚实基础，促进扶贫工作由"大水漫灌"变成"精准滴灌"，能扶在点上，扶到根上。

（4）"四看法"的识别程序，特别是引入大数据比对负面清单制度，体现了赋权、参与和透明性，保证了贫困户识别的精准性和公正性，改善了基层贫困治理结构。村一级（社区）组织在入户核查、评价打分、识别确认等方面拥有较大程度的自主权和独立性；低收入农户可对照指标体系进行自我评估并自主表达申请意愿；村民代表在依法自治框架内，开展民主评议，拥有参与决策的投票表决权。"四看法"执行的"农户申请、专班核查、村级评议、乡镇审核、两公示、一比对、一公告"程序，体现了公平性和透明性。

"四看法"的程序公正性不仅保证了识贫结果的公正性，更重要的是为精准扶贫政策措施在基层实施落地，奠定了良好的群众社会基础，使基层参与式贫困治理结构得到逐步完善和优化。

（5）作为一种基层扶贫工作方式，"四看法"贯彻了实事求是、与时俱进的创新发展理念，其功能作用在精准扶贫实践中不断完善并赋予了生命力。"四看法"因精准识贫需要而应运而生。随后，其功能作用随着基层脱贫攻坚的不断深化细化，从"扶贫对象识别功能"逐步扩展到"贫困原因诊断功能、因户施策指引功能、脱贫量化评价功能"，成为一种具有多功能的基层扶贫工作方式。这种功能作用的拓展与发挥，体现了实事求是、与时俱进、不断创新的思想理念，同时也赋予了"四看法"在基层扶贫工作中的生命力。

附表：迤那镇"四看法"指标体系与评分标准

一、"一看房"指标体系与评分标准（20分）			
二级指标	三级指标	标准分值	得分
住房条件（5分）	有安全住房	5分	
	二、三级危房	3分	
	一级危房（或无房）	0分	
人均住房面积（5分）	30平方米以上	5分	
	10～30平方米	4分	
	10平方米以下	2分	
出行条件（4分）	通硬化路	4分	
	通路未硬化	2分	
	未通路	0分	
饮水条件（2分）	有安全饮用的自来水	2分	
	有供人饮用的小水窖或集中取水点	1分	
	没有解决安全水问题	0分	
用电条件（2分）	"同网同价"，有一些家用电器	2分	
	没有"同网同价"，但用电有保障	1分	
	用电没有保障	0分	
生产条件（2分）	有农机具	2分	

续表

二、"二看粮"指标体系与评分标准(30分)

二级指标	三级指标		标准分值	得分
人均经营耕地面积(8分)	2亩以上		8分	
	1~2亩		6分	
	1亩以下		4分	
	没有耕地		0分	
种植结构(8分)(注:经果林或经济作物其中一项最高可得8分,但两项之和不能超过8分)	人均经果林面积	1亩以上	8分	
		0.5~1亩	6分	
		0.5亩以下	4分	
		没有经果林	0分	
	人均经济作物收益	500元以上	8分	
		300~500元	6分	
		200~300元	4分	
		200元以下	2分	
	没有经果林和经济作物,但流转土地给他人(每增加1亩分值相应增加2分,最高不得超过种植结构的总分8分)		2分	
人均占有粮食(6分)	165公斤以上		6分	
	105~165公斤		4分	
	105公斤以下		2分	
人均家庭收入(8分)	1000元以上		8分	

三、"三看劳动能力强不强"指标体系与评分标准(30分)

二级指标	三级指标	标准分值	得分
劳动力占家庭人口数(8分)	50%以上	8分	
	40%	6分	
	20%以下	3分	
	没有劳动力	0分	
家庭成员健康状况(8分)	家庭成员健康	8分	
	主要劳动力健康,其他成员有不同程度残障或病患	6分	
	主要劳动力患有疾病,部分丧失劳动力	4分	
	家庭成员残障或常年多病	2分	

续表

三、"三看劳动能力强不强"指标体系与评分标准（30分）				
二级指标	三级指标		标准分值	得分
劳动力素质（8分）（注：两项指标如同时出现几种因素的，以最高分计算）	文化程度（4分）	初中以上	4分	
		小学	2分	
		文盲	0分	
	技术培训（4分）	掌握1门以上适用技术	4分	
		参加过培训但未完全掌握适用技术	2分	
		既未参加过培训又未掌握适用技术	0分	
人均务工收入（6分）	1000元以上		6分	
	500～1000元		4分	
	500元以下		2分	
	没有务工收入		0分	

四、"四看家中有没有读书郎"指标体系与评分标准（20分）			
二级指标	三级指标	标准分值	得分
子女就读负债（12分）	没有负债	12分	
	5000元以下	8分	
	5000～10000元	4分	
	10000元以上	0分	
教育回报（8分）（注：如同时出现几种因素的，以最高分计算）	有大专（或高职）以上在校生	8分	
	有高中（或中职）在校生	4分	
	有初中以下在校生	2分	
	没有在校生	0分	

案例编写：谭诗斌

专题二：动态管理

三卡识别　因户施策
——江西省井冈山市"三卡"分类精准管理模式*

◎ 案例导读

精准扶贫的要义是根据致贫原因有针对性地制定方案，对不同原因、不同类型的贫困采取不同的措施，因人因户施策，对症下药、精准滴灌、靶向治疗。如何根据农村贫困家庭个性化特征对建档立卡贫困户实行细分，为分类扶持、因人因户施策和动态管理提供基本依据？本案例讲述的江西省井冈山市对贫困户实行"三卡"识别、因户施策、分类管理的创新故事，从政策实践层面回答了这一问题。

◎ 政策安排

2015年10月16日，习近平总书记在"2015减贫与发展高层论坛"发表主旨演讲，强调中国的精准扶贫"坚持分类施策，因人因地施策，因贫困原因施策，因贫困类型施策"[1]。2017年2月，习近平总书记进一步指出，"每个贫困户的致贫原因、发展能力、发展需求是不同的。所谓贫有百样、困有千种。过去那种大水漫灌式扶贫很难奏效，必须采取更精准的措施"；"把

---

* 本案例系作者在实地调研基础上原创撰写，文中涉及井冈山市的相关数据由该市相关政府部门提供。

[1] 携手消除贫困，促进共同发展（2015年10月16日）[M]// 中共中央文献研究室. 十八大以来重要文献选编（中）. 北京：中央文献出版社，2016：720.

握精准是要义，脱贫攻坚贵在精准，精准识别、精准施策，根据致贫原因有针对性地制定方案，对不同原因不同类型的贫困采取不同措施，因人因户因村施策，对症下药、精准滴灌、靶向治疗"。①

2015年11月，中共中央、国务院印发《关于打赢脱贫攻坚战的决定》，要求"对建档立卡贫困村、贫困户和贫困人口定期进行全面核查，建立精准扶贫台账，实行有进有出的动态管理。根据致贫原因和脱贫需求，对贫困人口实行分类扶持"。

国家政策要求对建档立卡贫困户实行分类扶持、因户施策。但这个"类"究竟怎么分？这就需要贫困县（市）党委、政府在"县抓落实"过程中，根据农村贫困家庭的异质性和个性化致贫原因，在建档立卡基础上进行再细化、再分类，从而为因户因人精准施策提供具体依据。井冈山市首创的建档立卡贫困户"三卡分类"工作方式，正是在这一背景下应运而生的。

◎ 创新实践

井冈山市是江西省吉安市管辖的一个县级市，地处湘赣两省交界的罗霄山脉中段。全市面积1462.4平方公里，辖18个乡镇、106个建制村、913个村民小组，总人口17.09万人，其中乡村人口11.99万人。井冈山是蜚声中外的"红色摇篮"——中国共产党在这里建立了中国第一个农村革命根据地；又是享有"绿色宝库"美誉的中亚热带一片生态宝地，森林覆盖率高达86%以上。新中国成立以来，特别是改革开放以来，井冈山的贫穷落后面貌发生显著变化，绝大多数农村贫困人口温饱问题得到基本解决，人民群众生活一天天好起来。但由于历史、区位和交通制约等原因，井冈山自20世纪80年代中期以来一直是国家级贫困县，2011年被确定为罗霄山特困地区片区县，区域性整体贫困问题比较突出。

一、"三卡"分类识别的提出

2014年1月，井冈山市委办公室、市政府办公室联合印发《井冈山市扶

---

① 在十八届中央政治局第三十九次集体学习时的讲话（2017年2月21日）[M]// 中共中央党史和文献研究院. 习近平扶贫论述摘编. 北京：中央文献出版社，2018：75.

贫帮扶到户工作方案》（井办发〔2014〕2号），要求"全市各乡镇、村结合统计调查部门的贫困人口分布情况及农户收入状况，公正、公平、公开地做好贫困户的甄别、核实、调整工作"；同时，要求对识别出来的贫困户实行建档立卡，建立科学规范的纸质档案和电子档案，做到户有卡、村有簿、乡有册、市有电子档案。

2015年初，脱贫攻坚战在井冈山市全面打响。为了使国家的精准扶贫政策在落实到建档立卡的过程中更具有针对性、实效性，井冈山市决定在建档立卡基础上，对贫困户进行再细化、再分类，为因户因人精准施策提供基本依据。同年5月，井冈山市委、市政府出台《关于开展"党员干部进村户、精准扶贫大会战"的实施意见》，决定按家庭贫困程度、个性化原因和脱贫进展情况，将建档立卡贫困户细分为"红卡户、蓝卡户、黄卡户"三个类别。"三卡户"的界定是：

——红卡户，即深度贫困户，亦称"无力无业户"。家庭及主要成员基本特征是：年老体弱、因病因残丧失或基本丧失劳动能力，属村组中最穷、贫困程度最深的特困户。

——蓝卡户，即一般贫困户，亦称"有力无业户"。家庭及主要成员基本特征是：有一定的劳动能力，但没有可靠的产业项目基础和稳定收入来源，且家庭贫困程度较深的普通贫困户。

——黄卡户，即边缘贫困户。家庭及主要成员基本特征是：有劳动能力，家庭收入水平处于贫困线边缘，贫困程度较轻的贫困户；或按现行扶贫标准属于初步脱贫，面临一定返贫风险且仍需继续跟踪扶持的边缘脱贫户。

红、蓝、黄"三卡户"分类识别的提出和实施，克服了建档立卡贫困户"一笼子"识别（即所有贫困线下的贫困户经识别后都进"一个笼子"）不精细的弊端，为因户因人精准帮扶，实行"精确滴灌、靶向治疗、因户施策"创造了基础条件。

二、以程序公正保证分类识别结果公正

井冈山市的"三卡"分类识别，主要有以下10道操作流程或工作步骤（图

2-1）。

（1）宣讲识别政策。召开村民户主代表大会，原原本本地宣传讲解关于贫困户的识别标准、识别程序、评议规则，以及国家相关扶贫政策，让村民家喻户晓，让户主人人明白。

（2）农户自愿申请。在宣讲贫困户识别政策和相关扶贫政策基础上，由农户自主决定是否提出贫困户资格评议申请。

（3）村民小组评议推荐。由建制村内各村民小组召开全体农户代表大会，本着"村内最穷、群众公认"的原则，对农户提出的贫困户资格申请进行民主评议，提出上报村级的推荐名单。

（4）村级核查提名。由村级组织（村党支部、村民委员会）和驻村扶贫工作队，对各村民小组推荐上报的贫困户"三卡"分类名单进行入户核查。对拟提名贫困户的家庭成员及劳动力、土地资源、收入状况、吃饭穿衣、用水用电、住房安全、子女就读、医疗健康、低保养老、主要致贫原因等方面情况，进行全面细致的调查核实。核查完成之后，由村组织形成一份提交村民代表大会民主评议的讨论名单。

（5）村民民主评议。根据《中华人民共和国村民委员会组织法》，召开村民代表大会，对讨论名单进行民主评议。在充分发表意见、民主评议基础上，进行投票表决，以确定本村的贫困户"三卡"分类识别名单。

（6）村内首次公示（纠错）。对村民代表评议表决通过的贫困户"三卡"分类名单，在村内进行张榜公示，征求村民意见，接受村民监督，并实行纠错。

（7）乡镇仲裁审核。各村将公示后的贫困户"三卡"分类名单上报乡镇，由"乡镇扶贫仲裁委员会"予以核查，对有疑问的在调查核实基础上予以仲裁。核查和仲裁后形成的"三卡"分类名单，提交乡镇党委、政府审核。

（8）村内二次公示（纠错）。经乡镇审核通过的"三卡"分类名单，在各行政村进行第二次公示，接受群众监督并实行纠错。

（9）市级复审公告。各乡镇将第二次公示无异议的贫困户"三卡"分类名单，上报井冈山市人民政府扶贫主管部门，由扶贫部门根据相关部门（公安、住建、工商、财政等部门）共享数据资源进行比对和复审。共享数据比对的原则是"五类对象不准入"——对购买家用或商用汽车、购买商品房、建豪华住宅、家有国家公职人员、经商办企业等五类对象,不准纳入建档立卡贫困户对象。复审结束后,合格名单将在各行政村进行正式公告。

(10)统一分类建档立卡。公告结束后,由各乡、村按市里统一制式,对红卡户、蓝卡户、黄卡户分类建档立卡,分别填写《"三卡"分类贫困户基本信息表》,发放《"三卡"分类扶贫手册》,公布《"三卡"分类结对帮扶公示卡》等,以便实施因户施策、分类帮扶。

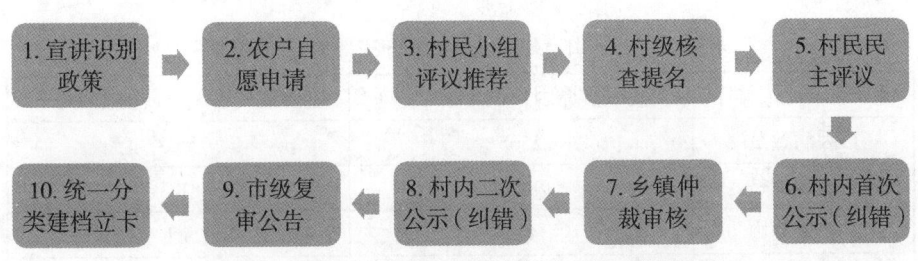

图 2-1 井冈山市贫困户"三卡"分类识别基本程序

2015 年,井冈山市的"三卡"分类识别的最终结果是:建档立卡贫困户总数 4638 户 16934 人。其中,红卡户(深度贫困户)1483 户 5014 人,分别占总数的 31.98%、29.61%;蓝卡户(一般贫困户)2218 户 7787 人,分别占 47.82%、45.98%;黄卡户(边缘贫困户)937 户 4133 人,分别占 20.2%、24.41%(图 2-2)。

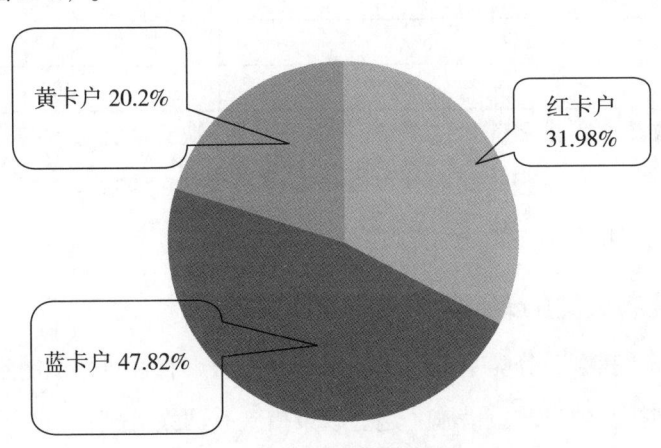

图 2-2 "三卡"分类贫困户占比

由于井冈山市的贫困户"三卡"分类识别,遵循了"赋权基层、群众参与、乡镇平衡、市级把关、公开透明、接受监督"的原则,用程序的公正性保证了识别结果的公正性和精准性,广大农户对确认的贫困户"三卡"分类名单均表示认同,没有发生相互攀比、"争当贫困户"的现象。

三、主要致贫原因诊断及排序

贫困户"三卡"分类识别过程,也是致贫原因的分析诊断过程。全市4638户贫困户的主要致贫原因(每户贫困户单选一条主要原因)的诊断排序见表2-1。

表2-1 井冈山市建档立卡贫困户主要致贫原因排序

主要致贫原因排序	主要致贫原因户数分布(户)	主要致贫原因户数占比(%)
1.因病致贫	2565	55.3
2.因残致贫	848	18.3
3.缺劳动力	424	9.1
4.缺技术能力	287	6.2
5.因学致贫	161	3.5
6.缺生产资金	149	3.2
7.自身动力不足	112	2.4
8.因灾致贫	55	1.2
9.其他致贫原因	17	0.4
10.交通条件落后	11	0.2
11.缺土地	9	0.2
全市合计	4638	100.0

主要致贫原因排序前六位是:因病、因残、缺劳动力、缺技术、因学、缺生产资金。这"三因三缺"共占全市贫困户总数的95.6%,在一定程度上明示了井冈山市精准扶贫、分类施策的主攻方向。

四、完善分类施策政策体系

贫困户"三卡"分类基本完成以后,井冈山市有针对性地制定和出台了一系列精准扶贫到户政策措施。这些政策措施有两大类别:一类是针对所有建档立卡贫困户的统一扶持政策;一类是针对红卡、蓝卡、黄卡户,实行有差异的分类扶持政策。这种政策结构体现了"统分结合、政策叠加"的基本思路。

井冈山市针对所有建档立卡贫困户的到户到人统一扶持政策，主要有以下10项：①组织全市3200多名党员干部，对贫困户实行"一对一""一对二"或"一对三"结对帮扶全覆盖。②对贫困户发展特色产业项目且规模达到1亩以上，按相应补贴标准给予财政专项奖补。③对贫困户缺生产资金，给予扶贫贴息小额贷款支持。④对贫困户青壮年劳动力转移就业，给予免费技能培训和外出务工交通补贴。⑤对贫困户危房改造和易地搬迁给予财政补贴。⑥对贫困户子女在各教育阶段就读，按国家规定标准给予财政资助。⑦对贫困户家庭成员参加城乡居民基本医疗保险，其个人缴费部分给予全额资助。⑧对贫困人口看病就医统一实行"基本医保、大病保险、补充保险、重症保险、意外伤害险、门诊统筹"等6道医疗保障，有效解决因病致贫、因病返贫问题。⑨对建档立卡贫困人口中的低保人口，按统一标准给予最低生活保障补贴。⑩对贫困人口参加新型农村社会养老保险，个人缴费部分由市财政给予代缴。

井冈山市与"三卡"识别挂钩的差异化分类扶持政策，主要有以下5项。

（1）产业发展资金扶持。对红卡户、蓝卡户、黄卡户发展特色产业的，分别给予额度不同的财政扶贫资金扶持。其中，红卡户每户10000元，蓝卡户每户5000元，黄卡户每户4000元。资金使用方式，可用于自营发展特色产业，也可用于投资专业合作社合作发展特色产业。

（2）资产收益扶贫。对无能力使用财政产业发展资金自营发展特色产业的，本着贫困户自愿原则，将财政产业发展资金投入到相关企业、专业合作社，并量化为股份，实行资产收益扶贫。对于蓝卡户、黄卡户，原则上只允许入股到本村的农民专业合社，每年按本金的8%~10%对蓝卡户、黄卡户分红。同时，要求蓝卡户、黄卡户的劳动力到合作社基地务工。对于红卡户，视家庭人员和劳动力情况，既可以入股本村的农民专业合社，也可以入股到其他农业企业，统一由专业机构负责营运监督，确保能每年按本金的10%左右对红卡户分红。

（3）扶贫搬迁危房改造补助。建档立卡贫困户扶贫搬迁统一补助标准每人不低于2万元（财政资金0.8万元/人，融资资金1.2万元/人）。而对红卡户的倾斜政策是,凡自愿搬迁到"爱心公寓"统建房的每户补助5万元,并同时享受8000元/人的移民搬迁直补和危房改造补助。

专栏 2-1　分类施策推进农村危房改造

井冈山市出台了农村危房改造分类扶持政策:对农村低保户、贫困残疾人和符合危旧土坯房改造条件的建档立卡贫困户,每户补助1.45万元;对符合移民搬迁政策的贫困人口按8000元/人标准补助;对红卡户入住"爱心公寓"统建房的每户补助5万元,其中对搬迁到县城或园区、乡镇、中心村集中安置的,再分别按人均2000元、1500元和1000元标准补助;对因灾导致自住房屋倒塌且需要重建的农村受灾户,每户补助1.5万元;对低保户、低保边缘户等特困户重建住房每户补助2万元。

井冈山市共有农村居民住户2.92万户,2015—2016年全市共实施农村危旧土坯房改造11703户,改造面占总户数的40%。在短短两年时间,井冈山超常规高质量地完成了全市农村所有危旧土坯房改造任务,创造了危改安居工程"井冈山速度",让全部农户特别是贫困户都住上了安全住房。

---

(4)普通高中国家助学金资助。井冈山市的政策是:对家庭经济困难学生就读普通高中,视家庭贫困状况按每生每学年2500元、2000元、1500元的标准发放国家助学金。同时,井冈山市还规定,对红卡户子女就读普通高中,按最高标准即每生每学年2500元发放国家助学金。至于蓝卡户、黄卡户家中的高中生,由各学校视具体情况选定国家助学金的发放标准。

(5)低保提标倾斜补助。由于红卡户为深度贫困户,家庭成员多为年老体弱、重病重残人员,大部分丧失或基本丧失劳动力,所以需要加大政策兜底力度。井冈山市从2015年开始,出台了针对红卡户的低保提标倾斜补助政策。具体内容是:对于红卡户家庭的低保人口,除执行统一的低保分档补贴标准以外,市财政在此基础上每人每月提标60元;对于红卡户家庭的非低保人口，市财政每人每月补助 120 元市级低保生活费。

专栏 2-2　井冈山市加大"红卡"特困人口的低保兜底力度

2018 年底，华中科技大学减贫与发展研究院课题组对井冈山市 10 个行政村的 61 户建档立卡贫困户进行了随机抽样调查。这 61 户构成是：红卡户 30 户 120 人，其中低保户 25 户、低保人口 38 人；蓝卡户 27 户 101 人，其中低保户 8 户、低保人口 8 人；黄卡户 4 户 17 人。

调查获得的信息是，2018 年，25 户"红卡"低保户中的 38 名低保人口，在享有统一的低保分档补贴标准基础上，均享受了市政府的每人每月提标 60 元的倾斜政策；此外，25 户"红卡"低保户中的 65 名非低保人口，也均享受了市政府的每人每月倾斜补助 120 元的特惠政策。这两项政策的叠加，加大了对"红卡"低保特困人口的兜底保障力度。蓝卡户的低保人口，只享受统一的低保四档标准补贴。这体现了分类施策、差异化扶持。

表 2-2　井冈山市与"三卡"分类挂钩的差异化扶持政策
（不包括统一的精准扶贫到户政策）

政策项目	"三卡"分类到户到人扶持政策		
	红卡贫困户	蓝卡贫困户	黄卡贫困户
产业发展扶持	财政一次性给予每户 10000 元资金扶持	财政一次性给予每户 5000 元资金扶持	财政一次性给予每户 4000 元资金扶持
资产收益扶贫	融资投资资产收益扶贫，每年分红 10% 左右	专业合作社入股，每年分红 8%~10%	专业合作社入股，每年分红 8%~10%
扶贫搬迁补助	搬迁"爱心公寓"统建房每户补助 5 万元，同时享受 8000 元/人的扶贫搬迁和危房改造补助	享受统一的扶贫搬迁补助和危房改造 8000 元/人	享受统一的扶贫搬迁和危房改造补助 8000 元/人
高中教育资助	红卡户子女按最高标准发放国家助学金	视家庭情况确定国家助学金发放标准	视家庭情况确定国家助学金发放标准
低保提标倾斜补助	①红卡户低保人口每人每月在统一标准基础上再提标 60 元 ②红卡户非低保人口每人每月政府补贴 120 元	对于低保人口实行低保四档补贴标准	对于低保人口实行低保四档补贴标准

上述 5 项分类扶持政策（表 2-2），体现了对红卡户深度贫困人口的重点倾斜，同时也体现了对"黄卡"边缘脱贫户"扶上马、送一程"。经过 3 年多的脱贫攻坚，井冈山市的农村贫困发生率由 2014 年的 13.8% 下降至 2017 年的 0.42%（表 2-3）。经国务院扶贫办的核查和江西省人民政府批准并宣布，井冈山市于 2017 年 2 月在全国率先实现整体脱贫目标，成为全国 832 个重点贫困县中第一个"摘帽"的贫困县。

表 2-3　井冈山市脱贫攻坚减贫情况（2014—2017 年）

指标	2014 年	2015 年	2016 年	2017 年
建档立卡贫困户（户）	4639	2139	539	206
建档立卡贫困人口（人）	16934	7172	1417	543
贫困发生率（%）	13.80	6.06	1.60	0.42

五、巩固脱贫成果阶段的贫困户动态管理

自 2017 年 2 月开始，井冈山市的脱贫攻坚转入巩固脱贫成果阶段。对于巩固脱贫成果阶段的建档立卡动态管理，井冈山市确定了以下 4 项工作原则。

（1）应进则进。在巩固脱贫成果期间，不排除有少量低收入人口或脱贫不久的脆弱性人群，他们可能会受到某些突发风险冲击，如自然灾害、患重症大病、残疾、意外伤害、丧失劳动能力等不测事件等。由于这部分家庭缺乏抵御上述风险的能力，从而容易导致家庭收入骤减，刚性支出剧增，基本生活得不到保证。对于这部分脆弱性人群，只要符合建档立卡贫困人口条件的，按规定程序履行相关核批手续，该进则进，该纳入则纳入。

（2）应退则退。对剩余尚未脱贫的存量贫困人口，经过扶持达到脱贫标准的，经过确认验收程序，该退出就退出，该销号就销号。

（3）程序公开。对新进入的贫困人口，坚持"三卡"识别及"十步工作法"基本程序，并利用信息化资源共享平台进行"硬伤"数据比对核查，做到程序公正、信息公开。

（4）常态调整。对应进则进贫困人口（即返贫人口）实行常态化的申请、核查、审定和确认，不搞扶贫对象"一定几年不变"，至少半年动态核查调整一次，少数特殊对象一个季度核查调整一次。

井冈山市围绕动态管理，建立了一套制度化、信息化的贫困核查机制。如，分类核查制度化机制。对家庭收入状况或生活水平一年内变化不大的无劳动力保障扶贫对象，或主要劳动力因患大病、重残、丧失劳动能力等保障对象，每年核查一次。对其他保障对象至少每半年核查一次，或部分需要重点核查的保障对象一季度核查一次，及时将收入和生活水平高于贫困标准的人员退出贫困对象范围。再如，部门信息共享联动机制。加强扶贫、民政、人社、卫计、教育、残联、交通、工商、房管等部门数据互通共享，运用信息化技术手段，定期对贫困对象的家庭收入、家庭结构、病残、就业等情况，以及是否有买商品房、购小车、开公司等"硬伤"情况进行核查，根据核查结果及时调整。还如，二维码信息查询机制。井冈山市正在着手开发建档立卡贫困户二维码信息系统，将贫困家庭基本信息、帮扶责任人信息、扶贫项目实施、政策落实信息、脱贫进展情况等数据，采集录入系统并及时更新。政府扶贫及相关部门及贫困户本人通过手机"扫一扫"，便可了解或查询贫困户的建档立卡相关信息。

2017年2月转入巩固脱贫成果阶段以后，井冈山市按照"一个不能少"的要求，对所有农村人口进行全面梳理，重点围绕脆弱性人群进行了再识别、再核实。2017—2019年，全市动态调整新识别、新纳入农村贫困户60户208人。到2019年底，全市农村贫困发生率下降至0.1%。

◎ 经验启示

井冈山市对农村建档立卡贫困户实行"三卡"识别、因户施策、分类管理的实践创新，已成为完善精准扶贫工作机制的一个示范样本，为人们提供了有益的经验与启示。

（1）"三卡"识别、因户施策，提高了精准扶贫的针对性和实效性。精准扶贫，就是要对目标群体实行精细化管理，对扶贫资源实行精确化配置，对扶贫对象实行精准化扶持，确保到户到人，扶贫资源真正用在扶贫对象身上。井冈山市在贫困户统一建档立卡基础上，对在档在册贫困户进行再细化、再分类，实行"红卡、蓝卡、黄卡"细分，这体现了对扶贫对象实行精细化管理的理念，在实践操作过程中改变了大水漫灌、大而化之或"一刀切"的传统做法。贫困户"三卡"分类，为制定差异化扶持政策提供了依据，为因户因人施策奠定了基础，为精准扶贫、精准脱贫方略在基层的贯彻落实，提供了可行的操作机制。这一操作机制的创新和推行，提高了精准扶贫的针对性和精准脱贫的实效性，为井冈山市在全国832个国家贫困县中率先脱贫摘帽提供了重要支撑。

（2）"三卡"识别、因户施策，为治理农村个性化多维贫困找到了一种有效路径。经过改革开放以来的不懈努力，中国扶贫开发取得举世瞩目的历史性成就，农村贫困现象及贫困人口基本特征，已经由过去大面积区域性连片、高发生率的物质贫困，逐步转变为家庭个性化、分散型的多维贫困。实践证明，治理农村贫困家庭个性化的多维贫困，仅靠市场"涓滴效应"不行，靠区域瞄准、大水漫灌等传统扶贫方式也不行。只能采取与家庭个性化的多维贫困相对应的办法和举措，因户因人、因贫困原因、因贫困类型精准施策，方能取得好的扶贫效果。井冈山市创新提出的"三卡"识别、分类施策，正是针对本市农村贫困户个性化的"三因三缺"等多维贫困特征，找到了治理农村贫困的有效路径，取得了立竿见影的实际效果。

（3）"三卡"识别、因户施策，是促进赋权增能、完善乡村治理的有益探索。井冈山市的"三卡"分类识别流程，在坚持国家规定的识别程序基础上，进一步扩大了基层赋权，对乡村赋予了更多更大的自主权、决策权和行动权，也给村民群众提供了更多的民主参与机会。譬如，村民小组民主评议推荐、村民代表大会民主评议投票和两次名单公示征求意见等，都体现了村民自治制度的落实和村民群众对村里大事决策的参与权、话语权。同时，让村组群众民主评议推荐贫困户，这本身体现了一种实事求是的科学态度。因为，一个村组就是一个农村社区生活共同体，村民们世世代代生活在一起，村组各户谁穷谁富，大家心中基本有数。还如，建立乡镇贫困识别仲裁制度，是井冈山市赋予乡村基层的一种解决争议的民主决策机制和自主行动权力。乡镇贫困识别仲裁委员会成员的构成，体现了赋权后的基层民主决策。赋权本身是一种参与的过程，是一种提升参与者能力的过程，这对提高村民群众

（包括贫困群众）的个人素质能力，增强自尊自信，改善乡村治理体系有着积极促进作用。

（4）"三卡"识别、因户施策，为贫困地区提供了可复制方案。井冈山市"三卡"识别、分类施策、率先"摘帽"成功经验，获得了2018年全国脱贫攻坚奖，在全国产生了较大反响，各地纷纷慕名来考察学习，复制推广井冈山经验。例如，江西省吉安市在全市范围内最先推广井冈山市"三卡"识别经验。还如，内蒙古自治区乌兰察布市察哈尔右翼后旗学习借鉴井冈山"三卡"做法，依据贫困程度、致贫原因，将贫困户按照红、黄、蓝"三色卡"分类管理。再如，云南省曲靖市师宗县从2017年开始，在县、乡两级设立贫困对象动态管理仲裁委员会，为扶贫对象动态管理争议问题提供权威仲裁或认定。还再如，陕西省商洛市镇安县借鉴井冈山经验，从2018年开始在全县推行"户分三类"做法，依据贫困户家庭劳动力状况（包括家庭成员健康状况）和脱贫难易程度，将建档立卡贫困户划分为"有劳动能力户、弱劳动能力户、无劳动能力户"三大类型六个档次，从而为因户因人精准施策、分类扶持奠定了基础。

案例编写：谭诗斌

专题三：驻村帮扶

风起苗寨　立言立行
——湖南省花垣县十八洞村精准扶贫首倡地的驻村帮扶

◎ 案例导读

干部驻村帮扶是加强农村基层组织建设、解决一些村"软、散、乱、穷"等突出问题的战略举措，是提高扶贫开发精准性、培养锻炼干部的有效途径。如何确保"帮扶干部到户""因村派人精准"，全力打造一支"不走的扶贫工作队"，解决"谁来扶"的问题？湖南省花垣县十八洞村由精准扶贫首倡地到全国精准扶贫典型的脱贫实践从村域层面生动回答了这一问题。

◎ 政策安排

以精准扶贫工作到村到户为契机，实行驻村工作队制度，是打赢脱贫攻坚战的战略举措。2013年12月，中共中央办公厅、国务院办公厅下发了《关于创新机制扎实推进农村扶贫开发工作的意见》，将健全干部驻村帮扶机制作为新时期创新扶贫开发工作机制的六大举措之一。2014年3月24日，国务院扶贫开发领导小组第二次全体会议要求，各地把驻村帮扶工作和第二批党的群众路线教育实践活动结合起来，选拔一批有经验、有能力、懂扶贫、善于同农民打交道的干部进驻每个贫困村。2014年5月12日，国务院扶贫办等部门印发《建立精准扶贫工作机制实施方案》，进一步建立干部驻村帮扶工作制度等细化措施。2015年4月，中共中央组织部、中央农村工作领导小组办公室、国务院扶贫开发领导小组办公室印发了《关于做好选派机关优秀干部到村任第一书记工作的通知》，就选派机关优秀干部到村任第一书记作出安排部署。2017年12月，中共中央办公厅、国务院办公厅印发《关于加强贫困村驻村工作队选派管理工作的指导意见》，进一步明确总体要求，专门针对规范人员选派、明确主要任务、加强日常管理、加强考核激励、强化组织保障等方面作出了工作部署。

◎ 创新实践

十八洞村位于湖南省湘西土家族苗族自治州花垣县，是武陵山区腹地的一个苗族聚居村，因村里有18个天然溶洞而得名。这里虽然山奇水秀，景色宜人，但因为交通闭塞，处于集中连片特困地区，群众生活长期徘徊在贫困线以下。从前的苗歌里传唱着生活的艰辛和无奈："苗家住在高山坡，坡上芭茅石头多，不通公路水和电，手捧金碗莫奈何""三沟两岔穷旮旯，红薯玉米苞谷粑。要想吃餐大米饭，除非生病有娃娃"。十八洞村是一个典型的苗族贫困村，贫困度深且面广、基础设施不完善、文化教育较落后、产业建设较滞后、空壳化现象突出。2013年，全村225户939人，人均耕地只有八分多，人均可支配收入只有1668元，集体经济是一片空白，贫困发生率高达57%。2013年11月3日，习近平总书记来到十八洞村考察调研，首次提出"精准扶贫"，使十八洞村成为中国脱贫攻坚历程中具有"地标"性意义的地方。2014年1月23日，花垣县委派出一支5人扶贫工作队，任命时任县委宣传部副部长的龙秀林为十八洞村扶贫工作队队长，同时选派第一书记进驻十八洞村，与村民共同探索可复制、可推广的精准扶贫之路。

专栏3-1　十八洞村扶贫工作队队长龙秀林

龙秀林，中共党员，现任湖南省湘西国家农业科技园区党工委副书记、管委会主任，曾任湖南省花垣县委驻十八洞村精准扶贫工作队队长。龙秀林任工作队队长期间，带领扶贫工作队冲锋战斗在扶贫一线，积极带

> 领村民实施道路扩宽、农网改造、机耕道、游步道等项目建设，推行股份制合作模式，与苗汉子公司合作发展"飞地经济"，建设 1000 亩猕猴桃园，提炼出了"投入有限、民力无穷、自力更生、建设家园"的十八洞精神。并努力实践，使曾经一穷二白的十八洞村彻底告别了贫穷，用无私奉献的"辛苦指数"换来了贫困群众的"幸福指数"，让"精准"二字在这里落地生根。2016 年，十八洞村人均纯收入达到了 8313 元，整村摘掉了贫困帽。2017 年，该村人均纯收入突破万元大关，达 10180 元。龙秀林说："我们做这几年，回答了一个问题：什么叫作精准扶贫？十八洞的答案很简单，就是外力和内力共同作用的扶贫叫精准扶贫。"2018 年，龙秀林荣获全国脱贫攻坚奖创新奖；2019 年 10 月 1 日，龙秀林作为全国 290 万名驻村扶贫干部的代表之一登上了国庆 70 周年庆典脱贫攻坚方阵的彩车，接受党和人民的检阅。

一、脱贫先脱懒，志智双扶激发内生动力

龙秀林永远不会忘记第一次与十八洞村村组干部、党员、村民代表见面的场景——当时，他多么期待老百姓的掌声出现，不料盼来的竟然是村民们的窃窃私语。扶贫工作队来了，十八洞村村民却费解了：扶贫怎么来了个宣传部副部长？村民们用苗语议论起来。他们以为龙秀林听不懂苗语，当着他的面就七嘴八舌说开了：这个队长要资金没有，要项目也没有，顶多就带来一张嘴。习近平总书记来过的村，看你们怎么扶贫……更让龙秀林哭笑不得的是，一些在外打工的村民也纷纷赶回了家，他们一个个质问龙秀林：总书记都来了，你们准备给我们发多少钱？怎么 3 个月了还不发钱，是不是上面分到十八洞村的钱，都被你们扶贫工作队贪污了？

面对这些质问，龙秀林不知道怎么解释，一种深深的失落感在他心里翻滚。按照以往的扶贫办法，他觉得村民们的要求并不过分。可是，老百姓的责问，也让他意识到了一个更可怕的问题：长期以来的过度贫穷，让老百姓"等、靠、要"的思想太严重了！龙秀林意识到，十八洞村要脱贫，最关键

的不是钱，而是从根本上转变村民的思想，解开老百姓"等、靠、要"的心结，激发脱贫的内生动力。那一刻，龙秀林更加明白了习近平总书记提出精准扶贫的重大意义。①

十八洞村的精准扶贫怎么定位？谁才是真正的贫困家庭、贫困人口？这些问题成了摆在扶贫工作队面前最关键的问题和最大的困惑。为了防止出现"穷人落榜，富人上榜"，龙秀林带领十八洞村的扶贫工作队和村"两委"认真征求群众意见，制定了《十八洞村精准扶贫贫困户识别工作做法》，建立规范化、程序化的识别机制，明确"九不评"标准，严格实行"户主申请、群众评议、三级会审、公告公示、乡镇审核、县级审批、入户登记"的"七步法"，确保规则公平、程序规范。为了避免闭门搞识别产生"优亲厚友"的嫌疑，村里将评定贫困户的权力交给群众，实行全程民主评议、民主监督。把识别的权力交给广大群众，及时张榜公布结果，对识别工作实行全程民主评议与监督，以如此客观公正的方式识别贫困户，村里人无论从道义还是情感上，都无话可说。全村共精准识别出贫困户 136 户，贫困人口 533 人，贫困发生率达到 56.8%。驻村工作队和县扶贫开发办、县苗汉子合作社干部职工 37 人，与 136 户精准扶贫户实行结对帮扶，每人联系 3 ~ 5 户贫困户，引导贫困户建立产业，定期深入贫困户家中解决实际困难和问题，切实做到"一家一本基础账、一个脱贫计划、一套帮扶措施"，因户因人施策，精准滴灌到户到人。

---| 专栏 3-2　大哥龙秀林与"孤儿"龙先兰的故事 |---

龙先兰，1987 年生，十八洞村建档立卡贫困户，未成年时母亲改嫁，18 岁那年父亲病逝，之后妹妹病逝。家庭的变故让龙先兰懒得做事，还爱喝酒，经常打架闹事，成了十八洞村有名的酒鬼、穷鬼、癫子、醉汉。2014 年底，龙秀林主动与龙先兰结对，一是给龙先兰温暖，重塑他的精气神。龙秀林认龙先兰做自己的"弟弟"，把他带回自己老家过年，让自己的父母和兄弟姐妹们也认龙先兰为家人，让他感受家庭的温暖。二是

---

① 中共湖南省委组织部，凌鹰. 我的十八洞村 [M]. 长沙：湖南人民出版社，2018：21.

> 培训技能,增强"造血功能"。龙秀林通过扶贫工作队给龙先兰联系了怀化市安江农校,让龙先兰去学习接受培训,见世面,长知识,学技能。三是发展产业,寻找致富门路。龙秀林帮龙先兰联系了花垣县的养蜂专业户,并协调小额信贷5万元,让龙先兰学习养蜂、割蜜,发展蜜蜂产业。曾经天天向政府要钱要物的龙先兰,现在成了远近闻名的养蜂大户,脱了贫、成了家、买了车、购了房,带动本村12户人家养蜂致富。龙先兰结婚的那天,大哥龙秀林给龙先兰写了一副对联。上联是:孤儿不孤,全村个个是亲人;下联是:贫困不贫,苗乡处处见精神!横批:爱的力量。很多村民在现场都哭了,大家万万没有想到,一个"睡马路"的"孤儿",也会有这么幸福的一天。已是十八洞村苗大姐养蜂合作社负责人的龙先兰为自己的蜜蜂打了一句广告:"蜜蜂为我脱贫,蜜蜂助我脱单!"他告诉龙秀林和村民:他心中的蜜蜂就是共产党,就是精准扶贫。

十八洞村是由4个自然苗寨合并而成的新村,一度有着合并村的通病:村合心不合。因此,龙秀林带领扶贫工作队把团结群众、激发内生动力当作首要工作目标。十八洞村通过换届,把讲政治、有文化、能力强、群众信任的能人选出来,建强村级组织,发挥基层党组织战斗堡垒作用,教育引导村民克服"等靠要"的依赖思想。龙秀林说:"帮扶是外力,作用再大,如果内力不积极,干了也等于白干。"5名扶贫工作队队员分别与村内5户最困难、工作难度最大的贫困户结成帮扶对子,认起"穷亲戚"。慢慢地,外来人的印记逐渐散去,人们开始用苗语和扶贫工作队在房前屋后攀谈。在地方政府的支持下,十八洞村的交通条件也得到极大改善,宽敞的道路打通了与外界的联系,闭塞已久的十八洞村敞开了大门,摆脱贫困的信心开始在村民心中扎根。在扶贫工作队的帮助下,十八洞村实行"依法和依德治村双结合",开办道德讲堂,评选表彰"最美脱贫攻坚群众典型",发挥典型带动作用,激发群众争当先进的热情。村委会还举办篮球赛、文艺晚会,组织苗歌会、赶秋节、过苗年、鹊桥会等文体活动,把村民的心往一块拢、情往一处聚。

针对群众对公共事务不热心的情况,十八洞村创新推行"群众思想道德星级化管理",对每个村民当年的行为表现进行量化评比,并以户为单位确定星级、张榜公示。村民说:"星级化管理这招真绝,当典型还是拖后腿都贴到了家门口,谁想排后面啊!"如今,十八洞村人个个精神焕发,人人信心满满,不仅致富决心大、干事劲头足,而且对村里的事务也更热心了。扶贫工作队、村支"两委"和群众还共同总结了"十八洞精神",那就是"投入有限、民力无穷、自力更生、建设家园"。

二、脱贫又"脱单",以情相扶用心扶贫

在贫困地区,单身与贫穷几乎如影相随。2013年的十八洞村人均纯收入仅仅1668元。山高路远,穷乡僻壤,男人娶媳妇都成"老大难"——全村40岁以上的光棍,就有三十七八个。外面的姑娘嫁进来,更是多年未有过的稀罕事。对成年人来说,解决婚姻问题自然是头等大事。"去年有多少人娶媳妇儿?"2016年全国"两会"期间,习近平总书记参加湖南代表团审议时,问起了十八洞村大龄青年成家问题。总书记关心十八洞村村民的婚姻大事,实际上是关心贫困地区的扶贫脱贫进展。

实现精准扶贫,让老百姓真正富起来,才是解决大龄青年成家问题的关键所在。口袋有钱了,房子漂亮了,汉子们的胸膛挺起来了,找媳妇也就自信了。这些年,十八洞村的贫穷被驱走了,人们的面色红润了,男人们的腰杆挺起来了,外地姑娘再也不会对十八洞村望而却步了。扶贫工作队想到,是该花大力气帮大龄青年成家了。

为了解决十八洞村大龄男青年娶不上媳妇成不了家这个实际问题,龙秀林和驻村第一书记施金通琢磨出了"以情相扶、相亲扶贫"的办法,独树一帜地实施精准扶贫"脱单计划",积极筹备了以"相约十八洞,牵手奔小康"为主题的十八洞村首届鹊桥会。通过多方努力,最终有7名大龄男青年成功"脱单"。

相亲,这是中国的一种传统婚俗,原是较为普遍的一种婚配方式。可在十八洞村,相亲却成了一种仪式、一种责任、一种与脱贫息息相关的精神文化。

在十八洞村，大大小小的相亲会先后举办了 5 场，为大龄单身男女搭建了一个相识相知的舞台。

2018 年 2 月 4 日，正值"立春"，也是十八洞村传统的苗年。一场苗年相亲会，让十八洞村呈现出新春时节格外美丽而又热烈的喜庆氛围。苗家姑娘佩戴银饰，艳如花朵，翩翩起舞；苗乡阿哥放开喉咙，唱起了山歌……这是十八洞村既传统又特殊的一个苗年；这是十八洞村寓意深远的一次相亲；这是十八洞村别具匠心的一场庆典。这一天，无论是过苗年也好，相亲也罢，几乎都融入十八洞苗寨所有的风俗风物风情中。拦门酒、单身男女青年打糍粑、杀年猪、制腊肉、灌香肠、推豆腐、苗歌探情……上午 8 点开始举行传统祭祀祈福；9 点开始举行比"武"招亲；下午两点开始民俗婚礼、摆酒谢礼、苗家长桌宴；晚上，苗寨斗牛狂欢、赶"边边场"……这是一次苗族相亲会的全过程展现，也是一次苗族文化的大展示。由于别出心裁的策划、安排以及活动流程早就在网上发布了，所以，相亲会不仅吸引了整个十八洞村的人，还"惊动"了很多外地青年男女报名参与或前来观看。那一天，150 多名单身青年通过自我介绍、才艺展示等环节进入相亲行列，他们各自展示出自己的本事、绝活，用满满的爱意和真情寻找自己心仪的人。最终，14 对青年男女现场牵手成功。龙福高也是在当天的相亲会上，向在湘西州凤凰县工作的女友求婚成功的。龙福高和女友已经相恋 3 年了，可他一直在乌克兰做批发生意，女友希望他从乌克兰回来，然后一起去别的城市创业。这次，女友改变了原来的想法，在相亲会上爽快地答应要和龙福高一起回到十八洞村成家创业，让龙福高倍感欣慰。相亲，是让青年男女发展友谊、收获爱情的一场现代交谊会。大龄青年结婚成家，则是十八洞告别贫穷、走出贫困、走向美好生活的最好见证。

三、跳出去发展十八洞产业，推动扶贫机制创新

脱贫攻坚有了厚实的群众基础后，如何精准扶贫，探索出可复制可推广的经验？十八洞村开始摸着石头过河。龙秀林带领扶贫工作队与村干部紧紧围绕"天更蓝、山更绿、水更清、村更古、民更富、心更齐"的"十八字发

展目标",进行深入走访调研、学习考察。十八洞村结合人多地少的实际,确定了"跳出去发展十八洞产业"的思路,摸索出"资金跟着穷人走、穷人跟着能人走、能人跟着产业走、产业跟着市场走"的做法,进一步明确了产业扶贫的具体措施。

一是发展猕猴桃产业。十八洞村人均耕地只有0.83亩,并且地块零碎分散,无法规模利用。龙秀林和村委会商量后决定:将每个贫困户一次性获得的3000元产业帮扶资金集中起来,发展"飞地经济"①。村民以产业帮扶资金和自筹资金入股,与湖南省的专业合作社实施产业股份合作,组建十八洞苗汉子果业有限公司,在湘西国家农业科技园区异地流转土地1000亩,建设精品猕猴桃基地。

二是发展养殖业和肉制品业。以传统养猪为主,由农户分散饲养,精选饲料,确保生猪品质。利用十八洞乡村旅游火爆、农家乐红火的优势,用苗族传统工艺制作腊肉对外销售。2017年,十八洞村全村共产腊肉2.5万公斤,产值突破200万元。

三是发展苗绣产业。利用乡村旅游迅速发展的大好机遇,成立苗绣专业合作社,建设苗族文化展示中心。2014年5月,曾任村支书17年的石顺莲组织成立了十八洞村苗绣特产农民专业合作社。在她的带领下,尘封已久的民族艺术、文化遗产焕发异彩,成为村民们脱贫致富的法宝。

四是发展乡村旅游产业。十八洞村自然风光秀丽、山林资源丰富、苗族文化保存完好。围绕发展乡村旅游这条主线,十八洞村着力打造"旅游+"产业体系。龙秀林倾注心力,自编解说词,整理小故事,培训农民解说员,并亲自为游客解说。他的解说深入浅出,形象生动,形成了十八洞村独特的风格和品牌,让很多游客流连忘返。

---

① "飞地经济"是指打破行政区划限制,在平等协商、自愿合作的基础上,以生产要素的互补和高效利用为直接目的,在特定区域合作建设开发各种产业园区,通过规划、建设、管理和利益分配等合作和协调机制,实现互利共赢的区域经济发展模式。

| 专栏3-3　龙秀林提出"11·3"工程助推乡村旅游 |

2014年，龙秀林提出了"11·3"工程的设想，助推十八洞村发展乡村旅游。龙秀林给全村每户发10棵冬桃树苗、10棵黄桃树苗，带领村民种桃树林。"我们不卖桃子，只卖桃树的采摘权，每颗桃树每年盛果期的采摘权卖418元。"龙秀林说，"11·3"和"418元"是为了纪念习近平总书记来到村子的时间——11月3日，下午4点18分。认购桃树采摘权的人，可以在桃树挂果的时候，随时来采摘，期限是一年；还可以成为十八洞村荣誉村民，等到十八洞村旅游开发好了，可享受免门票进溶洞游览、免费坐观光车、免费停车等优惠。龙秀林预计，到时候，每个荣誉村民还可以至少带动20位亲朋好友来十八洞村旅游消费，这将为村民带来更多进账，每户均可拿到6000元左右的桃树收入。从此，十八洞村全村上下满怀信心地发展乡村旅游。

扶贫工作队和干部群众近3年的努力，换来了实实在在的发展变化，十八洞村不仅摘了"贫困村"的帽，还获得"全国先进基层党组织""全国文明村镇"等荣誉。在十八洞村成为湖南第一批脱贫村庄的征途上，花垣县三任驻村扶贫工作队队长龙秀林、石登高和麻辉煌传递着决战贫困的"接力棒"，参与并见证了这个深山苗寨从"众人成林""步步登高"到"走向辉煌"。2014年初开始，花垣县首任驻村扶贫工作队队长龙秀林带领工作队和村干部团结群众，激发内生动力，让摆脱贫困的自信在十八洞村村民心中悄然扎根，带领他们种下了猕猴桃。通过3年的努力，2017年2月，十八洞村136户533名贫困人口全部脱贫，村民人均纯收入由2013年的1688元增加到2016年的8313元，成为湖南省首批脱贫摘帽村，实现贫困户脱了贫、单身汉脱了单，贫困村摘了帽。村集体经济原来是空白的，2017年村集体收入跃升至53.68万元。2018年集体经济收入达到70万元。2019年，十八洞村的山泉水也已销往全国各地，这项产业为村集体带来64万元收益。全村人均年收入从2013年的1668元增长到2020年的18369元，增长10倍多。村集体经济收入由一纸空白增加到126.24万元。十八洞村的精准扶贫事例被新华社、《人民日报》、《湖南日报》、湖南卫视、凤凰卫视和英国电视台等媒体跟踪报道。2018年6月2日，时任老挝人民革命党中央总书记、国家主席本扬·沃拉吉考察十八洞村。十八洞村的扶贫经验不仅走向了全国，而且迈向了世界。麻辉煌说："脱贫并非终点，而是为更美好新生活奋斗的起点！"

十八洞开，风起苗寨。十八洞村的精准扶贫经验，得到了湖南省委、省政府的充分肯定，在全省得以复制推广。时任湖南省扶贫办主任的王志群评价道："十八洞村精准扶贫的经验，可学可用，是习近平总书记'精准扶贫'重要论述在湖南的成功实践，是我省脱贫攻坚战的重大典型，值得各贫困村复制、推广。"十八洞村扶贫工作队也在全国产生了广泛影响。全国各地高度重视驻村扶贫，积极探索驻村干部帮扶长期化、制度化和规范化。2021年新年伊始，党中央、国务院授予十八洞村"全国脱贫攻坚楷模"荣誉称号。

中国坚持把驻村帮扶作为脱贫攻坚的关键工程，涌现出黄文秀等一批先进典型。"我们集中精锐力量投向脱贫攻坚主战场，全国累计选派25.5万个驻村工作队、300多万名第一书记和驻村干部，同近200万名乡镇干部和数百万村干部一道奋战在扶贫一线，鲜红的党旗始终在脱贫攻坚主战场上高高飘扬。""在脱贫攻坚斗争中，1800多名同志将生命定格在了脱贫攻坚征程上，生动诠释了共产党人的初心使命。"[①]通过驻村帮扶，基层党建得以强化、脱贫动力得以活化、本土人才得以优化，打造了一支"不走的人才队伍"，短期助力脱贫攻坚之战，长期筑牢乡村振兴之基。

专栏3-4　广西壮族自治区百色市乐业县驻村第一书记黄文秀的先进事迹

黄文秀同志生前是广西壮族自治区百色市委宣传部干部。2016年硕士研究生毕业后，她自愿回到百色革命老区工作，主动请缨到贫困村担任驻村第一书记。她自觉践行党的宗旨，始终把群众的安危冷暖装在心间，带领群众发展多种产业，为村民脱贫致富倾注了全部心血和汗水。2019

---

① 习近平.在全国脱贫攻坚总结表彰大会上的讲话[N].人民日报，2021-02-26（2）.

年 6 月 17 日凌晨，黄文秀同志在突发山洪中不幸遇难，献出了年仅 30 岁的宝贵生命。黄文秀同志被追授"全国脱贫攻坚楷模""全国三八红旗手""时代楷模""全国优秀共产党员"等称号，2020 年被评为"2019 十大女性人物""感动中国 2019 年度人物"，2021 年 2 月 25 日被授予"全国脱贫攻坚楷模"称号。习近平总书记对黄文秀同志先进事迹作出重要指示指出，黄文秀同志不幸遇难，令人痛惜，向她的家人表示亲切慰问。习近平总书记强调，黄文秀同志研究生毕业后，放弃大城市的工作机会，毅然回到家乡，在脱贫攻坚第一线倾情投入、奉献自我，用美好青春诠释了共产党人的初心使命，谱写了新时代的青春之歌。广大党员干部和青年同志要以黄文秀同志为榜样，不忘初心、牢记使命，勇于担当、甘于奉献，在新时代的长征路上作出新的更大贡献。

◎ 经验启示

在湖南湘西花垣县十八洞村这一精准扶贫首倡之地，扶贫工作队驻村帮扶的典型案例，为确保"帮扶干部到户""因村派人精准"，解决"谁来扶"的问题，提供了有益经验和启示。

（1）作为新时代精准扶贫的管道、抓手，驻村扶贫是提高扶贫开发有效性和针对性的重要举措，有利于完善精准扶贫工作机制。如果说精准帮扶是"滴灌"的话，那么，扶贫（驻村）工作队就是"滴灌"的"管道"。驻村工作队与村"两委"有效配合，在贫困识别、建档立卡、分析致贫原因、寻找致富良策、落实帮扶责任等方面发挥了积极作用。这样，扶贫到村到户才有基础，实施精准扶贫才有可能，扶贫开发工作才能真正深入一线，减贫工作才能真正落实到贫困村和贫困人群。扶贫（驻村）工作队的建立有利于增强扶贫开发微观工作机制的运行能力，实现大扶贫的宏观工作格局与微观工作机制的有机结合。通过干部驻村扶贫这一特色的制度安排，既有利于扶贫工作直接到村、到户，也有利于改善减贫治理结构，提升减贫治理工作效率。

（2）驻村帮扶将工作落实到专人，使村有人帮扶，户有人负责。这样的工作机制使驻村工作队具备了宣传功能、帮扶功能、协调功能、维稳功能、示范功能，有利于带动贫困农村全面发展。一是宣传功能。驻村工作队是新时代各级党委、政府驻村开展党的路线、方针、政策和法律法规宣传教育活动的"永久牌"宣传队。二是帮扶功能。驻村工作队是新时代各级党委、政府和各有关部门驻村制订帮扶规划、入户落实帮扶项目的直接代表，是按时完成帮扶工作任务的可靠力量。三是协调功能。驻村工作队围绕帮扶目标，协调关系，落实政策，切实争取各种政策、各类物资和各项资金对贫困村、贫困户的重点帮扶。四是维稳功能。驻村工作队通过调查研究，核实情况，征求意见，制订"一村一策、一户一法"，从项目、资金、技能、医疗、低保等多种途径帮助贫困村、贫困户脱贫致富，从而从源头上化解各种信访突出问题，做到把问题解决在基层、把矛盾化解在萌芽之中，进一步巩固社会的和谐稳定。五是示范功能。驻村工作队通过基础设施建设、农业产业化开发、扶贫济困项目实施等，让人民群众看到党和政府的关怀，充分感受社会主义制度的优越性，找到乡村振兴的正确方向和有效途径。五大功能的发挥，促进了农村发展，加快了群众脱贫致富的步伐。①

（3）驻村帮扶改善了干群关系，提高了党和政府的威信，促进了干部队伍健康成长。驻村工作队和"第一书记"直接接触最基层的群众，全面了解群众的疾苦和诉求，有利于密切干部与群众的联系，弘扬求真务实的工作作风，促进干部作风不断好转，使党群、干群关系趋向和谐。同时，驻村干部在帮助群众协调解决具体问题的过程中，经受了锻炼和考验，有利于提高做好群众工作和处理复杂问题的能力，提高干部的执政能力。

案例编写：鲁长安

---

① 全国扶贫培训宣传中心，吉首大学.干部驻村帮扶实务参考[M].长沙：湖南人民出版社，2015：21-22.

专题四：党建引领

以脱贫攻坚统揽经济社会发展全局
——河南省兰考县弘扬焦裕禄精神抓党建促脱贫

◎ 案例导读

以脱贫攻坚统揽经济社会发展全局，是中央对贫困地区党委和政府的要求。习近平总书记强调："特别是脱贫攻坚任务重的地区党委和政府要把脱贫攻坚作为'十三五'期间头等大事和第一民生工程来抓，坚持以脱贫攻坚统揽经济社会发展全局。"[1] 兰考县作为习近平总书记党的群众路线教育实践活动联系点、焦裕禄精神发源地，在脱贫攻坚中，如何以脱贫攻坚统揽经济社会发展全局，以焦裕禄精神抓党建促脱贫，带领干部群众务实苦干，实现在全国率先脱贫的目标？本案例从县域实践层面回答了这一问题。

◎ 政策安排

2015年11月，中共中央、国务院印发《关于打赢脱贫攻坚战的决定》指出，要切实加强党的领导，为脱贫攻坚提供坚强政治保障。强化脱贫攻坚领导责任制，实行中央统筹、省（自治区、直辖市）负总责、市（地）县抓落实的工作机制，层层落实责任。中央和国家机关各部门要按照部门职责，落实扶贫开发责任。各级领导干部要自觉践行党的群众路线，加强贫困乡镇领导班

---

[1] 在中央扶贫开发工作会议上的讲话（2015年11月27日）[M]// 中共中央党史和文献研究院. 习近平扶贫论述摘编. 北京：中央文献出版社，2018：40.

子建设，抓好村级组织配套建设，集中整顿软弱涣散村党组织，充分发挥党员先锋模范作用，提高贫困村党组织的创造力、凝聚力、战斗力。

◎ 创新实践

兰考是国家级贫困县，是焦裕禄精神发源地，是习近平总书记第二批党的群众路线教育实践活动联系点。全县87.01万人，辖13个乡镇，2014年精准识别出贫困村115个，占全县行政村总数的25.6%。十八大以来，兰考县认真学习贯彻习近平总书记关于做好基层党建工作的重要指示，坚持把"以脱贫攻坚统揽经济社会发展全局"落到实处，把焦裕禄精神转化为群众受益的实际成效。2017年如期实现"三年脱贫"的目标，成为全国第一批脱贫摘帽的国家级贫困县。

一、县级领导干部以上率下，脱贫攻坚统领经济社会发展全局

习近平总书记强调，焦裕禄同志是县委书记的榜样，也是全党的榜样，并将"焦裕禄精神"概括为"亲民爱民、艰苦奋斗、科学求实、迎难而上、无私奉献"5句话20个字要义。兰考县委十分重视并珍惜这一精神，在广大干部、特别是县级领导干部中，深入持久地学习弘扬焦裕禄精神。

2014年，兰考县委向习近平总书记作出了"三年脱贫，七年小康"的庄严承诺。工作中他们以焦裕禄为榜样，始终把"脱贫攻坚统揽经济社会发展全局"作为打赢脱贫攻坚战的"制胜法宝"，通过抓统揽、抓全局实现抓各级领导干部这个"关键要素"。

县委、县人大、县政府、县政协领导步调一致，以建设"改革发展和加强党的建设综合试验示范县"为统领，紧紧围绕"把联系点建成示范点"的总要求，力争实现"在全国率先脱贫摘帽"的目标。实践中，县委书记亲自抓，副书记牵头总协调，所有常委明确分工，各分管领导各司其职、分类推进，做到四套班子领导人人肩上有责任、个个身上有任务，形成团结协作、合力攻坚的扶贫工作机制。

焦裕禄当年说："干部不领，水牛掉井。"在兰考，县级领导干部靠前指挥和实际行动，是脱贫攻坚最有力的号令。从2016年开始，该县县级领导每年集中3个月开展扶贫"百日驻村"活动,每周到分包的"联系村"工作一天一夜,住一个晚上,解决一线问题。如在"脱贫百日攻坚"期间,兰考四套班子的全体县级党员领导干部,以上率下,贴近基层,发现问题,解决问题。坚持"一线工作法",每周用一天时间蹲点"联系村",白天入户走访摸情况,晚上与乡村干部深入探讨整理思路。这些以问题为导向、以影响全局的大事为重点的村户调研,配套跟踪县级核查,推动了一些因地制宜的扶贫措施相继出台,许多堵点、盲点得以疏通,基层多受益,群众得实惠。

靠一辆自行车和一双铁脚板,焦裕禄当年走过兰考120个生产大队。50多年后,兰考在县级领导干部的带动下,全县广大党员干部以焦裕禄对群众的那股亲劲、抓工作的那股韧劲、干事业的那股拼劲,坚持科级干部每周到"党支部结对村"调研,机关干部、乡镇干部、驻村干部,纷纷驻村包户,与村民和贫困户打成一片,真心实意抓扶贫,形成了"领导领着干、党员抢着干、群众跟着干"的生动局面,从上到下凝聚起弘扬焦裕禄精神打赢脱贫攻坚战的强大合力。

二、支部连支部,脱贫的关键在联到户

脱贫攻坚中,兰考县委以焦裕禄精神筑牢"作风之基",建立机关党支部和农村党支部"支部连支部,干部联到户"帮扶机制。

脱贫摘帽前,兰考在全县科级和后备干部中抽调345名优秀干部,到115个贫困村驻村帮扶;在335个非贫困村,明确一名乡镇优秀干部,专职从事脱贫攻坚工作,确保贫困村和非贫困村驻村全覆盖。

2017年脱贫摘帽后,下沉人员不降反增,驻村帮扶由脱贫攻坚时"定人"派驻,转变为"定支部"结对,将县直机关的大支部拆分成7~10人的小支部,从数量上匹配了454个农村(社区)党支部,在全县开展"支部连支部、加快奔小康"活动,由454个机关事业单位党支部,与454个农村(社区)党支部结对共建,巩固脱贫成果,加快奔康步伐。

要求每个机关党支部推荐1名支部委员和1名优秀党员干部或入党积极分子,共1061名优秀干部,组成"稳定脱贫奔小康"工作队,奔赴结对村,

"支部连支部"驻村帮扶。对摘帽前115个贫困村扶贫工作队,就地转化为稳定脱贫奔小康工作队,实现"扶贫帮扶"与"奔小康帮扶"无缝衔接。对339个非贫困村,按照党委部门联弱村、经济部门联穷村、政法部门联乱村、业务部门联特色产业村的原则,优化资源配置,选准派强"支部连支部"帮扶力量。确保每个贫困村都有结对帮扶工作队、每个贫困户都有结对帮扶责任人。

活动规定,每月第一个星期四为"固定党日",机关事业单位支部全体党员到村,与结对村(社区)支部全体党员共同开展组织生活。同时,各"结对支部"运用"互联网+扶贫"手机APP平台、"稳定脱贫奔小康"微信群,及时将活动影像上传备查;发放活动手册,党员对参加组织生活实际情况进行记录,作为年度考核、民主评议的重要依据。

县委明确,结对机关事业单位党支部,负责"动态调整管理、宣传落实政策、建设美丽村庄、强化乡风文明、发展主导产业、抓实基层党建"6项任务,驻村工作队落实具体职责。"结对支部"科级干部,加强对"结对村"的督导,推进稳定脱贫和人居环境改善"清零行动"任务落实。机关事业单位党支部委员,分包联系未脱贫户和临近贫困的边缘户,力促帮扶成效巩固提升。

建立跟进管理,严格奖惩制度。每半年评选50名"优秀驻村工作队员",年底评选50名"稳定脱贫奔小康工作标兵",每年按照15%的比例评出优秀工作队。把工作队表现与所在支部、派出单位、派驻乡镇、驻点村直接挂钩,一体奖励、一体惩处,传导工作压力,形成帮扶合力,确保稳定脱贫奔小康各项任务落到实处。

三、扶贫就是服务

兰考县委县政府学习发扬焦裕禄同志"亲民爱民"的公仆精神,努力把"为人民服务"的宗旨转化为脱贫攻坚统揽经济社会发展全局的动力,转化为抓党建促脱贫的实际行动。

(一)打造一支过硬的脱贫攻坚服务队伍

以乡镇党委换届为契机,将扶贫一线39名实绩突出、群众认可的优秀干部选拔进乡镇领导班子,在换届后的141名乡镇领导班子成员中,35岁以下的年轻干部56名,占乡镇领导班子成员的40%;40岁以下的党政正职8名,占乡镇党政正职的31%,乡镇领导班子的结构进一步优化。树立正确的用人导向,县乡换届时提拔重用196人,其中来自扶贫一线的占132名。2015年以来,全县提拔重用的222名科级干部中,144人来自扶贫一线。

开展"三联三全"活动,即54名县级领导干部联系全县所有重点项目和贫困村,567名科级干部联系所有软弱涣散村和"兜底户",3000名县乡机关党员联系所有的贫困户,实现了对重点项目、贫困村和软弱涣散村、贫困户和困难党员全覆盖。如政策兜底的大多是老弱病残户,通过"三联三全"活动,567名科级干部与3323个"兜底户"结成对子,"科联户、心连心"开展结对帮扶。通过定期入户"走亲戚",送温暖、找门路、寻项目,帮助"兜底户"树立了摆脱贫困的信心,改善了居住条件,落实了生产生活保障。

(二)着力提升脱贫攻坚组织服务能力

兰考县把返乡创业者、专业大户、退伍军人中的优秀党员,选拔为村党支部书记,有效改善了村党支部的整体素质。对全县450名村党支部书记采取"小班额"分批培训,由评选出的"驻村扶贫工作标兵"每人负责辅导5~7名村党支部书记,逐一"过筛子"培训考试,提升其带富能力。通过把村党支部书记纳入"兰考讲堂"培训、开发"红色e家"党员教育云平台、微信群推送等,深入开展扶贫政策培训,提高他们的执行政策水平。同时,建立了由523名优秀党员组成的村支部书记后备库,补足为村民服务的"源头活水"。

为提高村级服务水平,县乡财政安排4700多万元,按照"便民服务网络、拆除围墙大门、统一场所标识、建设文化广场、实施绿化亮化、配齐文体器材、设置诊所超市"7项标准,改造提升272个村级党群服务中心;每村配备一名协管员,实行服务代办及村干部轮流值班,完善了服务功能。目前,兰考村级党群服务中心,成了群众最想去、村内最聚人气的地方。

(三)重树"四面红旗",激励脱贫攻坚服务热忱

"韩村的精神,秦寨的决心,赵垛楼的干劲,双杨树的道路。"这是焦

裕禄当年在兰考树立的"四面红旗",叫响全县,传遍全国。52年后,兰考县重树"四面红旗"。从2016年下半年起,在全县村级党支部中,持续开展"脱贫攻坚红旗村、基层党建红旗村、产业发展红旗村、美丽村庄红旗村""四面红旗村"评选工作,每半年评选一次,百分制考核,优胜者授发红旗,不达标者收回红旗。每评上1面红旗,所在村党支部书记工作报酬每月上调500元,其他村干部上调300元,上调数额可重复累计。"红旗不倒,待遇不减。"4年来已评出8批261面"红旗"。其中,19个村同时获得过两面红旗,6个村同时获得过3面红旗,17个"红旗村"因复核不达标被取消称号。在"四面红旗村"评选等系列工作举措引领下,兰考县"以脱贫攻坚统揽经济社会发展全局"工作取得显著成效,2017年8月在中央组织部"深度贫困地区抓党建促脱贫攻坚工作经验交流座谈会"上作了典型发言。

评选"学习弘扬焦裕禄精神,争做党和人民满意的好干部",用身边的典型激励大家拼搏创新。2018年初评选出第一批50名"稳定脱贫奔小康工作标兵",已成为新时代兰考的旗帜;评选出两批70名"驻村扶贫工作标兵",全部提拔重用,有效激发了党员干部投身脱贫攻坚、服务广大村民的热情与干劲。

四、向改革要效率

兰考县委秉承焦裕禄"敢教日月换新天"的奋斗精神,把改革和发展结合起来,不断取得事业发展新成绩。该县成立由县委书记任组长的县委全面深化改革领导小组,下设社会治理、党的建设改革等9个专项小组,形成上下贯通、齐抓共管的改革领导体系。

(一)改革扶贫工作体制

在国家层面扶贫"四到县"的基础上,兰考县进一步下沉,实行"县负总责、工作到乡(镇)、扶贫到村(社)、落实到户"的扶贫体制,启用县扶贫领导小组、县直部门、乡镇领导、驻村工作队、贫困农户"五级联动"的工作机制,落实县领导包乡、县直部门包村、工作队驻村、党员干部包户的帮扶责任制。充分发挥乡镇一级承上启下的作用,赋予他们在工作统筹、资金管理、项目安排等方面更多的权利和义务。在此基础上，制定了涉及审计、监理、第三方评估、执纪问责等管理办法，县委则注重抓大事、抓方向，"弹好钢琴"，管控好节奏，明确节点和责任，抓好各项工作的落实。

（二）改革投入机制

2014年，河南省专项扶贫资金审批权全部下放到县，兰考在脱贫攻坚中，又把审批权下沉到乡，让村里自主决策扶贫项目，实行"先拨付、后报账，村决策、乡统筹、县监督"的管理运行机制。这样，扶贫工作由原来"被动承接"转变为"主动运作"，贫困户从"与我无关"到"以我为主"，积极性、主动性明显增强。兰考还申请获批国家普惠金融改革试验区，在全省率先以基金形式搭建投融资PPP（政府和社会资本合作）股权合作新模式，先后成立7个融资平台、2个担保公司，为产业扶贫和县域发展提供了充足的资金保障。

（三）改革服务体制

遵照习近平总书记来兰考行政服务中心调研时的指示，为提高服务时效和质量，兰考成立了县乡"社情民意"服务中心、企业服务中心。县直10个主要部门行政审批全部进驻行政服务中心，34个窗口对外"一窗式"服务。精减、下放行政审批事项161项。开通网上办事大厅，实行24小时在线服务。建立政务"e窗通"系统，统一对1182项业务进行受理和审批。对接省级共享平台，打通县直各部门政务网通道，建立县政务通APP、中心微信公众号、中心门户网站，实现数据互联互通，打造智慧网上政务服务超市。以办老年证为例，相比以前只用跑一趟，现在是"零跑腿，直接寄到家"。通过村服务中心协管员，很多事项在手机上就能办理，不少证件在家就能收到。

（四）改革督查机制

在县委原督查室、县政府原督查办等机构的基础上，成立新的督查局，赋予其进度及目标检查、督查调研、督查协调等9项职能，建立"立项—检查—督办—通报—整改—办结"标准化督查流程，对精准识别、精准帮扶等脱贫攻坚各个环节进行全方位、多轮次督查。对重点项目实行台账式管理，重点查"一把手"责任落实、查扶贫资金到位、查工作队工作纪律执行情况等，做到村村必进、户户必查，为脱贫攻坚保驾护航。

五、从"兰考之问"到"兰考之变"

2014年，兰考县被确定为习近平总书记党的群众路线教育实践活动联系点，时任兰考的县委书记在一次生活会上提出："守着焦裕禄精神，50年了，为什么兰考的贫穷落后仍没有根本改观？"这一追问，后来被称为"兰考之问"。如今6年过去了，从"兰考之问"到"兰考之变"，兰考人民以弘扬焦裕禄精神抓党建促脱贫的实际行动，向习近平总书记和党中央交了一份优异的成绩单。

（一）脱贫成效之变

2017年2月，兰考在全国第一批率先脱贫。脱贫摘帽后，兰考干部群众牢记习近平总书记嘱托，传承焦裕禄同志"三股劲"，以"脱贫路上不落一人"为目标，大力巩固脱贫攻坚成果，全面提升脱贫质量，至2019年底，贫困发生率由2014年建档立卡时的10.2%降至1.27%。2020年，兰考人民迎难而上，共克时艰，夺取了抗疫与脱贫双胜利，目前，全县未脱贫户仅剩3户10人。[①]兰考在脱贫攻坚中探索出的经验做法，得到了党中央、国务院和省、市及社会各界的广泛认可。近年来，全国各地到兰考考察交流1400余批5万多人次，全国扶贫办主任会议、全国构树扶贫工程现场会、河南省扶贫干部培训班等在兰考举办。

（二）综合实力之变

在2020年3月6日举行的全国决战决胜脱贫攻坚座谈会上，兰考县委书记在大会上发言，他通过视频向习近平总书记报告：2019年全县地区生产总值达到389.8亿元，同比增长8%；居民人均可支配收入18221元，增长10.5%；全县建档立卡贫困户人均纯收入达到12346元，比摘帽时的5421元增长6925元；公共财政预算收入年均增长17.8%，经济实力从河南省县域中下游跃升到第一方阵。一个水清、树绿、干净、有序的新兰考，已经呈现在世人面前。

---

① 兰考县人民政府.2020年政府工作报告[EB/OL].（2020-05-26）.http：//www.lankao.gov.cn/info/1085/32612.htm.

（三）城乡面貌之变

县城路宽景美，乡村绿树成荫，农户庭院整洁，社会稳定和谐，兰考成功创建了国家园林县城、国家卫生县城、省级文明县城和省级生态县。在兰考，人们感受自然环境变化的同时，感受最大的还有作风之变，兰考的快速发展得益于作风的改进。干部群众精神状态昂扬向上，乡村干部普遍呈现出有激情、有自信、有干劲的良好状态。

（四）基层组织之变

脱贫摘帽期间，兰考共有135个软弱涣散村党组织得到整顿提升，重点对村党支部书记进行了培优配强，有效提升了凝聚力和战斗力。脱贫攻坚之初，全县有45个软弱涣散村和115个贫困村，班子成员不团结、"带头人"作用不突出、村干部能力不强的占61.4%。脱贫攻坚中，通过本村选、上级派、外面引等多种举措，调整了15名不胜任的村党支部书记，补齐了34个空缺村党支部书记。建立了1465名优秀党员和人才组成的后备库，每村都有2~3名后备干部。

◎ 经验启示

（1）焦裕禄精神是一笔宝贵的财富。兰考广大党员干部在6年脱贫实践中深深体会到，焦裕禄精神是"具体的"而不是"抽象的"，是"可学可用的"而不是"遥不可及的"。从50多年前的治理"三害"到今天的脱贫攻坚，兰考人民每前进一步，始终贯穿一条红线，就是大力弘扬焦裕禄精神。正因为如此，兰考党员干部补强"精神之钙"，筑牢"作风之基"，带领人民群众，实实在在趟出了一条决胜贫困之路。

（2）各级党组织统领全局是兰考率先脱贫的组织保证。习近平总书记2015年在中央扶贫开发工作会议上发表重要讲话指出，越是进行脱贫攻坚战，越是要加强和改善党的领导。兰考实践证明，只有党员强了，支部才能强起来；只有支部强了，工作才能强起来；只有党员、支部强了，统领经济社会发展才能真正强起来。兰考县委学习运用当年焦裕禄的做法，在全县树立"四面红旗"村，开展"三联三全"活动，整顿软弱涣散村党组织等，都是遵照习近平总书记"要进一步把农村党组织建设成为坚强的战斗堡垒"的殷切嘱托，在脱贫攻坚中不断提高"统领全局"的能力，同时有效提升了基层组织的凝聚力和战斗力。脱贫攻坚注重根本建设、基础建设和长远建设，首先要注重基层党的建设，充分激发广大基层干部锐意进取、奋发有为、攻坚克难的热情和活力。

（3）党员干部冲在一线是决战贫困的关键因素。兰考的脱贫密码，最根本的是中国共产党的坚强领导，党员干部冲在第一线，干在最前列。他们在全县开展"统领经济社会发展、争做焦裕禄式好干部"活动，选派145名优秀科级干部担任贫困村和软弱涣散村党组织第一书记，实现了全覆盖。特别是兰考县脱贫摘帽后，脱贫不脱政策，下沉人员不降反增，全县在原来115个贫困村驻村帮扶工作队的基础上，对全部454个行政村（社区）派驻了454个"稳定脱贫奔小康"工作队，他们以党员干部的主动唤起基层群众的互动，使"以脱贫攻坚统揽经济社会发展全局"成为干部群众的自觉行动，持续有效地巩固提升了脱贫成果。

案例编写：洪绍华

第二篇
产业扶贫：稳定脱贫的根本之策

解决好"怎么扶"的问题。开对了"药方子"，才能拔掉"穷根子"。要按照贫困地区和贫困人口的具体情况，实施"五个一批"工程。

扶贫不是慈善救济，而是要引导和支持所有有劳动能力的人，依靠自己的双手开创美好明天。对贫困人口中有劳动能力、有耕地或其他资源，但缺资金、缺产业、缺技能的，要立足当地资源，宜农则农、宜林则林、宜牧则牧、宜商则商、宜游则游，通过扶持发展特色产业，实现就地脱贫。

——《在中央扶贫开发工作会议上的讲话》（2015年11月27日），《十八大以来重要文献选编》（下），中央文献出版社2018年版，第40页

发展产业是实现脱贫的根本之策。要因地制宜，把培育产业作为推动脱贫攻坚的根本出路。

——在宁夏考察时的讲话（2016年7月18日），《人民日报》2016年7月21日第1版

专题五：特色种养业扶贫

小香菇撑开脱贫致富"伞"

——河北省阜平县食用菌特色种植业扶贫

◎ 案例导读

产业扶贫是脱贫攻坚战"五个一批"工程的排头兵。发展特色种养业，是产业扶贫的重要内容，是增强贫困地区和贫困人口"造血"功能、实现稳定脱贫的主要途径。贫困地区如何因地制宜选择特色产业？如何接二连三延伸壮大特色种植产业链条？如何构建利益联结机制使贫困群众分享产业增值收益，实现精准脱贫？这是本案例讲述的主题和要回答的主要问题。

◎ 政策安排

2011年5月，中共中央、国务院印发的《中国农村扶贫开发纲要（2011—2020年）》提出，要充分发挥贫困地区生态环境和自然资源优势，培植壮大特色支柱产业，带动贫困户增收。

2013年12月，中共中央办公厅、国务院办公厅印发的《关于创新机制扎实推进农村扶贫开发工作的意见》，将特色产业增收工作列为10项重点工作之一，提出连片特困地区要编制特色产业发展规划，力争每个有条件的贫困农户掌握1~2项实用技术，至少参与1项养殖、种植、林下经济、花卉苗木培育、沙产业、设施农业等增收项目。

2015年11月，中共中央、国务院印发的《关于打赢脱贫攻坚战的决定》

提出，要出台专项政策，统筹使用涉农资金，重点支持贫困村、贫困户因地制宜发展种养业和传统手工业等。实施贫困村"一村一品"产业推进行动，扶持建设一批贫困人口参与度高的特色农业基地。

2016年5月，农业部、国家发展改革委、国务院扶贫办等九部门联合印发《贫困地区发展特色产业促进精准脱贫指导意见》，从科学确定特色产业、促进一二三产业融合发展、发挥新型经营主体带动作用、完善利益联结机制、增强产业支撑保障能力、加大产业扶贫投入力度、创新金融扶持机制、加大保险支持力度等8个方面明确提出了未来推进产业扶贫的具体内容和发展目标。

2020年7月，农业农村部印发《全国乡村产业发展规划（2020—2025年）》，指出发展特色种养，根据种质资源、地理成分、物候特点等独特资源禀赋，在最适宜的地区培植最适宜的产业。要以拓展二三产业为重点，延伸产业链条，开发特色化、多样化产品，提升乡村特色产业的附加值。

◎ 创新实践

河北省阜平县地处太行山区，是一片英雄的土地，她的名字曾牵动中国的脉搏。阜平是抗日战争时期晋察冀边区政府所在地，为中国抗日战争以及世界反法西斯战争的胜利作出过不可磨灭的贡献。然而，阜平也是久陷贫穷的"顽贫"之地。这里有着我国北方山区最贫瘠的自然条件："九山半水半分田"，全县人均耕地仅0.96亩[1]，人们难以通过传统农业致富，贫困人口难以走出去，扶贫开发项目和资金也难以走进来……阜平是国家"八七扶贫攻坚计划"重点县，是新世纪头十年国定贫困县，精准扶贫启动以来被列为燕山—太行山连片特困地区重点扶持县。2014年，人口20多万的阜平县，有建档立卡贫困人口4.44万户、10.81万人，贫困发生率达54.37%，建档立卡贫困村164个，占全县行政村总数的78.5%。[2]

老区的贫困牵动人心。新中国成立后，曾任晋察冀军区司令员的聂荣臻

---

[1] 阜平县人民政府. 阜平概况 [EB/OL].（2020-11-05）. http://www.bdfuping.gov.cn/nav/23.html.
[2] 徐运平，张志锋. 阜平战贫 [N]. 人民日报，2020-07-17（13）.

元帅辗转得知阜平百姓依然贫苦的消息,动情地说:"老百姓保护了我们、养育了我们……阜平的乡亲们现在生活还没有明显改善,我于心不忍","阜平不富,死不瞑目"①。2012 年 12 月,习近平总书记冒着严寒、踏着冰雪深入到阜平县龙泉关镇骆驼湾村和顾家台村考察革命老区扶贫工作。"只要有信心,黄土变成金""大家拧成一股绳,心往一处想,劲往一处使,汗往一处流,一定要想方设法尽快让乡亲们过上好日子"②……面对贫困程度深、贫困范围广、发展基础弱的现状,如何找到可持续的发展道路,走上致富的康庄大道?阜平人、所有心系阜平的人,坚持精准方略,坚持苦干实干,在太行山深处书写脱贫攻坚的新时代答卷。

一、找对发展路子:把种植食用菌作为发展扶贫产业的突破口

在国家的扶贫开发格局中,阜平始终都是重点扶持的对象,但多年的"输血式"扶贫并未拔掉阜平的穷根。阜平不富是阜平人的心结,一定要找到一门致富的好产业是这块"顽贫"之地干部群众的共识。

阜平多山,"九山半水半分田",在长期的发展中,自然形成了以玉米、土豆为主的传统农业,以大枣为主的林果业和以养牛养羊为主的养殖业。新一轮脱贫攻坚启动以来,为让农民顺利脱贫,当地政府曾想利用山林搞"两种两养"——依托原有核桃、大枣搞"两种",向贫困户提供肉牛、肉羊搞"两养"。初衷不错,然而效果并不理想。因缺乏管理和技术支撑,当地核桃、大枣市场竞争力弱。"枣在成熟期总是长虫子,只能卖青枣,价格只有几毛钱一斤。"阜平县扶贫办一位负责人说,牛羊分户养殖也存在防疫等风险。

产业选对头,脱贫才有奔头。扶贫政策给力,关键是找对路子、找准产业。经过反复调研、多方论证,阜平政府决定把种植食用菌作为发展扶贫产业的突破口。食用菌产业周期短、见效快、效益高,更有"五不争"的特点。

不与人争粮,养鸡、养鸭、养猪等都得用粮食,而食用菌不需要,用秸秆就行。

---

① 习近平总书记的扶贫情结 [N]. 人民日报,2017-02-24(24).
② 徐运平,张志锋. 阜平战贫 [N]. 人民日报,2020-07-17(13).

不与粮争地，只有好的地才能种出粮食来，但食用菌对于地力要求不高，即使像戈壁滩这种地方都可以种蘑菇。

不与地争肥，食用菌生产利用的是动物的粪便、植物的秸秆，不与其他农作物争肥料。

不与农争时，一般农作物播种必须不违农时，要不然就活不了，但是食用菌不需要拘泥这样的时间限制，在科学种养大棚中，什么时候播种都可以。

不与其他争资源，不但不争资源，而且把废弃物资源化了。像动物的粪便、植物的秸秆，自然烂掉没有收益，而食用菌产业则利用动物的粪便、植物的秸秆进行生产，让它们变废为宝，实现了"减量化、再利用、再循环"，是一个真正的循环经济模式。

此外，菌类蛋白质含量高（约为40%），品种丰富、口感好，既可以作为初级农产品销售，又可以发展精深加工，发展前景极为广阔。中国农科院农产品产地环境质量调查给阜平"把了脉"，列出了这里的四大优势：冷凉的气候条件适合菌类生长；山清水秀无污染，适合生产绿色有机产品；丰富的木料资源保证原料需求；劳动密集型产业有利于带动贫困户脱贫。

二、加大政策扶持：为产业落地提供全程服务

选定了方向，开出了药方，但是如何从无到有，说服贫困群众都参与进来？如何把比较优势变成竞争优势？如何提高抗风险能力？如何建立更加稳定的利益联结机制，确保贫困群众持续稳定增收？

2015年以前，阜平县已有农户种植食用菌，但种植规模和覆盖面都很小，对于大多数农户来说这还是"新生事物"。资金短缺、技术缺乏、风险不可预测的实际，是横在大多数"土里刨食"的农民面前一道不可逾越的门槛。

种植食用菌得建大棚，建大棚第一步就是平整土地，头一脚就难踢。山地贫瘠，一亩地，种一季玉米收入500多元，流转租金一年1000元，但一些村民仍有顾虑："把地推平了，将来找不到地界咋办？""万一种砸了，公司跑了找谁去？"

为加快食用菌产业落地发展，阜平县委、县政府用政府信用背书，既当

"引路人",也做"勤务兵",全程提供系列服务——

没经验、有风险怎么办？阜平县与保险公司联办共保，在全国首创成本损失险，每个菌棒政府补贴60%的保费，兜住生产经营风险。

没组织、管理散怎么办？阜平县成立了高规格产业发展领导小组，县长任组长主抓食用菌产业，定期召开食用菌产业调度例会，坚持食用菌产业发展中的重大项目、重大决策、集体决策一事一议机制。

没干过、有惰性怎么办？阜平县发动党员干部带头流转土地、带头承包大棚、带头学习技术，带动贫困群众从"揣着手等"到"甩开手干"。

科学谋划产业布局。2015年10月，阜平县出台《阜平县食用菌产业发展规划概要（2015—2017）》，明确了食用菌产业发展的目标和任务。将食用菌产业总体布局为"一核、四带、百园覆盖"，即天生桥核心区、沿沟域干道四条产业带、星罗棋布覆盖边远山区全部贫困村的百余个产业园。以香菇为主，毛木耳为辅，兼顾发展秀珍菇（环柄香菇）、茶树菇（柱状田头菇）、灵芝等品种，突出错季抓周年，分4个建设阶段连续建设3年，总投资21.5亿元，使全县13个乡镇食用菌基地面积达到3.2万亩，总棚数达5.4万个，年栽培规模总量达4亿棒，年产鲜菇达45万吨，总产值达25亿元以上。这些规划为阜平县食用菌产业向集约化、专业化、标准化、周年化、现代化、产业化方向健康快速发展奠定了基础。

出台系列扶持政策。阜平县出台了《关于食用菌产业发展的若干扶持政策（试行）》，加大政策扶持力度。一是金融保障。由政府建立风险基金，贫困户无须抵押即可获得5万元扶贫贴息贷款，解决贫困户缺乏产业启动资金问题。二是基地建设扶持。对农户参与率达到80%以上且流转土地超过100亩的香菇生产基地，给予水、电、路等基础设施配套。三是生产补贴。政府对小拱棚给予每平方米1元的补贴；对砖混、钢筋结构，配备棉被、卷帘机或岩棉及提温设备自动化程度较高的设施暖棚，给予每平方米20元的补贴。四是财政融资支持。对年设计生产能力在1500万棒以上且日生产5万棒以上的菌棒加工厂，政府按照总投资额40%的比例给予财政性资金融资支持，这些财政性资金所形成的经营性资产，折股量化到贫困村、贫困户。五是保鲜库补贴。对政策出台当年基地内新建砖混、钢筋结构标准化冷库给予每平方米150元的补贴。六是菌棒补贴。按照菌袋栽培时间先后,给予每棒0.5~0.3元不等的补贴,先栽多补。

一系列优惠政策的出台落地,极大调动了广大贫困户的生产积极性。根据阜平县政府披露的数据,短短两个月时间,到2015年底,阜平食用菌种植就发展到617个大棚。

三、壮大产业链条:"六位一体、六统一分"做大做强产业

有了政府的引导扶持,食用菌产业在阜平逐渐落地生根,但依然缺乏竞争力,没有定价权,个体经济的"一叶扁舟",随时会被市场经济的大潮吞没。为贫困户打造一个"大产业",让贫困户的生产劳作融入现代化的产业链条才能实现可持续发展。为此,阜平县政府全力打造"六位一体、六统一分"食用菌产业经营模式。

所谓"六位一体"是由企业、科研机构、政府相关部门、金融服务机构、农民依托生产基地形成紧密的"政府+金融+科研+龙头+园区+农户"利益联合体。龙头企业或合作社负责菌棒生产、技术指导和产品营销。政府负责协调相关部门做好政策、资金、项目等相关服务保障工作。金融机构负责引进各类金融和社会资本,增强发展动力。基地负责统一规划食用菌生产布局和基础设施配套,建设标准化现代农业园区。农户负责食用菌生产和管理,与企业进行订单合作,实现勤劳致富。

而"六统一分"则是指由企业统一建棚、统一品种、统一制袋、统一技术、统一品牌、统一销售,农户分户栽培管理,这种模式兼顾各方、效益互补,提高了食用菌产业的集约化、专业化、标准化、产业化水平。

技术支撑是产业发展的"生长剂"。香菇是立体种植,密度比较大,光照不足、不均匀、棚内温度低等因素都有可能成为制约香菇增产增质的瓶颈。进而,香菇质量不同,收购价格相差极大,一级菇每公斤12元,而普通菇每公斤1.5元甚至更低,价格相差数倍。为确保食用菌产业健康发展,阜平县聘请10位省内外知名专家成立食用菌产业专家委员会,负责规划制定、培

训指导、关键技术支持等工作，并与吉林农业大学教授、国际药用菌学会理事长李玉院士达成合作协议，在阜平天生桥核心园区创建食用菌产业"李玉院士工作站"，做好产业发展的规划指导工作。在此基础上，由县财政出资2000万元设立科研基金，且每年再拿出全县财政收入的1%充实到该基金，成立太行山食用菌研究院，从菌种选育、设施设备、栽培基料、栽培技术、精深加工、文化餐饮六方面，开发、引进、推广创新技术。为了实现技术和农户无缝对接，阜平县还通过"企业聘请、政府补贴"方式，请来170多名技术人员，走村进棚提供技术指导。一些种植能手也被培养成了准技术人员，辐射带动周边农户。目前，已初步建成"一会、两组、十企、百社"科技服务体系，即县食用菌协会、领导小组和技术专家组、十家以上龙头企业、百余家食用菌专业合作社。

龙头企业搭起小农户与大市场之间的桥梁。农产品"卖难"是产业扶贫面临的共性问题，分散的小农户抵御风险能力弱，市场反应滞后。这次新冠肺炎疫情前期，不少地方蘑菇都出现了"卖难"，而阜平龙头企业全部按保护价收购，食用菌种植农户基本没有损失。从2015年10月开始，阜平先后引进10家龙头企业落户阜平县，其中，7家已达到日产5万菌袋以上的生产能力。实际上，"卖难"不是不存在，而是被转移到了龙头企业。由于物流不畅、部分饭店或批发市场未开业，企业收了食用菌也很难即时出售，但这些企业从事食用菌行业多年，是食用菌行业的"运动健将"，有成熟的技术，有专业的经营、销售团队，有各自稳定的销售渠道，企业通过烘干储藏，加工蘑菇酱、冻干蘑菇等食品，超微粉碎、多糖提取等精深加工消化了库存，化解了暂时的"卖难"。

| 专栏5-1　大山里的食用菌专家侯桂森 |

侯桂森教授是廊坊职业技术学院的一名退休教师，先后担任河北省阜平县食用菌专家组的副组长和组长，参加了阜平食用菌产业从前期立项论证到决策、规划、扶持、推进发展的整个历程；攻关研发建成并投入

> 使用了温室型四季栽培棚，并取得发明专利；提出了食用菌产业"六位一体""六统一分"精准扶贫发展模式。侯桂森在阜平度过了近900个日日夜夜，行程10多万公里，举办各类培训班近200次，培训各级技术人员和菇农达15000多人次，用食用菌帮农民打开了脱贫的大门。
>
> 侯桂森先后荣获河北省优秀教师、廊坊市劳动模范、河北省先进工作者、"最美河北人"等荣誉称号。2020年，荣获全国脱贫攻坚奖创新奖。

四、完善带贫机制：为贫困群众撑起致富大伞稳定脱贫

在食用菌产业发展过程中，阜平形成了4种利益联结机制，实现全县贫困农户脱贫全覆盖。

（1）农户当"小老板"机制。对于思想开放、风险承受度高的贫困户，通过三户联保、政府担保，一户贷款5万～15万元，建设2～3个出菇棚、栽培管理2万～4万袋，与龙头企业紧密合作，年创效益5万～10万元，自己建棚、自己按标准栽培管理，当小老板，实现脱贫致富。

（2）农企合作机制。对于思想保守、不愿承担经营风险的贫困户，采取与企业合作的方式。由企业出资建棚，农户生产管理，菌棒生产与出菇成本和收益，由企业与农户各占50%。每个农户管理1个棚7个月，最低可收入2万元，较好地解决了思想保守农户种菇的问题。

（3）入股分红机制。对于没有劳动能力的贫困户，以土地入股，其土地每年每亩可得租金1000元，解决没有劳动能力贫困户的增收问题。

（4）促农就业机制。菇菌企业在菌袋加工、设施建设、鲜菇销售、精深加工、菌用物资供给方面均需要大量职业工人。一般情况下一个企业需要30～50个固定工，生产旺季时需300多名工人，当地贫困群众经培训，有相当一部分转变为产业工人。

截至2020年9月，阜平共建成规模食用菌种植园区102个，覆盖全县140个行政村，标准化棚室4610栋，种植面积达2.1万亩，栽培香菇、黑木

耳、灵芝等特色菌菇 7500 多万棒，年产值近 10 亿元，直接带动增收 3 亿元。①阜平县食用菌产业直接带动群众（包棚与务工）1.5 万户，其中建档立卡贫困户 8620 户，户年均增收 1.6 万元；土地流转涉及群众 1.1 万户，其中贫困户 4537 户，户均增收 1800 元。

贫困群众脱贫致富的内生动力被激发起来了，田间、大棚、手工业厂房热火朝天，村里没有了闲人，一派忙碌景象。全县已有近 5000 名年轻人回乡创业，农村的人气越来越旺，阜平全县贫困人口由 2014 年的 10.81 万人减少到 2019 年底的 832 人，综合贫困发生率由 2014 年的 54.37% 下降到 0.45%；2019 年农村居民人均可支配收入增长到 9844 元，是 2012 年的 3262 元的 3.1 倍。

2020 年 2 月，河北省政府正式宣布阜平退出贫困县序列；6 月，阜平县剩余贫困人口全部达到稳定脱贫条件。

◎ 经验启示

（1）政府当好"引路人"，也做"勤务兵"。阜平县委、县政府立足区域优势、因地制宜，高站位、高标准编制特色优势产业发展规划，积极推进本地特色扶贫产业规模化、专业化、标准化、品牌化发展，延伸产业链条，为贫困农户脱贫致富消除了后顾之忧，构建了强有力的特色农业产业支撑。在阜平县委、县政府的组织协调下，按照"一个特色产业、一部发展规划、一名县级领导牵头、一个主抓部门、一套班子协作、一项政策基金保障"的机制，农业、财政、发改、扶贫、林业、水利、金融、交通等各相关部门，发挥各自优势，全力做好特色产业发展、精准扶贫、脱贫工作。

（2）龙头企业搭起小农户与大市场之间的桥梁。农户一家一户分散经营与现代化大市场之间存在着天然的矛盾。特色农业要发展壮大，离不开经济实力强、技术先进、市场占有率高的龙头企业引领。通过建立有效的利益联结机制，把龙头企业与贫困农民有机结合起来，使龙头企业成为产业推进发展的平台和载体。以食用菌产业为例，阜平县加大对特色产业龙头企业的扶持力度，先后引进扶持了 10 家龙头企业。通过产业龙头企业的引领带动，

---

① 阜平县. 因地制宜 实现产业脱贫 [OL]. http://www.bd.gov.cn/content-401-238640.html.

充分调动农户参与产业发展的积极性，统一品种、技术、品牌、产品销售，不仅实现了产业的规模化、标准化发展，还解决了与市场的对接问题，保障了农民的切身利益。

（3）通过技术创新带动食用菌产业提档升级。农业产业的健康持续发展离不开先进技术的支撑。在推进食用菌产业发展过程中，阜平县不盲从、不走老路，吸取其他地区在产业发展中遇到的困难和教训，切实保证产业发展稳妥起步和快速发展，聘请10名省内栽培、加工、政策、经济等领域资深专家成立食用菌产业专家指导小组，做好产业发展的规划指导工作。进一步拓宽服务领域，转变服务方式，采取集中办班、举办农民田间学校和请进来、走出去的方式，开展全方位、多层次的技术培训，全面提高菇农素质。依据《食用菌菌种管理办法》，加大菌种质量的检查和监督管理力度，规范各级菌种厂的生产，扶优限劣，确保始终生产应用优质菌种。并依托省内科研力量，加大对食用菌栽培技术的科研开发力度，依托省食用菌专家顾问组联合攻关，引进、驯化新、特、稀品种，开发精、深加工技术研究，通过技术创新带动食用菌产业提档升级。

（4）让农户成为产业实施的主力军和受益人。在产业扶贫的实施过程中，激发农户参与积极性，让其参与到产业发展中来，最大限度地带动贫困农户增收致富，使其充分感受到现代农业产业发展的成果尤为重要。阜平县在推进产业发展过程中，把农户作为产业实施的主力军，以户为单元精细管理，还通过政策扶持、龙头带动、技术指导服务、农户资源资本化、自身务工经营等途径实现农户参与、经营、劳动、增收，争当现代新型职业农民，从而带动贫困农户脱贫致富，实现特色产业精准扶贫、脱贫的目标。

案例编写：魏长仙

专题六：电商扶贫

为山区插上致富的"金翅膀"
——甘肃省陇南市电商扶贫探索

◎ **案例导读**

中国集中连片特困地区，大多位于山区，交通落后、信息闭塞，农产品难以卖出去，好项目不易走进来。数字经济时代，将电子商务融入扶贫开发，利用互联网的信息优势可以有效破解贫困地区发展的"信息鸿沟"与"孤岛效应"，让贫困地区优质资源"变现"，使贫困地区和人口借此摆脱贫困。面对本地各种条件的局限，贫困山区如何因地制宜，找到电商快速落地启动、规模化发展和电商带贫的有效方式，走出自己的成功之路？甘肃省陇南市通过自己的探索，打通了经济社会发展的信息"大动脉"，插上了致富的"金翅膀"。

◎ **政策安排**

电商扶贫是国家精准扶贫"十大工程"之一。2015年10月，国务院办公厅印发《关于促进农村电子商务加快发展的指导意见》，提出要构建统一开放、竞争有序、诚信守法、安全可靠、绿色环保的农村电子商务市场体系，推动农村电子商务与农村一二三产业深度融合。

2015年11月，中共中央、国务院印发《关于打赢脱贫攻坚战的决定》，将电商扶贫作为实现全面脱贫的重要手段和精准扶贫的重要载体。

2016年11月，国务院印发《"十三五"脱贫攻坚规划》，将电商扶贫作为产业扶贫的重要内容，从培育电子商务市场主体，改善农村电子商务发展环境，实施电商扶贫工程等方面作出了部署。

2016年11月，国务院扶贫办、发展改革委、工业和信息化部等16部门联合印发《关于促进电商精准扶贫的指导意见》，明确提出实施电商扶贫工程，推动互联网创新成果与扶贫工作深度融合，逐步实现对有条件贫困地区的三重全覆盖：一是对有条件的贫困县实现电子商务进农村综合示范全覆盖；二是对有条件发展电子商务的贫困村实现电商扶贫全覆盖；三是第三方电商平台对有条件的贫困县实现电商扶贫全覆盖。

◎ 创新实践

交通是"地路"，网络是"天路"，将崎岖山路连上网络和大数据的"天路"，让位于秦巴山区、青藏高原、黄土高原三大地形交会区域，贫困面大、贫困程度深、贫困人口多的甘肃陇南，逐渐打通经济社会发展的信息"大动脉"，插上了致富的"金翅膀"。

一、"抱着金饭碗讨饭吃"的贫困山区

陇南市位于甘肃省东南部、地处秦巴山地与岷山山脉、黄土高原交会地带，东邻陕西，南接四川，总面积2.79万平方公里，辖1区8县：武都区、两当县、宕昌县、成县、西和县、康县、文县、礼县、徽县，3201个行政村，总人口285.7万人，其中农业人口248万人。

陇南，自古就有"陇上江南"的美誉。与中国大部分西北地区所呈现出的干旱、沙漠、戈壁不一样，陇南位处甘肃省东南边陲，是全省唯一的长江流域地区，有山，有水，没有荒漠，资源富饶。一是丰富的生物资源。陇南气候温暖湿润，北亚热带、暖温带、中温带三大类型气候立体分布，适合多种生物繁衍生息。境内有包括紫檀、香樟、红豆杉等珍稀树种在内的热带、温带、寒带树木1300多种，森林覆盖率38.9%，是全省唯一出产油橄榄、茶叶、柑橘、油桐、棕榈等亚热带物种的地区；有以红芪、纹党、大黄、当归、半夏为主的

中药材1200多种，还有包括大熊猫、金丝猴、羚羊等国家一类保护动物在内的野生动物300多种。二是丰富的水资源。陇南境内有白龙江、白水江、嘉陵江、西汉水四大水系，大小河流3760条，年径流量279亿立方米，人均占有量3500立方米。三是悠久的历史文化资源。陇南是秦文化的发祥地，又是我国古代西部氐、羌等民族活动的核心区域，还是重要的三国古战场。秦先祖曾在西犬丘（今礼县红河、盐官）牧马立国，东汉光武帝占据天水后"得陇望蜀"，诸葛亮"六出祁山"的故事就是发生于此。四是神秘的地下矿藏。全市已探明的金属和非金属矿藏有34种，其中西成铅锌矿带横跨西、成、徽三县，绵延300公里，远景储量2000万吨，居全国第三位；九县（区）都有黄金分布，总储量逾百吨，地质学家李四光先生曾把这里称为"宝贝的复杂地带"。

陇南，也是全国脱贫攻坚的主战场。富饶的资源优势被山高沟深的自然环境、闭塞不便的交通和落后的教育状况所抵消，并未能转化为陇南人民富裕的生活。陇南贫困范围广、程度深，贫困人口众多，是秦巴山集中连片特困地区的核心部分，是全国区域性整体贫困的典型代表。2011年，按照农民人均纯收入不低于2300元的扶贫标准，陇南市有贫困人口130.47万人，贫困发生率为53%。2013年，陇南市建档立卡贫困人口83.94万人，贫困发生率为34.1%。从脱贫任务看，陇南有"三个第一"：贫困发生率位列甘肃省14个市州第一；贫困人口数量在秦巴山特困片区18个市中位列第一；9县（区）全部为国家级贫困县，贫困县占比全国第一。抱着"金饭碗"而贫穷是陇南人民心头的痛。

二、樱桃引发的"触电"

成县位于陇南市东北部，2013年底，全县有102个建档立卡贫困村，5.58万名建档立卡贫困人口，贫困发生率为25.47%，农村居民人均可支配收入4875.6元。成县生态良好、气候温润，这里的农特产品远离污染，原汁原味。核桃、樱桃、蜂蜜等产品的品质都属上乘。但由于交通不便，远离大城市，成县的农产品难以走出大山，只能在传统集市上卖，卖不上好价钱不说，有时销量不高应季农产品只能烂在地里。

2013年5月，成县县委宣传部一位工作人员邀请了几位兰州市的朋友周末来成县游玩，顺便采摘樱桃。当时，兰州市场上售卖的樱桃每公斤80~100元，而成县的樱桃市场价每公斤才30元，这几位从兰州来的朋友不仅自己买了不少，还帮助农户在微信朋友圈和微博上小范围组织了一次樱桃网售，结果引起了一波抢购热潮，30公斤樱桃在一天之内销售一空。

　　这件事使时任县委书记瞬间打开了思路，既然樱桃能卖，那核桃、野生菌、蜂蜜等其他农产品也可以卖；既然山路不好走，那就通过网络这个"天路"助农惠农，敲开城市大市场的门。2013年6月，成县的核桃快要成熟了，县委书记亲自上阵，在自己实名认证的新浪微博上发了一条卖核桃的信息："今年核桃长势很好，欢迎大家来成县吃核桃，我也用微博卖核桃，上海等地的人都开始预订了，买点我们成县的核桃吧！"没想到，这条微博在网上引起了极大反响，网友们纷纷热议和转发。一方面，县委书记卖核桃，网民们都很好奇，所以不少人前来围观或转发；另一方面，大家也觉得县委书记卖的核桃应该差不了，都想品尝一下，所以很多人都来询问或下单购买，短短十几个小时，这条信息的访问量就超过了50万次。在很短时间内，县委书记的微博粉丝量猛增，突破20万，"核桃书记"之名走红网络，"成县核桃"也通过网络开始源源不断地走向全国，步入"网销时代"。在近1个月的时间里，成县鲜核桃的网销预订量就超过了2000吨。

　　从樱桃引发的"触电"到"核桃书记"的走红，电子商务让阻隔陇南的"万水千山"变为网络里的"近在咫尺"，给陇南各级政府官员带来前所未有的思想震动。2013年11月，陇南市组织各县（区）主要领导专程赴东部沿海电商发展较早、较好的江苏沙集、浙江遂昌、义乌和福建安溪、南安等地考察学习。12月，中共陇南市委三届七次全委（扩大）会议提出"433"发展战略①，明确把扶贫开发作为陇南工作的大局，首次将电子商务摆上战略高度，列为"三大集中突破"之首。陇南电商扶贫的大幕由此正式拉开。

---

① "433"发展战略，是指要实现扶贫开发、生态文明、产业培育、城乡一体"4个快速推进"，基础设施、民生基础、管理基础"3个着力夯实"和电子商务、金融支撑、非公经济"3个集中突破"。

三、陇南模式 1.0：从"试点"到"示范"

2014 年陇南市在甘肃省的支持下，向国务院扶贫办主动请缨，要求作为试点，为全国开展电商扶贫探路开道。2015 年 1 月，国务院扶贫办正式批复，同意陇南作为试点市的请求。

从提出电商集中突破的战略任务，到形成系统的电商扶贫路径和方法，作为电商扶贫的先行者，陇南只能"摸着石头过河"，边探索、边前行。当时，中国东部地区已有一些农村电商的成功经验，但这些经验能否成规模地复制和移植到陇南这样集中连片的深度贫困地区？举例而言，2015 年，陇南各区县当时的快递平均价格为"15+8"，即快递包裹首重 3 公斤平均价格为 15 元，每超重 1 公斤续重价格为 8 元；而同期，江浙地区农村电商的快递价格已低到"4+1.5"左右。陇南开展电商扶贫的难度，由此可见一斑。面对本地各种条件的限制，陇南如何因地制宜，找到电商快速落地启动、规模化发展和电商带贫的有效方式，走出自己的成功之路？所幸陇南的各级领导和电商人不辱使命。他们知难而进，不等不靠，因地制宜，积极创新，很好地完成了国务院扶贫办交给的试点任务。

（1）政府推动，先托后扶再监管。陇南电商起步初期，基础设施建设缺口大，市场力量薄弱，政府"有形的手"发挥了明显的主导作用。通过强化组织领导，构建了覆盖市县各级、"一把手"负责、上下贯通、自上而下层层推动的行政推进体系；将电商纳入行政目标管理，严格绩效考评，来保证行政推动的力度；加之以必要的财政金融支持，市、县分别设立电子商务财政专项扶持资金，以贴息和以奖代补等方式对发展电子商务给予支持。而对于电子商务的长远发展，陇南市委、市政府提出了"先托后扶再监管"的基本思路——初期，政府像托管婴儿一样精心呵护，耐心提供服务，全方位提供帮助；中期，加强指导，出台扶持政策，培育壮大电商产业；各项工作走向正轨时，政府退居幕后，强化对市场主体的监管，推动电子商务健康持续发展。

（2）市场运作，企业为主添活力。在尊重市场规律、发挥企业主体作用方面，陇南坚持"两条腿"走路：一方面，招商引资，对外主动对接多个电商平台。陇南多次赴阿里巴巴主动洽谈合作，在淘宝网特色中国平台上建立起西北第一家市级地方馆——陇南馆，争取到阿里巴巴"千县万村"项目落地武都区和成县，淘宝小店和天猫旗舰店成为当时陇南电商创业的主载体和电商交易的主渠道。另一方面，陇南也注重本地电商平台的培育，引导本地传统企业发展电商，激活民间资本投资，加快建设网货供应平台、物流中心、产品研发中心和包装仓储中心。通过双轮驱动，不断完善电商发展的链条，唱好电商发展大戏。

（3）扶贫导向，六路带贫促增收。电商扶贫的目的是促进贫困农户增收，在构建电子商务与贫困农户的利益联结机制上，陇南探索出"六路带动"的经验。①电商网店带贫。在贫困村采取以奖代补的形式推进"一村一店"建设，形成了"一店带多户""一店带一村""一店带多村"的电商网店带动模式。②电商产业带贫。通过"电子商务＋特色产业＋贫困户"的方式，将贫困户直接作为电商企业的供货商，贫困户按标准生产可供网商销售的产品，电商企业以保护价收购，增加贫困户收入。③电商创业带贫。鼓励扶持具有一定发展能力的建档立卡贫困户、返乡青年、未就业大学生、残疾人带头进行电商创业。全市电商"双创"人数达到1.8万余人，其中贫困户直接开办网店285个。④电商就业带贫。打造电子商务生产、加工、包装、物流、营销全产业链，建设"电商扶贫车间"，吸纳建档立卡贫困户就业2万多人。⑤电商入股带贫。引导动员没有创业能力的贫困户将精准扶贫专项贷款、扶贫产业到户资金、土地等入股到电商企业，享受不低于银行利息的分红，增加收入。⑥电商众筹带贫。主要通过"预售＋团购"的方式，借助社会力量，帮助贫困户解决资金不足、销售难、产量低等难题，促进消费扶贫。

（4）大众创业，广泛动员齐参与。为帮助更多百姓电商创业，陇南成立了西北第一家电商职业学院，组建了市县电商培训中心，并通过走出去、请进来的方法，大力开展多层次的电商培训，通过电商"双创"孵化园、产业园等方式进行扶持。到试点完成之际，全市电商"双创"人数达到1.8万余人，形成5.7万多个电商就业岗位。返乡青年、农村"两后生"[①]、家庭妇女等成

---

① 农村"两后生"是指初、高中毕业生未能继续升入大学或中专院校就读的农村家庭中的富余劳动力。

为电商创业和就业的主体。推动"网吧变网店、网民变网商,贫困户变电商户",鼓励大众创业、万众创新,壮大电商队伍。

(5)完善服务,全域联动一盘棋。推进网络建设,全市行政村宽带覆盖率达到77%。强化物流体系建设,陇南所有县区均成立了电商服务中心,所有的乡镇成立了电商服务站,村级服务点覆盖率达到85%以上。县、乡、村三级物流加快发展,全市有物流企业296家,快递服务站1618个,实现了村村通公路,打通了物流最后一公里。强化金融支撑,将农村网店发展纳入惠农贷款支持范围,有针对性地开发信贷产品。

(6)微媒营销,绿色产品广宣传。好产品一定要宣传推介出去。陇南积极创建微媒体宣传矩阵,全市共开设了政务微博2690个,开通政务微信公众平台180个、政务网站385家、商业网站27家,培育了一批知名博主和"陇南美"等影响较大的自媒体。市县乡村广大干部带头,利用微博、微信等新媒体广泛宣传推介电子商务知识和特色农产品,通过挖掘产品特色和文化内涵讲故事、自编微视频等方式,叫卖特色产品,宣传良好生态、旅游产品、民俗文化。

从2013年战略决策、2014年为试点做前期准备,经2015年以来的努力推进,陇南电商扶贫走过了3年左右不平凡的时光。这3年,电商扶贫在陇南率先破冰,初战告捷,全市已开出近万家网店、5000多家微店,累计销售超40亿元。其中,参加试点的450个贫困村开办网店800多家,电商直接带动64万贫困群众人均增收430多元。① 这不仅让陇南受益,而且对国家电商扶贫工作的全局意义重大。2016年9月,全国电商精准扶贫现场会在陇南召开;10月,陇南获得"全国电商扶贫示范市";时任国务院扶贫办主任刘永富称陇南为全国开展电商扶贫提供了可复制、可推广的经验——陇南模式。2016年11月,国务院扶贫办等16部门发布《关于促进电商精准扶贫的指导意见》,全国农村电商扶贫快速展开、全面推进。

---

① 刘永富. 在全国电商精准扶贫现场会上的讲话[M]// 陇南市扶贫开发办公室. 电商扶贫看陇南. 兰州:甘肃文化出版社,2016.

| 专栏 6-1　陇南市宕昌县沙湾镇大寨村第一书记宋鹏 |

2015年8月，天津大学科学技术发展研究院教师、30岁的宋鹏远赴1800公里外秦巴山区腹地的甘肃省陇南市宕昌县沙湾镇大寨村担任党支部第一书记；2016年8月，他兼任大寨村驻村帮扶工作队队长。

为了发展电商产业，宋鹏发起成立了"宕昌县青年电商荟"，在市场、技术、人才、渠道等方面为广大青年电商创业者、从业者提供服务，助力农村青年电商创业。由他组织开展的"农村电商培训生培训"，为大寨村培训农村电商人才、经营型人才24名。村里通过举办"农村电子商务能力提升暨农民专业合作社规范化建设培训班"，培训乡镇干部、村干部、农民专业合作社理事长180余人；成立"电商工作室"，培育、孵化创业项目12项，协助注册合作社4家，注册公司1家。在宋鹏的带领下，大寨村村集体经济、网货产品、农村经营型人才从无到有，全村呈现出自力更生、积极向上的良好风气。2018年，宋鹏荣获全国脱贫攻坚奖创新奖。

四、陇南模式 2.0：聚力"四战"，将电商赋能的路越走越宽

在陇南电商扶贫取得初步和令人鼓舞的成果时，初级农产品不适应规模化电商扶贫的问题也逐步暴露出来。初级农产品"有产无量、有品无牌"，形成了一些消费热点，但极易被模仿和替代；初级农产品的标准化缺乏，甜度、成熟度、口味等都没有办法固定；以小农户和个体电商为代表的市场主体发育不足，数量多、规模小、组织分散……这是陇南电商扶贫转型升级面临的深层问题，也是中国农村电商扶贫面临的共性问题。在成为全国电子商务示范城市的目标达到后，陇南针对这些问题，通过打好电商发展整体战、融合战、质量战、全域战，将电商赋能的路越走越宽。

（1）打好整体战。"整体战"就是要促进电商、供应商、物流商的"三商"整体联动，要形成稳定的产业链，为此陇南找到了两个突破口。其一，将电商植入农民合作社中，通过引导合作社转型电商或电商团队入股、代运营合作社等方式，实现做大产销规模。2019年全市新增融合电商合作社249个。

宕昌哈达铺中药材联合社通过电商植入，开办天猫网店、微店等，2019年线上线下累计交易额达1300余万元，带动贫困户903户3794人。其二，县级电商平台"展"转"销"。转换县级网货展销中心角色，由"看"变"卖"、由"展"变"销"。成县的"陇小南"团队整合全市110多家企业，500多款网货入驻分销平台，在全国范围吸纳分销代理1.1万余人，线上销售2230万元。这些平台提供集储存、分拣、包装、配货、送货等为一体的电商综合性服务，有效解决了中小网商单打独斗、有店无货、高成本低效益等问题，弥补了县级电商中心孵化、服务功能的不足，密切了"三商"联动关系。

（2）打好融合战。①"2B"与"2C"融合，陇南电商发展初期主要是以直接面对消费者的"2C"业务为主，随着产业链的完善，陇南面向批发商的"2B"业务"陇南1688产业带"也逐渐发展壮大起来，2019年平台总入驻商家400家，线上销售额达到5亿多元，实现大宗农产品类目国内排名第一。②境内与境外融合，陇南抢抓"一带一路"和"中新南向通道"物流节点建设机遇，帮助电商企业新增办理对外贸易企业资质22家。礼县、康县、徽县跨境电商交易额分别达到1.8亿元、780.9万元、201.5万元。礼县远亮、长城果汁等企业的产品出口泰国、阿联酋、孟加拉国、日本、美国等国家，让陇南特产走出了国门。③线上与线下融合，陇南电商通过互联网"引流"，结合本地民俗文化和美丽风光的宣传，开展了一系列线上线下融合、农旅融合、社会热点与电商营销融合的活动，促进线上线下相互引流和交易转化。在2019年甘肃（陇南）茶文化旅游节上，九县区电商分管领导通过淘宝直播带货，吸引170万粉丝在线观看，实现销售额91.2万元。礼县苹果节期间，在字节跳动公司支持下，通过抖音带货，卖出苹果8.8万单，销售额达377万元。而这些活动的开展，又推动陇南电商从单纯的电商卖货向内容电商、体验电商等平台载体转化。

（3）打好质量战。①提升网店质量，在鼓励创业的同时，大力促进传统企业转型做电商，改善电商队伍的结构和整体实力。②提升网货质量，各县（区）以特色农产品为依托，按照电子商务法和平台规则的要求，积极为开发出来的网货办理上网销售的资质认证，解决标准化和规模化供货问题。注册了"礼县苹果""陇南绿茶"等产品品牌，创建了"南秦岭""遇见康县"等区域公共品牌，广泛宣传，着力营销，解决"有品无牌"问题。

（4）打好全域战。陇南自2016年以来，以每年3000多公里的速度推进农村通畅通达工程，新修高速公路6条666公里，2017年9月兰渝铁路通车，2018年3月陇南成县机场建成通航，结束了不通"铁公机"的历史，让陇南"山不再高、路不再漫长"。陇南的电商从初级农产品网销即"+农业"开始，不断向"+加工业"和"+服务业"延展，从农产品初加工进入到农产品精深加工、农旅融合的领域。例如，成县家裕农业合作社从开淘宝中药材零售小店起步做电商，目前已发展成一家集核桃、中药材种植、生产加工和销售为一体的新型综合性电商企业。合作社整合了27个贫困村的核桃园1500余亩，实现年加工优质适销核桃产品3000多吨，研发的"同谷家裕"牌系列产品20多款，建立了坚果炒货加工、大型保鲜库及枣夹核桃仁、琥珀核桃仁、蜜饯核桃仁、核桃早茶等多条生产线，产品除了自营网销，还向其他网店、微店和平台供货。让电商从销售初级农产品的产业定位向一二三产业全面延展、全面覆盖，正是陇南电商"全域战"要实现的目标。

截至2020年，陇南市共开办网店1.4万家，累计销售额220多亿元，带动50万贫困群众实现增收，电商扶贫对贫困户人均贡献额从2015年的430元增长到2020年的930元。[①]

◎ **经验启示**

（1）电商模式摆脱了地理位置偏远、交通条件不便等对农产品销售的束缚，架起了偏远地区农产品进入城市市场的"天路"。陇南由于交通闭塞，长期处于抱着"金饭碗"而贫穷的尴尬境地，陇南电商扶贫通过运用电子商务，帮助贫困地区的产品尤其是农产品打开销路、创立品牌、兴建基础设施、进行人才培养等。利用互联网技术帮助农货出山、出村，丰富了城里人的餐桌，也促进了农民增收、农业转型升级。当然，电商扶贫的发展也离不开互联网、交通、电力、物流和仓储等基础设施建设。

---

① 中华人民共和国国务院新闻办公室. 人类减贫的中国实践[N]. 人民日报, 2021-04-07(9).

（2）电商扶贫打通农产品上行通道，改变了传统农产品生产销售方式，以电商扶贫为代表的农村数字经济已经成为"三农"发展新动能。电商扶贫促进了农村产业发展。一方面，打通农产品上行通道，使贫困地区农产品直接融入市场经济产业链和国际国内供应链中；另一方面，改变了传统农产品生产销售方式，赋能龙头企业、合作社、个体户等市场主体，形成更加稳定的利益联结机制，为农村产业兴旺奠定了坚实基础。

（3）数字成为新农资，手机成为新农具，直播成为新农活，电商扶贫为农村全面发展注入新活力。电商扶贫注重扶贫与"扶志""扶智"相结合，从单纯地给钱给物转变为物质扶贫与技术扶贫、教育扶贫相结合。电商扶贫充分调动贫困户积极性，激发内生动力，培养了数百万的新型农民，吸引大批人才返乡创业，为农村发展源源不断注入活力。"数字成为新农资，手机成为新农具，直播成为新农活"，农民的思维方式得以转变，创新意识被大大激发。

（4）农村电商的进一步发展，必须更加关注系统的演化和生态的演进。发展农村电商并以此助力扶贫，当然需要根据电商的特点在市场前端发力，包括要对接和拓展电商交易通道，采用和改善电商营销方式，学习和提升电商运营技能，等等。然而，如果这些努力与产业后端脱节，无法从产业链、供应链、服务链的不断改进中获得有效支撑，那么农村电商及电商扶贫就不可能行稳致远。陇南开始发展电商，是以解决农产品卖难问题为初心。经过近年来持续发力，陇南电商交易的网货品种、内容和产品结构，发生了明显改观。以发展电商解决农产品"卖难"，又以电商倒逼产业升级，实行供给侧结构性改革，包括对初级农产品进行二次产业的精深加工和三次产业的服务增值，已成为陇南电商人的共识和实际行动。让电商从销售农产品的产业定位向一二三产业全面延展、全面覆盖，给陇南电商的产业结构、产品结构，给"三商"联动的范围、内容，都带来了切切实实的改变。

案例编写：魏长仙

专题七：旅游扶贫

花茂人的笑

——贵州省遵义市花茂村农旅文融合发展促脱贫

◎ **案例导读**

旅游扶贫是一种全新的扶贫模式，贫困地区借助自身资源禀赋扶持旅游发展，带动地区经济增长，进而脱贫致富。如何守住青山绿水，留住美丽乡愁？如何把产业当景观，把农村当景区？如何通过"让农村美起来"实现"让农民富起来"？2015年6月，习近平总书记考察了贵州的一个小村庄，看见美丽的村貌，他说："怪不得大家都来，在这里找到乡愁了"①，在农家小院他还对大家说，"党中央的政策好不好，要看乡亲们是笑还是哭"②……花茂人的笑讲述的就是发生在这里的案例故事。

◎ **政策安排**

2013年12月，中共中央办公厅、国务院办公厅印发《关于创新机制扎实推进农村扶贫开发工作的意见》，将乡村旅游扶贫列为新时期扶贫开发的十项重点工作之一。

2014年8月，国务院印发《关于促进旅游业改革发展的若干意见》，提

---

① 中国共产党新闻网. 遵义会议八十年，习近平故地重返说了啥？[EB/OL].（2015-06-17）. http://cpc.people.com.cn/xuexi/n/2015/0617/c385474-27169332-5.html.
② 习近平在贵州调研时强调看清形势适应趋势发挥优势　善于运用辩证思维谋划发展[N]. 人民日报，2015-06-19（1）.

出要大力发展乡村旅游，依托当地区位条件、资源特色和市场需求，挖掘文化内涵，发挥生态优势，突出乡村特点，开发一批形式多样、特色鲜明的乡村旅游产品。加强乡村旅游精准扶贫，扎实推进乡村旅游富民工程，带动贫困地区脱贫致富。

2015年8月，国务院办公厅印发《关于进一步促进旅游投资和消费的若干意见》，提出对建档立卡贫困村实施整村扶持。到2020年，全国每年通过乡村旅游带动200万农村贫困人口脱贫致富；扶持6000个旅游扶贫重点村开展乡村旅游，实现每个重点村乡村旅游年经营收入达到100万元。

2016年8月，国家旅游局等12部委联合印发《乡村旅游扶贫工程行动方案》，确定了乡村旅游扶贫工程的五大任务和八大行动，统筹推进乡村环境综合整治专项行动、旅游规划扶贫公益专项行动、乡村旅游后备箱和旅游电商推进专项行动、万企万村帮扶专项行动、百万乡村旅游创客专项行动、金融支持旅游扶贫专项行动、扶贫模式创新推广专项行动、旅游扶贫人才素质提升专项行动。

2016年12月31日，中央一号文件《中共中央 国务院关于深入推进农业供给侧结构性改革加快培育农业农村发展新动能的若干意见》提出，要大力发展乡村休闲旅游产业，充分发挥乡村各类物质与非物质资源富集的独特优势，利用"旅游+""生态+"等模式，推进农业、林业与旅游、教育、文化、康养等产业深度融合，培育宜居宜业特色村镇。围绕有基础、有特色、有潜力的产业，建设一批农业文化旅游"三位一体"、生产生活生态同步改善、一二三产业深度融合的特色村镇。

2018年1月，中央一号文件《中共中央 国务院关于实施乡村振兴战略的意见》提出构建农村一二三产业融合发展体系，实施休闲农业和乡村旅游精品工程，建设一批设施完备、功能多样的休闲观光园区、森林人家、康养基地、乡村民宿、特色小镇。创建一批特色生态旅游示范村镇和精品线路，打造绿色生态环保的乡村生态旅游产业链。大力开发农业多种功能，延长产业链、提升价值链、完善利益链，通过保底分红、股份合作、利润返还等多种形式，让农民合理分享全产业链增值收益。

2018年1月，国家旅游局、国务院扶贫办印发《关于支持深度贫困地区旅游扶贫行动方案》，聚焦深度贫困地区，集中优势力量，强化攻坚责任，提出通过组织实施旅游扶贫规划攻坚工程、旅游基础设施提升工程、旅游扶贫精品开发工程、旅游扶贫宣传推广工程、旅游扶贫人才培训工程、旅游扶贫示范创建工程等具体措施，全力推进旅游扶贫各项工作落地生根。

2018年11月，文化和旅游部、发展改革委、国务院扶贫办等17部委联合印发《关于促进乡村旅游可持续发展的指导意见》，提出乡村旅游要丰富内涵，发展品质，挖掘乡村传统文化和乡俗风情，吸收现代文明优秀成果，在保护传承基础上创造性转化、创新性发展，丰富乡村旅游的人文内涵。要注重农民受益，完善利益联结机制，探索资源变资产、资金变股金、农民变股东的途径，引导村集体和村民利用资金、技术、土地、林地、房屋以及农村集体资产等入股乡村旅游合作社、旅游企业等获得收益；引导贫困群众对闲置农房升级改造，参与以乡村民宿改造提升为重点的旅游扶贫项目；支持当地村民和回乡人员创业，参与乡村旅游经营和服务；鼓励乡村旅游企业优先吸纳当地村民就业。让农民更好分享旅游发展红利，提高农民参与性和获得感。

2019年8月，国务院办公厅印发《关于进一步激发文化和旅游消费潜力的意见》，指出要顺应文化和旅游消费提质转型升级新趋势，深化文化和旅游领域供给侧结构性改革。积极发展休闲农业，大力发展乡村旅游，实施休闲农业和乡村旅游精品工程，培育一批美丽休闲乡村，推出一批休闲农业示范县和乡村旅游重点村。支持红色旅游创新、融合发展。扩大文化和旅游有效供给。

◎ 创新实践

花茂村地处贵州省遵义市播州区枫香镇，原名"荒茅田"，意指贫困荒芜。新中国成立后改名"花茂"，寓意花繁叶茂。花茂村不大，9.8平方公里，辖26个村民组1345户4568人，偏居黔北群山之间，属喀斯特地貌，"地无三尺平，人无三分银"。土地零散、贫瘠导致地上作物收益低，农民增收困难，是一个"出行难、饮水难、看病就医难、农田灌溉难、村民增收难"的典型贫困村庄，全村一度有 2000 余人外出务工讨生活，家里只剩下空巢老人和留守儿童，成了"空壳村"。2014 年花茂村建档立卡贫困户 165 户，贫困发生率为 7.9%。

进入 21 世纪以来，花茂村坚守发展与生态两条底线，以产业扶贫为基础，以红色文化、田园风光、农业产业和乡愁元素为依托，走出了一条农、旅、文融合发展的脱贫之路，不仅吸引外出务工农民返乡就业创业，而且还吸引外地游客到此体验美丽乡愁，使花茂村由曾经的贫困村变成了"山—水—乡愁"元素合一的最美田园。2015 年 6 月 16 日，习近平总书记到花茂村考察，在农家小院他对大家说："党中央制定的政策好不好，要看乡亲们是哭还是笑。"[1] 要让老百姓发自内心地笑，是总书记的嘱托，是"荒茅田"到"花茂村"的蝶变，也是以花茂村为代表的众多后发地区在新时代脱贫攻坚战中要交出的新的答卷。

一、整治村庄环境，宜居宜业宜游

如同很多贫困落后的山区一样，过去的花茂村交通不通、信息闭塞，鸡鸭满地跑、尘土满天飞。2012 年，花茂村成为遵义县"四在农家"创建示范点，所谓"四在农家"，即"富在农家增收入、学在农家长智慧、乐在农家爽精神、美在农家展新貌"。村里以此为契机，争取资金，实施新农村建设，村容村貌开始变化。

要致富，先修路。花茂村虽然距离遵义市并不远，但因为贫穷，只有一条能通车的村道。花茂村首先筹集资金改善出行条件，先建通组路，再修串户路，村民自此不再"雨天一身泥，晴天一身灰"。

同时，积极引导农村住宅和居民点建设，通过各级政府住房改造补贴，建设有当地少数民族特色的民居群落。坚持黔北民居"七大元素"，合理引导农村住宅和居民点建设，以"小青瓦、坡屋顶、转角楼、三合院、雕花窗、白粉墙、穿斗枋"七元素为基调，挖掘培育乡愁文化、农耕文化，家家户户实现庭院绿化整治。

花茂村还积极提升房屋功能和基础设施配套，相继实施了改水、改厕、

---

[1] 习近平在贵州调研时强调看清形势适应趋势发挥优势 善于运用辩证思维谋划发展 [N]. 人民日报，2015-06-19（1）.

改灶、改圈"四改"和健康知识、卫生习惯、清洁环境"三进户",修建污水处理系统,群众生活更加方便。推行环境卫生网格化管理,建立"五户联保"制度和村寨卫生管理公约,通过相互制约、相互监督、定期互评,督促群众养成良好生活习惯。

截至2019年底,花茂村累计新建改建黔北民居1000余栋,串户路硬化率达100%,安装太阳能路灯300余盏,新建人工湿地生态污水处理池4个,种植绿化树木2500余亩,治理生态景观河道8.8公里。花茂村将村庄当景区来打造,宜居宜业宜游。

二、发展生态农业,留住田园风光

发展一个产业、带动一方经济、富裕一方百姓。如何做实做好"产业扶贫"这篇大文章?从资源禀赋来看,花茂村属中亚热带湿润气候,年均气温在17℃左右,光、热、水配合良好,雨、热、光也同季,有利于多种生物的生长。花茂村党员干部认识到,发展产业还得念好"山字经",打好"生态牌",发展生态有机农业成了花茂村的新方向。

2014年,花茂村引进了九丰、赢实、燎原三家公司发展现代山地特色高效农业,共流转土地1800余亩。采取"公司+基地+专业合作社+村委会+农户"模式,以"一事一议"的方式,拉出负面清单进行审核,对需政府"兜底"的贫困人口,探索土地入股、平时务工、年终分红机制帮助其脱贫,用市场手段推进产业化社会化扶贫,逐步实现了由传统农业向现代农业转型,解决了短期脱贫与长期可持续发展问题。

九丰公司投资2.6亿元建设的枫香蔬菜现代高效农业园区,规划为"一园两区",即300亩核心示范园和周边700亩露地果蔬栽培示范区、5万余亩露地果蔬种植辐射带动区,发展设施蔬菜、绿色有机蔬菜,解决200名农民就业。习近平总书记考察九丰园区时说:"我到这里来,主要就是看中你们对农民的带动作用。"[1]九丰公司副总经理闫京罡说,现在明显感觉村民打牌的越来越少,做事的人越来越多。如今园区内近200名员工中,除了十

---

[1] 新华网.习近平考察贵州[EB/OL].(2015-06-17).http://www.xinhuanet.com/politics/2015-06/17/c_115638309.htm.

几名技术员，全部聘用经过培训的本地村民。村民在九丰农业园务工，一个月2000多元工资，在家门口工作，照顾老人孩子也方便，大家都抢着干。

尝到了甜头的花茂村2016年加大了与九丰公司的合作，成立了自己的合作社——遵义绿动九丰蔬菜种植专业合作社。合作社不再使用化肥，改用有机肥，冬天到邻近乡镇去收猪粪、牛粪，发酵后撒到土里，肥力强，也有助于松软土壤。随后，合作社陆续尝试种植西红柿、黄瓜、丝瓜等蔬菜，亩产值均达万元以上。除了九丰公司，赢实公司重点发展中药材和商品蔬菜，燎原公司大力种植黄金奇异果，均采取"公司＋基地＋专业合作社＋村委会＋农户"模式，共赢共建，以市场力量带动花茂村脱贫致富。

在发展高效农业的同时，花茂村探索了"一地生四金"（土地流转得租金、就近务工得薪金、入股村经济合作社得股金、返租倒包得资金）模式，还建立利润返还、股金分红、收益分红等多形式利益联结机制。引导农民将土地经营权、林权、劳务等入股到经营主体，让农民成为产业发展的参与者、受益者，建立利益共享、风险共担的利益共同体。

田园是乡愁的重要寄托，通过产业融合发展，花茂正努力把农业园区建成农旅文一体化示范、现代山地高效农业示范、农业产业化示范、生态农业公园示范，有机农业为村民带来增收的同时，又成为乡村旅游的重要风景。

三、依托红色资源，开发红色旅游

花茂村隶属遵义，距遵义市区不远。遵义有着非常丰富的红色资源，在国内外知名度高。当年中国工农红军二万五千里长征，历时一年零十天，其间，有三个多月转战在遵义的山山水水，红军足迹遍布遵义11个县（区）。目前，遵义有包括遵义会议会址在内的长征红色遗迹80余处，是全国十大红色旅游基地之一，每年有不少中外游客慕名而来。发挥紧靠遵义的区位优势，深度开发红色旅游是花茂村产业升级的机遇窗口。

（1）大力挖掘红色旅游资源。花茂村是红军长征途经之地，红军曾在此停留住宿，并在邻村苟坝村召开了"苟坝会议"。如果说遵义会议是中国工农红军历史上一个生死攸关的转折点，苟坝会议则是这次转折过程中的一个亮点。1935年3月召开的苟坝会议成立了由毛泽东、周恩来、王稼祥组成的三人小组，完成了遵义会议改变党中央最高军事领导机构的任务，进一步确立和巩固了毛泽东在党中央和红军中的领导地位。尽管是一个普通的小村庄，却为中国革命史增添了光辉的一页。

（2）科学制定红色旅游规划。花茂村突出"以人为本、绿色低碳、循环高效、集约发展"的理念，注重生活、生产、生态的和谐共生，实践绿色产业发展与最美乡村建设、新建建筑与旧房改造相结合的创新发展模式，倾力打造全域旅游发展的实验区。遵义县把"苟坝—花茂—土坝"统筹开发，着力打造苟坝红色文化旅游产业创新区核心区，实行镇区一体化管理，规划全域旅游发展，使之成为拉动旅游发展的引擎和全域发展的动力。并以红军革命活动遗址遗迹为基础，传承和弘扬长征精神，注重红色文化和地域文化资源在全景域各点的挖掘、开发和打造，形成了游红色苟坝、观褐色花茂、忆美丽乡愁的经典旅游线路。在花茂村，红色文化元素更是随处可见，无论是民居建筑还是村容村貌，都融入了长征文化印迹和社会主义核心价值观内容。红色文化旅游产业创新区建设，为花茂村乡村旅游的发展注入新的活力与动力，成为引领区域经济社会发展的重要力量。

专栏 7-1　"红色之家"农家乐

王治强是花茂村人，夫妇俩常年在外务工。2014年9月，王治强看到家乡新农村建设带来的巨大改变，决定返乡创业，带着自己多年务工的积蓄，将老房子彻底翻新，投入资金10万元，开办了花茂村第一家农家乐。因老宅在长征期间被红军借宿过，所以王治强将农家乐命名为"红色之家"。

自从2015年习近平总书记到他家做客后，来花茂村游玩的客人，总会专门到他家看看，听他讲讲总书记关心他脱贫致富的情景。"红色之家"农家乐创造就业岗位10个，年收入达30万元以上。目前，村里有乡村旅馆14家、特色农家乐18家、电商10余家、特色产品店28家、陶艺作坊3家。①

---

① 本报记者. 总书记的话带火一片产业[N]. 人民日报，2020-08-05（1）.

四、挖掘本土文化特色，传承乡愁记忆

没有文化支撑、没有地方特色，乡村旅游就难以保持持续和独特的吸引力。在大力发展红色旅游的同时，花茂村开掘自身历史文化，从代代相传的手工技艺中，寻找自己的"过人之处"。

（1）传承非遗文化。花茂陶业始于清代光绪年间，是贵州省级非物质文化遗产。140年传承的土陶工艺，生产的酒坛、泡菜罐、大米缸等，曾是遵义人的家庭必备，被誉为追忆乡愁的符号。民国时期至20世纪60年代，花茂陶瓷厂为国酒茅台生产了大量的酒瓶、发酵坊和酒缸等。乡村旅游逐步发展起来后，花茂村为了让传统手艺重新焕发生机，村里专门送母先才等几个有家传手艺的村民出去学习现代技术，并围绕"陶文化"专门打造了一条集旅游休闲、陶艺展示于一体的陶艺一条街，建成1个村级"非遗"传习所、1个室外"非遗"展示馆，2个"非遗工坊"，开发10余个土陶、纸浆压花画等体验项目。陶艺文化创意一条街还引进了藤编店、陶艺馆、创客中心、农村电商运营中心、青年客栈等新型业态，使新农村与旧土陶完美结合，传统工艺与新兴产业相得益彰，饮食文化+乡村旅游、土陶+创客、农特产品+电子商务等资源的重组，成了花茂的亮丽文化名片。

专栏7-2　母先才的制陶馆

今年53岁的母先才是花茂村的土陶技艺工匠，他家四代做陶，以陶谋生，是目前全村仅存的仍在做陶的手艺人。早前通过制陶卖陶，母先才一年有三四万元的纯收入，但由于需要供养一双儿女读书，家里几乎没有结余。他一度想过放弃，但不忍看到技艺失传，便坚持了下来。

2014年，母先才在政策支持下，申请到小微企业鼓励资金，再加上贷款和借来的本钱，总共投资近百万元，扩大了陶艺馆的规模；2015年，来到花茂村旅游的人逐渐增多，习近平总书记来到花茂村视察后，花茂村人气就旺起来了。母先才收入提高得很快，原来计划20年还清的贷款提前还清，并对制陶工具升级换代，把火窑改成了电窑，减少了污染。

> 母先才过去制作的陶器以生活用品为主，个头大，游客带走很不方便。随着客流量的增多，母先才调整经营思路，开始制作小型工艺品；他还跟当地学校合作，请很多美术学院的学生在陶器上作画。如今，母先才的陶艺馆有陶器纪念品、陶艺制作体验等多种产品和服务。2019年，陶艺馆接待1万多名体验者，卖出1万多件产品，创造利润超过30万元。[①]

（2）保留乡村民风民俗。"山水需可依，乡愁有可寄"，花茂村在保存乡村风貌、乡土味道上着力很多，积极发动农民在房前屋后栽花种草，修缮老式木屋、石板路，保存土院墙、稻草垛，将之作为"乡愁"统统保存下来；精准打造每块田土，强化田土耕作、稻菜结合、山坡绿化、苗林一体；继承原有的田园风光、民族特色、自然面貌、风土人情，保持好传统村落的完整性、真实性和延续性；以"小康六项行动计划"为抓手，全面改善农村路、水、电、通信等基础条件，注重保护一砖一瓦、一草一木、一山一水。

通过农业、旅游、文化一体化发展模式，花茂村将田园风光、红色文化、陶艺文化与产业发展有机融合，村有主导产业、户有增收门路、人有致富技能，外出务工村民从2000多人减少到不足300人，基本实现了农业兴、农村富、农民笑的目标。2016年，花茂村实现整村脱贫。2019年，花茂村接待游客195.47万人次，旅游综合收入19.03亿元，全村农民人均可支配收入从2014年的10948元增加到2019年的18556元。[②] 今天的花茂村，已经是名副其实的"百姓富、生态美"的美丽乡村；今天花茂人的一张张笑脸，已成为花茂村最美的风景。

◎ 经验启示

（1）用好用活旅游扶贫政策，激活发展的内生动力，是旅游脱贫的基本前提。要用好用活国家旅游扶贫政策，同时针对性地制定相关政策，推进农

---

① 彭典. 脱贫攻坚地方行：母先才笑了[EB/OL].（2019-07-25）. http://news.cnr.cn/native/gd/20190725/t20190725_524705589.shtml.
② 做活乡土文章 打造诗画乡村[N]. 贵州日报，2020-11-15（3）.

村"三变改革"即资源变资产、资金变股金、农民变股东,盘活茶园、水田、山林、旱地、房屋等沉睡资源,积极创新经营管理模式,打造农业产业观光园区,建立合作社与农民的利益共同体,从而实现农村资源"活"起来、农村产业"动"起来、旅游观光"兴"起来、贫困群众"富"起来。

(2)做强旅游业配套服务,是旅游脱贫的重要保障。要以旅游点为中心,围绕"吃、住、行、游、购、娱"和"闲、情、奇、商、养、学"新旧六要素,增加有效供给,精心布局配套服务设施,加快建设和完善交通、能源、通信、水利等配套基础设施,夯实贫困乡村旅游经济发展基础。

(3)将旅游业和其他相关产业深度融合、一体发展,是旅游脱贫的关键所在。要推动旅游业与现代山地高效农业、山地特色新型城镇化融合发展,与大健康、文化、体育等相关产业共生共荣,不断丰富旅游业态,加快产业转型升级,有效延长产业链、价值链,着力形成"全景域体验、全过程消费、全产业融合、全民化共享"的全域旅游新模式,实现相互搭台,形成发展脱贫攻坚的强大合力。

(4)坚持全景打造,融入旅游业的大格局,是旅游脱贫的有效抓手。花茂村积极链入遵义红色旅游大链条,融合乡村田园风光、红色旅游文化、非遗陶艺文化、民族民俗文化,逐步形成城乡互融、类型丰富的旅游格局,拓宽贫困群众增收渠道,让旅游业成为百姓致富新路子,让贫困户真正在推进旅游扶贫中受益。

案例编写:魏长仙

专题八：光伏扶贫

"阳光"生财 "百姓"致富
——山西省大同市天镇县光伏扶贫探索[*]

◎ 案例导读

光伏扶贫是国务院扶贫办2015年确定实施的"十大精准扶贫工程"之一，主要是利用某些贫困地区太阳能资源丰富的优势，通过在荒山荒坡、农业大棚和住房屋顶上铺设太阳能电池板，达到扶贫开发和新能源利用、节能减排相结合的目的。光伏发电清洁高效、技术可靠、建设期短、收益稳定，相对一般性的产业扶贫手段优势明显。大同市天镇县充分利用丰富的太阳能资源以及良好的电网接入条件，在光伏扶贫产业上大胆试、勇敢闯，逐步探索出了一种光伏扶贫新模式。"阳光"如何生财？"百姓"如何致富？"光伏+"模式如何打造？益贫机制怎样实现？这是本案例要讲述的故事和回答的问题。

◎ 政策安排

2014年10月，国家能源局、国务院扶贫办印发《关于实施光伏扶贫工程工作方案》，提出实施光伏扶贫的工作目标及原则、内容及任务、组织和配套政策措施等，明确建立国家统筹、地方配套、银行支持、用户出资的多种资金筹措机制。电网企业要配合完成规划与试点工作方案，做好与光伏扶

---

[*] 本案例的写作得到了山西省、大同市、天镇县扶贫办的帮助和支持。

贫项目相适应的电网建设和改造。

2016年3月，国家发展改革委、国务院扶贫办、国家能源局、国家开发银行、中国农业发展银行联合印发《关于实施光伏发电扶贫工作的意见》，明确"准确识别确定扶贫对象、因地制宜确定光伏扶贫模式、统筹落实项目建设资金、建立长期可靠的项目运营管理体系、加强配套电网建设和运行服务、建立扶贫收益管理制度、加强技术和质量监督管理、编制光伏扶贫实施方案"等8项重点任务，原则上应保障每位扶贫对象获得年收入3000元以上。

2017年8月，国家能源局、国务院扶贫办印发《关于"十三五"光伏扶贫计划编制有关事项的通知》，明确"以村级光伏扶贫电站为主要建设模式，村级电站应在建档立卡村建设，单个村级电站容量控制在300千瓦左右（具备就近接入条件的可放大至500千瓦）"。

2017年9月，国土资源部、国务院扶贫办、国家能源局印发《关于支持光伏扶贫和规范光伏发电产业用地的意见》，要求光伏发电规划应符合土地利用总体规划等相关规划，可以利用未利用地的，不得占用农用地；可以利用劣地的，不得占用好地。禁止以任何方式占用永久基本农田，严禁在国家相关法律法规和规划明确禁止的区域发展光伏发电项目。

2017年12月，国务院扶贫办印发《村级光伏扶贫电站收益分配管理办法的通知》，明确"村级扶贫电站资产确权给村集体，联村扶贫电站资产按比例确权至各村集体。村级光伏扶贫电站的发电收益形成村集体经济，用以开展公益岗位扶贫、小型公益事业扶贫、奖励补助扶贫等。村级光伏扶贫电站收益分配和使用应统一设立账簿和科目，分村建立台账"。

2018年3月，国家能源局、国务院扶贫办印发《光伏扶贫电站管理办法》，明确"光伏扶贫是资产收益扶贫的有效方式，是产业扶贫的有效途径。光伏扶贫电站由各地根据财力可能筹措资金建设，包括各级财政资金以及东西协作、定点帮扶和社会捐赠资金。光伏扶贫电站不得负债建设，企业不得投资入股"。鼓励光伏企业积极履行社会责任，采取农光、牧光、渔光等复合方式，以市场化收益支持扶贫。

2020年2月，国务院扶贫办、财政部印发《关于积极应对新冠肺炎疫情影响切实做好光伏扶贫促进增收工作的通知》，明确"为减少疫情对务工增收的影响，2020年光伏扶贫发电收益的80%用于贫困人口承担公益岗位任务的工资和参加村级公益事业建设的劳务费用支出，支持鼓励贫困劳动力就地就近就业。疫情严重地区也可以奖励补助方式，对在防疫工作中表现突出的贫困户予以奖励，对受疫情影响生活陷入困境的贫困群众和因疫致贫返贫群众予以补助"。

◎ 创新实践

大同市天镇县，地处山西、河北、内蒙古三省（区）交界处，素有"鸡鸣一声闻三省"之称。全县总面积1718平方公里，辖5镇7乡、235个行政村，是燕山—太行山集中连片特困地区国家扶贫开发工作重点县。2014年，精准识别贫困村126个，建档立卡贫困人口1.98万户4.81万人，贫困发生率为25.2%。

光伏扶贫是天镇县产业扶贫"百花园"中最为绚烂的"花朵"。在光伏扶贫的实践与探索中，天镇县上下横下一条心、拧成一股绳，立足荒坡多、日照时间长的地理和自然优势，充分发挥光伏这一新能源"绿色、科技、可持续"的优势，大胆试、勇敢闯，在实施建设、运行维护、收益分配、"光伏+"模式上蹚出了一条具有天镇特色的发展路径。

一、突出"四项措施"，确保电站质量

为保证村级电站收益和贫困村集体经济收入最大化，在坚持财政全额投资、不用企业参股的基础上，成立专门的管理平台，全程负责电站的前期准备、施工管理、运行监管和收益结算，特别是强化"四项措施"，打造精品工程，为光伏扶贫产业的高质量发展提供了坚强保障。

（1）用适合的地块建。认真把握光照时间充足、节约集约用地、就近并网接入、便于管理维护4条原则，聚焦温度、海拔、光照角度等关键性技术因素，经过科学对比分析与综合效益评价，合理选址。

（2）上过硬的队伍干。在施工队伍选聘中，充分考虑施工队伍资质、业绩和建设模式，采取EPC总承包方式，强中选强。

（3）选质优的产品用。无论大小设备、配件，特别是光伏组件、逆变器等核心设备，重点考虑产品品牌知名度、性价比，以及是否当年量产的主流产品，确保产品质量和性能，优中选优。

（4）以严格的监管抓。聘请专业技术总监，全程参与规划和现场施工管理，严把组件布置、线路连接、设备调试、智能通信接入等关键技术环节，严格技术交底、方案报审、设备检验、并网试运等关键程序，不放过任何一个细节，保证电站建设质量过硬，精益求精。

二、围绕"三个权重"，确保精准确权

围绕电站资产确权，天镇县综合考虑贫困村大小、贫困人口多少、集体经济强弱"三个权重"等因素，确定了"单村归本村、联村因素分、精准到阵列、证书发到村、百姓全知晓"的办法，并制定出台《村级光伏扶贫电站资产权属管理办法》《村级光伏扶贫电站收益分配管理办法》，明确电站资产归村集体所有，县、乡、村三级建立村级光伏扶贫电站资产信息登记、资产确权管理"两本台账"，发放村级确权证书，组织村民代表实地认领。7个单村电站，全部确权到了本村；联村电站按照贫困人口规模，130人以下的小村，保底100千瓦，保证村集体经济收入10万元以上；在此基础上，130人以上的大村，再按照贫困村贫困人口数量占比确权。光伏扶贫电站明晰产权后，群众的获得感油然而生，这些现代科技给贫困村集体和贫困户带来源源不断的资产性收益，真正建立起了一座用之不竭的"绿色银行"。

| 专栏8-1　中地万头良种奶牛科技园区800千瓦牧光互补联村电站 |

国家级农业产业化龙头企业北京中地种畜股份有限公司投资建设的中地万头良种奶牛科技园项目位于天镇县甘里铺工业园区，于2014年7月开工，规划总投资7.66亿元，占地1300亩，存栏奶牛1.2万头，日产奶量210吨，是全省单体最大的现代化优质奶牛养殖场之一。基于该项目，天镇县创新光伏电站建设模式，利用中地万头良种奶牛科技园区牛舍棚顶建设800千瓦光伏扶贫电站，这种分布式"牧光互补"多村一站模式从

> 2016年12月底并网发电后,至2020年8月底,已实现收益297.9万元,同时按照每村100千瓦规模分别确权到王家山、盆儿天、韩家梁、冯奈庄等8个贫困村,将光伏收益分配到村,由村集体实施二次分配。中地万头良种奶牛科技园区800千瓦牧光互补联村电站,既带动贫困户脱贫增收,又发展壮大村集体经济,带来了实实在在的效益。

三、坚持"三化运维",确保科学管理

光伏扶贫,建设是基础,运维是保障。为了保证光伏扶贫电站长久稳定运营,由县光伏扶贫领导小组统一负责,实行"三化"运维,突出"三性"效果。

(1)实行市场化运作,突出专业性。采取政府主导、专业化运维、公司化管理的运营机制和第三方公司托管的运维管理模式,科学管理,确保效益。天镇县通过认真研究比选,最终确定选聘在县内建有大型光伏电站的省属重点国有企业、山西最大的清洁能源企业——晋能集团,作为第三方单位,承担全县村级光伏扶贫电站运维管理任务;明确每千瓦发电量保底要求,根据实际运行情况进行奖惩。同时,要求运维单位依据国家光伏电站管理标准,全面落实运维机制,建立健全了《光伏扶贫电站运行规程》《安全生产制度》等各类规章制度,强化日常运行监测、每月定期巡检、每季清洗组件、年度专业检修和相关运维人员技术、安全培训管理,保证运维工作质量。

(2)实行信息化监控,突出及时性。2019年4月,在全国首批应用"全国光伏扶贫信息管理系统",实现全部村级扶贫电站实时运行数据的全国联网监控、智能信息化分析,及时发现、迅速处理电站故障,最大程度减少故障损失。同时,严格控制运维费用,做到不乱花一分钱、每一分钱都花到刀刃上。

(3)实行责任化管护,突出参与性。明确相关村集体管护责任,单村电站实行"站长制",由村"两委"从建档立卡贫困户中确定1~2名电站管护人员,负责日常管护和安全生产;联村电站实行"认领制",组织村民代表现场认领电站,定期组织清洁,激发村民参与保护电站的主人翁意识,营

造了人人关心、人人参与的电站管护浓厚氛围。

四、注重"三个环节",形成推进合力

健全责任体系,明确责任分工。县里成立光伏扶贫领导小组,由县委书记、县长任组长,县委、县政府分管领导任副组长,吸收供电公司、审计局、纪委监委、各乡镇为成员单位,细化明确责任,形成了责任清晰、各负其责、合力推进的责任体系。

(1)注重规划设计审核,提升电站建设水平。一般规划设计单位的项目设计都是按照常规标准进行,属于保险性方案,不能充分结合各地实际,最大限度发挥项目效益。为了最大限度提升光伏发电效率,本着实事求是、因地制宜,注重细节、精益求精的原则,县里对设计单位编制的初步设计,组织专家再次进行论证完善。比如:在光伏组件的组串数量上,一般设计单位组串的串联数量以18~20片为多,天镇县结合本地气候条件,将组串数调整为22~24片,使光伏组件与之相匹配的逆变器早上早启动半个小时发电、晚上迟关停半个小时发电,实际相当于每天增加有效发电时间1小时。再比如,在光伏组件安装倾角上,从理论上说,应以当地纬度加5°~10°为最佳角度。如天镇大约在北纬40°,最佳角度应在45°~50°。但在具体设计中,主要考虑风载量等因素,实际角度选择为37.5°。通过以上措施,天镇县实施的黑石梁联村电站年有效发电可达到1800小时以上,超过同类地区参考标准1500小时的20%。

(2)注重电站运行监测,及时发现、处理故障。由第三方运维公司负责,通过全国光伏扶贫信息管理系统远程智能监控,及时发现电站故障,及时处理消缺。县管理平台日常监督检查运维公司工作情况,县能源局每月检查各电站发电情况,年度考核运维公司工作成效,并将此作为运维费用支付的重要依据。

(3)注重光伏资金监测,实行闭环管理。供电公司按月结转电费;县光伏扶贫领导组下达计划,结转平台在扣除税费、保险费后,全额拨付各村;村"两委"再按照程序组织实施。整个过程中,扶贫办、纪委监委、审计局、

乡镇多方联动，形成监督合力。同时，畅通群众信访举报渠道，确保每一笔光伏资金在阳光下操作。

五、严把"三道关口"，确保扶贫效益

2017年6月，习近平总书记在太原深度贫困地区脱贫攻坚座谈会上指出："在具备光热条件的地方实施光伏扶贫，建设村级光伏电站，通过收益形成村集体经济，开展公益岗位扶贫、小型公益事业扶贫、奖励补助扶贫。"①这为天镇县光伏扶贫收益分配指明了方向，提供了操作指南。天镇县严格把好"三大关口"，确保收益分配公平、合理、透明。

（1）把好"办法制定关"，提升科学指导。按照上级有关政策要求，结合天镇县实际，在制定收益分配管理办法的基础上，完善了公益岗位考评、村级分配考核等配套制度，为全县光伏扶贫收益分配工作提供科学指导。

（2）把好"使用范围关"，激发内生动力。按照公开公平公正原则，天镇县光伏扶贫收益实行村集体"二次分配"，突出以劳获酬，坚持因村制宜、结合实际，126个贫困村共设立保洁保绿、垃圾清运、养老护理、纠纷调解、水电管护、电站管理等固定公益岗位1764个，并依据工作量大小，合理确定工资标准，年平均工资5000元；因地制宜开展环境治理、道路维修、饮水维修、扶贫超市建设管理、防火防汛防疫等小型公益事业，办好集体的事，并注重吸收贫困人口参与、增加务工收入；对新考取大学生、孝亲敬老模范、主要脱贫典型、创业就业先锋等先进行为给予奖补。

（3）把好"发放程序关"，强化分配监督。严格落实群众民主评议、乡村两级公示"一评议两公示"的工作流程，贫困村年初制订使用计划，全程接受各方监督、年底进行结果公示；乡镇成立由乡镇长牵头的光伏收益分配领导组，对村级收益使用计划和发放情况进行审核监督；县里组织扶贫、审计部门，不定期对村级收益发放情况进行抽查检查，收益分配情况全部录入全省光伏扶贫收益分配系统，实现大数据管理，确保每一分钱都花在刀刃上。

---

① 习近平.在深度贫困地区脱贫攻坚座谈会上的讲话[M].北京：人民出版社，2017：10.

> **专栏 8-2　谷前堡镇一畔庄村 100 千瓦村级电站**
>
> 在天镇县谷前堡镇一畔庄村幸福大院旁的空地里,一排排蓝色的光伏板在阳光下熠熠生辉,蔚为壮观,这是当地装机 100 千瓦的光伏扶贫电站项目。在村民眼里,光伏电站是"聚宝盆"。村民介绍,这个占地只有 3.5 亩的村级光伏扶贫电站,从 2017 年 11 月 23 日正式并网发电,到 2020 年 8 月底,已累计发电 46.26 万千瓦时,实现收益 40.71 万元。一畔庄村光伏扶贫电站是天镇县首批 20 个村级试点电站之一,也是全县 7 个"一村一站"单村电站之一。近年来,该村按照"有能力的扶起来,没能力的带起来,老弱病残保起来"的脱贫振兴思路,通过"挣、奖、补"3 种途径,为不同劳动能力和特长的贫困户设置公益岗位,勤劳致富,到 2017 年底所有贫困户全部实现脱贫,2019 年全村人均可支配收入达到 9280 元,成了远近闻名的富裕村。

六、"四级"共同发力,谱写光伏华章

光伏扶贫这一"阳光"事业推动了"百姓"致富。天镇县、大同市、山西省、国家光伏扶贫项目组,从不同的层级共同发力,谱写了一曲光伏扶贫的华彩篇章。

(1)天镇县是全国光伏扶贫首批试点县,也是山西省深度贫困县之一,属于太阳能资源丰富带,2015 年被评选为中国新能源产业百强县,在全省率先实现了贫困村村级光伏扶贫电站全覆盖、集体经济全破零和行政村光伏扶贫收益全覆盖。2020 年 9 月 22 日,国务院扶贫办、国家能源局在山西省大同市召开全国光伏扶贫工作现场会,来自全国 27 个有光伏扶贫任务的省(区、市)扶贫办(局)、发改委、能源局的分管负责同志齐聚大同,深入交流光伏扶贫的经验做法,并随后来到天镇县进行了现场观摩。在观摩中,天镇县探索出的一些新经验、新做法,赢得了观摩同志们的广泛认同和赞许。

近年来,天镇县委、县政府在光伏扶贫产业发展上不断探索、不断创新、不断实践,为全省、全国推广光伏扶贫探路子、摸经验,先后建成并网

光伏扶贫电站 6.48 万千瓦，其中村级电站 2.45 万千瓦、地面集中电站 4 万千瓦、户用电站 300 千瓦。截至 2020 年 8 月底，村级光伏电站累计实现收益 9980.01 万元，光伏扶贫受益贫困人口 3.26 万人次，让广大群众真真切切地享受到了党和政府的"阳光"温暖。2020 年 2 月 27 日，经山西省政府批准，天镇县实现了脱贫摘帽。

（2）天镇县的光伏扶贫实践是大同市推进光伏扶贫的一个"缩影"。大同市到 2019 年底，共建成光伏扶贫电站 72 座，装机总容量 12.5 万千瓦，实现了全市贫困县区所有贫困村光伏扶贫电站全覆盖。截至 2020 年 8 月底，大同市村级电站累计发电量 4.67 亿度，光伏扶贫收益 4.07 亿元，惠及全市 745 个贫困村、7.47 万建档立卡贫困人口。全市每个贫困村每年光伏收益能达到 20 多万元，收益可以持续 25 年左右。近年来，全市光伏扶贫电站收益用于公益岗位、小型公益事业、奖励、补助等的扶贫资金累积到 2020 年 11 月底达 39923.64 万元，惠及 7.56 万人。

（3）山西省光伏扶贫项目，截至 2019 年底，实现总装机 294.4 万千瓦，规模总量位居全国第二。建设有村级光伏扶贫电站 5479 座、155.4 万千瓦，集中光伏扶贫电站 53 座、139 万千瓦，涉及 11 个市，75 个县（58 个贫困县、17 个非贫困县）。光伏扶贫在山西让"靠天吃饭"有了新注解，扶贫效应正在逐步显现，成为山西省贫困地区挖掘资源禀赋优势、实现转型发展的靓丽风景。2018 年，山西光伏产业扶贫获得"中国能源产业扶贫政府创新奖"。2019 年，山西省产业扶贫工作站因为组织实施光伏扶贫效果突出，荣获"2019 年全国脱贫攻坚奖组织创新奖"。

截至 2020 年 10 月，山西省已建成 5532 座光伏扶贫电站，累计结算收益 34.3 亿元，惠及 9831 个村，帮扶带动 69 万贫困人口致富增收。新冠肺炎疫情发生以来，山西省 2020 年度光伏扶贫收益超过历年总和，年底有望突破 18.6 亿元。光伏扶贫电站收益的 80% 重点用于贫困人口承担公益岗位工资和参加村级公益事业劳务费用，可安置 23 余万贫困户实现就地就近就业，人均 5000 元以上。

（4）国家光伏扶贫模式取得巨大成就。党的十八大以来，国家光伏扶贫项目组认真贯彻落实党中央、国务院精准扶贫精准脱贫方略，积极创新探索"新能源+扶贫"模式，构建符合我国脱贫攻坚实际的精准可持续的光伏扶贫模式，光伏扶贫取得了明显成效。截至2020年底，全国光伏扶贫容量达到1865万千瓦，10万个村有村级电站，村年均收益20万元左右，提供公益岗位125万个。2020年，国家光伏扶贫项目组荣获"2020年全国脱贫攻坚奖组织创新奖"。

◎ **经验启示**

打赢脱贫攻坚战，光伏产业既是攻坚利器，又是坚实保障。大同市天镇县光伏扶贫的推进体现出，加强领导是基础，资产确权是关键，运维管理是保障，收益分配是核心。这为解决好精准扶贫、产业扶贫政策在农村有效实施落地问题和新能源产业的转型升级，提供了有益经验和启示。

（1）突出以劳获酬，是提升光伏扶贫效益的重要举措。扶贫重在扶志。如果简单发放补助，势必形成"养懒汉"不良风气，也容易引起其他群众不满。为此，天镇县注重通过设立公益岗位、吸引贫困劳动力参与的方式，促进贫困人口以劳获酬，既增加家庭收入，又树立个人尊严。目前全县共设立光伏扶贫公益岗位4800多个，通过这一方式发放的收益占到40%以上。与此同时，加大激励性补助力度，除特殊困难户外，重点结合易地扶贫搬迁入住、土地复垦、孝贤，进行脱贫典型奖励，充分激发内生动力。

（2）坚持集体经济办集体的事，是实现光伏扶贫可持续发展必然选择。光伏发电作为新能源的朝阳产业具有良好的民生效益、社会效益，在贫困地区脱贫攻坚和乡村振兴中将发挥举足轻重的作用。光伏扶贫电站正常生命周期为25年，光伏扶贫收益分配工作也将持续25年，如何保证光伏扶贫工作持续健康发展，必然要尽可能用集体经济收益办好集体的事情，让更多的群众受益，让最广大的群众共享发展成果。对此，天镇县重点利用光伏扶贫收益，加大环境卫生整治、扶贫扶志超市建设、设置孝贤基金等公益事业投入，提升群众的认可度、满意度。

（3）推动"光伏+"与产业、就业互融互促，释放综合效益。天镇县在保障光伏电站稳定运行的前提下,根据每个电站不同的情形,宜农则农、宜牧则牧,推进"光伏+"综合开发利用。深化农光互补模式,充分利用光伏电站闲置土地,积极推广种植适宜经济作物,增加群众收入;深入牧光互补模式,通过发展畜禽养殖业提升土地利用率和单位面积效益;积极探索建筑光伏一体化,实现增效节能并举,开拓光伏扶贫电站建设新路径。在实践中,天镇县根据国家政策,创新推进"光伏+",充分挖掘光伏扶贫发电、土地流转、公益劳务、产业发展等收益,探索出户用、村级、联村3种模式,搭建了运维、短信、保险、智慧4个服务平台,最大限度释放综合效益。一块土地给村集体带来光伏发电和农业生产双重效益,给贫困户带来了发电分红、就业收入、岗位收入,实现了"一块土地双重效益三份收入"。

(4)光伏扶贫与光伏产业相互促进发展,实现共赢。天镇县充分利用当地的土地资源,发展光伏产业,有效地将光热能源转化成经济收益,在推广新能源新技术的同时,也富裕了一方百姓,可谓一举两得。扶贫的关键不是"输血",而是帮助其"造血",在这一点上,光伏扶贫具有得天独厚的优势。扶贫资金帮助其建立户用光伏发电系统后,可以为其提供周期较长的稳定收入来源,实现由"短期输血"到"长期造血"的转换。伴随着光伏扶贫政策的不断完善,光伏扶贫工程健康快速发展的同时,也会提升光伏产业的发展动力,实现扶贫与产业发展的共赢。

案例编写:邹德文　张俊鹏

第三篇
创业+就业：用劳动摆脱贫困

一个健康向上的民族，就应该鼓励劳动、鼓励就业、鼓励靠自己的努力养活家庭，服务社会，贡献国家。要改进工作方式方法，改变简单给钱、给物、给牛羊的做法，多采用生产奖补、劳务补助、以工代赈等机制，不大包大揽，不包办代替，教育和引导广大群众用自己的辛勤劳动实现脱贫致富。

——《在深度贫困地区脱贫攻坚座谈会上的讲话》（2017年6月23日），人民出版社2017年版，第16—17页

专题九：创业扶贫

创业扶贫产生"裂变"效应
——湖北省英山县神峰山庄创业扶贫带贫之路*

◎ 案例导读

农村创新创业是乡村产业振兴的重要动能。精准扶贫工作启动以来，各地以乡情感召、政策吸引、事业凝聚引导有资金积累、技术专长和市场信息的返乡能人在农村创新创业，以创业带就业，以就业促脱贫，培育了一批充满激情的农村创新创业优秀带头人。这些能人及其创办的新型经营主体不仅成为产业扶贫的生力军，带领千千万万的小农户与千变万化的大市场有效对接，更产生"一个老板带出一批致富带头人"的"裂变"效应。如何支持能人回乡创业？怎样发挥新型经营主体的组织带动作用？创业扶贫又产生了怎样的示范效应？这是本案例讲述的故事和回答的问题。

◎ 政策安排

2015年6月，国务院办公厅印发《关于支持农民工等人员返乡创业的意见》，提出鼓励返乡人员共创农民合作社、龙头企业等新型经营主体，充分开发乡村、乡土、乡韵潜在价值，围绕规模种养、农产品加工、贸易营销、

---

* 本案例在实地调研基础上撰写（调研组成员：邹德文、魏长仙、张俊鹏），黄冈市政协和英山县政协及相关人员对调研工作给予了大力支持，谭诗斌教授对案例撰写进行了指导，英山县人大常委会研究室副主任闻德才提供了部分案例素材并参与审稿，在此一并表示感谢！

农资配送等合作建立营销渠道，打造特色品牌，分散市场风险。在政策支持方面明确规定，农民工等人员返乡创业，符合政策规定条件的，享受减征企业所得税、免征增值税、营业税、教育费附加、地方教育附加、水利建设基金、文化事业建设费、残疾人就业保障金等税费减免和降低失业保险费率政策。

2016年11月，国务院办公厅印发《关于支持返乡下乡人员创业创新 促进农村一二三产业融合发展的意见》，在创业领域上明确3个重点：重点发展规模种养业、特色农业、设施农业、林下经济、庭院经济等农业生产经营模式，支持发展农产品加工业，以及与农业相关的生产性服务业、生活性服务业及其他新产业、新业态、新模式。鼓励和引导返乡下乡人员按照全产业链、全价值链的现代产业组织方式开展创业创新，建立合理稳定的利益联结机制，推进农村一二三产业融合发展，让农民分享二三产业增值收益。并从简化市场准入、改善金融服务、加大财政支持力度、落实用地用电支持、开展创业培训、完善社会保障、强化信息技术职称、创建创业园区等方面明确了具体扶持措施。

2017年5月，中共中央办公厅、国务院办公厅印发了《关于加快构建政策体系培育新型农业经营主体的意见》，强调培育从事农业生产和服务的新型农业经营主体是关系我国农业现代化的重大战略。就发挥新型农业经营主体的带贫带农功能方面，着重强调要总结土地经营权入股农业产业化经营试点经验，推广"保底收益+按股分红"等模式。进一步完善订单带动、利润返还、股份合作等新型农业经营主体与农户的利益联结机制，让农民成为现代农业发展的参与者、受益者。支持龙头企业与农户共同设立风险保障金。鼓励地方将新型农业经营主体带动农户数量和成效作为相关财政支农资金和项目审批、验收的重要参考依据。允许将财政资金特别是扶贫资金量化到农村集体经济组织和农户后，以自愿入股方式投入新型农业经营主体，让农户共享发展收益。

2020年6月，农业农村部、国家发展改革委等9部委联合印发《关于深入实施农村创新创业带头人培育行动的意见》，进一步细化创业扶持政策：加大财政政策支持，对首次创业、正常经营1年以上的农村创新创业带头人，按规定给予一次性创业补贴。加强金融扶持，落实创业担保贷款贴息政策，重点扶持农村创新创业带头人，推广"互联网＋返乡创业＋信贷"等农村贷款融资模式。加大创业用地支持，各地新编县乡级国土空间规划、省级制定土地利用年度计划应做好农村创新创业用地保障，农村集体经营性建设用地、复垦腾退建设用地指标，优先用于乡村新产业新业态和返乡入乡创新创业。

2020年7月，农业农村部印发《全国乡村产业发展规划（2020—2025年）》，指出乡村特色产业发展潜力巨大，要以拓展二三产业为重点，延伸产业链条，提升产业附加值，构建全产业链。在"推进农村创新创业"专章中指出，要深入实施农村创新创业带头人培育行动，到2025年，培育100万名农村创新创业带头人，带动1500万返乡入乡人员创业。

◎ 创新实践

湖北省英山县是位于大别山南麓的一个山区县，是活字印刷术发明者毕昇的家乡，也是中国工农红军二十七军的创始地。这里有美丽的山水风光和丰富的文化遗存，也因崇山峻岭的阻隔长期处于封闭落后的状态。作为鄂豫皖大别山革命老区县、国家扶贫开发工作重点县、大别山集中连片特困地区片区县，英山县脱贫任务重、脱贫难度大。2013年，全县建档立卡贫困村78个，占行政村总数的25.2%；建档立卡贫困户3.9万户、10.68万人，贫困发生率为31.1%，远超全国（8.5%）和全省（8%）的平均水平。如何因地制宜发展特色产业，进而通过产业扶贫与就业扶贫带动更多贫困户增收，是英山县脱贫攻坚必须解决的难题。以闻彬军为代表的返乡创业带头人，通过创办新型农业经营主体，以创新带创业，以创业带就业，以就业促脱贫，形成了颇具特色的贫困山区投资创业带动的精准扶贫模式。

一、创业：一筐生态菜布局大产业

闻彬军，英山县孔家坊籍企业家。在闻彬军回乡创业之前，英山县已经形成了以茶叶、桑蚕、中药材为主体的三大特色产业，是湖北乃至全国闻名的茶叶之乡、蚕丝之乡、中药材之乡。怎样选择扶贫产业？闻彬军有三点考虑：一是避免产业趋同，所以他不打算"跟风"英山县三大传统产业；二是确保产业"接地气"，他没忘记自己回乡的初衷，一定要让父老乡亲都能参与，高大上的资本密集型、技术密集型产业也不是佳选；三是优势能发挥，英山县地处大别山腹地，远离城区，没有工业，绿色生态得天独厚。这就是企业发展的资源，也是让家乡人脱贫致富的本钱，就要从这原生态里"掘金"，闻彬军把企业的核心产业定位在发展山区有机农业上。

说干就干，2013年元旦，闻彬军注册成立了湖北先秾坛生态农业有限公司，以每亩250千克稻谷的租赁费流转当地农户土地5600多亩，兴建神峰山庄，开辟生态产业园。闻彬军以神峰山庄为核心基地，全面推广有机循环种植养殖：每个蔬菜基地配套建设一个小型养猪场或养鸡场，畜禽粪便经沼气池转化成沼液和沼气，沼渣沼液进果园菜地肥地，沼气进公司宾馆客房供照明用电，果蔬采摘后下脚料用作畜禽青饲料，形成了"猪—沼—菜（茶果稻）""鸡内脏—水产品（甲鱼、龙虾、乌鳢、鲇鱼）"等有机循环模式。在神峰山庄主休园区的示范下，闻彬军大力吸纳种养专业户，与周边7个乡镇2300多个农户签订种养合同，实行"七统一"的标准控制，即由神峰山庄统一提供种苗、统一种植养殖标准、统一使用沼液或农用肥、统一培训种植养殖技术、统一检验收购、统一芯片跟踪、统一市场营销，保持品种品质的原生态高标准。

神峰山庄的果蔬、畜禽、鱼鳖等农特产品一般生长时间都比较长，科学种养就必须保证生长周期，诸如蔬菜需要70天上市、鸡240~300天出栏、鱼300天出池、猪360天出圈。这些农特产品按生长时间售卖，时间越长价格越高。这种颠覆传统的销售方式，是山庄独有的特色。日前，神峰山庄重点生产的有机农产品主要包括4类：一是有机园艺果蔬。在英山、罗田两县7个乡镇36个村建成有机蔬菜、水果基地36个，2019年产销有机蔬菜超过10800吨。二是山区黑土猪（黑禧猪）。已发展定点规模养猪户300多户，2019年出栏黑禧猪8000余头。三是林下散养眼镜山鸡。2019年出栏散养土鸡达20万只、鸡蛋200吨。四是有机水产品，利用山庄附近水库、鱼塘养殖甲鱼、龙虾、乌鳢、鲇鱼等，2019年产销水产品75吨。

> 专栏 9-1 闻彬军：赚农民的钱不算本事，帮农民赚到钱才是真本事
>
> 　　闻彬军，1973 年出生于英山县孔家坊乡的一个农民家庭。父亲在建筑工地务工、母亲在家务农，家里兄妹三人、负担重，生活捉襟见肘。闻彬军的父母坚信只有读书才能改变"泥腿子"的命运，砸锅卖铁支持三个子女上学。作为老大的闻彬军 1995 年 7 月从湖北大学生命科学系毕业，随后进入江苏维维集团工作，后创办北京大医传承生物科技有限公司，事业小有成就。
>
> 　　家乡的贫困始终是闻彬军的心结：为什么老家有好山好水好空气却过不上好日子，乡亲们守着金山银山却只能离乡到外地打工？2013 年在英山县委、县政府的招商引资下，闻彬军返乡创办了先秾坛生态农业有限公司，因公司总部及产业园核心区设在英山县神峰山下的孔家坊乡新铺村，故该公司及旗下实业又称"神峰山庄"。神峰山庄自成立以来，全力建设和打造以有机农业为主体，文化、旅游、康养等多产业融合的农工商旅综合体，带动环神峰山周边 7 个乡镇 31 个行政村 7 万多户农民稳定增收、精准脱贫，成为"大别山区产业扶贫与现代农业发展的一面旗帜"[①]。突出"扶志、扶智"，培养了 1000 多名现代企业员工、1 万余名新型职业农民、一批致富带头人，为大别山 3 省 19 县精准扶贫和乡村振兴树立了全新样板。
>
> 　　2018 年，闻彬军荣膺全国脱贫攻坚奖奉献奖，并巡讲西部六省。2019 年，闻彬军荣膺全国最美家庭、全国最美奋斗者。

二、兴业：打造农工商旅综合体

　　优质有机农产品生产出来了，怎样将这一筐筐"养在深闺"的生态农产品装进城里人的菜篮子，变成农村贫困户实实在在的收益？优质产品就该优价优市，神峰山庄围绕增加产品附加值、打开城市大市场做起了文章。在培育壮大有机循环农业的基础上，通过延长产业链条，推进一二三产业深度融

---

① 全国脱贫攻坚奖评选表彰活动办公室. 闻彬军主要事迹 [EB/OL]. （2018-08-17）. http// www.cpad.gov.cn/ art/ 2018 / 8 / 17 / art_2583_8801.html.

合，构建起以有机农业为基础的农工商旅综合体。

（1）发展订单农业，畅通"生产基地+加工配送+门店直营"的产销链条。传统农业生产，都是先产后销，受市场行情波动影响较大。神峰山庄一改传统，采用会员制，发展订单农业，根据市场决定生产。在销售端，神峰山庄先后在武汉、合肥、南昌、黄石、鄂州、黄州、九江、安庆等大中城市开设了98家"黑禧猪神峰山庄都市农乐园"门店，以都市农乐园为桥头堡，建立"实体店面+视频购物+电商购物+基地旅游+会员管理+农商基站"于一体的市场营销网点。在生产端，除了有机农产品种养基地外，神峰山庄投资兴建了先农食品科技园、先农酱菜厂和先农传统"六坊"（酒坊、豆腐坊、油坊、茶坊、腌菜坊、炒货坊），把现代食品加工科技与传统加工技艺有机结合起来，拥有"黑禧猪""眼镜山鸡""先秾坛""开味小蔡""竹筷子油面"等系列健康产品注册商标。在物流端，神峰山庄投资兴建有机农产品和食品物流配送中心，建立起神峰山庄自营的冷链物流运输体系，实行公司自产有机农产品和加工品的直营直销。

（2）发展乡村旅游，把城里客人请到农村来。在销售行业耕耘多年的闻彬军喜欢主动出击，发展乡村旅游，这既推介了家乡的好山好水，前来观光的客人又成为神峰山庄有机农产品的潜在客户。神峰山庄在主体园区投资兴建了12栋四合院、8栋别墅、活体菜餐厅、海参宴餐厅、大别山剧院、先秾坛广场、会议中心、大别山农耕文化馆、综合运动场、儿童乐园等，拥有床位700个，可容纳1700人同时就餐。同时，神峰山庄成立了湖北先秾坛旅行社有限公司，在合肥、安庆、南昌、九江设立了分公司，还成立了先秾坛（武汉）国际旅行社有限公司，以神峰山庄都市农乐园直营店为宣传阵地，以"千里挺进大别山生态循环农业四天三夜（两天一夜）体验游"为品牌线路，全面推介山庄特色生态旅游，并开发出草原清凉游、武汉一日游、红安一日游、团风一日游、桂林游、总统号豪华轮游、泰国游、朝鲜游、台湾游，共十线运作。在山庄内，主打生态农业旅游，开展竹排水中游、金钩水边钓、打糍粑喝豆腐脑、"铁猪三项赛"（跳水、游泳、赛跑）、印象大别山欢迎晚会、篝火烧烤焰火晚会等娱乐项目，让游客充分体验农耕文化，深入了解山庄有机农产品的生产链条；在山庄外，游客可参观南武当山、毕昇温泉、四季花海、乐家山风景区等特色旅游景区，饱览大别山美丽的自然风光。游客深度参与、体验的乡村旅游犹如一条纽带，吸引着众多城市客人到山庄来。

（3）面向未来，打造"新农业+新乡村+新文化+新健康"的农旅融合综合体。在英山县孔家坊乡政府支持下，神峰山庄带动神峰山下的西河十八湾，以有机生态农业和山区自然景观为主要载体，积极打造农业文化旅游"三位一体"、生产生活生态同步改善、宜业宜居宜养相得益彰的特色村镇。2019年神峰山庄投资3亿元在英山县林家冲村启动神峰·森林海温泉小镇建设，规划范围1000亩，分三期建设拥有2000个床位的养生公寓，配套建设养生堂、民俗十二坊等，建成后可与神峰山庄无缝对接，每天游客接待可达3000～4000人，实现候鸟式养老的长短期互补。

三、带贫：产业、就业促脱贫

产业发展起来了，如何与精准扶贫相连接，带动更多贫困农民致富呢？为了提高建档立卡贫困户的组织化程度，抱团参与产业开发，英山县政府于2016年印发了《关于进一步规范村级自强互助脱贫合作社建设的指导意见》，对全县行政村（包括建档立卡贫困村）成立的"村级自强互助脱贫合作社"进行了统一部署。"村级自强互助脱贫合作社"属非营利性社团组织，由县民政局社团登记机关办理社团法人登记。"村级自强互助脱贫合作社"为一村一社，社员是村里全体有劳动能力的建档立卡贫困户。合作社理事长由村党支部书记担任，以强化村党支部的扶贫领导责任；驻村工作队长或联村干部担任合作社监事长。神峰山庄在发展产业过程中，本着产业基地建在哪个村，就与该村的"自强互助脱贫合作社"紧密合作，建立起"公司+自强互助合作社+贫困户"的带贫机制，同时优先向贫困户提供就业岗位，形成了以下3种带贫机制：

（1）园艺种植业"土地流转+基地务工""两金"（租金+薪金）扶贫机制。神峰山庄通过各村的"自强互助脱贫合作社"，与村里的贫困户签订土地流转合同，流转贫困户承包土地的经营权，由公司统一开发建设、管理经营有机蔬菜、有机水果生产基地。土地流转费为每亩每年 250 千克稻谷，贫困户可选择稻谷实物，也可选择按当年稻谷市场价格或政府保护收购价格就高不就低折算现金，"旱涝保收"得到土地流转租金。此外，土地流转合同约定，优先安排贫困户劳动力在果蔬生产基地打工，一天 60~80 元，一般每个劳动力一年可获得基地务工收入 1.5 万元左右。

（2）特色养殖业"公司+专业合作社+自强互助合作社+贫困户""两社"带动扶贫机制。神峰山庄牵头成立了"先秾坛黑禧猪养殖专业合作社""先秾坛眼镜山鸡养殖专业合作社"，并通过各村的"自强互助脱贫合作社"，带动 1000 多建档立卡贫困户发展黑禧猪养殖和林下散养土鸡，签订相应的种养合同。公司及专业合作社负责统一原生态良种繁育，统一提供猪崽、鸡苗，统一技术指导服务，统一饲养方式管理，统一标识跟踪监督，统一按高于市场价收购出栏畜禽；贫困户只负责饲养，不愁买，不愁卖。神峰山庄还为有贷款意愿的贫困户养殖户提供保证，通过签订五方协议（乡政府、金融机构、市场主体、村委会、贫困户），帮助贫困户获得"两免一贴"扶贫小额信用贷款，以解决生产资金缺乏问题。

（3）农工商旅综合体就近就业带贫机制。神峰山庄以有机农业为基础的农工商旅综合体的构建，不仅拉动了地方经济，而且为环神峰山庄的农村劳动力特别是贫困户劳动力，提供了大量就地就近就业的机会。在神峰山庄有机农业基地做临工的农民每人每天 60~80 元；在主题园区从事旅游相关服务的员工月均工资 3000 元左右，厨师、导游、演员、主持人等特殊工种 3000~5000 元；派遣外地的都市农乐园、旅行社员工月均工资 5000 元以上。

专栏 9-2　神峰山庄村企合作带动郑家冲村一举脱贫

英山县孔家坊乡郑家冲村是一个建档立卡贫困村、集体经济空壳村。全村 121 户、402 人，其中建档立卡贫困户 56 户 159 人，贫困发生率高达 40%。全村有山林面积 1680 亩，耕地面积 263 亩，人均耕地仅 0.65 亩。村民们长期以种植水稻、油菜等传统农业为主，特色产业一直没有发展起来，2014年全村农民人均纯收入仅2674元。

2013年，神峰山庄与郑家冲村建立起村企合作对接关系，2013—2015年神峰山庄分3批将全村263亩耕地全部流转，兴建有机果蔬生产基地，并通过村自强互助脱贫种养专业合作社对接贫困户22户发展黑禧猪养殖和林下散养土鸡。2016年，全村出栏黑禧猪800头（人均2头猪），出栏土鸡6000只（人均15只鸡），产有机蔬菜7.25万公斤，农民人均可支配收入达到10960元；通过利益分成和提成，村集体获经济收入12万元。与神峰山庄开展村企合作产业扶贫两年，郑家冲村便一举摘掉了贫困村、集体经济空壳村的帽子。2019年，郑家冲村农民人均可支配收入突破12000元。

四、裂变：一个老板带出一批致富带头人

在神峰山庄的发展壮大过程中，闻彬军也遇到了不少难题。比如，山庄招收的员工大部分是村里的大姑娘、小媳妇。这些大山深处的妇女勤劳淳朴，做事情任劳任怨，但是，她们也有共同的缺点：缺乏目标，不懂规划，见了生人不敢抬头，不敢说话。山庄可是要接待南来北往客人的，这可怎么做生意？闻彬军意识到乡亲们的贫困主要是"志力"的贫困，脱贫，他们不缺力气，缺的是观念、信心和勇气。作为一个有志于造福桑梓的回乡企业家，闻彬军不但要让家乡父老通过科学种养、就业务工脱贫，还要铺就农民职业化培育之路。授人以鱼不如授人以渔，培养一个新员工脱贫一个家庭，培养一批致富带头人带动千余贫困户。

（1）从学知识到长见识，培养村民脱贫致富意识。闻彬军本人出生于一个农民家庭，父母辛勤劳作和全力支持，将闻彬军培养为大学生，彻底改变了他的人生轨迹。回乡创业之后，看到父老乡亲们面朝黄土背朝天、小富即安的生活状态和精神状态，闻彬军深知富知识、长见识对于贫困乡亲们的重要意义，"要想富口袋，先得富脑袋"是他时常挂在嘴边的一句话。于是他办起了农民夜校，投入大量的人力和财力，从阅读识字等基础知识到《三字经》

等国学启蒙，对文化水平不高的乡亲们进行知识启蒙教育。此外，他还通过组织村民们外出旅游、异地培训等方式帮助村民们开阔视野、增长见识。

（2）从练胆量到强能力，全方位开发村民脱贫致富能力。有了致富的愿望，怎样才能实现呢？闻彬军通过企业独办、与政府合办等多种方式开发了"职业农民—现代企业员工—致富带头人"等多层次能力培训体系。第一，开展贫困农民实用技术培训，着重围绕有机蔬菜种植、果树栽培、黑禧猪养殖、眼镜山鸡养殖等各种专题和现场实用技术对基地农民、建档立卡贫困户劳动力定期培训和现场培训，帮助农民掌握科学种养技术。第二，根据神峰山庄岗位特点，开展员工职业技能培训。神峰山庄依托先秾大医集团商学院，重点开展"九大员"培训，即服务员、演员、导游员、市场营销员、社会体育指导员、游泳救生员、农业技术员、业余通讯员、卫生员岗位培训，培育出了一批全能型的企业员工。如今，神峰山庄的员工在客房可以铺床扫地，在餐厅可以摆桌上菜招呼客人；拿起抹布能擦桌子，拎起手帕能跳舞，握住话筒能唱歌；上车是导游，下车是讲解员，闻彬军提起自己的员工十分自豪。第三，与地方政府联办，开展致富带头人培训。自2015年开始，神峰山庄围绕产业链的拓展，采取与地方政府联办方式，培养了一批致富带头人，成为当地农业农村发展的中坚力量和企业发展的骨干力量，同时也成为本地脱贫致富的典型示范。这些致富带头人包括36个基地村的村"两委"干部和合作社负责人，500多个特色养殖示范大户，400多名都市农乐园骨干等。

专栏 9-3　沈小飞从贫困户成长为致富带头人的故事

沈小飞，英山县金家铺镇黄林冲村人，神峰山庄对接帮扶建档立卡贫困户。家里有两个孩子，公公常年卧病在床，夫妻不能外出务工，家里负债累累。2013年初，沈小飞被安排到神峰山庄上班，因为年轻，又被培养成文艺晚会主持人和客房部经理。2015年10月，经过市场营销专业培训，沈小飞任合肥市神峰山庄农乐园管理公司总经理，年薪超过20万元。在她的影响下，其爱人郑志光和婆婆也参加创业培训，在家创办黑禧猪、眼

> 镜山鸡养殖场，给神峰山庄供货，2016 年，全家实现精准脱贫。从 2015 年 10 月至 2020 年 11 月，沈小飞带领 120 名务工者在合肥、安庆发展都市农乐园 22 家，组织 10 万游客到英山旅游，销售农产品过亿元，由贫困户蜕变为新的致富带头人。

（3）从工资性收入到财产性收入，增加村民抗风险能力。农业农村农民问题的核心是农民的收入问题。神峰山庄产业的发展不仅创造岗位让贫困村民通过劳动创造财富，更拓展了多种收入渠道。第一，通过基地务工、公司就业为贫困群众提供多种就业岗位，带来稳定的工资性收入。第二，神峰山庄打通了有机农产品的产销链条，通过种养基地、家庭农场、专业合作社带动农民从事特色种养业，并以高于市场的价格收购，为农民带来经营性收入。第三，农民通过土地流转获得流转收入，通过入股村自强合作社获得利益分红，对于脱贫致富带头人，闻彬军还通过投资理财培训培养村民的资产建设意识和能力，拓展农民的财产性收入。

（4）从物质脱贫到全面激发内生动力，创业扶贫产生裂变效应。让山庄员工成为宣传山庄的"小喇叭"；将贫困农民转变为企业开拓市场的"狼性员工"，这是闻彬军的构想，而现在，这个构想正在变为现实。一批贫困群众通过就业、产业与神峰山庄建立紧密利益联结机制，物质的脱贫带来致富意识的全面觉醒，实现了从传统农民向职业农民转变，从农民向现代化企业职工转变，从贫困群众向致富带头人转变。形成了一个致富带头人带出百名致富带头人，百名致富带头人带动千户贫困户的裂变效应。

截至 2019 年底，神峰山庄流转英山、罗田 7 个乡镇 36 个村的土地 5850 亩，建成 36 个果蔬家庭农场，形成环神峰山 24 公里生态休闲农业观光带及万亩种养基地；向外拓展有天津神峰山庄潮白河国家湿地公园农业基地 300 亩，河北坝上高原先秾坛北燕基地 1000 亩；在 14 省市发展锡林郭勒羊腿、滁州胚芽米、霍山灵芝孢子粉、金寨茶油、秭归脐橙、房县木耳、陕西安康雪魔芋、西北坡老树苹果等"以购代捐"合同订购二级基地 26 个 24900 亩。

2019年神峰山庄接待游客60万人次，综合收入4.5亿元，吸纳员工3456人，其中，建档立卡贫困户员工800人，带动周边乡镇7万农民增收脱贫。累计举办各类培训班102期，培训农村创业致富带头人、贫困户和企业农民职工12900多人次。

◎ 经验启示

神峰山庄创业扶贫带贫模式，坚持以市场为导向，以有机农业为基础，以农业、体育、文化、旅游、康养等多产业融合发展为依托，与贫困村、贫困户建立紧密的利益联结机制，形成从一乡到一县到数个地区的产业扶贫带贫联动发展态势，取得了致富带头人创业成功、贫困村经济发展、贫困户增收脱贫、企业发展壮大的"四赢"成效，走出了一条大别山片区产业精准扶贫的新途径。

（1）立足生态优势，发展有机农业，因地制宜选准扶贫产业。选准扶贫产业是创业成功的关键，神峰山庄的创业兴业充分发挥大别山腹地"青山绿水好空气、水质土壤无污染"的生态环境优势，实行差异化发展战略，发展山区有机生态农业，确保产业"接地气"，贫困农户能参与。在产业壮大过程中，采用"七统一"的标准开展循环立体种养，坚持提质量、走有机、抢先机，打好生态牌，将有机生态塑造为企业的核心竞争力。

（2）重视产业融合，主动对接市场，搭建起城市与农村互助发展的桥梁。传统农业生产靠天吃饭，自然风险和市场经营风险是农业生产的两大主要风险因素。神峰山庄模式作为新型经营主体，一方面通过发展设施农业、进行标准生产降低自然风险，另一方面主动出击，将生产与市场对接，破解市场经营风险：一是发展订单农业，根据市场进行生产，降低经营风险；二是发展加工业，提升农产品溢价空间，增加产品附加值；三是重视销售，建立直营直销链条；四是三产融合，发展乡村旅游，把城里客人请进农村，进而转化为忠实会员；神峰山庄模式搭建了城市与农村互助发展的桥梁和纽带，通过产业发展帮扶贫困户，市民得到了有机食品，农民实现了脱贫致富。

（3）就近就业、整村脱贫，对统筹乡村振兴及农业供给侧结构性改革进行了有益探索。神峰山庄在创业扶贫过程中，本着产业基地建在哪个村，就与该村的"自强互助合作社"紧密合作，建立起"公司＋自强互助脱贫合作社＋贫困户"的带贫机制，先后带动36个乡村发展有机生态农业，做强村集体经济，不少空壳村因为产业发展重新焕发生机。与农民构建紧密的利益联结机制，通过"产业＋就业"解决了一批贫困农民的就地就近就业问题，改善了农村留守妇女、老人、儿童的生存环境，体现了精准扶贫的可持续发展思路，对美丽乡村建设进行了有益探索。

（4）老乡带老乡，扶志扶智，产生了巨大的裂变效应。"有人拉、有人推、亲自看、亲自干"，在神峰山庄带贫过程中，通过做实产业基地，为贫困群众提供脱贫致富的渠道和机会，对后发群众拉一把；通过整村帮扶、身边人的示范效应，带动村集体经济发展和村容村貌变化，对贫困群众推一把；通过开展多层次的培训，全面提高贫困群众的致富意识和致富能力，激发其致富的内生动力。老乡帮老乡，生活迈向小康，实现了"一个老板带出百名致富带头人，百名致富带头人带动千余贫困户"的"裂变效应"。

案例编写：魏长仙

专题十：就业扶贫

饭碗端得稳　脱贫底气足
——贵州从江、山东鄄城、黑龙江桦南三地就业扶贫样本

◎ **案例导读**

就业是最大的民生。一人就业，全家脱贫，增加就业是最有效最直接的脱贫方式。如何帮助贫困人口端稳就业这个"饭碗"，用劳动摆脱贫困，在增加家庭收入的同时创造社会价值？精准扶贫启动以来，各地大力开展劳务协作，扶持发展扶贫车间，开发公益性岗位，攻坚克难，形成多层次的就业帮扶体系。本案例所讲述的故事正是各地大力开展就业扶贫实践的"剪影"。

◎ **政策安排**

从中央层面来看，《中国农村扶贫开发纲要（2011—2020年）》（2011）在专项扶贫中提出"就业促进"，完善"雨露计划"，开展针对农村贫困劳动力的实用技术培训以及加大对农村贫困残疾人就业的扶持力度；《关于打赢脱贫攻坚战的决定》（2015）提出以就业为导向加大劳务输出培训投入，引导企业扶贫与职业教育相结合，引导和支持用人企业在贫困地区建立劳务培训基地开展订单定向培训等；国务院《"十三五"脱贫攻坚规划》（2016）第三章围绕大力开展职业培训、促进稳定就业对转移就业脱贫作出部署。

从部委落实来看，人力资源社会保障部、国家发展改革委、财政部、国务院扶贫办等部门联合发布了《关于切实做好就业扶贫工作的指导意见》

（2016）、《关于进一步加大就业扶贫政策支持力度 着力提高劳务组织化程度的通知》(2018)、《关于做好易地扶贫搬迁就业帮扶工作的通知》(2019)、《关于进一步做好就业扶贫工作的通知》(2019、2020)等一系列政策文件，形成了一套专门针对贫困劳动力就业的精准帮扶政策体系，政策覆盖就业扶贫工作涉及各类用人单位、各类服务主体和贫困劳动力就业创业各个渠道，与普通劳动者相比，贫困劳动力就业创业可享受的补贴项目更多，补贴标准更高。

◎ **创新实践**

就业是最大的民生，是贫困人口摆脱贫困最直接、最有效、最可持续的办法。2019年，中国农村居民人均可支配收入超过1.6万元，其中41.1%来自外出务工的工资性收入。据国家扶贫办和农业农村部的统计，中国建档立卡贫困人口当中，90%以上得到了产业扶贫和就业扶贫支持，三分之二以上主要靠外出务工和产业脱贫。"实施就业扶贫。加强就业技能培训，开展东西部劳务扶贫协作，支持扶贫龙头企业带动就业，建立扶贫车间，设立公益岗位，贫困劳动力务工规模从2015年的1227万人增加到2020年的3243万人。"[①]

近年来，各地明确就业扶贫工作方向、完善就业扶贫工作机制、创新就业扶贫措施，全力以赴帮助贫困劳动力就业创业，涌现出许多好做法好经验：在促进就地就近就业方面，创新设立扶贫车间、就业驿站、社区工厂、卫星工厂等就业创业新载体；在引导外出就业方面，探索省内劳务协作、重大项目与贫困县结对子等劳务协作新渠道；在托底安置方面，开发助残员、护理员、护林员等各类就业扶贫公益性岗位；在就业服务方面，探索开展远程招聘、定向共享岗位信息等多种服务手段；为全面打赢脱贫攻坚战奠定了更加坚实的基础。

一、贵州从江：劳务输出走出去，寻找远方的幸福

贵州是中国脱贫攻坚主战场，也是劳务输出大省，截至2019年底，仍有30.8万贫困人口，有9个未摘帽深度贫困县。

地处黔桂交界十万大山里的贵州省从江县就是这9个未摘帽的深度贫困县

---

① 中共国家乡村振兴局党组.人类减贫史上的伟大奇迹[J].求是，2021（4）.

之一。从江县境内河流纵横交错，山峦星罗棋布，流域在20千米以上的河流有7条，大小山峰1615座，"上山入云端，下山到河边，两山能对话，相会要半天"。这是当地老百姓对生存环境的无奈自嘲。山高坡陡，山林破碎，人均耕地面积不到全国平均水平的一半，农业产业难以形成规模化发展，导致穷根难拔。全县总人口37.92万人，2014年建档立卡贫困户31165户、137387人，贫困发生率高达40.9%。截至2019年底，该县还有贫困人口4027户11870人，贫困发生率为3.6%。苦守硬熬，熬不出好日子，只有走出去，才有希望。

但是，从江县作为深度贫困地区，贫困群众走出去的道路却并不那么畅通。这里是少数民族聚集区，苗族、侗族等少数民族人口占94.8%，贫困群众受教育程度普遍不高，不少建档立卡贫困劳动力在外出务工方面存在"一无本领、二无胆量、三怕受欺负、四怕权益得不到保障"四大障碍，因此不想去、不敢去、不能去、不会去、去不好。

为了解决这些问题，从江县把有组织的劳务就业扶贫作为兜底之策，引导和鼓励农村剩余劳动力特别是建档立卡贫困劳动力劳务就业从"零星式""自由务工"向"组织化"转变，鼓励大家走出去。

（1）建立劳务合作社，务工群众有了"娘家人"。从江县下辖19个乡镇，通过建立"1+19+N"的县、乡、村"三级联动"组织体系，把外出务工群众组织起来，为他们找到了"娘家人"。①县级总抓。采取"专班＋总社"模式，成立县劳务就业工作专班和从江县扶贫就业服务专业合作社总社，日常工作由县人社局和总社具体负责。②乡镇主抓。采取"书记＋合作社"模式，由各乡镇党委书记挂帅，成立相应的乡镇劳务合作社，负责辖区劳务就业工作。③村级实抓。鼓励跨村、跨区域组建村级劳务合作社，全县建有100家劳务合作社，其中县级合作社总社1家、乡镇级成员社23家、带动村级劳务合作社76个。

（2）落实"六项补贴"，鼓励大家走出去。制定劳务就业"六项补贴"政策，有效提升组织化程度。①落实统一配备行李补贴。凡经过组织发动实现劳务就业的农村剩余劳动力，按每人300元的标准统一配备行李箱、被子、日常用品等，截至2020年5月审核兑现1800万元。②落实劳务就业队长补贴。凡是有组织输出10～29人明确1名队长，30～59人明确2名队长，每增加30人增加1名队长，以此类推，截至2020年5月已兑现91.35万元。③落实一次性求职创业补贴。凡是建档立卡贫困劳动力通过有组织劳务输出到县外省内、省外（含境外）稳定就业达6个月的，给予一次性求职创业补贴。截至2020年5月累计审核发放一次性求职创业补贴4677人，兑现补贴457.5万元。④落实就业扶贫援助补贴。通过以工代赈的方式，解决残疾人员、"4050"人员和零就业家庭劳动力就业问题，落实就业扶贫援助补贴5800人。同时，依托中国贸促会帮扶资金100万元开发300个就业援助岗位，解决非贫困、边缘监测户劳动力安置就业问题。⑤落实以工代训职业培训补贴。对吸纳建档立卡贫困劳动力就业的县内各类生产经营主体，对月工资收入不低于1680元的，给予每人每月500元以工代训职业培训补贴；月工资收入低于1680元的，按工资收入的30%给予以工代训职业培训补贴。截至2020年5月累计发放以工代训补贴289人次15万元。⑥落实能人创业带动就业补贴。对2020年新增注册的实体企业，创业带动10～29人且稳岗达3个月的补贴3万元，稳岗达6个月的再补贴4万元，稳岗达9个月的再补贴5万元，带动30～59人且稳岗达3个月补贴6万元、稳岗9个月再补8万元。

（3）坚持"五个精准"，保障希望之路越走越稳。采取"五个精准"措施，有效解决贫困劳动力就业保障问题。①精准采集。由各乡镇认真排查统计各村剩余劳动力情况及就业意愿，全县共采集劳动力信息19.7万人，其中可外出务工劳动力13.1万人；通过对口帮扶单位采集岗位、省级帮扶单位推送岗位、县劳务专班采集就业岗位、乡镇和村指挥所及群众自己寻找就业岗位"四种方式"采集就业岗位7.6万个。②精准动员。整合指挥所所长、第一书记、驻村干部、结对帮扶干部力量，开展"面对面""点对点"政策宣传和就业岗位宣传，2020年以来，已开展劳务就业宣传1680场次。③精准培训。坚持因人施训、因岗施训，加强务工人员技能培训，截至2020年5月，开展职业技能培训7628人，其中建档立卡贫困劳动力培训6880人。④精准输出。采取"点对点"包高铁、包大巴车辆集中输送农民工外出务工共计10463人（贫困劳动力3836人），其中专列14趟3727人（贫困劳动力1128人），大巴直通车 237 班次 6736 人（贫困劳动力 2708 人）。⑤精准服务。依托劳务合作社、劳务队长、帮扶干部、驻外劳务联络站等力量，抓好"一对一"跟踪帮扶工作，做好已经外出稳定就业人员的后续跟踪服务管理。截至 2020 年 4 月 30 日，从江县实现有组织劳务就业 13.46 万人（贫困劳动力 5.81 万人），省外就业 7.99 万人（贫困劳动力 3.05 万人），县外省内就业 0.65 万人（贫困劳动力 0.3 万人），县内 4.82 万人（贫困劳动力 2.45 万人）。

二、山东鄄城：扶贫车间建村头，挣钱顾家两不误

出去打工，顾不上家；照看老幼，挣不到钱。这是长久以来山东鄄城贫困百姓心中总也摆不平的"两本账"。鄄城曾经是国家级贫困县，现在是山东省扶贫开发重点县。贫困人口结构有"一多一少一集中"三个基本特点："一多"，就是贫困人口多。到 2015 年底，全县有省级贫困村 103 个，贫困户 29930 户，贫困人口 90553 人。"一少"，就是绝对贫困少。2015 年全县贫困人口年人均纯收入 2700 元，大多数贫困人口潜伏在贫困线周围（2015 年国家贫困线标准动态调整为 2800 元）。"一集中"，即致贫原因集中，因缺资金、缺技术、自身发展能力不足致贫的占 57.1%。贫困人口中有的没文化、没技术，出去也找不到活干；有的年龄大，或身体有残疾，企业不招；还有的上有老、下有小，不能或不宜外出打工。缺乏就业机会，成了他们致贫的痛点。

专栏 10-1　"扶贫车间"的创新与实践

李玉如，山东省鄄城县董口镇党委书记。2015 年 11 月，李玉如到代堂村走访，看到几间自发搭建的"小窝棚"式的发制品加工点，大大小小共 7 处，村民在"小窝棚"里围坐着，边干活、边唠嗑，有说有笑，很是热闹。受此启发，李玉如探索走出一条"车间驻村、居家就业、群众脱贫、集体增收"的"扶贫车间"新路，用"扶贫车间"破解了贫困人口增收难、企业招工难、村集体经济薄弱等难题，同时带动 5000 多名群众稳定就业，并为 33 个村各建 1 处 300 平方米的扶贫车间，吸纳 2000 余名贫困人口就业。2017 年，李玉如荣获全国脱贫攻坚奖创新奖。

找准了穷根,就要对症下药。鄄城县鼓励有条件的企业利用村小学旧址、村集体活动场所旧址和闲置民宅等,在村里设置就业扶贫点,让贫困群众就近就业。短短的一个月内,就吸引了大量的村民。试点成功后,鄄城县在每个行政村新建或改造了1个300平方米左右的"扶贫车间",将一些对劳动技能要求不高的生产环节转移到村里。明确要求"扶贫车间"内贫困人口用工比例不低于30%,并在用电、租金方面给予安置贫困人口较多的企业一定优惠。工作送到家门口,让许多无奈外出的人员返乡就业。截至2016年底,鄄城县共建成"扶贫车间"1803个,吸引383家企业入驻,直接安置和带动约19万名农村群众在家门口就业,57000多名群众脱贫。

鄄城县首创扶贫车间的做法迅速在全省全国推广,山东省2017年12月制定发布了《精准扶贫 扶贫车间》山东省地方标准(DB37/T 3082-2017),对扶贫车间的探索和标准化建设进一步完善。

(一)应用"三种模式"破解"车间怎么建?"

(1)厂房式"扶贫车间"。充分利用乡镇、村集体的老厂房、学校旧址等闲置土地、房屋,积极组织劳动密集型企业在乡镇、村创办分厂或加工车间,引导周边村贫困人口从事农产品初加工、来料加工制造等业务。如菏泽市鄄城县利用村小学旧址、原村级活动场所等设置就业扶贫点,让贫困群众就近就业,每人每月平均收入1000元左右,扶贫效果显著。

(2)居家式"扶贫车间"。在闲置的农家庭院、民居民宅设置分散加工式的居家式"扶贫车间",发展"一村一品"特色产业。如临沂市以无法转移、无法就业、无固定收入的"三无"贫困户为重点,组织贫困人口从事饰品挂件、串珠钩包、草编柳编、民俗制作等手工工艺品生产活动,为当地农村贫困人口居家就业创造了便利条件。

(3)合作社式"扶贫车间"。通过"合作社+农户"的模式,引导贫困户以土地、扶贫资金等入股,除年终领取保底金和分红外,有劳动能力的贫困户可到合作社务工,领取工资,一年有3项收入。如枣庄市山亭区围绕粮食生产、果树种植、苗木花卉等产业,采取农民专业合作社带动贫困户脱贫的方法,经济和社会效益良好。

（二）发挥"三大作用"解决"项目哪里找？"

（1）发挥当地"龙头企业"辐射延伸作用。坚持通过政策引导和市场化运作，引导和扶持当地经济效益好、示范性强的龙头企业，在贫困村布局设点。如菏泽市鄄城县通过规划建设100亿元级的假发制品产业园，吸引国内外56家假发制品企业进驻，大部分企业在城区招工相对困难，便将部分工序放到贫困村"就业扶贫车间"，吸纳就业4万余人。

（2）发挥驻村"第一书记"的牵线搭桥作用。充分利用抓党建促脱贫的契机，发挥驻村"第一书记"上下协调、外引内联的作用，积极寻求"扶贫车间"的项目支撑。山东省人社厅驻菏泽鄄城县旧城镇的"第一书记"从青岛引进合资制鞋产业，改建600平方米的"扶贫车间"，提供就业岗位200个，平均每人每天收入50~70元，月工资约2000元。

（3）发挥舆论宣传的吸引作用。利用新闻发布会、政策宣讲会、产业扶贫推介会等形式，大力宣传就业扶贫优惠政策，积极促进企业参与"就业扶贫车间"项目，为企业发展开辟了新的路径。淄博市通过大力宣传就业精准扶贫扶持政策，吸引了芝麻开花居民服务有限公司参与"扶贫车间"建设，联合打造"电商+扶贫车间"模式——"芝麻开花就业扶贫驿站"，实现了"就业扶贫车间"与电商经营的结合。

（三）加大"三个力度"明确"政府如何扶？"

（1）加大政策扶持力度。山东省制定出台专门文件，对设立"就业扶贫车间"的企业吸纳就业困难人员就业并签订劳动合同的，按规定给予社会保险补贴和岗位补贴。同时，设立5亿元左右的创业扶贫担保资金，设立"就业扶贫车间"的企业按规定享受创业扶贫担保贷款政策和贴息，并按招用符合申请创业担保贷款条件的人数，给予最高额度不超过300万元的创业扶贫担保贷款。

（2）加大资金扶持力度。山东省大力鼓励扶贫任务重的县（市、区）设立"就业扶贫车间"，"就业扶贫车间"与农村贫困人口签订承揽合同，并在12个月内给付达到当年省定贫困线标准以上报酬的，按每人1000元的标准给予"扶贫车间"一次性奖补。省级人社部门联合财政部门，对具有首创示范效应的菏泽鄄城县给予了一次性资金奖补。

（3）加大培训扶持力度。山东省面向贫困人口推行"短平快"职业技能培训，围绕"就业扶贫车间"的技能培训需求，对劳动年龄内、具有劳动能力并有培训意愿的农村贫困人口实行免费培训项目清单制度，并组织开展"技能培训田间课堂""培训大篷车下乡"等专项活动。鼓励有条件的市对培训期5天以内的农村贫困人口实行技能型培训，执行灵活的职业培训补贴标准。

三、黑龙江桦南：公益性岗位助力劳动脱贫

扶贫公益性岗位，是由政府部门、乡镇或行政村（社区）等开发管理，以实现农村公共利益和促进贫困劳动力就业为主要目的，主要从事非营利性公共管理和社会公益服务，通过力所能及的劳动获得一定劳动报酬或给予一定补贴的岗位。公益性岗位门槛低、技术要求不高，贫困群众经培训即能上岗。脱贫不离家，岗位送上门，一方面可以增加扶贫对象的收入，促其稳定就业、脱贫；另一方面也部分解决了基层公益领域的发展和管理问题。更重要的是，贫困群众通过劳动参与家乡建设，能够激发"我要脱贫"的内生动力和向上向好的积极心态，起到"扶贫扶志"的作用。

桦南县位于黑龙江省东部，长白山余脉完达山麓，1994年被确定为"八七扶贫攻坚计划"国家级贫困县，2002年被确定为国家扶贫开发工作重点县，2012年被列入国家新一轮扶贫开发工作重点县。2014年建档立卡贫困人口99750名，贫困村83个。针对特殊困难群体，桦南精准开发村级就业扶贫公益专岗，帮助农村特殊困难家庭实现收入达标，助力脱贫攻坚。

（一）重点瞄准"三无两有"群体

精准扶贫贵在"精准"，贫困户致贫原因各不相同，脱贫措施也各有侧重。公益性岗位安置对象为就业困难人员。就业困难人员指因身体状况、技能水平、家庭因素、失去土地等原因难以实现就业，以及连续失业一定时间仍未能实现就业的人员。桦南县将其概括为"三无两有"，即"无法离乡、无业可扶、无力脱贫"但又"有劳动能力和有就业意愿"的建档立卡贫困劳动力。

（二）开发"10+N"村级公益性扶贫专岗

桦南县立足实际，结合全县"三无两有"贫困劳动力的特点和基层公共事业发展的需要，开发了"10+N"村级公益性扶贫专岗。

所谓"10"是指10类常年设置的扶贫专岗，包括教育系统的食堂工人、宿管员、校园保安、保洁等"护校"岗位，交通部门的乡村道路养护、农村"组组通"公路建设、高速路服务等"护路"岗位，林业部门生态护林员等"护林"岗位，卫生健康服务系统护理、保洁、食堂服务、保安等"护医"岗位，各类工业园区保安、保洁、绿化等"护厂"岗位，河道管护及保洁等"护河"岗位，城乡村寨环卫保洁、美丽乡村管护、乡村绿化等"护洁"岗位，村级警务助理、治安巡防、公安辅警、交通文明劝导员等"治安巡防"岗位，各级养老院、福利院、精神病医院的食堂、护理、保洁、保安等"养老护理"岗位，村级文化志愿者、乡风文明倡导员、阳光看护员等岗位。

所谓"N"是指因公共事业发展需要，临时设置的公益性岗位，如新冠肺炎疫情发生以来，创新开发了防疫消杀、巡查值守、宣传疏导等临时公益性岗位。针对这些就业扶贫公益岗位，由各级财政"出大头"，采取"向上级争取一点、财政预算补贴一点、公务经费挤一点、用人单位解决一点、社会筹资一点"的方式筹集资金，根据岗位数量、工作量、性质等，每人每月发放岗位补贴500～1570元。

（三）建立健全组织保障体系

摸清人员底数，科学设置岗位。扶贫开发工作小组深入行政村开展村级公益性岗位摸排工作，采取"信息比对＋线上座谈"的方式，兜底公益性岗位人员信息，根据"按需设置、自愿公开、统一管理"的原则设置岗位。

建立管理体制，明确工作职责。结合工作实际，按照"因人设岗、因岗用人、岗需互选、自愿服务"的原则，制定了《桦南县村级扶贫公益性岗位实施细则（试行）》，实行村级公益性岗位动态管理，根据贫困户个人意愿和实际工作能力，进行人岗对接，通过"线上＋线下"两种方式，开设村级公益岗位技能培训和职业道德培训，转变贫困户"等、靠、要"的思想。

细化考核目标，加强履职监管。下发《村级公益性岗位考核细则》，对公益性岗位人员的身体健康情况、劳动能力、服务意识、履职能力、工作成效和工作纪律6个方面进行考核，清理不符合岗位条件人员，并建立公益性岗位人员档案，充分激发村级公益性岗位主体管护作用，使其发挥长期效益。

◎ 经验启示

（1）开展就业扶贫，要精准剖析不同对象的就业意愿。就业扶贫的工作对象是已建档立卡且有就业创业愿望的贫困家庭劳动力，但每个劳动力的就业偏好、劳动能力强弱、劳动年龄都是不同的。开展就业扶贫要实现精准帮扶，必须在采集贫困户详细信息基础上，了解和掌握他们的就业意愿，摸清情况，以明确靶向；因人施策，以帮助劳动力快速上岗稳岗。

（2）开展就业扶贫，要以就业需求为导向开发多样性岗位。各地应根据当地实际情况和贫困户就业意愿，开发多样性的就业岗位，因户因人制订帮扶计划，落实帮扶措施，以就业需求为导向，强化企业用工需求和劳动者就业意望的有效对接，因地制宜采取最优的政策措施。比如，在促进就地就近就业方面，创新设立扶贫车间、就业驿站、社区工厂、卫星工厂等就业创业新载体；在引导外出就业方面，探索省内劳务协作、重大项目与贫困县结对子等劳务协作新渠道；在托底安置方面，开发助残员、护理员、护林员等各类就业扶贫公益性岗位；在就业服务方面，探索开展远程招聘、定向共享岗位信息等多种服务手段……

（3）开展就业扶贫，要与其他扶贫措施有效衔接。就业扶贫是一项系统性的工作，涉及的内容十分广泛，要与其他扶贫措施相互补充、相互结合，发挥就业扶贫的最大功效。比如，要形成一整套就业扶贫的政策措施体系。对吸纳贫困劳动力就业的企业，给予定额税收减免、创业担保贷款及贴息、吸纳就业补贴和社保补贴。对贫困劳动力，由公益性岗位安置的，给予岗位补贴，购买意外伤害商业保险；参加培训的，给予职业培训补贴、培训期间生活费补贴。要坚持服务、培训、维权三项手段协同发力。坚持精准化的就业服务，建立人员帮扶清单和岗位需求清单，推动人岗精准匹配。坚持针对性技能培训，提升贫困劳动力就业技能。坚持全流程权益维护，加强企业用工指导，维护贫困劳动力合法权益。

（4）开展就业扶贫，要强化产业支撑这个基础。就业扶贫要想长期、持续地发挥作用，必须有劳动密集型产业来做支撑，来提供就业岗位。比如贵州从江在转移就业过程中，主要通过东西协作，重点向广州、福建等产业实力雄厚的东部沿海地区转移。山东鄄城为实现贫困群众就近就业，规划建设了100亿元级的发制品产业园，明确按照就业门槛低、增收效果好、产业发展稳定、能够就近就业4个条件招商引资。

（5）开展就业扶贫，有助于激活扶贫扶志这个关键点。就业扶贫，尤其是公益性岗位安置，本质是用劳动换福利。通过调动贫困者的主观能动性和公共服务意识，使其在工作报酬之外还获得了超越个体与单个家庭的集体的认同感、存在感、幸福感等多重福祉，不仅有效解决了贫困治理中的福利依赖和负向激励问题，而且促进了贫困个体收入增长、社区融入和能力提升，有效助推脱贫攻坚的同时也使得乡村治理获得显著改善。

案例编写：魏长仙

专题十一：公益岗位扶贫

一户一岗　生态管护
——青海省三江源国家公园生态管护员公益岗位的创新

◎ 案例导读

设立生态公益岗位，是建立健全生态保护补偿机制的重要内容，是生态保护扶贫和就业扶贫行动的战略举措。结合建立国家公园体制，如何创新生态资金使用方式，利用生态补偿和生态保护工程资金完善生态管护员公益岗位？如何使生态扶贫和就业扶贫有机结合？这是本案例讲述的主题和回答的主要问题。

◎ 政策安排

2015年11月，中共中央、国务院《关于打赢脱贫攻坚战的决定》强调"结合建立国家公园体制，创新生态资金使用方式，利用生态补偿和生态保护工程资金使当地有劳动能力的部分贫困人口转为护林员等生态保护人员"。

2016年3月，《中华人民共和国国民经济和社会发展第十三个五年规划纲要》将"生态保护扶贫"纳入"脱贫攻坚重点工程"，主要针对生态敏感和脆弱地区（流域）的贫困人口，重点采取加大生态补偿力度、实施生态保护修复工程等措施，提高收入水平，创造更多就业岗位。

2016年11月，国务院印发并实施《"十三五"脱贫攻坚规划》，专门对"生态保护扶贫"作出工作部署，强调在重点区域推进青海三江源保护等山水林田湖草综合治理工程，组织动员贫困人口参与生态保护建设工程，提高贫困人口收益水平；"设立生态公益岗位。中央财政调整生态建设和补偿资金支出结构，支持在贫困县以政府购买服务或设立公益岗位的方式，以森林、草原、湿地、沙化土地管护为重点，让贫困户中有劳动能力的人员参加生态管护工作。充实完善国家公园的管护岗位，增加国家公园、国家级自然保护区、国家级风景名胜区周边贫困人口参与巡护和公益服务的就业机会"。

2018年1月，国家发展改革委员会、国家林业局、财政部、水利部、农业部、国务院扶贫办共同制定《生态扶贫工作方案》，明确规定："通过生态公益性岗位得到稳定的工资性收入。支持在贫困县设立生态管护员工作岗位，以森林、草原、湿地、沙化土地管护为重点，让能胜任岗位要求的贫困人口参加生态管护工作，实现家门口脱贫。在贫困县域内的国家公园、自然保护区、森林公园和湿地公园等，优先安排有劳动能力的贫困人口参与服务和管理。在加强贫困地区生态保护的同时，精准带动贫困人口稳定增收脱贫。"

2018年6月，中共中央国务院《关于打赢脱贫攻坚战三年行动的指导意见》出台，专门就"加强生态扶贫"和"全力推进就业扶贫"作出具体的工作部署，"鼓励开发多种形式的公益岗位，通过以工代赈、以奖代补、劳务补助等方式，动员更多贫困群众参与小型基础设施、农村人居环境整治等项目建设，吸纳贫困家庭劳动力参与保洁、治安、护路、管水、扶残助残、养老护理等，增加劳务收入"。此外，国务院多个部门还专门根据建档立卡贫困人口情况，编制生态管护员公益岗位选聘实施方案，协同协力用好乡村公益性岗位助力脱贫攻坚。

在国家政策的支持下，作为第一个国家公园体制试点，青海省及相关部门也出台了一系列支持政策。2016年9月14日，三江源国家公园体制试点领导小组第4次会议审议通过《三江源国家公园生态管护员公益岗位管理办法（试行）》等8个规范性文件。2017年6月2日，青海省人大通过的《三江源国家公园条例（试行）》第二十条明确规定："国家公园管理机构应当会同有关部门建立健全生态管护公益岗位制度，合理设置生态管护公益岗位，聘用国家公园内符合条件的居民为生态管护员。""生态管护员经培训持证上岗,协助国家公园管理机构对生态环境进行日常巡护和保护,报告并制止破坏生态环境的行为,监督禁牧减畜和草畜平衡执行情况。""实行管护补助与责任、考核与奖惩、劳动报酬与绩效奖励相结合的生态管护员动态管理机制。"

◎ 创新实践

美丽而神秘的三江源国家公园,地处青藏高原腹地,是长江、黄河、澜沧江的发源地,素有"中华水塔""亚洲水塔"之称,是中国和世界的生态安全屏障。三江源国家公园由长江源(包含可可西里)、黄河源、澜沧江源3个园区构成"一园三区"的格局,园区总面积为12.31万平方公里,占三江源地区面积的31.16%。这一国家公园涉及的两州四县一区,自然条件严酷,传统草地畜牧业是主体产业,牧民增收渠道窄,逐水草而居的生产生活方式已经融合到当地生态系统,成为不可或缺的一部分。生活在这个生态区域的藏族群众常年在贫困线徘徊,贫困人口2.4万人,占比高达40%。如何处理好生态保护与民生改善的关系,实现人与自然和谐共生是国家公园体制试点的重点之一。青海省立足"生态保护"和"脱贫攻坚"重大战略,创新设置生态管护公益岗位,采取"三步走"方式,全面实现园区"一户一岗"目标。截至2019年,三江源国家公园园区共有17211名生态管护员日夜忙碌在森林草原和湿地荒漠,为生态安全保驾护航。三江源国家公园生态管护员公益岗位的设立,不仅有效保护和修复了三江源国家公园的生态环境,而且促进当地民众收入增加,2019年户均年收入增加21600元,成为生态扶贫工作中民众参与生态保护、分享保护成果的成功案例。

一、生态管护员公益岗位的"一户一岗"设置和"三步走"落实

为科学有效保护三江源生态环境,促进当地贫困民众效益增收,2015年1月,青海省政府印发《三江源国家生态保护综合试验区生态管护员公益岗位设置及管理意见》,就三江源生态管护员公益岗位设置及管理提出明确要求。要求加快建立一支"牧民为主、专兼结合、管理规范、保障有力"的生态管护员队伍。随后,青海省农牧厅、林业厅、财政厅印发《关于下达新增

草原湿地生态管护员指标任务》，分配三江源国家公园范围内草原、湿地生态管护员指标2554个（包括全国首批湿地管护公益岗位963个），实际落实2630个。2016年4月5日，青海省政府办公厅印发《关于青海省生态保护和服务脱贫攻坚行动计划的通知》，新增生态管护员公益岗位7421个，园区内生态管护员公益岗位共计10051个，实现了园区内精准扶贫建档立卡"一户一岗"全覆盖。2017年6月，根据园区内实际牧户数量，新增生态管护员公益岗位7160个。至此，园区内持证上岗生态管护员共计17211个。其中，黄河源园区管委会2545个；澜沧江源园区管委会7752个；曲麻莱园区管理处2867个，治多园区管理处4047个，实现园区内牧民生态管护公益岗位"一户一岗"全覆盖。

> **专栏11-1　青海省格尔木市长江源村生态移民扶贫**[①]
>
> 　　2016年8月22日，习近平总书记到青海省格尔木市唐古拉山镇藏族牧民移民定居村——长江源村，考察该村生态移民搬迁、民族团结创建、基层组织建设等工作。自2004年实施以生态移民搬迁为主要模式的扶贫措施以来，经过8年努力，包括长江源村在内的唐古拉山镇实现整体脱贫。长江源村又经过5年努力，到2017年村民人均收入达到20943元，是搬迁前的近10倍。
>
> 　　守护好绿水青山，不仅是责任，也是新的幸福生活的来源。牧民们为了国家生态大计自愿离开了草场，国家也对他们给予了各种补偿。近年来，这些补助标准大幅度提高，16周岁以下、55周岁以上的人口还有困难补助。此外，村民还可以担任草场管护员或林业管护员，每月可分别获得1800元、3000元的补助。三江源国家公园正式设立，多项惠民措施逐步出台。三江源生态保护和建设一期实施9年来，当地农牧民人均纯收入年均增长14.9%，高于青海省农牧民的增收水平。仅草原生态奖补一项，牧民人

[①] 邹德文. 精准扶贫 精准脱贫：科学决策大数据案例精选[M]. 北京：人民出版社，2019：156-157.

> 均年增收 2500 多元。过去认为只有放羊才能挣钱、有饭吃，现在转变观念，守护好草原也可以增收，而且更稳定、更可观。

生态管护员公益岗位设置是青海省政府基于"生态保护"与"精准脱贫"两大重要责任作出的战略部署，是重大的民生工程，是国家公园体制试点的重大举措之一。"一户一岗"的生态管护要求是三江源生态公益性岗位试点示范的重要新政。三江源国家公园在具体落实中采取了"三步走"的方式稳妥推进。

第一步，2016 年，按照山水林田湖草一体化管护要求，将原有草原、湿地、林地等管护岗位统一归并为生态管护公益岗位，统一核定管护面积，每岗管护 3 万亩；统一核发工资报酬，每月每岗 1800 元；统一提出工作要求和绩效考核标准。2016 年 6 月，三江源内首批生态管护员上岗，主要履行生态巡护职责；7 月，在治多、曲麻莱等 4 县逐渐开展生态管护员公益岗位设置试点；8 月，生态管护员公益性岗位在园区内全面铺开。经过几个月的试点推行，当地政府规定，生态管护员要实行"一户一岗"制度，最大限度普惠当地贫困民众。也就是说，所有试点范围内的户籍牧户家庭都可以申请一个生态管护员的名额。

第二步，2016—2017 年，在园区 4 县各选择 1 个村，优先从建档立卡贫困户中增补生态管护员，开展建档立卡贫困户生态管护公益岗位"一户一岗"试点示范，并逐步覆盖全部建档立卡贫困户，先期实现建档立卡贫困户生态管护员公益岗位"一户一岗"的目标。例如，2017 年，年都村列为杂多县昂赛乡生态管护员公益性岗位试点村，在原有的 41 名生态管护员的基础上又增加了 71 名贫困户补充到生态管护员的队伍中。当地政府还以政府购买服务、发放岗位工资等形式，规定生态管护员若能准时出勤并积极巡护，每月可以领取 1800 元的工资。

第三步，2017—2018 年，再次在园区 4 县各选择 1 个村，开展园区生态管护员公益岗位"一户一岗"试点示范，并逐步覆盖全部牧户，2018 年全面实现园区牧户生态管护员公益岗位"一户一岗"的目标。

二、生态管护员公益岗位的常态化培训和动态化管理

三江源国家公园注重激发生态管护员内生动力，通过加大培训力度，提升其素质和能力。由于园区内生态管护员多为当地牧民，且藏民较多，沟通交流较为不便，大力提高其在生态保护方面的意识与责任有一定难度。因此，加大培训力度，提升当地民众的生态保护和责任意识是三江源区科学管理生态管护员的举措之一。为此，三江源国家公园组织编印双语《生态管护公益岗位全员培训方案》《三江源国家公园生态管护员培训教材》《生态管护简明读本》，举办生态管护员师资力量培训班，各园区管委会（管理处）选送43名业务骨干开展生态管护员基本理论和实践技能培训，共分4轮次培训生态管护员42252人次，提升生态管护员管护能力。

三江源国家公园高度重视用制度为生态管护员公益岗位保驾护航，先后制定《三江源国家公园体制试点生态公益岗位机制实施方案》《三江源国家公园生态管护员公益岗位管理办法（试行）》《三江源国家公园生态管护员绩效考核实施细则（试点）》，加强生态管护员公益岗位"一户一岗"政策落实前、中、后期管理。为了保障园区生态管护员的规范化、科学化，积极推进生态管护员长效化，三江源国家公园实施生态管护员公益岗位动态管理机制。主要是将管护岗位人员设置与管护面积、管护效果相挂钩，提升生态管护和精准脱贫成效。适时开展生态管护员公益岗位政策评估调研，以便及时完善相关政策。2019年，三江源国家公园不断完善生态管护公益岗位管理，在强化生态管护员组织化管理、网格化巡查，实现"一户一岗"政策的基础上，制定《三江源国家公园自然资源生态管护规范（内控标准）》，分阶段对生态管护员巡护情况进行评估，推动生态管护员队伍规范化、专业化管理。建立生态管护员动态信息管理数据库，将园区内生态管护员的识别、管理、考核、培训等全部纳入数据库，初步实现生态管护员信息化管理。

三江源国家公园生态管护员多由当地牧民组成，且分散在各个行政区域，难以管理。因此，在生态管护员的设置方面，三江源国家公园形成了网格化体系。各园区积极推进山水林田湖草组织化管护、网络化巡查，组建乡镇管

护站、村级管护队和管护小分队，统一配发队旗、巡护袖标、上岗证和巡护日志，配发巡查巡护交通工具、野外巡护装备，构建了远距离"点成线、网成面"的生态管护新格局，使牧民逐步由草原利用者转变为生态管护者，促进人的发展与生态环境和谐共生。

专栏11-2　三江源国家公园生态管护员卓玛加荣获"斯巴鲁生态保护奖"

2018年4月，中国野生动物保护协会按照《斯巴鲁生态保护奖评选规则》《斯巴鲁生态保护奖评选表彰办法》，经严格评审，揭晓2017年"斯巴鲁生态保护奖"个人奖项获奖名单。因在野生动植物保护和生态保护中的突出贡献，长江源园区曲麻莱管理处卓玛加获此殊荣，他是经三江源国家公园推荐第一个获得"斯巴鲁生态保护奖"的生态管护员。

2016年，卓玛加被聘为三江源国家公园曲麻莱管理处多秀村生态管护员后，严格履行管护职责，把保护三江源国家公园自然资产作为自己热爱的一项保护生态事业，坚持经常性开展巡山巡护监测工作，认真记录巡护监测情况。他长年在曲麻河乡藏羚羊栖息地开展巡护工作，认真开展藏羚羊的迁徙线路巡护，保证藏羚羊安全抵达可可西里产羔地太阳湖。在他的努力下成立了曲麻莱曲麻河乡藏羚羊巡护巡查队，逐步规范生态管护员开展野生动物巡护监测工作。自从事生态管护工作以来，他无私奉献、坚守岗位，带领该村生态管护人员取得了一个又一个的喜人成绩，对保护整个国家公园自然生态系统和生物多样以及曲麻河乡藏羚羊栖息地作出了突出贡献。

"斯巴鲁生态保护奖"是中国野生动物保护协会和斯巴鲁汽车（中国）有限公司经主管部门批准，于2008年由斯巴鲁汽车有限公司出资设立，是为表彰和奖励长期工作在生态环境、野生动植物保护岗位上的先进个人和团体而设立的专门奖项。

三江源国家公园高度重视生态管护员的安全保障工作，为生态管护员购

买了意外保险。地广人稀、自然环境复杂，三江源国家公园生态管护员在巡护过程中要面临野生动物伤害、交通意外等多种风险。如何处理好生态保护与人身、财产安全的关系，成为生态保护中需要关注的问题。为此，2018年，三江源国家公园开展生态管护员公益性保险试点，与中国太平洋保险（集团）股份有限公司合作，为园区17211名生态管护员捐款投保团体人身意外伤害保险，保费每人96元/年，意外伤害保额每人30万元，意外伤害医疗每人2万元，风险保障总额54.4亿元，产生的163.2万元保费均由中国太平洋保险股份有限公司捐赠。2019年内共理赔5名生态管护员保险费用90.73万元。中国太平洋保险还持续开发适合三江源公园特殊环境的生态类保险项目，在生态保护、野生动物保护、园区责任、财产损失等方面与三江源国家公园展开全方面合作，为生态管护员保驾护航。

三、生态管护员公益岗位的设置效益和复制推广

通过科学设置生态管护员公益岗位，广大牧民保护生态的参与度明显提升，2019年聘用的生态管护员数量约占园区内牧民总数的27.3%，且"一人被聘为生态管护员、全家成为生态管护员"新风正在兴起，牧区群众实现了从单一种植、养殖、生态看护向生态、生产、生活良性循环转变，生态保护成绩突出。截至2019年，针对1.72万户园区居民，每户都选聘一名生态管护员。从园区建档立卡贫困户中选聘的10051名生态管护员，每人每年可获得21600元的工资，按照人均纯收入4000元的脱贫标准，户均人口5人以下的贫困户全部实现脱贫，增绿又增收，生态脱贫效果显现。同时，生态管护员还发挥着多重作用。例如，黄河源园区管委会已经率先构建"生态管护＋基层党建＋精准脱贫＋维护稳定＋民族团结＋精神文明"六位一体的工作模式，并逐步开始推广。地处这一园区的玛多县立足国家公园黄河源园区体制试点，每户安排一名生态管护员，将原有的党建网格、综治维稳网格等进行整合，实行"多网合一"，赋予区内3042名生态管护员"基层党建、生态保护、精准扶贫、维护稳定、民族团结、精神文明、义务教育"等职责，以基层党建为统领，实施"六位一体"网格化管理，实现了社会管理再次创新升级，

达到了共建共治共享的社会效果。"六位一体"网格化管理按照"一岗多责、一职多能",解决了"简单划网格",权责不对等,"干部干、群众看",乡镇编制少、人员服务半径大、工作漏洞多的问题,其经验已在全省推广。2020年,三江源国家公园全面建成,三江源国家公园将结合实施乡村振兴战略,加快推进生态保护与发展体制机制示范村建设试点工作,鼓励支持牧民以投资入股、合作劳务等多种形式开展特许经营项目,发展第三产业,促进增收致富。

专栏11-3 三江源国家公园积极探索生态保护和精准扶贫共赢之路

三江源国家公园积极探索生态保护和民生改善共赢之路,将生态保护与精准脱贫相结合,与牧民群众充分参与、增收致富、转岗就业、改善生产生活条件相结合,多措并举实施生态保护设施建设、发展生态畜牧业,使广大农牧民生产生活条件得到明显改善。一是落实生态补偿政策。2019年,共落实天然林保护工程、森林生态效益补偿(国家级公益林补偿)、湿地生态补偿、退耕还林还草工程、草原生态保护补助奖励资金48916.94万元,其中澜沧江源园区管委会13858.58万元,长江源园区管委会治多管理处和曲麻莱管理处分别为10868.52万元和11374.22万元,黄河源园区管委会12815.62万元。二是开展农牧民培训。为进一步提升三江源地区农牧民综合素质,提高农牧民收入,开设了"三江源生态班",招收三江源地区42名农牧民子弟在西宁第一职业学校开展为期3年的中职学历教育;对园区内外9040人次开展了民族手工艺品加工、民间艺术技能、农业技术、机械驾驶、汽车和摩托车维修、烹饪、农家乐、泥塑等技能培训。三是开展特许经营试点。根据《三江源国家公园产业化经营项目特许经营管理办法(试行)》,在澜沧江源园区昂赛大峡谷开展生态体验项目特许经营试点,完成《昂赛自然体验项目方案》《昂赛生态体验和环境教育项目方案》的审查批复。接待国内外生态体验团队98个,体验访客302人次,经营收入101万元。启动黄河源园区生态体验特许经营项目前期工作,编

> 制审查完成《黄河源园区特许经营实施方案》《三江源国家公园兔狲、藏狐毛绒玩偶特许商品经营方案》。四是促进社区发展。基本完成玛多县擦泽村、杂多县年都村、治多县马赛村、曲麻莱县红旗村及索南达杰保护站"4+1"生态保护示范村站项目建设，统筹推进试点村站乡村振兴进程，走出了一条生态保护、生产发展、生活富裕、乡村文明、村容整洁、管理民主的新型社区建设路子。

2021年2月25日，习近平总书记在全国脱贫攻坚总结表彰大会上指出："110多万贫困群众当上护林员，守护绿水青山，换来了金山银山。"[1]

◎ 经验启示

三江源国家公园设置生态管护公益岗位，科学把握了牧民群众脱贫致富与生态保护的关系，"绿水青山""雪山冰川"不断释放经济效益和社会效益，有效促进了当地减贫和就业，已成为民众参与生态保护、分享保护成果的成功案例。生态管护员队伍成为国家公园的"生力军"和"先锋队"，为体制试点作出了突出贡献，为生态管护公益岗位设置管理提供了诸多可复制、可借鉴的经验。

（1）开展生态公益岗位脱贫行动是完善国家公园体制的战略举措。三江源国家公园为增强牧民的生态管护与致富能力，将生态保护与精准脱贫相结合，与牧民群众充分参与、增收致富、转岗就业、改善生产生活条件相结合，科学合理设置生态管护公益岗位，建立牧民生态保护业绩与收入挂钩的机制，使牧民由草原利用者逐步转变为生态保护者，让牧民群众更多地享受国家公园建设发展带来的实惠。基于以上经验，中央财政要进一步调整生态建设和补偿资金支出结构，支持在贫困县以政府购买服务、专项补助等方式或设立生态公益岗位的方式，以森林、草原、湿地、沙化土地管护为重点，选择一批能胜任岗位要求的建档立卡贫困人口，为其提供生态护林员、草管员、护渔员、

---

[1] 习近平. 在全国脱贫攻坚总结表彰大会上的讲话[N]. 人民日报，2021-02-26（2）.

护堤员等岗位。充实完善国家公园的管护岗位，在贫困县域内增加国家公园、国家级自然保护区、国家级风景名胜区周边贫困人口参与巡护和公益服务的就业机会，优先安排有劳动能力的建档立卡贫困人口参加生态管护工作。

（2）坚持开展就业扶贫行动，推进就地就近转移就业是生态扶贫和就业扶贫相结合的有效形式。三江源国家公园鼓励引导当地牧民参与国家公园建设，扶持他们从事公园生态监测、生态体验、环境教育服务、生态保护工程劳务等工作，使牧民在参与生态保护、公园管理中获得稳定收益。为此，在就业扶贫和生态扶贫的有机结合中，我们要进一步建立健全定向培训就业机制。将贫困人口转移就业与生态保护扶贫中的建立健全生态保护补偿机制相结合，鼓励引导国家公园、国家级自然保护区、国家级风景名胜区等向周边贫困人口提供就业岗位，优先安排贫困人口就业，探索多元化生态保护补偿机制，财政资金应与安置贫困人口就业任务相挂钩。支持贫困户自主创业，促进就地就近转移就业。

（3）科学设置生态管护员公益岗位并加强动态化管理，加快构建"点成线、网成面"的管护体系，确立统一的生态管护模式。三江源国家公园坚持因地制宜、科学设置、尊重群众意愿，坚持易地搬迁户优先、就近管护、生产生活生态并重，坚持分级指导、村级管理、明确职能和坚持量化指标、绩效考核、养人治事的原则，设置草原、林地、湿地的生态管护员公益岗位，加快建立一支"牧民为主、专兼结合、管理规范、保障有力"的生态管护员队伍。同时，三江源国家公园还实行属地管理、行业指导、上下联动的办法，加强对生态管护员的管理、绩效考核，确保各项措施落到实处。并且，三江源国家公园还完善相关制度，出台完善资金、激励、进退、督查等管理机制和办法，推广可复制、可借鉴的模式，实现规范化、常态化，督促各地细化落实。目前，三江源国家公园初步形成了点成线、网成面、全方位的巡护体系，统一的生态管护模式基本确立，逐步达到转岗、转业、转产的目的，初步实现了减人减畜、增绿增收的目标。这些都是宝贵的经验，值得推广复制和参考借鉴。

案例编写：鲁长安

# 第四篇
生态扶贫：绿水青山就是金山银山

我说过，既要绿水青山，也要金山银山；绿水青山就是金山银山。绿水青山和金山银山决不是对立的，关键在人，关键在思路。为什么说绿水青山就是金山银山？"鱼逐水草而居，鸟择良木而栖。"如果其他各方面条件都具备，谁不愿意到绿水青山的地方来投资、来发展、来工作、来生活、来旅游？从这一意义上说，绿水青山既是自然财富，又是社会财富、经济财富。

——《在参加十二届全国人大二次会议贵州代表团审议时的讲话》（2014年3月7日），《习近平关于社会主义生态文明建设论述摘编》，中央文献出版社2017年版，第23页

在生存条件差、但生态系统重要、需要保护修复的地区，可以结合生态环境保护和治理，探索一条生态脱贫的新路子。不少地方既是贫困地区，又是重点生态功能区或自然保护区，还是少数民族群众聚居区，如西藏、四省藏区、武陵山区、滇黔桂部分贫困地区等。要加大贫困地区生态保护修复力度，增加重点生态功能区转移支付，扩大政策实施范围。……要做些改革，比如，结合建立国家公园体制，可以让有劳动能力的贫困人口就地转成护林员等生态保护人员，从生态补偿和生态保护工程资金中拿出一点，作为他们保护生态的劳动报酬。

——《在中央扶贫开发工作会议上的讲话》（2015年11月27日），《习近平扶贫论述摘编》，中央文献出版社2018年版，第67—68页

专题十二：生态补偿

保护生态　整族脱贫
——云南贡山县独龙江乡生态保护和生态脱贫相融共赢

◎ 案例导读

在中国，贫困地区与环境敏感地区高度吻合，深度贫困地区通常是边境偏远地区、少数民族聚居地区。生态保护扶贫重在处理好生态保护与扶贫开发的关系，加强贫困地区生态环境保护，提升贫困地区可持续发展能力。如何解决"捧着良好生态的金饭碗讨饭吃"的问题？如何处理好生态保护和脱贫攻坚的关系，推动贫困地区扶贫开发与生态保护相协调、脱贫致富与可持续发展相促进？这是本案例讲述的主题和回答的问题。

◎ 政策安排

生态保护扶贫是将生态保护与扶贫开发相结合的一种扶贫工作模式。2015年11月，中共中央、国务院《关于打赢脱贫攻坚战的决定》强调基本原则之一是："坚持保护生态，实现绿色发展。"要牢固树立绿水青山就是金山银山的理念，把生态保护放在优先位置，扶贫开发不能以牺牲生态为代价，探索生态脱贫新路子，让贫困人口从生态建设与修复中得到更多实惠。同时，还专门部署"结合生态保护脱贫"：国家实施的退耕还林还草、天然林保护、防护林建设、石漠化治理、防沙治沙、湿地保护与恢复、坡耕地综合整治、退牧还草、水生态治理等重大生态工程，在项目和资金安排上进一步向贫困地区倾斜，提高贫困人口参与度和受益水平。2016年3月，《中华人民共和国国民经济和社会发展第十三个五年规划纲要》将"生态保护扶贫"纳入"脱贫攻坚重点工程"，主要针对生态敏感和脆弱地区（流域）的贫困人口，重点采取加大生态补偿力度、实施生态保护修复工程等措施，提高收入水平，创造更多就业岗位。同年11月，国务院印发并实施《"十三五"脱贫攻坚规划》，遵循"坚持绿色协调可持续发展"这一原则，专门对"生态保护扶贫"作出工作部署，强调"处理好生态保护与扶贫开发的关系，加强贫困地区生态环境保护与治理修复，提升贫困地区可持续发展能力"。2018年1月，国家发展改革委员会、国家林业局、财政部、水利部、农业部、国务院扶贫办共同制定《生态扶贫工作方案》，其指导思想就是："牢固树立和践行绿水青山就是金山银山的理念，把精准扶贫、精准脱贫作为基本方略，坚持扶贫开发与生态保护并重，采取超常规举措，通过实施重大生态工程建设、加大生态补偿力度、大力发展生态产业、创新生态扶贫方式等，切实加大对贫困地区、贫困人口的支持力度，推动贫困地区扶贫开发与生态保护相协调、脱贫致富与可持续发展相促进，使贫困人口从生态保护与修复中得到更多实惠，实现脱贫攻坚与生态文明建设'双赢'。"同年6月，中共中央、国务院《关于打赢脱贫攻坚战三年行动的指导意见》出台，专门就"加强生态扶贫"作出具体的工作部署。

◎ 创新实践

云南省贡山县独龙江乡地处中国"三区三州"深度贫困地区怒江州的最北端，位于中缅和滇藏接合部，国境线长达97.3千米，是中国唯一的独龙族聚居地，总人口4127人，99%为"直过民族"[①]独龙族。2011年人均受教育年限仅为4.7年，文盲率高达33.07%，缺乏发展的内生动力和脱贫致富技能。独龙江乡既是贡山县面积最大的乡镇，又是典型的边境乡镇。它同时地处"三江并流"世界遗产及高黎贡山自然保护区的核心腹地，生物资源丰富，独龙

---

① 直过民族，指新中国成立后，未经民主改革，直接由原始社会形态跨越几种社会形态过渡到社会主义社会的少数民族。

江流域已发现高等植物1000多种、野生动物1151种,是名副其实的"自然地貌博物馆、生物物种基因库""云南旅游最后的一片原始秘境",森林覆盖率达93.1%。独龙江乡受特殊的自然条件和社会发育程度制约,基础设施薄弱,经济发展严重滞后。过去,独龙族群众靠"轮歇烧荒、刀耕火种、广种薄收、砍伐薪柴"等生产生活方式艰难度日,导致"树越砍越少、山越烧越秃",当地生态环境呈现恶化趋势,封闭、半封闭、以自我循环为主的经济系统导致独龙江乡群众依然在"贫困线"上挣扎。2011年,独龙族群众人均纯收入仅1255元。如何在有效保护生态环境的前提下,探索适用的脱贫攻坚道路,是摆在独龙江乡面前的一道难题。近年来,独龙江乡依托其丰富的生态资源,坚持生态优先、绿色发展、科技引领、因地制宜,探索出了一条生态保护和生态扶贫相融共赢的可持续发展之路。

一、以天然林保护工程建设保护生态环境

独龙江乡91.62%以上的土地面积属于天然林、公益林、自然保护区、世界自然遗产等保护地,作为特殊的生态功能区,属于禁止和限制开发区。由于环境保护压力加大,独龙江乡的资源优势无法有效转化为经济优势。为了破解生态保护与群众脱贫致富协同发展亟须解决的难题,独龙江人民重视通过法律政策保护生态环境。2013年1月,独龙江乡人民代表大会审议通过了《独龙江乡规民约》;2016年5月,云南省第十二届人大常委会全票通过了《云南省贡山独龙族怒族自治县独龙江保护管理条例》,并着手编制《独龙江生态保护规划》。随着这些生态保护制度的不断完善,"绿水青山就是金山银山"的理念深入人心。独龙江乡以工程建设保护生态环境,在生态保护中积极拓展贫困户增收路径。

在实施天然林保护工程中选聘护林员,使贫困户通过公益性岗位就业获得工资性收入。利用生态补偿和生态保护工程资金,使当地有劳动能力的部分贫困人口转为护林员等生态保护人员是生态保护扶贫的重要举措。2017年底,贡山县林草局指导独龙江乡选聘生态护林员。基于生态补偿脱贫一批的政策,全乡195户建档立卡贫困户每户选聘1名生态护林员,实现建档立卡

贫困人口全覆盖，这样，全乡护林员增加到313名。他们从过去的毁林烧荒者，变成了森林的守护人、生态脱贫的受益者。贡山县积极探索"生态护林员+"的生态脱贫模式，逐步建立县、乡、村、组四级生态护林员管理体系：县级设立森林资源管护大队、乡（镇）级成立森林资源管护中队、村级成立森林资源管护小队、村民小组成立管护小组。选聘护林员的举措不仅使无法外出、无业可扶、无力脱贫、固守边疆的贫困人口获得了就地就业和脱贫的机会，激发了贫困群众的内生动力，而且使天然林保护工程进展顺利，有效预防了乱砍滥伐、偷砍盗伐、乱捕偷猎等不法行为。如今，独龙江两岸的森林植被正逐渐恢复，水土流失不断减轻，生态环境逐步得到改善，独龙江流域森林覆盖率达93.1%，独龙江乡成为全国森林覆盖率较高的乡镇之一。除了选聘护林员，独龙江乡还积极探索开发乡村环境保洁员、河道管理地质监测员、巡边护边员等多类型的公益性就业岗位，激发越来越多的贫困人口参与到生态保护建设工程，使之实现就业脱贫。

积极推广生态扶贫合作社，带动贫困户参与生态工程建设获得劳务报酬。独龙江乡积极推广脱贫攻坚造林专业合作社，采取以工代赈等方式，大力组织贫困户参与生态工程建设，并支付合理报酬给贫困户，增加贫困人口收入。2018年12月17日，独龙江乡20名护林员成立建绿保林生态扶贫专业合作社，其中，建档立卡贫困户13户。合作社已承接了4个林业项目，其中，7247亩森林抚育项目给74户建档立卡户带来工资收入18.234万元，社员人均劳务报酬约7000元，非社员人均劳务报酬约2000元，合作社盈利30多万元。生态扶贫合作社让贫困户不出村就有了劳务收入。

二、以生态补偿增加群众收入

生活条件差但生态系统极为重要的独龙江乡，积极探索多元化生态保护补偿方式，以补贴政策增加群众收入，保障贫困户的基本生计，实施生态补偿脱贫一批。生态补偿既包括对因保护环境而丧失发展机会的社会群体进行资金、技术、实物上的补偿和政策上的优惠，也包括对具有重大生态价值的区域或对象进行保护性投入，同时也对遭受破坏的生态环境进行恢复与治理，对破坏生态环境的行为采取惩罚性措施，实现生态保护和生态扶贫相融共赢。目前，独龙江乡涉及生态补偿的政策主要有4项，即退耕还林补偿、森林生态效益补偿、草原生态补偿、野生动物肇事补偿。[①]

（1）退耕还林补偿。独龙江乡土地资源紧张，人地矛盾突出。境内超过90%以上的面积都是高山峡谷，坡度在25度以上的耕地超过总耕地面积的70%。刀耕火种、轮歇播种、广种薄收的传统垦殖方式逐渐超出了当地脆弱生态的负荷，并且无法满足群众吃饱穿暖的基本生存要求。为此，独龙江乡在2001—2004年实施退耕还林7000亩，总投资1932万元，粮食折现1617万元，全乡827户3722人得到了资金和粮食补助，不仅从根本上缓解了农户家庭的贫困状况，而且为群众发展其他生产提供了资源空间。

（2）森林生态效益补偿。独龙江乡国家级公益林5.8万亩，涉及巴坡村、马库村两个村委会，2018年按照国家补偿标准，兑现了公益林补偿58万元，其中巴坡村人均公益林补偿470元，钦郎当村民小组人均公益林补偿700元。

（3）草原生态补偿。为了解决畜牧业发展与草场保护的矛盾，独龙乡江从2011年开始，实行草原生态补奖工作。全乡共实施草原禁牧补助2.4万亩，涉及农户212户；草畜平衡奖励14.56万亩，涉及农户512户；使享受草原生态补奖政策的农牧户大大增收。这些奖励机制，不仅充分调动了民众保护草原的积极性，而且使草原生态得以有效改善。

（4）野生动物肇事补偿。随着生物多样性保护工作的推进，野生动物种群、数量逐年增加，而野生动物肇事造成人身伤害和群众财产损害的事件时有发生，人与野生动物之间的矛盾日益突出。为此，2014年，独龙江乡将野生动物肇事纳入公众责任保险试点，由政府补偿转变为商业保险赔付。林业部门加强宣传野生动物公众责任保险，定期深入村组培训野生动物肇事相关业务，保险公司在每个村组都委托生态护林员勘察定损。2014—2018年，独龙江乡所在的贡山县野生动物肇事案件共发生3388起，按野生动物公众责任保险标准价已完成理赔265万元，减轻了群众的经济损失。

---

① 李涛，卢文祥.独龙江乡扶贫攻坚与跨越发展之路[M].昆明：云南人民出版社，2016：113-115.

三、以生态产业推动绿色发展

独龙江乡因地制宜，依靠绿水青山发展生态产业，以草果、重楼为主的经济林果和中药材产业已成为农民增收的重要渠道，独龙蜂、独龙牛、独龙鸡养殖等产业的培育也取得了初步成效。独龙江乡拥有丰富的林业资源，人均公益林14.17亩，自然气候条件适宜草果种植。截至2018年底，全乡6个村委会中有5个村的群众户户种草果、人人有收入，草果面积达6.8万亩，产量达1004吨，产值约743万元，草果种植户仅草果项人均纯收入就达3000元以上，小小草果成为独龙江乡多数群众的致富果。

> **专栏12-1 "独龙族的儿子"高德荣推动"南草果、北重楼"的生态产业**[①]
>
> 2016年全国脱贫攻坚奖贡献奖获得者高德荣曾任贡山县县长，曾获"时代楷模"荣誉。他是"独龙族的儿子"，更是独龙族脱贫致富道路上一名永不退休的"老县长"。2007年，在他的引导下，独龙江第一片草果在独龙江孔当村试种。政府刚开始鼓励引导种植草果时，村民们都有顾虑。为了推广种植草果，高德荣来到独龙江乡的公路旁建了一个草果等经济作物科学种植培训基地。他亲自设计并建盖的生产房可同时容纳60多人休息。基地种满了草果、重楼、石斛等经济作物，还有大杜鹃、桫椤、红豆杉等珍稀植物，共50多个植物品种。基地累计培训独龙族群众5000余人。老县长常常"就地取材"，给独龙族群众讲解、宣传保护珍稀树种的知识。2014年以来，在草果大丰收，成为致富果后，高德荣又多方筹措资金，推广重楼产业，促成独龙江乡形成"南草果、北重楼"的生态产业。

独龙江乡最北边的迪政当村海拔高、无霜期短，不适宜种植草果。乡政府因地制宜，提出发展重楼产业，形成了全乡"南草果、北重楼"的发展模式。目前，全乡已种植重楼1120亩，基本达到户均1亩，每亩最低有近万元的收入。

[①] 脱贫攻坚先锋系列图书编辑委员会.脱贫攻坚先锋：2016年全国脱贫攻坚奖获奖者事迹[M].北京：中国劳动社会保障出版社、中国人事出版社，2018：121-126.

草果、重楼产业的发展,相当于让村民们有了一个可持续收入的"绿色银行"。但草果、重楼生长期较长,为此,独龙江乡近年来发展了一种短期增收的羊肚菌产业。2017 年,全乡首次种植羊肚菌 260 亩,4 个月即可收割出售,每公斤可卖 80 元,合作社当年收益 100 多万元,这一产业深受群众欢迎。

草果已经帮助独龙族群众摘掉了穷帽,重楼将为村民带来更为可观的收益,羊肚菌又带来了短平快的收入。所以,独龙族群众说:"脱贫靠草果,增收靠羊肚菌,小康靠重楼。"除了朝气蓬勃的草果、重楼、羊肚菌产业,蔬菜、油漆等种植业和以独龙牛、独龙鸡、独龙蜂为主的养殖业也在悄悄绽放。此外,为了增加短期经济效益,独龙江乡积极探索并推广"林+畜禽""林+蜂""林+菌""林+游"模式,实现了发展经济作物和保护森林资源的双赢。

2018 年,独龙江乡全乡经济总收入 2859.96 万元,常住居民人均纯收入达到 6122 元。迪政当村的 15 户贫困户 51 人脱贫摘帽,标志着全乡独龙族群众全部脱贫摘帽。全乡村村通硬化路、户户通网络、家家有新居、户户有产业、人人有保障,既保护了绿水青山,又实现了整乡整族脱贫。2019 年独龙江乡荣获全国脱贫攻坚奖组织创新奖,同年 4 月 10 日,习近平总书记给独龙江乡群众回信,勉励乡亲们:"脱贫只是第一步,更好的日子还在后头。希望乡亲们再接再厉、奋发图强,同心协力建设好家乡、守护好边疆,努力创造独龙族更加美好的明天!"① 独龙江乡成功实现生态脱贫的案例,对我国乃至全球贫困地区脱贫具有示范作用。

四、以生态旅游助力乡村振兴

独龙族群众整体脱贫后,如何巩固脱贫成果?怎么实现乡村振兴?单靠绿色产业经济作物,土地、市场等制约因素较多。独龙江乡认为,乡村振兴的出路在于生态旅游。独龙江峡谷保留着完好的原始生态环境,独特的峡谷、高山草甸为主体的风景资源,神秘的人文景观,资源呈多样性,景观资源独具特色,为发展生态旅游提供了天然基础。为此,独龙江乡加快推进交通和旅游基础设施建设,2014 年 4 月 11 日,全长 6.68 公里的高黎贡山独龙江公

---

① 新华社. 习近平回信勉励云南贡山独龙族群众[EB/OL].(2019-04-11). http://www.gov.cn/xinwen/2019-04/11/content_5381538.htm.

路隧道全线贯通，独龙江每年大雪封山半年的历史彻底结束。独龙江乡还扶持新建农家乐、特色客栈、旅游产品加工，设计精品旅游线路，将主要景区景点接入"一部手机游云南"平台，把脱贫致富、乡村振兴、绿色产业与生态旅游统筹规划、融合发展，突出展示独龙江特有的生态秘境文化、独龙族文化、爱国主义文化和边境旅游文化，走休闲旅游、文化旅游、探险旅游等深度旅游的新路子，迈向了乡村振兴新时代。

专栏 12-2　孔玉才谋划独龙江发展、独龙族脱贫的宏伟蓝图

孔玉才是 2019 年全国脱贫攻坚奖贡献奖获得者。2015 年，一心一意谋划独龙江发展、独龙族脱贫的孔玉才被推选担任乡长，他坚守初心、牢记使命，不当"官老爷"，永葆本色为乡亲。在对独龙江深入调研和总结以往工作经验之后，孔玉才跟乡党委班子进一步达成共识。紧紧围绕"党建引领、产业带动、民生为本、率先脱贫、全面小康"的发展战略，在精准扶贫上下功夫。整合资源实施 8 个提升行动，即脱贫攻坚提升、特色小镇提升、旅游发展提升、环境保护提升、人居环境提升、整体素质提升、基础设施提升和基层党建提升。力争用 3 年时间，完成独龙江风情旅游小镇与 4A 级景区建设，把独龙江乡建设成为"文面部落、秘境胜地"，让独龙江更具特有的味道，让独龙族群众真正实现稳定脱贫、绿色发展。

◎ 经验启示

"28 个人口较少民族全部整族脱贫，一些新中国成立后'一步跨千年'进入社会主义社会的'直过民族'，又实现了从贫穷落后到全面小康的第二次历史性跨越。"① 独龙江乡是实现生态保护和生态扶贫共赢的现实案例，是践行绿水青山就是金山银山理念的生动写照，为生态良好地区的脱贫提供了有益经验。

---

① 习近平. 在全国脱贫攻坚总结表彰大会上的讲话 [N]. 人民日报，2021-02-26（2）.

（1）在实践中探索生态保护和生态扶贫相融共赢的可持续发展道路。"绿水青山就是金山银山"的发展理念，深刻揭示了经济发展和生态环境保护的关系，深刻揭示了保护生态环境就是保护生产力、改善生态环境就是发展生产力的道理。我们深刻认识到：保护生态环境就是保护自然价值和增值自然资本，就是保护经济社会发展潜力和后劲。因此，在推进生态扶贫项目过程中要坚持生态优先，努力减少扶贫项目开发对生态环境的损害，积极探索在发展中保护，在保护中发展的新路径。

（2）用好、用活生态补偿政策。用好的含义是指优化机制设计，建立有效的激励机制，促进生态保护和农民增收致富有机协同。例如，进一步完善生态护林员制度、野生动物肇事损害赔偿制度等。用活的含义是指更广泛地探索运用生态补偿政策。探索建立多元化生态环境保护补偿机制，明确生态环境补偿的具体范围，优先支持有需求、符合条件的贫困人口获得补助性收入，逐步扩大生态补偿的范围和人群。健全生态补偿动态调整机制，应按照当地实际情况和国家补偿相关规定，合理有效制定当地生态补偿的金额和程度；在某些亟待保护、修复的地区或生态环境要素，完善补偿标准。健全完善生态补偿的监督和考核机制。做到生态补偿有人管、补偿标准有人督的监督评价体系，确保生态补偿政策落实到位，保障民众的切身利益。

（3）选准对路产业。坚持因地制宜，发展生态产业是实现生态扶贫、脱贫的战略举措。无论是林下特色种植养殖，还是乡村生态旅游，都要立足于绿水青山的实际资源禀赋，促使农民群众主动保护生态环境，积极探索生态环境优势转化为生态产业强势的机制和途径，实现"绿水青山"向生态经济发展持久稳定的变化，带来源源不断的"金山银山"，实现百姓富、生态美的统一。要依托自然资源，发展特色生态产业，实现产业规模化、高效化、专业化经营，做好生态经济发展大文章。同时，依托民族文化，发展生态旅游产业，实现文化和旅游的深度融合。

案例编写：鲁长安

专题十三：生态治理

生态治理　增绿增收
——山西省吕梁市扶贫攻坚造林专业合作社的生动实践

◎ **案例导读**

加强贫困地区生态环境保护与治理修复，是生态扶贫的题中之意，而"造林务工脱贫一批"是林业生态扶贫五大项目之一。如何加强贫困地区生态环境保护与治理修复，在一个战场打赢脱贫攻坚和生态修复"两个攻坚战"？如何实现造林务工脱贫一批？这是本案例讲述的主题和回答的问题。

◎ **政策安排**

加大生态保护修复力度是生态保护扶贫的重要内容。2011 年 5 月，中共中央、国务院颁布的《中国农村扶贫开发纲要（2011—2020 年）》专门针对"生态建设"作出部署，强调"在贫困地区继续实施退耕还林、退牧还草、水土保持、天然林保护、防护林体系建设和石漠化、荒漠化治理等重点生态修复工程"。2015 年 11 月，中共中央、国务院《关于打赢脱贫攻坚战的决定》专门部署"结合生态保护脱贫"："国家实施的退耕还林还草、天然林保护、防护林建设、石漠化治理、防沙治沙、湿地保护与恢复、坡耕地综合整治、退牧还草、水生态治理等重大生态工程，在项目和资金安排上进一步向贫困地区倾斜，提高贫困人口参与度和受益水平。加大贫困地区生态保护修复力度，增加重点生态功能区转移支付。"2016 年 3 月，《中华人民共和国国民经济和社会发展第十三个五年规划纲要》强调"加强生态保护修复",特别是"推进重点区域生态修复",开展典型受损生态系统恢复和修复示范。同时,也对"全力实施脱贫攻坚"作出工作部署,将"生态保护扶贫"纳入"脱贫攻坚重点工程",主要针对生态敏感和脆弱地区(流域)的贫困人口,重点采取加大生态补偿力度、实施生态保护修复工程等措施,提高收入水平,创造更多就业岗位。同年11月,国务院印发并实施《"十三五"脱贫攻坚规划》,专门对"生态保护扶贫"作出工作部署,强调"处理好生态保护与扶贫开发的关系,加强贫困地区生态环境保护与治理修复,提升贫困地区可持续发展能力"。其中,重大生态建设扶贫工程之一就是"京津风沙源治理工程",即"继续加强燕山—太行山、吕梁山区等贫困地区的工程建设,建成京津及周边地区的绿色生态屏障,使沙尘天气明显减少,农牧民生产生活条件全面改善"。2018年1月,国家发展改革委、国家林业局、财政部、水利部、农业部、国务院扶贫办共同制定《生态扶贫工作方案》,明确提出到2020年,"力争组建1.2万个生态建设扶贫专业合作社〔其中造林合作社(队)1万个、草牧业合作社2000个〕,吸纳10万贫困人口参与生态工程建设",并对加强退耕还林还草工程、京津风沙源治理工程等重大生态工程建设作出工作部署。同年6月,中共中央、国务院关于《打赢脱贫攻坚战三年行动的指导意见》出台,专门提出"建设生态扶贫专业合作社(队),吸纳贫困人口参与防沙治沙、石漠化治理、防护林建设和储备林营造"。

◎ 创新实践

山西省吕梁市既是国家限制开发的生态主体功能区,又是全国集中连片特困区。境内山地两翼丘陵起伏,沟壑纵横,黄土覆盖广,厚度大,地形破碎,坡陡沟深,平地较少,植被稀少,水土流失严重,包括黄河沿岸的兴县、临县、柳林、石楼四县,森林覆盖率不足20%,自然条件较为恶劣。干旱少雨、多山少绿、沟壑纵横、土壤贫瘠,是吕梁山的严峻现实。"刨个坡坡、吃个窝窝",是吕梁农民祖祖辈辈的生活写照。生态脆弱与生态贫困相互交织、互为因果,面临生态建设和脱贫攻坚双重压力。2016年底,吕梁市还有贫困人口31.58万人，贫困发生率为9.81%，全市森林覆盖率为26.45%。近年来，吕梁市为了在一个战场打赢生态治理和脱贫攻坚两个攻坚战，大力实施太行吕梁重大生态修复工程，围绕"荒山增绿、群众增收"两条主线，在购买式造林、合作社造林成功的基础上，不断拓展生态脱贫新领域，开创了生态治理与脱贫攻坚有机结合的生态扶贫之路，实现了生态环境修复和持续稳定脱贫的双赢，实现了生态效益和经济效益的双丰收。截至2020年2月底，包括大宁县、临县在内的13个吕梁山集中连片特困片区县全部脱贫摘帽，山西吕梁山特困区第一次摆脱了区域性绝对贫困。

一、从岚县购买式造林到吕梁市扶贫攻坚专业合作社造林的延伸

吕梁市岚县地处山西省西北部吕梁山区，土地贫瘠，缺林少绿，既是吕梁山生态脆弱区重点建设县，又是国家级贫困县。全县有30万亩宜林地需要治理，而同时县域内3.8亿株优质苗木滞销。基于岚县宜林荒山多、贫困劳动力多、积存苗木多的实际情况，2015年，在山西省直部门的大力指导下，吕梁市林业局确定以岚县为试点区域，大胆探索购买式造林的生态建设新途径。所谓"购买式造林"，就是由政府制定规划、标准，造林合作社承包林地种树，验收合格后政府以购买社会化服务方式回购。岚县在实践中创新思路，提出"购买式造林，资产化管护，民营化产业，现代化治理"的思路、机制、运作模式，并进行了探索和实践，着力破解生态建设难题。县政府成立了购买式造林工作领导组，总体组织部署；各乡、镇政府负责组织、管理、落实辖区范围内的购买式造林工作，协调、办理资金支付等；黑茶山国有林管理局负责工程总体规划设计、造林绿化工程的计划编制工作；县财政局积极筹措争取资金，加强资金的管理和监督；县国土局负责界定造林地块，确保造林地块属于宜林地；县林业局负责造林的技术指导和督促检查。

近年来，由于岚县购买式造林试点效果良好，吕梁市政府进一步规范了购买式造林的范围和用途，规划实施"三个全部"：即全市230万亩25度以上陡坡耕地全部退下来，330万亩宜林荒山全部绿起来，"一方水土养不好一方人"的793个深度贫困自然村、11.6万贫困人口全部搬迁出来，对搬迁

出的旧村实施生态修复，实现人退绿进、村出林入。此外，吕梁市逐步完善购买式造林的体制机制。首先，在造林主体层面，要求要吸纳一定比例的建档立卡贫困劳力参与造林。例如，大宁县规定，购买式造林的承接主体，必须是建档立卡贫困户占80%左右的脱贫攻坚造林专业合作社。其次，在购买式造林项目实施过程中，县级林业主管部门组织开展招标或议标。积极支持农村集体经济组织、造林专业合作社等农民专业合作组织参与竞标，调动当地民众的积极性。最后，在验收购买式造林成果层面，当地政府明确规定造林要至少经过3年以上的时间，并且据作业设计组织验收，确认造林成果。检查验收中，整体株数保存率必须达到80%（半干旱区70%）以上，其中保存3年以上的林木株数必须达到65%（半干旱区60%）以上，不达此标准的，县级验收实行年度顺延，这两项指标将作为造林是否合格的重要依据确认合格后，再由政府购买或市场交易变现。这种1年造林、2~3年成活后政府购买验收合格林地的方式，既缓解了政府资金紧张的矛盾，又培养了一批专业的造林队伍和带头人，让群众尝到了造林的甜头。

尽管购买式造林破解了吕梁市生态建设的难题，但由于购买式造林是由专业施工队承揽，贫困户并没有直接享受到国家生态建设政策的红利。因此，如何让生态建设与脱贫攻坚有机融合，成为吕梁市新的难题。2016年，在总结购买式造林成功经验和做法的基础上，吕梁市林业局在岚县正式启动了扶贫攻坚造林专业合作社工作，变以往的专业造林为合作社造林，变招标为议标，优先吸纳有劳动能力的贫困户入社，让更多贫困户共享造林绿化的红利。2016年，岚县成立了47个扶贫攻坚造林专业合作社，3.3万亩造林任务全部由合作社承接完成，覆盖贫困人口2757人，人均增收2000元。扶贫攻坚造林专业合作社的创新实践，充分激发了贫困户的内生动力，将建设绿水青山的过程真正变成了群众增收脱贫的过程。

二、吕梁市细化标准规范提升扶贫攻坚造林专业合作社

吕梁市在总结提升岚县实践经验的基础上，不断推进扶贫攻坚造林专业合作社的规范运行，促进生态扶贫。2020年3月13日，为了全面落实山西省委"绿化、彩化、财化"并重的要求，进一步将生态治理与脱贫攻坚结合起来，持续在一个战场上打赢脱贫攻坚和生态治理"两个攻坚战"，破解发展过程中部分合作社管理不规范、贫困户参与度不高、任务安排和利润分配不合理等问题，进一步规范提升造林专业合作社，中共吕梁市委办公室、吕梁市人民政府办公室《关于进一步规范提升造林专业合作社持续在一个战场打赢两场战役的意见》发布，重点从4个方面要求强化管理，完善机制，保障各方利益。①

（1）坚持问题导向，促进规范管理。第一，完善带动主体。按照"党建引领、能人带动、农民主体、共同富裕"的要求，推广"党支部＋合作社"模式，由村"两委"主干或能人领办，吸纳有意愿的群众积极参加。鼓励以乡镇为单元成立"造林专业合作联社"就近参与工程建设，市域内的生态建设工程，原则上实行"造林专业合作社＋"的模式，采用议标形式由合作社承担。第二，规范管理机制。严格执行《中华人民共和国农民专业合作社法》等有关规定，推进合作社规范化建设。建立完善合作社管理制度和财务会计制度，规范建立成员账户，公开合理分配收益，依规成立经营监督组织机构，所有社员劳务工资要逐阶段通过银行转账形式支付。第三，合理分配收益。造林专业合作社要优先保障社员的劳务收入，劳务费用要占到其承揽工程总投资的45%以上；原则上村集体经济组织股份不低于15%，群众股份不少于65%，领办人股份不得高于20%。鼓励和支持农户以林地经营权、林木所有权等入股造林合作社，坚持按劳取酬、按股分红原则，造林专业合作社贫困户成员可以利用金融支持的小额扶贫贷款来参股。对有劳动能力的尽量安排适合的工种，不参与劳动的成员不得发放劳务工资，坚决防止合作社收入向少数人转移。今后贫困县原则上不得安排没有资金来源的高标准造林，由造林专业合作社承揽的工程资金拨付不得低于已完工程量的70%。

（2）拓宽经营范围，实现持续发展。第一，拓宽实施范围。鼓励管理规范、有条件的造林专业合作社发展林业产业，承担国家储备林项目、森林康

---

① 中共吕梁市委办公室，吕梁市人民政府办公室《关于进一步规范提升造林专业合作社持续在一个战场打赢两场战役的意见》[N].吕梁日报，2020-03-25（1）.

养、经济林管理、生态林管护、低产低效林改造等涉林工程项目，推动合作社由单一造林向造林、管护、经营一体化方向发展。积极推进购买造林，倡导"以封山育林为基础，人工植苗造林、直播造林、飞播造林与人工促进天然更新相结合"的多举措造林模式，县级林业部门要明确标准及时跟踪服务，鼓励造林专业合作社利用"四荒地"自主造林，三年验收合格后以每亩不低于800元的标准拨付造林投资。第二，扩大经营规模。支持造林专业合作社流转、托管经营各种林地，一村或相邻村的多个专业合作社可依法组建联合社，吸纳农户直接参与，形成"联合社＋农户"的托管模式。按经济林每亩补助100元，生态林每亩补助30元的标准，积极推进林地经营规模化、专业化、集约化。鼓励造林合作社大力发展沙棘、皂角、文冠果、钙果等特色经济林产业，大力发展林下经济，持续增加贫困群众经营性收益和资产性收益。第三，延伸参与领域。统筹整合部门资源，优先安排和支持造林专业合作社参与美丽乡村、土地整治、高标准农田、小型公益基础设施等建设项目。第四，拓展合作对象。通过苗木和服务公开竞标，引进农业龙头企业、驻吕梁国有林局和大型绿化企业参与合作造林，发展林下经济。

（3）完善支持政策，补齐发展短板。第一，强化科技支撑。充分发挥林业干部技术力量优势，落实林业科技人员承包造林合作社制度，提供苗木供需信息，推广林业实用技术，强化技能培训和服务指导，提升造林质量和技术水平。第二，创新金融服务。充分利用金融扶贫"吕梁模式""乡村振兴贷""邮储银行支持购买式造林贷款"和"扶贫小额贷款"等政策，支持林业专业合作社发展，解决资金融资难题。林业、扶贫、财政、银行、保险公司等部门，建立合作协调机制和信息共享机制，形成工作合力。

（4）强化督查考核，保障造林质量。主要是严格考核奖惩。组织开展造林专业合作社扶贫成效自查，完善造林专业合作社考核评价管理办法，提高工程建设质量，保障合作社成员权益。对造林质量高、组织运行规范、扶贫成效显著的给予表扬激励，优先安排工程；对造林任务未能按期完成、造林质量不达标、贫困社员劳务收入未达比例、资金支付存在弄虚作假的取消合作社造林资格，情节严重的追究相关人员责任。

吕梁市在购买式造林和扶贫攻坚专业合作社造林成功的基础上，不断拓展生态脱贫新领域，让造林合作社从造林、营林逐步参与到管护、提质增效和育苗等方面。同时，探索进行以林地经营权、退耕还林地经营权、财政补助资金等入股林业新型经营主体试点，使土地的所有权、承包权、经营权"三权分置"，让"资源变资产、资金变股金、农民变股民"，实现了"三权"促"三变"，使资源激活、产业发展、农民增收、荒山增绿、集体经济"破零"，组织贫困户参与林业产业化，发展"光伏＋经济林＋林下经济＋乡村旅游"的综合性生态脱贫增收新模式，带动3.6万人稳定脱贫。

专栏13-1　吕梁市规划和自然资源局细化标准规范提升造林专业合作社

一、组建运行发展"三模式"

由支部引领、村"两委"主干或能人领办的"党支部＋合作社"模式；以乡镇为单元成立的造林专业合作社联合社的"合作社＋合作社"模式；引进农业龙头企业、驻吕梁国有林局和大型绿化企业参与合作造林，发展林业产业的"合作社＋企业（国有林局）"模式。

二、机构设施"5个有"

经行政审批部门登记或变更登记，有统一社会信用代码的营业执照；在银行开设独立的账号，有公章和财务章，"两章"齐全；设立固定办公场所，有必要的办公设备（桌子、凳子、柜子、电脑、打印机），悬挂明显的标志牌；通过合作或自建的方式，有育苗基地和林业建设所需机械设备；通过引进或培训，有合格的技术员、施工员。

三、"七制度"上墙，"三会"正常

有规范的合作社章程，制定适合本社的岗位责任制度、社员管理制度、决策议事制度、财务管理制度、财产物资管理制度、盈余分配制度、档案管理制度。所有制度整齐张贴于合作社内墙并认真执行。

合作社主要管理和监督人员均需通过法定程序选举产生。成员（代表）大会由理事会组织召开，讨论和决议合作社生产、经营及规划、盈余分配等重大事项，每年最少召开1次；理事会主要制定有关事项的实施方案，讨论制定合作社发展经营规划方案，由理事长负责召开，召开次数根据具体事项而定；监事会负责监督合作社的发展经营情况、财务管理情况，及成员大会决定事项的执行情况，由监事长负责随时召开，最少每年召开1次，并将监督情况告知成员。"三会"正常召开，并有完整记录，所有出席成员在会议记录上签名。

四、财务"7本账""7个不低于"

按照《财政部关于印发〈农民专业合作社财务会计制度（试行）〉的通知》要求，实行独立建账核算，建立总账、明细账、现金日记账、存款日记账、固定资产明细账、产品物资明细账、成员账户。

成员可以用货币出资，也可以用林地的经营权、林木的所有权、房屋机械、财政补助资金形成的资产等能够用货币估价并可以依法转让的非货币财产作价出资，出资总额不低于20万元，出资比例合理，村集体经济组织出资占比不低于15%，群众出资占比不低于65%，领办人出资占比不高于20%。成员总数不低于20个。对有劳动能力积极参与的成员尽量安排适合的工种，成员与本社交易量（额）明确记录于个人账户，可分配盈余按交易量返还比例不低于60%。造林工程的劳务费用占承揽工程总投资比例不低于45%，并通过银行转账直付到成员个人账户。合作社年度业务报告、盈余分配方案或亏损处理方案、财务状况说明书，在成员（代表）大会召开前供成员查阅时间不低于15日，并接受成员质询。

五、服务信誉"四高四无"

本社成员与合作社的交易量不得低于合作社总交易量的50%，社员参与的积极性高。带动成员致富能力强，带动贫困户脱贫作用大，成员人均纯收入高于当地同类农民人均纯收入20%以上。每年最少组织成员培训1次，整体经营水平高，能够按期完成承揽的任务，工程质量高。遵守社会公德、商业道德，依法诚信经营，成员、社会评价高。

服从管理，规范运行，每年6月30日前，在全国企业信用信息平台

> 完成上年度经营情况填报，无经营异常名录或经营异常状态，无生产或质量安全事故、无行业通报批评、无媒体曝光，保证本合作社处于正常经营状况。

三、吕梁市扶贫攻坚造林专业合作社经验的复制与推广

"造林务工脱贫一批"是林业生态扶贫五大项目之一。2017年6月，习近平总书记在视察山西期间，充分肯定了吕梁精神和组建农民造林合作社实施生态扶贫的做法，并要求山西将"在一个战场上同时打赢脱贫攻坚和生态治理两场攻坚战"坚持下去，不断取得实效。2017年9月25日，全国林业生态扶贫现场观摩会在吕梁召开，向全国推广吕梁市的生态扶贫经验。国家林业局局长张建龙在会上指出："山西省探索出的造林合作社等生态扶贫机制，为全国林业扶贫工作提供了可复制、可推广的生动样本。各级林业部门要以深度贫困地区为重点，创新林业扶贫机制与模式。"2018年吕梁市林业局荣获全国脱贫攻坚奖组织创新奖。同年11月，国家林业和草原局办公室、国家发展改革委办公厅、国务院扶贫办综合司联合印发《关于推广扶贫造林（种草）专业合作社脱贫模式的通知》，将吕梁市组建扶贫造林专业合作社的脱贫模式作为全国推广，使"山西经验"变为"全国路径"。2019年，吕梁市荣获"中国最具生态竞争力城市"。2020年，吕梁市聚焦"交总账"目标，脱贫攻坚交出一份厚实的"吕梁答卷"，兴县、临县、石楼3个深度贫困县脱贫摘帽，退出286个贫困村，减贫7.69万人，截至2019年底，全市10个贫困县全部脱贫摘帽，1439个贫困村全部退出，累计减贫58.5万人，贫困发生率降至0.18%。组建扶贫攻坚造林专业合作社是吕梁市开展生态扶贫的有效做法，贫困户通过参与合作社造林，人均获取劳务收入达5000元左右，实现了荒山增绿、农民增收的"双赢"目标。到2019年底，全市共组建造林专业合作社1300多个，吸纳贫困户社员2万余户，完成造林300余万亩，通过生态扶贫带动50余万人脱贫致富，生态环境也得到了根本改善。脱贫攻坚"吕梁模式"不断创新，生态扶贫品牌持续打响。2020年3月6日，在全国决战

决胜脱贫攻坚座谈会上,习近平总书记再次肯定了吕梁市组建造林合作社、推进生态扶贫的做法。吕梁市政府工作报告中指出,牢记习近平总书记的深情嘱托和亲切关怀,2020年要不断深化"合作社+"造林模式,引入现代企业治理方式,完善收益分配机制,持续推进"三个100万亩生态工程"。就全国而言,实施生态扶贫成效显著。"在贫困地区实施退耕还林还草7450万亩,选聘110.2万贫困人口担任生态护林员,建立2.3万个扶贫造林合作社,实现脱贫攻坚与生态保护'双赢'。"①

◎ 经验启示

山西吕梁市通过创办农民造林专业合作社,探索出一条增绿与增收的双赢之路,让贫困群众在绿化家园的过程中增收致富,为解决生态脆弱地区破解脱贫和生态修复两大难题、实现脱贫攻坚同生态建设有机结合提供了有益经验和启示。

(1)在创新生态扶贫机制上下"绣花"功夫。以造林合作社为突破口,尊重基层首创精神。吕梁山区是全国14个集中连片特困地区之一,长期以来,生态脆弱与深度贫困相互交织。合作社造林最早由岚县发展起来,改变了传统造林绿化的固有工程队招标模式,从招标方式、收益分配、人员组成方面进行制度创新。应充分鼓励基层结合实际积极探索,勇于在制度上突破固有格局。我们要借生态扶贫为深化农村改革蹚出新路。造林专业合作社是新时代吕梁人民弘扬吕梁精神、勇于改革创新的重要实践成果,这一创新机制,既调整生产关系,又解放生产力,催生了一批充满生机和活力的市场经营主体,进而推动了农村改革。

(2)着眼于增绿与增收相结合,制度设计上争取每个环节都与增收挂钩。吕梁市强调"在一个战场上打赢两场攻坚战",目的就是为了在促进增绿基础上发挥更大的带动效应,从而实现生态建设"绿化、彩化、财化"全达标。组织实施退耕还林奖补脱贫一批、造林务工脱贫一批、管护就业脱贫一批、经济林提质增效脱贫一批、发展特色林产业脱贫一批工程,群众可以从造林

---

① 中共国家乡村振兴局党组.人类减贫史上的伟大奇迹[J].求是,2021(4).

绿化的各个环节中受益。

（3）紧抓合作社管理规范化，为新型经营主体形成创造空间。造林专业合作社能否实现可持续发展，关键要依据农民专业合作社法建立起一套规范严格的决策、经营和监督体系。并要引导农民将林业资产、收益折股入社，资源变资本、资金变股金、农民变股东，使农民造林合作社成为现代农业新型经营主体。坚持建设造林合作社，就要规范提升造林专业合作社，落实合作社工程任务，完善合作社带贫减贫机制，支持合作社发展多种经营，加强合作社资金管理，完善政府采购管理制度，健全社员退出和补充机制。要借生态扶贫助力集体经济发展壮大，提升农业劳动者职业素质和生产能力水平。拓展合作社经营范围，探索建立村级集体经济合作总社，鼓励参与经济林管理、小型公益事业建设等涉农活动。加大培训力度，加快推进农技农经农机"三支队伍"改革，建立适应现代农业发展的服务体系，把更多的农业农村资源和生产要素集中到合作社。

案例编写：鲁长安

专题十四：绿色发展

构树扶贫　产业推进
——贵州省务川县构树产业拓宽扶贫路

◎ 案例导读

构树扶贫是我国实施精准扶贫十大工程之一，通过种植构树既能修复生态，又能利用构树发展草食畜牧业实现脱贫致富。如何在贫困地区实施杂交构树"林—料—畜"一体化的畜牧产业扶贫？如何探索构树产业链发展与带贫减贫机制，为杂交构树的综合利用、促进贫困山区生态环境改善和贫困群众增收找到一条新途径？这是本案例讲述的主题和回答的问题。

◎ 政策安排

为贯彻落实中共中央、国务院《关于打赢脱贫攻坚战的决定》和中共中央、国务院《关于打赢脱贫攻坚战三年行动的指导意见》精神，推动构树扶贫工程落地见效。2018年7月，国务院扶贫办印发《关于扩大构树扶贫试点工作的指导意见》，在总结地方试点经验的基础上，提出了总体要求、工作内容、支持政策、工作要求等，指导和规范各地构树扶贫产业发展。2019年11月，国务院扶贫办、自然资源部、农业农村部发布《关于构树扶贫试点工作指导意见的补充通知》，就严格规范种植品种和范围、加强技术研发、做好跟踪监管等事项提出要求，指导地方稳妥、规范、有序做好构树扶贫试点工作。

◎ 创新实践

地处贵州北部的务川仡佬族苗族自治县是首批国家级贫困县、国家新阶段扶贫开发重点县。务川县是贵州石漠化的"重灾区"之一，自然资源条件较弱，常年依靠传统的单一畜牧业为生，面临着生态贫困和经济贫困的双重难题；拥有建档立卡贫困人口 5.69 万人，贫困面广、贫困人口多、贫困程度深，脱贫攻坚任务繁重。近年来，依托国家构树扶贫政策，务川县因地制宜，选择石漠化地区最适宜种植的构树，创新发展模式，积极推进构树种植产业化、规模化经营，实现"构树+畜牧"产业融合发展。从一棵棵构树中衍生出经济效益和生态效益，带动全县人民努力实现脱贫。2020 年，务川县累计减少贫困人口 23749 户 102400 人，贫困人口全部脱贫，完成整县脱贫历史任务，并积极向贵州绿色经济强县迈进。

专栏 14-1　杂交构树的三大特点[①]

针对传统野生构树存在的一些缺陷，中国科学院植物研究所沈世华研究团队潜心 10 多年的研究，用野生构树结合现代生物技术培育出首个木本高蛋白、多用途新品种"科构 101"，突破了千年未解的规模化产业化发展的难题。

"科构 101"有以下三大特点：

（1）速生、丰产、耐割。在农地上种植，当年栽植，当年收割，第二年进入丰产期，每年亩产鲜枝叶 5 吨以上，生产条件好的地方高达 10 吨以上。收割后再生萌发能力强，生物产量高，每年多次收割，可连续收割 15～20 年。

（2）蛋白含量高，全身都是宝。全株茎叶粗蛋白达 20% 左右，富含类黄酮，作为蛋白功能型饲料能提高动物免疫力，可减少或无抗生素养殖。全株富含保健物质，可用于生物制药；是药食同源植物，芽、叶等可做健

[①] 罗朝立. 产业扶贫的重要途径之一：构树扶贫工程 [EB/OL]. （2020-03-24）. http://www.greenchina.tv/news-39608.xhtml.

> 康食材，直接进入百姓餐桌。
>
> （3）适应性强，生态环保。耐旱节水，耐贫瘠，抗污染、盐碱等，能在极端低温 −20℃以内、年降水 300 毫米以上、土壤盐分低于 6‰环境中生长，有显著防沙固土、水源涵养效果，是荒山荒坡、石漠化、盐渍化、边坡废弃地等生态绿化以及碳汇林、防护林、替代种植林的理想树种。

一、"五个坚持"着力实施构树扶贫工程试点种植[①]

（1）坚持规划引领。务川县立足资源优势，按照"种养加"和"产供销"产业化发展思路，坚持构树扶贫工程与精准扶贫、生态建设、主导产业相结合，制定了构树产业扶贫发展规划，分两个阶段实施。第一阶段：试点示范（2015年），种植构树 5000 亩，建立 100 亩高标准育苗基地 1 个，饲养 3000 只构树羊，完成加工生产 3 万吨饲用构树饲料，实现产值 5000 万元，带动 1000 户，其中贫困户 500 户，户均收入 10000 元。第二阶段：全面推广（2016—2017年），种植构树 10 万亩，500 亩以上高标准种植基地 45 个，1000 亩以上示范种植基地 30 个，饲养构树羊 10 万只，完成年生产饲用构树饲料 30 万吨，申报国家级构树羊地理标志，实现产值 5 亿元，带动农户 1 万户，其中贫困户 5000 户，户均收入 1.5 万元。

（2）坚持试点先行。2015 年，务川县从浙江金华引进了浙江金桑农牧科技有限公司，双方就推进务川构树扶贫工程达成了合作协议。第一阶段的试点示范工程由企业组织实施，上半年完成构树试点示范种植 2000 亩，下半年完成构树试点示范种植 3000 亩，并完成饲养、育苗、加工等合作目标。试点示范区域主要分布在丰乐、镇南、柏村 3 个乡镇公路主干线两侧。政府负责组织土地流转，并在土地流转费、人工种植费、杂交构树苗、育苗大棚、标准化加工厂房、加工设备、办公用房等方面给予一定的政策支持，极大地调动了企业发展的积极性。目前，试点示范工程顺利推进，初步形成了新田、

[①] 务川县人民政府. 务川"五坚持"聚焦构树种植，带动农民致富[EB/OL].（2015-09-23）.http://www.gzwuchuan.gov.cn/xxgkml/qt/201607/t20160729_3832673.html.

庙坝、干溪、牛塘、岩子头、通木六大构树种植基地，长势较好。通过试点试验示范的实践，初步确认了杂交构树生长极其适应务川县地理、土壤和气候特征，为第二阶段全面推广构树种植打下了坚实的基础。

（3）坚持机制创新。一是"四统三制"精准助力农户脱贫。推广以"公司＋农户"的组织模式发展构树产业，公司与农户签订产供销协议，实行订单生产，推行"四统一"，即统一供苗、统一技术服务、统一生产管理、统一回收，确保实效。供苗方面，在统一核定苗木价位后，采取"三三制"的办法，即公司负责1/3，政府支持1/3，农户自筹1/3，确保资金安全，其中，农户是精准扶贫建档立卡中贫困户，自筹部分先由企业赊销，回收时抵扣。通过这种模式，解决了农户（贫困户）最现实的投入难、技术难、市场难的"三难"问题，群众增收有了可靠的保障，极大地降低了产业风险，群众容易接受。二是"两参三赢"精准合作组织壮大。积极推广"公司＋合作社＋农户"的组织模式，公司与合作社签订产供销协议，实行订单生产。在条件较好的生产区域组建构树合作社，推行农户参股和参与"两参"，即农户（贫困户）以土地、劳力作为股份参股，同时作为合作社社员参与，确保发挥最大效应。实现农户、企业、合作社"三赢"，合作社运作实行"政策共享、风险共担、按股分红"，最大限度地盘活农村生产要素，刺激了农户的生产积极性，提高了实施构树扶贫工程的组织化程度。这两种模式通过创新扶贫利益联结机制，有效地解决了政府、企业和农户（贫困户）三者的责权利分配问题，真正实现"三赢"目标。

（4）坚持全产业链打造。一是积极帮助企业协调解决粗加工生产场所，目前已经选定柏村、丰乐两个乡镇闲置的两所小学作为粗加工场地，采用机械设备对收割的构树实行粗加工；二是积极帮助企业协调大坪工业园区1万平方米的饲料精深加工厂房，用于构树饲料的精深加工；三是积极将务川县建设成为全国构树饲料生产、加工、养殖中心和构树饲料产品、构树饲料养殖畜产品销售中心。

（5）坚持"三保障"推进。一是强化组织保障，在务川全县推行"书记工程"，严格实行"五定"工作考核机制，即定目标、定人员、定责任、定要求、定奖惩。二是强化资金保障,从2015年起,每年整合退耕还林、石漠化治理、退牧还草、产业化扶贫等项目资金2000万元以上投入构树扶贫工程;每年融资信贷资金5000万元以上投资构树扶贫工程;每年财政统筹1000万元用于构树项目编制、技术培训、贷款贴息和工作奖励。三是强化政策支持保障,制定一整套推动构树产业化发展的政策支持,梯次验收,分批兑现。

二、"五个强化"推进构树产业高效发展

为大力推动构树扶贫工程,培育"构树+生态畜牧"主导产业,2019年,务川县着力"稳基地、重管护、突科研、强龙头、建链条、见成效",巩固发展构树核心基地1.5万亩,经营管理构树饲料粗加工厂,加工构树饲料1.5万吨,建成构树饲料示范养殖场10个以上;与贵州省农科院合作的构树科研三大课题取得实质性突破,桃符构树产业孵化园中试厂投产运营,有序推进构树产业高效发展。①

(1) 强化基地建设。务川县围绕建成"中国一流、南方第一"总目标,引进贵州务川科华生物科技有限公司,建成全国最大的杂交构树组培基地——中国南方杂交构树组培中心和全国唯一的杂交构树产业孵化园——桃符杂交构树产业孵化园,加大科技投入,为种植基地和农户提供优质苗源。其中,中国南方杂交构树组培中心由务川县与中科院植物研究所合作建立,旨在从产业链最顶端切入,掌握杂交构树知识产权,并向下游产业延伸,最终实现杂交构树产业从组培、栽种、饲料、养殖、消费品生态闭环,形成高效、现代化构树产业链,实现构树产业扶贫。集生产、科研、试验、培训于一体的中国南方杂交构树组培中心总投资4500万元,每年可出苗2000万株,已实现培育产能达每年1亿株。组培苗移栽和大田移栽需要大量的人工,务川科华公司探索"公司+基地+农户"的产业扶贫模式,农户流转土地得租金、参与种养得薪金。目前,产业孵化园辐射带动全县种植构树2万余亩,共有300多户建档立卡贫困户实现就近就业。务川县巩固发展构树核心基地1.5万亩,着力"企业主体、乡镇自愿、部门指导",由乡镇(街道)申报新增基地。

① 务川县农牧局.务川"五强化"推进构树产业高效发展[EB/OL].(2019-04-17).http://www.gzwuchuan.gov.cn/xwzx/bmdt/201904/t20190417_5081873.html.

着力"收割一茬,管护一次",严格按照"留茬高度15~50cm,基地杂草全部清理干净;施用60千克/亩复合肥,务必垒土覆盖"标准管护构树,做到管护全覆盖、零死角、高标准管护。

> **专栏14-2　贵州务川科华生物科技有限公司以构树产业助推生态扶贫**
>
> 　　贵州务川科华生物科技有限公司致力打造一个集"现代生物育苗技术应用+借助政府资源孵化示范+结合精准扶贫政策建设原料种植基地+创新型木本饲料研发及生产基地建设+为下游畜牧养殖提供饲养解决方案技术服务能力建设"为一体的杂交构树全产业链发展模式,这一模式在顶层设计上融合了"生物科技、精准扶贫、西部开发、食品安全"等概念,具有良好的经济效益和社会效益预期。
>
> 　　目前,贵州务川县政府和贵州务川科华生物技术有限公司共同投资8000万元打造务川桃符杂交构树产业孵化园。园区建设将围绕发展"绿色、环保、生态、安全"的总体要求。按照"高、新、特"三大特征来打造。"高":引入智慧农业高科技管理模式;"新":体现为构树这个新品种、新技术,建立新机制、形成科技运用新模式;"特":用构树产业与当地自然、人文、风光融合形成别具特色的农业休闲观光园区;努力把园区打造成为全国可以复制的"中国一流、南方第一"的杂交构树产业孵化园。

　　(2)强化收割加工。着力效益化经营,加强构树粗加工点建设,完善构树粗加工及收购功能,分辖区按季节组织收购构树鲜枝叶,确保构树鲜枝叶足额采收,降低生产、运输等成本,提高生产能力和服务水平。

　　(3)强化科研引领。严格时间进度,加快推进与贵州省农科院合作构树科研课题研究,提升构树产业化发展科技成果的转化率。加大构树科研人才支持,培育本土构树科研人才,负责对乡镇开展培训及技术指导服务,选定完成1个以上构树饲料饲养规模场,启动构树饲料饲养试验。

　　(4)强化利益联结。严格"基金投放每30万元带动一户贫困户"要求,组织好构树产业发展与贫困户利益联结，构树鲜枝叶按 0.6 元 / 公斤由加工企业负责收购，县级财政按 0.4 元 / 公斤补贴构树种植专业合作社或种植农户；养殖户使用构树饲料，县级财政按照 300 元 / 吨补贴养殖户，确保构树产业发展带动项目区贫困户精准脱贫。

（5）强化责任落实。严格领导干部挂包重点企业、技术干部挂包基地、一般干部挂包农户工作责任制，层层压实责任。建立县乡两级技术服务工作组，对构树种植、管护、病虫防治、生产加工等全过程进行指导及培训，确保构树产业严格按照标准化、规范化培育。将构树产业发展纳入重点督查、跟踪问效重点工作范围，督查结果作为对乡镇（街道）年终考评重要依据。

三、贵州构树扶贫的复制推广

贵州务川县构树扶贫作为国家构树扶贫战略的首批示范点之一，取得了显著成效，助推了务川县整体脱贫。2015 年 9 月 29 日，全国首届构树扶贫工程推进会在贵州省务川县召开。务川县抢抓机遇，精准发力，强力实施构树产业扶贫工程，把构树作为肉羊饲料原料在全县推广。务川县还与中国农业大学达成协议，通过杂交构树全产业链开发，尤其是构树饲用化开发利用方面开展全面技术合作，努力打造中国构树产业第一县。

为了在全省范围内推进构树产业，贵州选取了 9 个县按石漠化治理与畜禽养殖相结合、饲用林建设和其他产品用林建设等 3 个方向进行试点，探索构树产业链发展与带贫减贫机制，为杂交构树的综合利用、促进贫困山区生态环境改善和贫困群众增收找到了一条新途径。截至 2020 年 8 月底，贵州省构树扶贫产业共投入资金 1.5 亿元，共扶持农户 5699 户，其中贫困户 3877 户 16023 人，带动贫困户年均增收 1695.4 元。据统计，贵州全省有 12 个县种植构树，累计种植面积 3.3 万亩；建种苗基地 9 个，生产育苗 4263.6 万株；建饲料加工厂 13 个，年生产构树饲料 21189 吨；建构树养殖场 21 个，构树饲料养羊 1900 只、牛 250 头、禽 54300 羽；参与构树产业的企业 14 个、合作社 52 家。

专栏 14-3　关岭谷新村：探索构树"生态产业循环"脱贫路[①]

"水桶肩上挑，油灯发微光。出门两脚泥，一心盼小康。"这就是关岭布依族苗族自治县顶云街道谷新村曾经的真实生活写照。谷新村之前有贫困人口362户1860人，贫困发生率高达53.74%，是省级深度贫困村。

谷新村全村共有776户3461人，可耕地面积不足1000亩，人均耕地面积不足0.4亩。仅靠这0.4亩种着低效农作物的土地要想致富简直是天方夜谭。谷新村"两委"结合谷新村历来有野生构树生长的实际，多次召开群众会广泛听取群众意见。同时，依托青岛对口帮扶资金支持，在村里发展实施杂交构树种植项目1000亩，因村制宜发展村级产业，探索出一条"产业循环"脱贫路。

为确保产业"产得出、有销路、能致富"，与成都安之源公司达成产销协议，收割的构树由该公司进行收购，用于制作构树饲料，打通了产业"脉络"，解决了后顾之忧。

为进一步形成"林、料、畜"一体化的畜牧产业扶贫，谷新村配套建设500平方米移动猪舍及构树饲料加工厂，租赁给安之源公司发展生猪养殖，再由公司提供技术、管理、市场支撑，形成构树种养加工于一体的全产业链。

谷新村构树种养加工全产业链的形成，不仅为村级产业可持续发展提供了保障，通过项目资金量化入股的方式，实现了贫困户全覆盖，产生利润后按"721"分红模式（即贫困户占70%，村合作社占20%，村集体占10%），贫困群众收入大幅增加。通过两不愁三保障、基础设施建设、产业发展带动等举措，谷新村贫困人口从2014年的362户1860人，贫困发生率为53.74%，2019年下降至19户67人，贫困发生率为1.79%，顺利实现减贫摘帽。

[①] 务川县委宣传部.关岭谷新村：探索构树"生态产业循环"脱贫路[EB/OL].（2020-03-26）. http://gz.people.com.cn/n2/2020/0326/c361324-33905751.html.

构树扶贫被列为精准扶贫工程之后，2015年2月，国务院扶贫办发文在山西、吉林、河南、贵州等10个省35个县开展探索性试点。2018年6月23日，刘永富主任在河南省兰考县组织召开了全国构树扶贫工程现场会，对历时三年半的探索性试点进行了总结，试点取得决定性进展。自2018年7月起，构树扶贫工程由探索性试点转为扩大性试点阶段，其标志为国务院扶贫办印发的《关于扩大构树扶贫试点工作的指导意见》。据不完全统计，从2015年初的1.47万亩发展到目前已突破100万亩，试点县由35个增至200多个，参与的构树企业或合作社达600多家且积极性高，带动贫困人口20万人以上增收脱贫。我国构树扶贫在种苗繁育、采收加工、种养结合、产品开发等方面取得了阶段性成效，规模化、产业化的基础条件已逐步具备。

◎ 经验启示

贵州省务川县的构树扶贫，在保护生态的前提下，将杂交构树种植与荒漠化、石漠化、水土流失综合治理等生态修复有机结合，实现了生态效益、扶贫效益、经济效益"三效合一"，为推动构树全产业链建设、建立健全带贫益贫机制提供了可复制的经验和宝贵的启示。

（1）始终坚持"三大理念"大力发展构树扶贫产业。自实施构树扶贫工程以来，务川县强力实施"农业产业化"和"扶贫精准化"战略，大力发展以构树为主导的现代农业产业体系，为决胜脱贫攻坚奠定坚实产业基础。一是始终坚持"大农业"理念，统一栽植技术规程、统一质量标准、统一构树品牌，积极探索建立集构树种植、饲料加工和生态养殖为一体的"林—料—畜"构树产业链，集中连片打造一批种植水平高、示范作用强、规模效应明显的种植示范基地，将构树产业逐步发展成村村拥有、户户覆盖的主导产业。二是始终坚持"大扶贫"理念，将构树扶贫工程与精准扶贫、生态建设和主导产业培育相结合，以农村"三变"改革为突破口，将龙头企业、专业合作社、村集体与贫困群众结成利益同盟，优化产业区域布局，积极推行"四统三制""两参三赢"两种发展模式，最大限度盘活农村生产要素，实现农户、企业、合作社"三赢"。三是始终坚持"大生态"理念，走"生态产业化、产业生态化"之路，将生态建设与经济建设融为一体，研究制定构树产业发展政策体系，整合涉农项目资金，高标准、高规格抓好基地建设，利用构树改善生态环境、筑牢绿色屏障、建造绿色家园，真正将构树发展成"既要金山银山，也要绿水青山，绿水青山就是金山银山"的绿色产业。

（2）科学推进构树扶贫试点示范。构树产业具有"短、平、快"的特点，是一项战略性、现实性、长远性的产业，经济效益、社会效益及生态效益明显，为群众脱贫致富和生态环境治理提供了新途径。但是，构树产业不要盲目求大，要做精做好，要由用户和市场决定。要持续加大杂交构树组培苗繁育、栽种、采收、加工等方面的研发力度和技术管理，推动杂交构树全产业链技术和产品标准制定，形成标准化体系。要坚持市场导向，从市场需求出发，从产业结构调整要求出发，引导各类市场主体和贫困户发展构树产业。要坚持政府引导。以脱贫攻坚规划为引领，统筹整合使用涉农基金，出台具体支持政策，有序推进构树扶贫工作。构树扶贫工作要做到科学有依据，实践有基础，赚钱有案例，带贫有效果。

（3）建立健全利益联结机制。健全利益联结机制是高效利用政府资源、充分调动民众积极性、盘活社会资本的有效手段，也是扶贫脱贫的关键举措。政府要做好中间服务和制度设计，在新型经营主体和贫困户之间建立利益共享机制，坚持把贫困户精准受益作为产业扶贫的主要目标，让贫困群众分享企业发展红利、深度参与企业生产，变简单"扶持到户"为"效益到户"。对产业优势明显、利益联结紧密、带贫效果突出的龙头企业、农民合作社要给予奖励，对有发展前景、主要推动或重点攻克的生产经营环节给予补贴，帮助其快速发展壮大。

案例编写：鲁长安

第五篇
人力资源开发：扶志扶智提升发展能力

扶贫既要富口袋，也要富脑袋。要坚持以促进人的全面发展的理念指导扶贫开发，丰富贫困地区文化活动，加强贫困地区社会建设，提升贫困群众教育、文化、健康水平和综合素质，振奋贫困地区和贫困群众精神风貌。

——《在中央扶贫开发工作会议上的讲话》（2015年11月27日），《习近平扶贫论述摘编》，中央文献出版社2018年版，第137页

坚持群众主体，激发内生动力。脱贫攻坚，群众动力是基础。必须坚持依靠人民群众，充分调动贫困群众积极性、主动性、创造性，坚持扶贫和扶志、扶智相结合，正确处理外部帮扶和贫困群众自身努力关系，培育贫困群众依靠自力更生实现脱贫致富意识，培养贫困群众发展生产和务工经商技能，组织、引导、支持贫困群众用自己辛勤劳动实现脱贫致富，用人民群众的内生动力支撑脱贫攻坚。

——《在打好精准脱贫攻坚战座谈会上的讲话》（2018年2月12日），《习近平扶贫论述摘编》，中央文献出版社2018年版，第143页

专题十五：职业教育培训

给钱给物更要给技术

——河南省罗山县"职教扶贫"模式

◎ **案例导读**

扶技扶能，职教先行。在脱贫攻坚中，如何发挥职业教育扶贫的作用，提高贫困人口技能和素质，使他们掌握一技之长，实现稳定就业，助力脱贫致富？这是本案例讲述的主题和重点回答的问题。

◎ **政策安排**

2013年7月，国务院办公厅转发教育部、扶贫办等部门《关于实施教育扶贫工程意见》，提出到2015年，初、高中毕业后的新成长劳动力都能接受职业教育和培训。到2020年，培养一大批在二、三产业就业的技能人才。

2015年，国务院扶贫办、教育部、人力资源部印发《关于加强雨露计划支持农村贫困家庭新成长劳动力接受职业教育的意见》，在全国全面实施职教扶贫补助政策。

2016年，国务院扶贫办、人力资源部印发《关于开展技能脱贫千校行动的通知》，让贫困家庭初、高中毕业未升学的"两后生"，都能免费接受技工教育及推荐就业。

2019年，教育部、国务院扶贫办印发《关于办好深度贫困地区职业教育助力脱贫攻坚的指导意见》，提出以职业院校为主阵地，以建档立卡贫困户为重点，帮扶贫困人群掌握一技之长。

◎ 创新实践

罗山县地处大别山老区，是省定贫困县，也是劳务输出大县，该县77.32万人，常年劳务输出约10万人，平均每7名罗山人中，就有1人外出务工。打工是该县增收脱贫的主要来源，技能是增收的重要手段。

2016年以来，罗山县委、县政府大力开展"职教扶贫"，既组织贫困户到县职教中心脱产学技能，又"送教下乡"到贫困村，还因户施策培训到人。通过"职教"赋能扶贫，使许多村民和贫困劳动力掌握了脱贫致富技能，助力脱贫攻坚。

一、整合资源

职教扶贫，如何形成具有长期性、系统性的职教帮扶格局？罗山县办了三件事。

（1）整合两个资源。20世纪八九十年代，罗山县与全国一样，各行各业都办职校，盲目建校园，跟风上专业，拉人搞培训，每到招生季，全员上阵抢生源，导致条块分割、布局分散、效益低下。吸取过去的经验教训，县委、县政府下决心搞了两个整合：一是职教整合。在实施职教攻坚计划中，对全县职业学校布局进行了两次大的调整：先是将罗山二高改为城镇职业高中，然后扩建为"罗山县中等职业学校"（简称"中等职校"），再将原来的县第一职业高中、县教师进修学校、卫校等，合并到该职校，在此基础上组建"罗山县职业教育中心"（简称"职教中心"），县中等职校与县职教中心实行两块牌子一套班子、一个阵地，走职教集团化发展之路。二是培训整合。2013年，为解决部门办培训"小而多""散而弱"的问题，县政府对全县职教培训资源进行了全面整合，安排县扶贫、农业、人社、民政、财政、教育6个部门的培训项目进县职教中心，集中进行培训，避免了无序竞争，盘活了职业教育资源，为职教扶贫奠定了基础。

（2）优化培养模式。县中等职校实行"三段三结合"培养架构：第一段，基础教学，与提高职业素养结合；第二段，实践教学，与提高专业技能结合；

第三段，顶岗实习，与对口就业结合。采取"分层教学、分类培养"的方式，在内部建立"三教"（普教、职教、成教）衔接通道，确保学生该就业的全部就业，该升学的全部升学。课程设置：一是根据农业结构调整需要，开设了种植、养殖专业；根据县产业集聚区用工需求，开设了机电、电子、汽修等专业。二是根据旅游业发展实际，开设了餐饮、导游等专业。三是根据劳务输出现状，开设了家政服务、高铁乘务等专业。四是根据新技术发展形势，开设了电子商务、无人机、3D打印等专业。目前，学校开设有20余个专业，其中省级品牌专业2个，示范专业3个，高水平专业群建设项目1个，并不断根据人才市场需求及时调整所学专业。

（3）瞄准重点人群。进入县中等职校（职教中心）学习培训的，主要有以下对象：一是义务教育段的辍学生。年龄通常为14、15岁，多因贫困失学，或厌学辍学。针对他们年龄、知识等不尽一致，实行分层或分组施教，个别进行特殊辅导，做到一生一案，把教学和关怀灌注给每个学生。二是初、高中毕业未升学的"两后生"。结合"雨露计划"培训内容，实行"订单式""就业式"教学和专业技能培训，学成取得毕业证书及相关资格证书。三是建档立卡贫困户劳动力。年龄结构以中青年为主，参训人员档案必须"本人、身份证、明白卡"三统一，主要讲授针对性强、实用性高、学员易接受、可操作的技能知识，享受叠加扶贫政策。四是扶贫经营主体人员。包括从事生产经营的专业大户、家庭农场主、农民合作社骨干等；长期稳定在农业企业、农民合作社、家庭农场等新型农业经营主体中从事劳动作业的农业劳动力；长期从事农业产前、产中、产后的服务人员，公益岗位植保员、村级动物防疫员、农村信息员、经纪人、测土配方施肥员等农业社会化服务人员；各专业新型职业农民等，提高他们的带贫理念和带贫能力，助力脱贫攻坚。

二、培训进村

2016年以来，罗山县除组织贫困户到县中等职校（职教中心）参加脱产培训外，还"送教下乡"至40多个贫困村，累计培训村民3800多人，许多村民因此掌握了脱贫致富技能。

(一)家门口培训:足不出村学到实用技术

针对大多数贫困户留守在家照看老人孩子,或因其他缘故"走不出村"的客观情况,为了把培训送到千家万户,罗山县以县职教中心为依托,开创了"一周一村,送教下乡"的"家门口培训模式"。由于这种培训办在家门口,现场解决实用需求,只要"能下地"的中老年人都能参加,几乎场场爆满。

以2018年该县朱堂乡天桥村一次"家门口培训"为例,一堂课150多人参加,临时改作培训教室的村支部会议室,被参训的村民挤得水泄不通,会议室坐不下,走廊里挤满了人,有的就站在窗外听,后来,村支部更是把培训地点转移到了附近的茶场。

罗山是种茶大县,家家户户种茶。"茶树如何修剪?""怎样才能提高茶叶产量?""我家的茶叶为什么总是卖不上价?"……在罗山县周党镇的灵山茶业公司院内举行的培训班上,村民学员不停地向茶叶专家请教茶树如何养护、病虫害怎样防治等实用技术。

"没培训前,我也栽植了几亩花卉,可效益一直不太好,花儿开得少,长势也不旺。没想到在家门口就能得到专业的培训和老师的指点。现在我心里更有底儿了,扩大了规模,30亩花圃长势很好,卖相那是'杠杠的'!"谈及培训,参加首届培训班发家的"花老板"张志勇一边说一边竖起大拇指,感激之情溢于言表。

(二)菜单式授课:农民"点菜",专家"烹饪"

村民需要什么技术,培训就开设什么专业。每次"送教下乡"之前,县职教中心都会给村民发放培训"菜单",内容包括种植类、养殖类、技工类、服务类等专业知识,请他们按需"点菜"。村民们选择后,再组织相关领域的专家前往授课。例如,山店乡高洼村,培训前夕,村支部向贫困群众递交"菜单"征求"需要培训什么"的意见时,有许多群众都选择了"龙虾养殖"。晏永良、黄家权、汪立耀三名贫困群众仍不放心,头天夜里找到村党支部书记董华,要求县职教中心一定要安排龙虾养殖专家到村授课。

为使培训更有实效,罗山县职教中心建立了专家库,吸纳各领域的职教老师和"土专家",作为进村培训备选老师,涉及大棚蔬菜、茶叶种植、水产养殖、苗圃花卉、家政服务、香菇生产等几十个科目。这种送教下乡、送技进村的"菜单式培训",被当地群众称为"群众点菜、专家烹饪",他们说,这比单纯给钱给物更有价值。

(三)建实训基地:课堂搬到现场教学

为了提高学员的实际操作能力,全县建了5个实训基地:种植大户、养殖大户、大棚蔬菜基地;子路镇良种基地;潘新、周党、龙山、子路4个乡镇的养鱼基地;东铺镇花卉基地;地处县城的职专汽修基地。5个实训基地,5个实操课堂,成为专家讲授、学员练手的现场,老师与学生,"面对面""手把手",教学互动,学用相长,现场解决技术难点,形成一种直接、具体、有效的培训方法。

同时,根据各乡镇的推荐,重点培育了34名"乡村脱贫致富带头人",并在种养大户、农场主、专业合作社中选聘专业教师,请他们现场现身说法,让身边人讲自身的事,使参训学员感同身受,具有很强的感染力。

据近两年现场统计,"送教下乡"通过实训基地培训,受益的建档立卡贫困户劳动力累计600余人,有许多是到了实训现场后自发参加的,他们通过培训,在家庭经营中发挥了顶梁柱作用。

(四)点对点服务:求教有了"快捷通道"

培训现场解答受时间和多人需求限制,专家往往答不过来或满足不了许多个性提问。为此,进村培训现场发放"专家联系卡"——授课老师姓名、职务、专业领域和电话号码一目了然,课后通过电话、登门、请到现场等方式,直接联系专家,及时解决生产中的难题。

为使联系更直观,许多专家还建立微信群,或与个人开通微信,随时随地远程指导,让老师的课堂开在学员的田间地头和畜禽圈栏,既节省时间又解决问题。

此外,扶贫等相关部门针对课后跟踪服务,分类分层组建了"培训进村"交流群,传递培训知识,推介就业信息,宣传典型经验。利用电话回访,了解学员在生产或生活中遇到的困难,统计培训满意度等,及时掌握学员对培训的建议或意见,协调职教等部门及时调整和改进服务。

通过以上服务，有效开通了村民与专家、部门与村民的快捷通道。如高级兽医师王胜富，作为该县畜牧协会秘书长和县职教中心专家库成员，他一人目前已参加"进村培训"授课30多场，发放"专家联系卡"500多张。一天上午，王胜富刚刚在村头上完培训课，正在接受采访时电话响了。打电话的是东铺镇孙店村农民黄立权，他问王胜富自己养的土鸡两天都没吃食了怎么办？王胜富在电话里仔细询问有关情况，并认真查看了黄立权通过微信传来的发病土鸡的图像和视频，表示这些土鸡的病情不太严重，可能是天气热的缘故。他叮嘱黄立权："下午这边课结束了，就去现场再确诊一下。"可见，"专家"和"学生"联系如此紧密。仅就"畜牧"一项统计，罗山县自开展"一周一村、送教下乡"以来，像王胜富这样仅建"畜牧服务"微信群就有60多名专家库成员。

三、对接进企

脱贫攻坚以来，罗山县职教集团（一校一中心），与省内外100余家企业和行业建立了校企合作关系，建有100余个紧密合作的校外实习实训基地，连续两届当选河南省职教学会就业工作委员会理事长单位。

（1）与县内主导产业对接。以县中等职校（职教中心）为主体，推进"职教扶贫"与当地企业合作，为他们输送受过专业技能培训的劳动者和技能人才，让贫困人口在县内，尤其是家乡实现就业。目前，学校与罗山产业集聚区的大忠电子、永鑫机电、新时代陶瓷灯、罗山新宝行汽车服务公司等企业密切合作，每年为上述企业培养技能人才400余人，服务当地经济建设。

（2）与国内知名企业对接。开设冠名班，学校与企业在教学计划、培养方案、课程设置、评价模式等方面深度合作，协同育人。先后与郑州风铃集团、美课锐捷、信阳高铁、厦门天马等企业，联合开设了冠名班。冠名班学生在学校与企业之间，实现课程标准与职业标准对接，专业与产业对接，课堂与车间对接，实习与就业对接，拓宽了学生就业出口，提高了就业质量。

（3）与外资项目对接。针对德国在我国的科技产业，经与河南省中德职教合作项目对接，罗山在县中等职校（职教中心）开设"中德班"，引入德国培养模式,开展标准化教学。学校先后选派16人赴德国学习先进职教理念,累计投入500多万元打造"中德班"实训基地。如该校汽修专业技能班,以"中德班"模式为蓝本,结合校周边就业实际,开办汽修、机电"中德标准化"教学:学生即学徒,学位即工位,车间即教室,推行案例教学、场景教学和岗位教学,让学生轻轻松松学本领,学员技能和素养显著提高。首届中德班机电一体化学生,全部顺利进入中德合资企业——江苏太仓舍弗勒就业。目前,"中德班"毕业生在县内外企业就业待遇高、很抢手,在河南省连续3年举办的"中等职业教育技能大赛"上,罗山县"中德班"学生先后有30余名选手分获一、二、三等奖。

四、扶贫成效显现

罗山县"职教扶贫"实行财政全额买单。无论是到县职教中心参加脱产学习,还是在家门口接受实用技能培训,对贫困户均实行费用全免,并在就业创业中发放小额补贴。2016年以来,县级财政已投入2000多万元用于此项工作。全县建有河南一流的职教中心,打造了一流的师资队伍,为脱贫攻坚提供了人才支撑,新华社、《人民日报》、《中国教育报》、《河南日报》、河南电视台、《信阳日报》等多家主流媒体纷纷报道。以近3年统计,全县职教老师指导学生参加国家级技能大赛获得一等奖2次、二三等奖3次,教师参加国家级技能大赛、素质能力大赛获得一等奖2人次、二三等奖5人次;学生参加省、市级技能大赛、素质能力大赛,获得一等奖60余人次、二三等奖200余人次。

目前,县中等职校(职教中心)在校学生3100多人,其中建档立卡贫困生124人。同时从2016年开始,依托县中等职校,县扶贫办组织对全县70个贫困村的适龄劳动力,免费开办精准脱贫技能培训班50期,培训学员4100余人。其中,每年培训建档立卡贫困户劳动力120人左右,累计培训超过600人,他们的技能提升,大大激发了内生动力和家庭脱贫致富的自信心。

"职教扶贫"不仅大大加快了贫困群众脱贫致富的步伐,有些贫困毕业生技术过硬、务工有成,打工几年后回乡创业成了致富带头人。在贫困户中,催生了一批像东铺镇"花老板"张志勇、尤店乡"菜师傅"时胜和、莽张镇"虾媳妇"陈玉娟那样的"专业户"……他们参加培训后，通过种养花卉、蔬菜和小龙虾，由"贫困户"变成了"专业户"，由"打工仔"变成了"小老板"。

90后姑娘罗娜是职教中心的贫困毕业生。2014年她在老家子路镇李楼村办起了"金凤家庭农场"，2017年开始在流转的上百亩水田里实施"稻虾共作"，每亩纯收入达到两三千元，是单纯种田收入的四五倍，年收益10多万元，还带动了160多个贫困户增收[①]。

因妻子多年卧病在床、曾经"对生活看不到希望"的周党镇朱楼村贫困户黄义超，如今已是灵山茶叶公司高薪聘请的"土专家"。他参加过两次县里组织的职教培训，初步学到了茶叶种植技术，后来又被公司送到浙江大学学习3年，现在每月工资4000元。他说："以前乡亲们只懂得种田，却不知道怎样种茶，县里组织的职教培训帮了大忙。懂得种茶的贫困户越来越多了，公司的茶也越来越好。扩大了种植面积后，需要更多的人手来帮工，增加了大家的收入，让老百姓掌握真本事比给点钱物更管用！"据对参加培训的种茶户统计，经过培训，茶叶的产量和质量都有很大提高，每斤平均售价比此前增加150元。

◎ 经验启示

精准扶贫，职业教育为什么行？罗山县给了以下启示。

（1）职教学生多为家境困难子女。罗山县中等职校（职教中心）在校学生3100多人，五年为贫困村免费培训劳动力4100人。在校生中，除建档立卡贫困生外，很大一部分是来自农村家庭和城市经济困难家庭；中职院校在校生中，农村贫困生比例高于普通高中。以大概率分析，"职教对象"与"扶贫对象"高度契合；"职教专业"与"学了即用"紧密关联。一户有一人上职教，就能解决一户的脱贫，进而阻断贫困的代际传递。因此，让农村新成长劳动力就读"靠得住、读得起、学得好"的职业院校，是明智、实惠的选择。

（2）就业扶贫赋能脱贫技能。缺技术是贫困人群致贫的主要原因。罗

---

① 给钱给物，不如给技术 [N]. 人民日报，2018-05-25.

山县无论是"在县城读职教"还是"在农村培训",都是以就业为导向,学生/学员通过学习培训后,基本上都能掌握某一职业的技术技能,从而实现高质量就业。加之职教扶贫的系列政策,助力贫困家庭学生就业创业,使就读职校和参加培训的贫困生保持较高的就业率。罗山县近5年来,中职毕业生就业率保持在95%以上,其中贫困家庭学生就业率更高,年薪一般不低于3.5万元,这足以使一个贫困家庭脱贫。

(3)核心是跟踪指导与服务。罗山县职教扶贫不仅帮助贫困人群掌握脱贫致富本领,还有针对性地开展技术咨询与跟踪服务,及时解决课堂和培训现场难以解决的后续问题,有效提高了生产经营能力,实现稳定脱贫。同时,他们通过对过去"职校"和"培训"两个资源整合,打造了全县中等职校(职教中心)核心集团,成为技术技能积累的高地,聚集了众多专业师资和技术人员,可组建强大的产业扶贫专家团队和技术服务团队,为贫困地区产业发展和贫困人群提供强有力的技术支持。

案例编写:洪绍华

专题十六：科技扶贫

把"科技论文"写在广袤的燕赵大地上
——河北农业大学李保国教授扎根太行山带领群众依靠科技脱贫

◎ 案例导读

脱贫攻坚，"科技"具有怎样的地位和作用，科技工作者如何顺应贫困地区和贫困人口的科技需求，服务于精准扶贫一线，提高科技脱贫的贡献率？本案例推出李保国及4名荣获"全国脱贫攻坚奖"的科技工作者，他们是脱贫攻坚道路上千千万万"科技扶贫人"的杰出代表，其创新做法和感人事迹，具有"标杆、示范、引领"作用，也进一步印证和回答了本案例"科技扶贫"的主题。

◎ 政策安排

为贯彻落实中共中央、国务院《关于打赢脱贫攻坚战的决定》，国家科技部于2016年4月制定《关于科技扶贫精准脱贫的实施意见》，要求各级科技部门要瞄准贫困地区和建档立卡贫困人口的科技需求，因村因户因人施策，目标到户、责任到人、政策到位。瞄准贫困地区突出存在的科技和人才短板，动员组织全国科技人员进村入户实施科技扶贫，培养本土人才，提高贫困人口技能，引领当地产业发展。组织动员20万名以上科技大军，深入脱贫攻坚第一线，做给农民看，领着农民干，带着农民赚，开展科技服务，实现精准脱贫。

◎ **创新实践**

李保国，河北农业大学教授。30多年来，他把太行山区生态治理和群众脱贫作为毕生追求，每年在山里"务农"超过200天，让140万亩荒山披绿，带领10万农民脱贫致富。2016年4月10日凌晨，58岁的他突发心脏病，经抢救无效去世。习近平总书记作出重要批示：李保国同志堪称新时期共产党人的楷模，知识分子的优秀代表，太行山上的新愚公。他被国家有关部门追授"全国优秀共产党员""时代楷模""全国脱贫攻坚模范"等荣誉称号。2021年2月25日，习近平总书记在全国脱贫攻坚总结表彰大会上再次强调：35年坚守太行山的"新愚公"李保国是数百万扶贫干部的杰出代表。[1]

一、他像一把火，点亮了山区百姓脱贫致富的希望

1958年2月，李保国出生在河北省武邑县一个农民家庭。

1981年，他于河北农业大学毕业后留校任教，当时正逢学校决定在太行山区搞"产学研"基地，刚刚毕业的他一头扎进太行山深处。

八百里太行，五百多里在河北，全年土壤平均含水量不足12%，20世纪80年代初期的太行百姓，年年种树不见树、年年治山山依旧，2/3的家庭年人均收入不足200元，村民1年只有3个月口粮，剩下的就是"糠、菜、树叶大半年粮"。

1983年，河北农大"小流域综合治理"课题组进驻邢台县前南峪村，一对"夫妻档"最初在此扎下根来，后来又带着1岁多的孩子和老母到山里"住点"，他们就是李保国和他同在农大任教的妻子郭素萍。

前南峪村是典型的石质山地。留不住水土的土地，自然留不住收成，全村900多人，就有100多个"光棍"。

如何让缺水土的树木存活？李保国跑遍了前南峪村的沟沟壑壑，多少个夜晚，他在煤油灯下，分析数据，悉心钻研，琢磨出"聚集土壤、聚集径流"的办法。他带领村民顺着山势，每隔4米开一条宽1.5～2米、深1米的条状沟，把石头周围的薄土聚集到沟里，把雨水汇集到沟里。

---

[1] 习近平. 在全国脱贫攻坚总结表彰大会上的讲话[M]. 北京：人民出版社，2021：10.

挖沟和聚土都需要爆破，为了节省经费，李保国手工炒制土炸药。不仅要自行确定硝铵、煤油、锯末的配比，还得在农村杀猪用的大锅里翻炒，混合的比例和炒制的方法不能有一点点闪失。在一次实验中，引爆的炸药没有反应。正当李保国上前查看时，爆炸正好发生，他被崩了个大跟头，浑身是土，幸好没有受伤。

功夫不负有心人。在隆隆的爆炸声中，土加厚了，水留住了，果树的成活率从10%飙升到90%。经过李保国十几年的开发治理，前南峪村从"草都长不好"的秃岭，变成了"山顶洋槐戴帽、山中果树缠腰、山底梯田抱脚"的"太行山最绿的地方"，森林覆盖率为90.7%，植被覆盖率为94.6%，成为国家AAAA级森林公园，获"全球生态环境建设500佳"提名奖。他的"石质山地爆破整地造林技术"获国家"七五"重大攻关成果奖。过去穷得出了名的村，2016年全村仅果品一项人均纯收入1.16万元。

内丘县岗底村，当年山秃人穷，全部家当就剩下8000亩荒山，山上栽的苹果树，果实小的像"小黑蛋子"。1996年秋，太行山突发洪灾，全村200多亩"保命田"冲了个精光，"小黑蛋子"损失惨重。李保国是参加"灾后水土流失评估"专家组来到这里的。汇报时，村支书杨双牛泪眼婆娑："这以后该咋办啊……"李保国在下边听了，悄悄递给他一张纸条，完了就走了。散会后，杨双牛打开纸条："需要果树管理技术，我可以帮忙。"后面留有他的姓名和家庭电话。杨双牛试着给远在保定的李保国打了电话。没几天，李保国果然坐着长途汽车，辗转了好几次，终于来到了这个距内丘县城百十里的小山村，并开始了整整30年矢志不移的"科技扶贫"。在村里，他一座山一座山地考察，一个果园一个果园地给树看病，详细记录了每一道沟谷、每一个果园的土质地貌和果树情况，每一道程序都实地考证、认真分析、修改细化。最终，科学规范又通俗易懂的100多道苹果栽培工序出炉了，人手一册，村民像"工人生产标准件"一样生产苹果，"富岗苹果"栽种取得巨大成功。1999年"富岗苹果"在昆明世博会上夺得银奖，2008年被确定为北京奥运会专供果品，2011年获全国驰名商标。如今，岗底村年人均收入已达4.3万元，一半以上的村民在城里买了房，80%以上的村民开上了小轿车。在"富岗苹果"品牌带动下,太行山和燕山 11 个县市 369 个村,富岗苹果基地发展到 5.8 万亩,产量超过 1 亿公斤,带动 7 万多农民脱贫致富。

二、教技术,把"我"变成"农民",让"农民"变成"我"

李保国说:"农业科技要让农民掌握,这技术必须长在泥土里,传授者首先要学会当农民。"

李保国生前,长年累月与农民摸爬滚打在一起,手把手地教他们操作,乡亲们称他是"农民教授"——脸庞黝黑、笑容憨厚、一身尘土、两脚泥巴,扎在人堆里,和农民没啥两样。用村民的话说,他就是俺"庄户人"。

(一)他穿不讲究、吃不挑剔

"李老师穿的衣服还没有一些农民的好。"和李保国打交道 20 年,岗底村党总支书记杨双牛回忆,一次下地,李保国的衣服被树枝划了个口子,"我想给他换件新衣服,问他穿多大号。他说:'你把我打扮成上讲堂的教授模样,我咋和村民们打交道?'"

(二)他说话直白、通俗易懂

给农民讲课,不把给硕士、博士的那一套搬来。教农民"疏花",他说:"这和计划生育的道理一样,孩子多了家庭负担就重,苹果树也要实行计划生育。"教农民"剪枝",他编了顺口溜:"去掉直立条,不留扇子面""见枝就拉平,只留中心杆""凡是往上长的枝,超过 40 厘米一概不要。"通俗易懂的大白话,让围在他身旁的农民们纷纷点头。

邻村有个苹果园,产量一直上不去,村里请来一位专家讲修剪技术,讲了一天,名词、术语一大堆,农户听得直挠头。后来李保国去讲课,只教给村民两样:一种是"结果枝",一种是"不结果枝",半小时讲完。乡亲们一拍手:"原来这么简单!"村民们说,李老师浑身泥土味,连话都像是从泥里滚出来的。

(三)要让农民听懂你的话,一定要了解农民

绵延数百里的太行山区,成千上万的父老乡亲,都是李保国的好朋友。

他腰里总别着钢锯和一把大剪刀,问啥教啥。在邢台的太行山一线,起

伏的丘陵和莽苍的群峰下隐翳着上百个村庄。在李保国去过的山旮旯里,只要随手指向一片果园,他都能说出这是谁家的,有几亩、多少棵、收益怎样,住在村里的什么位置,家里几口人,孩子多大,老人贵庚。

在李保国的手机里,生前有近1000条通讯录,贫困地区的农民占了60%;在他众多的微信群里,有一串串便于识别的名字:"岗底苹果群""前南峪板栗群""绿岭核桃群"等。

他的妻子、河北农大研究员郭素萍说:"无论何时何地,熟悉的还是不熟悉的农民打来电话,他都会耐心地解答。"

(四)他一直奔波在"现场指导"的路上

李保国生前有三个家:一个是永久的,在河北农大家属院;一个是临时的,在几个主要帮扶基地;一个是流动的,在他那辆越野车上。

30多年来,李保国每年在山里200多天。除了完成学校的教学任务,李保国几乎天天奔波在路上,上车当司机,下车当劳力,一年行程约4万公里。

在去世前的4个多月时间里,他在河北农大家的时间不到10天。这些年,他一直奔波在"现场指导"的路上。"很多地方找来,能坚持多去一个地方,就不能少去一个。"

常年奔波,生活没规律,加上高强度工作,李保国患上了重度糖尿病和疲劳性冠心病。

"活着干,死了算。"在生命的最后一段岁月,为了给多地求教的农民教技术,石家庄、承德、张家口、秦皇岛、唐山、保定、邢台的高山基地、田间地头、村部讲堂,都留下了李保国的身影。多年来,他举办不同层次的培训班800余次,培训人员9万余人次。

内丘县岗底村村民杨双奎,曾是李保国在岗底的"得意门生",他现在已是农民高级技师,成立了"李保国128技术服务队",经常外出义务传授果树管理技术。他说:"我'已变成了'李保国'。"

在岗底村,像杨双奎一样拿到高级技师证书的村民有5位,另有190位村民拿到初、中级证书,60位拿了大专文凭,而且还都在考本科。一次,李保国主持首届岗底果农专家论坛,11位农民登台演讲,他高兴地说,他们可真称得上专家了。

在更大范围,李保国创造的数十个全国知名名牌,以及经营这些名牌的全国优秀村支书、著名企业和企业家,通过经营主体的力量,又把一个个农民变成了像李保国一样的技术专家。他创新推广的 36 项农业实用技术,帮助太行山区农民实现增收 58.5 亿元。

从此,李保国完成了作为一名二级教授真正意义上的"根植"和"深扎"。他不止一次地说:"我这辈子最过瘾的两件事:一是把'我'变成'农民',二是把越来越多的'农民'变成'我'。""农民"成了"农业专家",脱贫致富就有了原动力。

三、兄弟别灰心,你的幸福我包了

(一)"你的幸福我包了。"

这句话,是李保国曾经对内丘县岗底村村民杨群小讲的。56 岁的杨群小,20 多年前总是早出晚归去村外建筑队打零工,生活拮据。一次在街上碰到在这里指导种苹果的李保国。李保国上前截住了他:"群小,整天去外面跑啥,挣不了几个钱,还不如种点苹果。"杨群小灰心地嗫嚅道:"我不懂这个,再说种苹果能挣钱吗……"李保国拍拍他的肩膀:"兄弟,别灰心,种吧,技术上我负责。你家两个孩子,光靠打零工挣点小钱,养不起家,供不起两个孩子上学,哪会有好日子过?你只要听我的,你以后的幸福我包了。"

杨群小听了李保国的话,承包了村里三亩三分地,种了 200 棵苹果树,3 年后挂果,第一年挣了 4000 元,第二年收入 8000 元,2016 年收入近 10 万元,不但供两个孩子上中学、上大学,还盖了楼房、买了小车,幸福生活比蜜甜。

(二)"我一定让你'想到我的好'。"

1997 年李保国在岗底村推广苹果套袋技术,这在当时的河北尚无先例。"苹果不见光还能长?"村民们一脸的不解。面对群众的疑虑,李保国拿出 5 万多元科研经费买了 20 万个纸袋带到村里,说以后苹果卖出好价钱了,再还纸袋钱。当时一斤苹果卖 1 元钱,纸袋每个 0.24 元,村民杨群书不理解。李保国劝他套,他还跟李保国争执:"为啥花这两毛多钱把苹果罩住?你是糊弄我让买你的纸袋吧。"李保国耐心向他解释："这苹果就像人的脸，如果风吹雨打日头晒，就会很粗糙。用袋子罩上，就像女人涂了防晒霜，将来苹果成熟，好看又好吃。"杨群书还是不干："罩住没太阳照射，皮能红？不信。"发来的5箱纸袋他只用了很少一部分。李保国路过杨群书的苹果园，见状指着他叫道："老杨，为你好，你不听，等套袋的苹果值了钱，你就会想到我的好了……"果然，秋天套袋的苹果按李保国指教的时间开解，一见阳光，几天功夫就全红，不但皮薄脆甜，1斤卖到2.5元，比不套袋的贵出了1倍还多。这下，群众服了，杨群书后悔又感激："李教授真的是为我好啊，可我……"他难受得好几天睡不着。

(三) "小伙子，让'荒山变绿'是多么幸福的事！"

这是李保国当年鼓励高胜福的话。位于临城县的李家韩岗（又叫狐子沟），曾是一片乱石堆积的荒山野岭。1999年，村民高胜福与人合伙承包了这里3500亩荒山。"当时满脑子热情想种苹果，却没想到会难到这种地步！"一无土二无水，鹅卵石密布，"别说种树，种草都难"。村民们说，这里从20世纪50年代就开始种树，种了死，死了种，再种还是死。

走投无路的高胜福，找到了当时正在太行山"治荒"的李保国，提出荒山种苹果。李保国没急着下结论，不久，他搬进了狐子沟。高胜福想把他安排在县城宾馆，李保国说"我不是来享福的"，带头把铺盖卷放在了荒山野地中的窝棚里。紧接着，他爬遍了高山沟谷，带领员工翻山越岭深入采样，组织专家采集了20多个土壤剖面样本带回试验室，并对地质地貌、水文条件、气候特点等进行了全方位调查。实地考察后李保国说："种苹果：土不行，树也不行。"看到高胜福心急如焚的样子，他又说，没事，咱们重新规划。随后，经过全面摸底、检测、采样，一番科学论证后，李保国最终给出建议："种薄皮核桃吧！这儿的土质中性偏碱，钙质丰富，非常适宜最省水、易管理的核桃。"

但是，在太行山一带，核桃树大多自然生长在山沟里、岸崖边，从来没有大规模连片种植。加上狐子沟表层是乱石滩，下面是僵石层。僵石呈强碱性，乱石不存水，根本种不活树。

李保国心里有数："把僵石刨出来，换上土不就可以了吗？"于是，他带领村民们挖了种植沟，又在山沟取土修建了可容纳20万立方米的人工水库，并用挖出的沙石修建了4个拦水大坝，用以截留雨水。

在核桃新品种实验攻关时，李保国为了掌握开花授粉的第一手资料，每天背着水壶，从上午10点一直盯到下午4点，中午就在现场啃两个馒头，一盯就是一个多月。一次，正在进行人工干预实验时，突降大雨。李保国用伞给核桃新苗遮住了雨，却让自己淋在大雨中。为了优中选优，他从国外引进了6个良种核桃和11个山核桃品种，又从山东、新疆、河南等地引进了13个国内良种。

狐子沟的改变在不知不觉中发生。在李保国的指导下，实现了1年栽树、2年结果、5年丰产，盛果期的核桃亩产达到230公斤以上，每亩效益超过8000元。昔日的荒岭成了"绿岭"，"绿岭"牌薄皮核桃远近闻名。

如今，这一技术被邢台各山区县市"复制"，全市种植薄皮核桃60万亩，核桃、苗木、深加工等一系列产业年产值超过20亿元。临城县形成132个村庄的"百里核桃产业带"，半个多世纪前的许多"光山秃岭"变成了"花果山"。

有人问："李保国常年给农户和企业提供技术指导，每年至少也得有几百万元的收入吧？"

事实上，他既不拿工资，也没有股份，有时还倒贴科研经费。他常说："不为钱来，农民才信你；不为利往，乡亲们才听你。""要说我的收入，那就是科研成果出来了，荒山绿了，农民富了……"

是的，为了兑现"七字承诺"，李保国以自己毕生的知识和爱心，"包"了数以万计农民的"幸福"，让数以万计农民感受到"我的好"，使太行山140万亩"荒山变绿"。

四、培养更多懂"三农"、会扶贫的大学生

李保国是跟随河北农大"太行山道路"成长起来的一代教师，深深懂得实践对教学和科研的重要性。

（一）把培养的重点放在"动手能力"上

李保国是博士生导师，先后带过67名研究生。每名研究生一入学，就会收到他给出的3年学习清单，每一项都有详细要求和明确的实验时间表。

他一直在给本科生讲课，校领导说："你实在忙不过来，就上几次课，剩下的分给年轻老师。"他坚决不同意，说要从本科阶段开始，引导学生热爱农林专业，服务"三农"、服务扶贫。

李保国每年要带毕业前的本科生进行两周的实习，把学生带到了一片片果园。一次，李保国带本科生到山区核桃基地实习，教学生们嫁接，按他教的步骤做，一天下来累得连饭都不想吃。第二天还得接着干……在李保国的严厉督促下，只用一周，学生们全都掌握了嫁接技术，并达到熟练工水平。

学生李迎超记得，李保国带他们学习核桃嫁接。一次李保国问："你今天嫁接了多少棵？"李迎超回答说嫁接了100棵。李保国摇摇头："农民们每天都能嫁接500棵！"在老师的督促下，后来李迎超每天嫁接核桃树达到1000棵。

"他教出来的学生，'三农'情结浓，动手能力强，用人单位抢着要。"让更多的学生成长为"扎根山区、服务三农"的有用之才，这是李保国一直的追求。

（二）把"学问"做到田间地头

为让李保国拿出更多的科研成果服务太行山区，河北农大为他的课题组建了3个专用实验室，并配备了全新的科研设备，学院的综合实验室也优先保证他的研究生使用。

30多年来，李保国先后承担了57项国家和省级科研课题，大批学生被他"赶"到田间地头，把所学知识与生产实践结合。许多学生在校期间和走向社会后，取得了骄人的科研成绩。

学生汤轶伟，在读研究生阶段进行了核桃树枝条伤流规律研究。在李保国的指导下，汤轶伟经过上千次实验，颠覆了冬季修剪的传统做法，将剪枝时间确定在春季发芽前的20天以内，避免了因剪枝时间不当造成的营养流失。目前，这一创新成果写进了教科书。

在平山县葫芦峪的山地开发中，他的学生史薪钰，从事 25 度以下坡面结构稳定研究。在李保国的指导下，经过两年多的实践和试验，取得了当年治理、当年坡面稳定的效果。这一研究成果已在全省推广，成为山区综合开发的样本。

在绿岭，他的学生陈利英先后探索出机械化高规格整地、优质壮苗高成活率栽植、涂聚乙烯醇越冬防冻等技术，获河北省"农业科技带头人"称号。

（三）把论文写在大地上

"脱贫为科研出题，科研为脱贫解难"，李保国的很多科研攻关，就是冲着农民脱贫去的。

2014 年，南和县开始发展红树莓产业。由于缺少技术，树苗成活率仅 10% 左右。项目负责人周岱燕慕名找到李保国。

当李保国了解到这是一个快速脱贫的好项目时，当即应承下来。在一个多月里，他跑遍了东北三省、山西、河南等地，考察基地、调查市场，拿出发展方案，先后抽调 5 名硕士进入树莓技术课题组，搞基础研究；动员国家林科院专家加入，专攻红树莓组培及新品种培育。

在李保国技术团队的支持下，南和县建立了国内最大的树莓种苗组培中心，年产树莓种苗 1500 万株，可满足 2 万亩土地的种植需求。目前，种植面积近 7000 亩，辐射河北 10 多个县，农户每亩增收 5000 元以上。

30 多年来，李保国主持完成的"太行山石质山地爆破整地造林技术"获国家"七五"重大攻关成果奖，10 多项科研成果获省部级科技进步奖。他提出的"深眼闷炮"控制爆破松土蓄水技术、隔坡沟状梯田机械整地技术、太行山片麻岩区"蓄、集、整、改、排"防洪减灾技术，等等，都是贫困地区最急需的技术；正是这些技术，解决了农民脱贫的老大难问题。他被广大老百姓誉为"科技财神""学问福星"，"他的实验室建在田野里，他的论文写在大地上"。

五、从李保国到"李保国们"——科技扶贫群像展示

在李保国首次被授予"全国脱贫攻坚模范"后，中国一年一次"全国脱贫攻坚奖"表彰，每年均有一批"科技扶贫"典范获此殊荣。现选取其中 4 名代表简述如下，旨在从这一群像身上，看到"李保国们"的科技追求和扶贫形象。

（一）赵亚夫（荣获 2016 年全国脱贫攻坚奖贡献奖）

江苏省镇江农科所原所长、党委书记。1941 年出生，1961 年农林学院毕业后来到镇江农科所，一干就是 46 年。"要致富，找亚夫，找到亚夫准能富。"这句话在丘陵山区 50 万农民中已经传颂了 20 年。他先后推广种植应时果品 180 万亩，给农民带来收益 25.5 亿元；推广农业新品种 250 多万亩，给 16 万农民带来 200 亿元直接收益；他帮助农民建立了 50 多家农产品合作联社、专业协会等，编写了 100 万字通俗易懂的科技读物，每年为农民免费上辅导课 100 多场，累计培训农民 30 万人次。他引进 170 多项国外农业新技术，带领百万农民脱贫致富。

（二）林占熺（荣获 2017 年全国脱贫攻坚奖贡献奖）

福建农林大学菌草研究所所长。20 世纪 70 年代，人工栽培食用菌"吃掉"了大量木材，使栽培区形成"耕地沙化、生态恶化、生活贫化"。1986 年林占熺经过 1000 多个日夜，遭遇过无数次失败，终于研究成功"以野生草本替代树木"的栽培食用菌技术，解决了"菌林矛盾"的世界难题。接着，林占熺选择福建尤溪县，经过 8 年进村入户推广示范，选择"以草代木"的农民从最开始的 27 户发展到 4236 户，遍及 14 个乡镇 112 个村，户均增收 2200 元。1995 年，菌草技术被中国扶贫基金会列为科技扶贫首选项目。从 1997 年起，菌草技术先后被福建省政府列为对口帮扶宁夏、新疆、西藏项目，使 1.7 万农户户均增收 8000 元。现该技术已推广至全国 31 个省 487 个县，为扶贫减困、保护生态作出了特殊贡献。

（三）张福锁（荣获 2018 年全国脱贫攻坚奖创新奖）

中国农业大学植物营养系教授、中国工程院院士。张福锁带领团队 10 年潜心研究植物营养技术，其中，"提高作物养分资源利用效率的根际调控机理"，获国家自然科学奖。2009 年以来，他带领团队师生，从河北曲周开始，先后在全国 6 省 7 县市创建科学家与农民融合扶贫模式——建了 121 个

"科技小院"，推广植物营养技术服务。2018年，"科技小院"扩展到全国20多个省（区、市），植物营养技术服务涉及小麦、玉米、水稻、西瓜、菠萝、香蕉、杧果、苹果、葡萄等45种作物产业，示范面积上千万亩，培训农民20多万人次，为贫困户脱贫增收作出了突出贡献。

（四）金黎平（荣获2019年全国脱贫攻坚奖创新奖）

中国农业科学院蔬菜花卉研究所研究员，博士生导师。中国是世界上最大的马铃薯生产国和消费国，种植区域与连片特困区域高度重合。金黎平率领团队从事马铃薯科研30多年，长年穿梭在不同季节的育种基地、体系试验地和主产区，曾被评价为"脸晒得比农民还黑，在田间难以分清谁是农民、谁是博士"。她参与国家层面马铃薯产业顶层设计，足迹遍布乌蒙山区、六盘山区、吕梁山区、武陵山区、燕山—太行山区等集中连片特困地区，开展了200多项试验示范和推广，使得贫困区域马铃薯种植平均增产22.50%，平均增收542.80元/亩。

信仰为帆，大山筑梦。李保国及4名科技工作者，是中国数以万计"科技扶贫人"的缩影，人们永远铭记这些扎根山区、服务扶贫的科技之星。

◎ 经验启示

本案例推出的李保国及4位教授的事迹，立体式地展现了脱贫攻坚中科技工作者的巍峨群像，他们是中国"科技扶贫人"的代表。他们的扶贫境界和经验做法昭示我们：

（1）科技扶贫的作用举足轻重。科技染绿荒山，富裕带给乡亲，李保国立志扶贫的35年，不知改变了多少太行百姓的命运。前南峪模式、岗底模式、绿岭模式、葫芦峪模式，每一个模式背后，都有李保国用脚丈量的身影。当地群众对李保国的尊敬告诉我们：科技扶贫犹如巍巍太行的一座灯塔，引领千百万民众攻坚克难，走出贫困。科技是第一生产力，科技进步为脱贫攻坚贡献巨大。

（2）科技扶贫的短板仍然在基层。在飞速发展的信息和科技时代，贫困地区和贫困人口的整体科技水平相对滞后，其中贫困村、贫困户又是滞后中的"慢行者",在山区、在基层,他们太需要像李保国这样的"农民教授""科技财神""太行新愚公"……然而,果树花开的季节,李保国走了,他为太行山百姓留下的那一片片果园,却是他来过的最好印记。从人们对他久久不忘和无尽的追思中,我们进一步看到,科技扶贫任重道远,尤其在集中连片的贫困山区更显迫切,在"快时代"的背景下,他们不能被落下。

（3）未来扶贫需要科技引领。党的十八大以来,一大批像李保国这样的科技工作者奋战在扶贫一线,他们以丰硕的科技成果诠释了心有大我、至诚扶贫的浓烈情怀。中国解决绝对贫困后,扶贫步入新的征程,需要大力弘扬李保国精神,把科技扶贫摆在减贫与发展的核心位置,力争在扶贫关键领域、实用技术、瓶颈地方取得更大突破。榜样的力量是无穷的,以李保国为镜,赓续他所留下的"科技扶贫精神",我们就必定能在现代化建设新征程上书写出新的篇章。

案例编写：洪绍华

专题十七：致富带头人创业培训

两地培训　两育结合
——东西部协作培育贫困村创业致富带头人的"善港样本"*

◎ **案例导读**

组织东部发达地区支援西部欠发达地区，开展东西部扶贫协作，是我国实施区域协调发展、打赢脱贫攻坚战、促进共同富裕的一项大战略、大举措。发达地区如何采取"村对村""点对点"的东西部扶贫协作方式，为西部地区贫困村培育创业致富带头人，打造一支留得住、能战斗、带不走的农村人才队伍？本案例讲述的江苏省张家港市善港村"两地培训、两育结合"培育西部贫困村创业致富带头人的故事，为解决这一问题提供了一个可借鉴的样本。

◎ **政策安排**

中央对实施贫困村致富带头人培育工程高度重视。2015 年 11 月，中共中央、国务院《关于打赢脱贫攻坚战的决定》，明确要求"积极推进贫困村创业致富带头人培训工程"。2016 年 10 月，中共中央办公厅、国务院办公厅《关于进一步加强东西部扶贫协作工作的指导意见》进一步强调："加大对西部地区干部特别是基层干部、贫困村创业致富带头人培训力度。"

---

* 本案例系作者在实地调研基础上原创撰写，文中的相关数据由江苏省张家港市善港农村干部学院和善港村驻高峰村扶贫工作队提供。

为贯彻落实中央决策部署，发挥我国东部发达地区教育培训资源优势，国务院扶贫办开展了东西部扶贫协作培训试点工作，先后在福建、广东、江苏3个东部沿海省份，认定了3个"东西部扶贫协作贫困村创业致富带头人培训示范基地"，探索采取东西部扶贫协作方式，帮助西部贫困地区培育贫困村创业致富带头人。江苏省张家港市善港村的"善港农村干部学院"（简称"善港农干院"）是3个培训示范基地之一。

◎ 创新实践

地处东部发达地区的江苏省苏州市张家港市杨舍镇善港村，村域面积9.07平方公里，辖59个村民小组，常住村民8100余人。善港村曾是张家港市的一个经济后进村。自2009年一位名叫葛剑锋的年轻企业家回村担任善港村党委书记以来，坚持党建引领、农业稳村、工业富村、生态立村、文明善治，乡村发展之路越走越宽。经过多年努力，该村一举摘掉"经济后进村"帽子，迈入苏南地区"先进富裕村"行列。2019年，善港村实现年总产值21亿元，农民人均可支配收入3.6万元，村级可用财力2500多万元。善港村先后荣获中国法治政府奖、江苏省生态文明建设示范村等荣誉称号。

贵州省铜仁市位于武陵山集中连片特困地区腹地，该市的沿河土家族自治县是贵州省14个深度贫困县之一。沿河县中界镇的高峰村，被称为"贫中之贫"，石漠化现象严重，严重缺水缺土，人均坪地不足四分，石旮旯地、挂坡地占75%以上。全村147户、561人，其中建档立卡贫困户50户、193人，贫困发生率为34.4%，村集体经济收入为零，是全省2760个深度贫困村之一。

东西部扶贫协作及培育贫困村致富带头人，将这两个"素不相识、毫不相干"的行政村紧紧联系在一起。

一、善港培训基地的创建

根据中央部署，江苏省苏州市结对帮扶贵州省铜仁市；苏州市张家港市结对帮扶铜仁市沿河土家族自治县。在新的东西部扶贫协作大背景下，以葛剑锋为书记的善港村党委，本着"先富帮后富、促进共同富"扶贫理念和大爱情怀,主动向张家港市委、市政府请缨,要求参加东西部扶贫协作行动,帮助西部地区培训贫困村创业致富带头人,并采取"村对村"方式结对帮扶西部地区深度贫困村。

2017年末,张家港市委、市政府决定:发挥张家港市改革开放经济发达优势和"张家港精神"文化价值优势,以先富村善港村为依托,成立"善港农村干部学院",为西部地区特别是结对帮扶的贵州省铜仁市培训贫困村致富带头人;同时,由善港村结对帮扶沿河县贫困村高峰村,探索"村对村"精准帮扶机制和贫困村致富带头人"两地培训、两育结合"机制(系指东部"善港农干院"集中培训与西部"贫困村产业基地实训"相结合,致富带头人培育与扶贫产业培育相机结合的工作机制)。

经过了约半年时间的筹备,善港村建成了一个可同时容纳500名学员学习的培训基地,包括教学楼、报告厅、多媒体教室、后勤楼、学员公寓、餐厅、运动中心、停车场等设施。2018年5月,中共张家港市委组织部批复"善港农干院"正式成立,由善港村党委书记葛剑锋担任院长。2018年9月,国务院扶贫办批复同意在善港农干院设立"东西协作贫困村创业致富带头人(善港)培训基地"。

从2018年上半年至2019年底,善港农干院共举办各类培训班62期,为17个省(区)培训学员5229人(专栏17-1)。其中,采取东西协作方式,为苏州市对口帮扶的贵州省铜仁市所属10个县(区),共举办贫困村创业致富带头人培训班21期,培训学员2057人。培训对象主要是贫困村党支部书记、村主任和其他村干部,以及农民专业合作社负责人、能人大户和有创业意愿的农村青年等。这些培训对象,经过当地乡村基层组织推荐、县扶贫部门审定,全部作为贫困村致富带头人来进行培训、培养。学员们在善港农干院经过10~15天的脱产培训,学习政策,更新观念,学到了一定的创业本领,学成归后成为当地脱贫攻坚、乡村振兴的人才队伍骨干力量。

> **专栏17-1　善港农干院培训学员构成情况**
>
> 　　自2018年5月至2019年底,善港农村干部学院共举办各类培训班62期,为贵州、广西、青海、宁夏、甘肃、内蒙古、西藏、山西、河南、江西等中西部省(区)培训学员5229人。其中,贫困村创业致富带头人培训班27期,学员2504人;农村基层党建培训班16期,学员1570人;扶贫专题培训班19期,学员1155人。
>
> 　　培训学员构成:村党支部书记、村主任占18.7%,村"两委"干部占6.9%,新型农业经营主体、创业致富带头人占73.2%,其他学员占1.2%。学员文化程度结构:本科及以上4.3%,大专12.5%,高中或中职中专26.1%,初中及以下57.2%。

二、课程设置与培训方式

贫困村致富带头人培训不同于一般性的成人培训,它有其自身特点,有特定的培训需求。善港农干院本着"按需施教"的原则,设置了6个培训教学板块。

(1)理念观念更新。培训学习发达地区改革开放、解放思想、勇于创新的成功经验,重点解决思想上、精神上的贫困,转变思想观念,增强内生动力,强化改革开放意识,激发自主创业热情。

(2)发展模式借鉴。总结和优选了一批苏南地区经济富裕村的典型案例,推出不同的乡村产业发展模式,供学员学习借鉴,启迪创业发展、脱贫致富思路。

(3)实用技术讲授。重点讲授适应在贫困地区推广、促进农民增收效果明显的新技术、新品种、新科技、新业态。如现代设施农业、特色种植业养殖业、名优水果、名贵花卉苗木、生态循环经济、乡村旅游、"互联网+"等,开阔学员视野,提高技术能力,拓展产业选择范围。

(4)创业经营管理。重点围绕支持贫困村创业项目兴办成功,讲授创业过程中的经营管理、品牌建设、市场营销、电子商务等专业知识,并在培期间组织张家港市成功企业与贫困村创业学员开展项目合作意向洽谈，助力致富带头人创业成功。

（5）扶贫带贫机制。强化贫困村创业致富带头人"先富帮后富"的社会责任感和扶贫带贫意识，重点讲授和交流特色产业扶贫过程中的带贫方式、产业化经营机制、土地三权分置和利益联结机制等，促进创业致富带头人与贫困村集体经济和贫困农户，建立起可持续的、合作共赢的长效增收机制。

（6）基层组织建设。重点讲授和交流如何加强贫困村党组织建设、民主法制、乡风文明、乡村治理、新乡贤治理、农村人才队伍建设等，强化基层党建引领意识和治理能力。

根据贫困村创业致富带头人特点，本着适应脱贫攻坚、产业开发实际需要，善港农干院采取"六位一体"的培训教学方式。

（1）专家讲授。善港农干院建立了一个100余人的专家师资库，这些师资都是江苏省的知名专家、教授、企业家等，涉及的专业领域包括农村发展、扶贫政策、现代农业、特色种植业、畜牧水产业、市场营销、电子商务、基层党建、民主法制、文化道德、乡村治理等。根据不同培训班需求，安排一定学时的专家课堂讲授或专题讲座。

（2）"土专家"面授。聘请张家港市及善港村实践经验丰富的"土专家""田教授"（包括乡土人才、农民技术员和科技示范户等），采取面对面、手把手地面授实用技术和实操技能。

（3）现场观摩。除了善港村高标准的生态农业产业园以外，在张家港市及周边选择了一批各具特色的典型案例观摩点共40多个，形成了若干条现场培训精品线路，让学员"眼见为实"地感受东部地区改革开放氛围，开阔视野、转变观念、启迪思路。

| 专栏17-2　善港村生态农业产业园现场教学实训基地 |

善港村成立了土地股份合作社，将村里2000多亩农用耕地实行100%流转，由村集体统一经营，发展现代农业。土地流转后，村里成立

了"江苏善港生态农业科技有限公司",建设高标准的生态农业产业园。

产业园围绕构建生态有机农产品价值链,着力打造有机蔬菜、有机水稻、名优水果、苗木种植等八大基地,在陕西延安和新疆和田成立有机苹果和红枣种植基地。建立了国家级有机农产品检测中心,提高农产品质量安全监管自检能力。大力发展"互联网+农业",唱响善港农业绿色品牌。善港村的有机农业年收入达1000余万元。

善港生态农业科技公司及生态农业产业园,被江苏省认定为省级现代农业科技综合示范基地和江苏省重点龙头企业等。该生态农业产业园成为东西协作贫困村创业致富带头人重要实训基地和现场教学点。

(4)现身说法。每次培训班,善港村党委书记葛剑锋都要与学员面对面,深入交流善港村由穷村变富村的"蝶变秘诀"。同时,聘请张家港市及周边市先进基层党组织书记、创业成功企业家等,采取"书记面对面""企业家面对面""合作社长面对面"等形式进行现身说法,与培训学员进行"角色互动、角色传授",使致富带头人培训学习更具有针对性、实效性。

(5)结构式研讨。每期培训班,都要设计拟出某些实用型专题,充分发挥学员的主观能动性和广泛参与性,深入开展对话交流和互动讨论,并就讨论成果达成或基本达成一些共识。研讨过程成为学员们主动参与、相互学习、共同提高的过程,而不是被动地接受"满堂灌"。

(6)创业跟踪指导。善港农干院克服了成人培训"一训了之、训后散摊"的传统做法,根据贫困村致富带头人特点,采取三种方式做好学员创业跟踪服务:①对受训学员实行建档立卡。建立学员数据库,通过学员微信群、QQ群及电话回访等方式,跟进了解学员的创业动态,对其创业中出现的问题及时开展指导服务工作,为他们排忧解难。②组建创业导师服务团队。采取线上线下方式,为学员创业提供专业咨询和技术指导。③开通创业服务热线。每期学员都建立微信群和QQ群,由专家为学员答疑解惑、提供咨询。

善港农干院通过科学设置课程和改革培训方式,打造了致富带头人培育工作品牌，提升了培训质量和效果，提高了学员的创业积极性和创业率。据统计，参加善港农干院培训的贵州省铜仁市创业致富带头人学员2057名，学员创业率高达83.5%。

三、"两育结合"促进"两地培训"

善港村东西部协作致富带头人培育模式的一个最大特点是，不仅仅局限于在东部发达地区的"善港农干院"集中办班培训，而且在"村对村"东西结对帮扶中，通过对西部贫困村援建特色农业产业园创业基地，实行扶贫产业培育与致富带头人培育"两育结合"，做实了"两地培训"。

从2018年开始，善港村将自身的生态农业科技优势、市场营销品牌优势，与结对帮扶的高峰村生态环境优势紧密结合起来，扎实推进"三园"产业基地建设（有机农业产业园、生态茶叶公园、特色养殖园）。支持高峰村成立了村集体经济组织"苏黔农业开发有限公司"，累计投资建设资金1000多万元。其中，建有机设施农业园联栋大棚57个、2万平方米，引进栽种名优葡萄、草莓、红美人橘子，以及灵芝、美国金瓜、瓜蒌子等；生态茶叶园开发名优茶叶基地380多亩，建茶叶加工厂，辐射带动周边村茶叶基地1000多亩；特色养殖园建高标准养殖棚舍6栋，饲养黑毛猪、白山羊、鹌鹑、土鸡等。"三园"产业基地的产权属高峰村集体所有，除去生产销售成本以后，净收益采取"721"分配机制：全村农户70%，村集体经济20%，农业公司10%。"三园"建成投产运营后，常年吸纳贫困户劳动力和其他农民100多人务工就业，人均年务工收入可达2万多元。

善港援建的特色农业产业"三园"，既是为了发展扶贫产业、带动贫困农民增收，也是旨在将"三园"办成创业孵化实训基地，为当地培养致富带头人、农技人才和新型农民。善港驻高峰村扶贫工作队常年配备了6~8名专业农技人员，一方面帮助高峰村开展"三园"产业基地建设，另一方面以"三园"基地为平台，采取"师傅带徒弟"方式，帮助当地农技人员和农民学习现代生态农业技术，提高生产技能。两年来，善港驻村工作队共为高峰村培育致富带头人13人、农技学徒20余人。此外，高峰村的"三园"特色产业基地还发挥了辐射周边的示范培育效应,已接待各种扶贫产业开发考察团 100 多批次,学习人数 1000 多人次。铜仁市所属县(区)有不少在善港农干院培训过的致富带头人,也多次到高峰"三园"基地再学习、再实践、再提升。如沿河县官舟镇马脑村的致富带头人学员冉茂红,2018 年从善港农干院培训学习回来后,曾两次到高峰村产业园现场学习名优水果大棚种植技术,创业发展上了一个新层次(专栏 17-3)。

专栏 17-3 返乡创业扶贫的致富带头人学员冉茂红

冉茂红,铜仁市沿河县官舟镇马脑村人。以前,冉茂红在国有企业中铁四局三段工程队上班,后来辞职"下海"到云南一家葡萄种植公司打工学艺,成为一名葡萄种植能手。2014 年,冉茂红返乡创业,流转土地 200 亩建葡萄种植基地,成为村里的致富带头人。

2018 年,冉茂红被选派到善港农干院培训学习。回来后,他两次赴本县高峰村有机农业产业园再学习、再实践,着手引进高端葡萄品种"阳光玫瑰"等,发展智能连栋温室大棚,扩大名优葡萄种植面积。为了带动更多人致富,冉茂红牵头成立了"马脑山种养业农民专业合作社"。这两年,冉茂红的葡萄园产业带动了全村贫困户 140 户脱贫。贫困户通过土地流转、基地务工和资产收益分红等多个渠道,实现了增收脱贫。

四、建立稳定的"市对市"协作培育关系

东西部协作贫困村创业致富带头人培育"善港模式",是由苏州市及张家港市与铜仁市及各县(区)携手共同打造的,是东西部"两个积极性"共同发挥的结果。苏州市及张家港市负责办好善港村培训基地,提供优质培训资源、经验借鉴和参观现场等,并采取东西部协作方式给予铜仁市各县(区)人才培育资金支持。铜仁市及各县(区)负责择优选派贫困村致富带头人学员,并从苏—铜东西部协作资金中安排专门经费,用于学员在善港农干院参训的培训费用支出。铜仁市扶贫开发领导小组办公室专门制定了《贫困村

创业致富带头人培育三年行动方案（2018—2020年）》，并且每年制定赴善港农干院专题培训班实施方案。仅2019年安排培训计划10个班次，人数1000人，并将计划分解到所属10个县（区），做到培训对象、培训内容、培训要求、经费标准、资金渠道"五个明确"，确保了致富带头人培育工作的计划落实、人员落实、经费落实。

铜仁市所属县（区）扶贫办严把贫困村致富带头人"选人关"，并对参训学员建立管理台账，进行定期回访，了解学员创业现状，引荐专家和技术人员提供技术指导，帮助其解决创业中遇到的实际困难和问题。沿河县扶贫办还出台文件，要求各乡镇（街道）在申报2019年、2020年扶贫产业项目资金计划时，以及在申请扶贫贴息贷款时，优先满足贫困村致富带头人的创业需要，鼓励、支持致富带头人领办、兴办特色种植业、养殖业、民族手工业等扶贫产业，带动贫困村、贫困户脱贫增收。

自2018年5月至2019年底，善港农干院专门为铜仁市所属10个县（区）举办贫困村创业致富带头人培训班共21期，培训学员2057人（表17-1）。这些学员在善港农干院经过10~15天不等的脱产培训，成为当地脱贫攻坚、乡村振兴的骨干力量。

表17-1 善港农干院为铜仁市各县区培训贫困村创业致富带头人情况（2018-2019年）

县（区）	培训学员（人）
碧江区	108
万山区	117
松桃县	249
玉屏县	111
石阡县	255
江口县	114
印江县	248
思南县	250
德江县	246
沿河县	359
合计	2057

◎ 经验启示

本案例讲述的东西部协作培育贫困村创业致富带头人的"善港样本",为我们提供了一些有益的经验与启示。

(1)"两地培训、两育结合",是东西部协作培育贫困村创业致富带头人的一种有效方式。首先是"两地培训"方式,它有利于发挥两个方面的培训优势:一是东部异地培训优势。把西部贫困地区致富带头人送到东部发达地区异地培训,对于学员转变思想观念、开阔创业视野、体验创业氛围、洽谈项目合作、拓展销售市场、接受名师指导、点燃创业激情等,是大有裨益的。二是西部本地培训优势。因为西部各地资源优势不同,传统生产技术习惯不同,特定气候环境条件不同,在东部异地培训基础上,再利用西部当地特色产业项目基地开展本地实训,有利于学员的创业接地气,提高创业成功率。"善港样本"说明,两地培训相结合的方式,比单一的异地培训或单一的当地培训,效果要好得多,学员收益更大。其次是"两育结合",即把创业致富带头人培育与扶贫产业培育有机结合起来。这是一种"以业育人、以人育业"的培育思路。这种培育思路尊重了"人"与"业"相互依存、相互支撑的科学规律,而不是孤立的、空对空地脱离当地产业发展实际,搞"纸上谈兵"或"只说不练"。这正是善港培育模式的可取之处、创新之处。

(2)针对贫困村创业致富带头人特点,科学设置培训课程,改革培训教学方式,是提升培训质量和效果的关键。善港农干院根据西部贫困村创业致富带头人的特点和培训需求,致力于打造"培训内容精准化、培训形式实战化、培训服务规范化、创业指导跟踪化"的培训模式和工作品牌,在教学内容、培训方式、师资力量、精品课件、精品实地考察线路等方面,下了一番功夫,尤其是6个教学板块设计、6种教学方式并举,保证了培训质量和培育效果。

(3)发挥东西部"两地"政府积极性,是建立可持续协作培育的重要保证。采取东西部协作培育创业致富带头人计划,并不是靠援建单位或被援建单位单枪匹马、单打独斗,搞"剃头挑子一头热",它需要结对双方分工明确、各司其职、携手共进。善港模式成功运行的一条重要经验是,发挥"两地"政府积极性，通过双方精诚合作，解决了"带头人怎么选、怎么育，扶贫产业怎么创、怎么支持，经费怎么筹措、怎么落实"等问题。苏州市及张家港市负责办好善港村培训基地，提供优质培训资源、经验借鉴和典型观摩现场等，每年筹措一定数额的东西部协作财政资金（含人才培育资金）支持铜仁市各县（区）。铜仁市及各县（区）负责择优选派贫困村致富带头人学员，并从东西部协作支持资金中安排一笔专门培训经费，用于学员参训的费用支出，以及往返东部培训基地的交通费用；同时，还专项安排一定的产业扶持资金支持致富带头人创业扶贫。几年的实践证明，这种分工明确、各司其职的东西部协作培育机制，是切实可行的，也是可持续的。

（4）关键在于有一位坚定践行"先富帮后富"理念、矢志扶贫事业的领头人。东西部协作贫困村创业致富带头人培育"善港模式"的打造者、实践者，是张家港市善港村党委书记、全国农业劳动模范、2018年全国脱贫攻坚奖创新奖获得者葛剑锋。葛剑锋本身就是发达地区农村基层的一位致富带头人，是他率领善港村的党员干部和全体村民奋斗近10年，打了一个漂亮的翻身仗，使善港村由一个穷村一跃成为苏南地区闻名的先富村。脱贫攻坚战打响后，葛剑锋积极响应党中央"先富帮后富、携手奔小康"的号召，本着强烈的社会责任感和大爱情怀，决心把善港村的"成功秘诀"与西部贫困地区共同分享。葛剑锋深知"扶贫必先扶志""治贫必先治愚"的道理，他提出以善港村为依托建立"善港农村干部学院"，面向西部地区开展贫困创业致富带头人培训，让来自贫困地区的参训学员分享善港村、张家港市和苏南地区改革开放、乡村振兴的先进经验。在与高峰村"村对村"结对帮扶中，葛剑锋亲任驻村帮扶总指挥，每年数次千里迢迢赴高峰村访贫问苦、落实项目、坐镇指挥、推进共建。这几年，由于过度劳累，葛剑锋患上了尿毒症，每周要做两次透析。但他从未退却，仍坚持抱病扶贫、无怨无悔，马不停蹄地奔波在东西部协作脱贫攻坚第一线。葛剑锋的最大心愿是：带领善港人通过东西部协作，为西部贫困地区的脱贫致富、乡村振兴贡献一分力量。

案例编写：谭诗斌

专题十八：扶残助困

身残志坚的脱贫致富带头人
—— 杨淑亭、陈兹方等残疾人楷模自强不息脱贫带贫的故事

◎ 案例导读

中国政府对农村残疾人扶贫开发和贫困残疾人脱贫奔小康高度重视。习近平总书记强调："2020年全面建成小康社会，残疾人一个也不能少。"① 贫困残疾人特别是重度残疾人，如何在脱贫攻坚中自尊自信、自强自立，勇敢面对生活，挑战生理困难，增强内生动力，依靠自身努力，实现脱贫致富？本案例重点讲述了两位身残志坚的脱贫致富带头人故事，从他们身上，我们可以感受到中华民族自强不息、勤劳勇敢、不懈奋斗的伟大精神在脱贫攻坚中所展现出的强大力量。

◎ 政策安排

2012年1月，国务院办公厅印发《农村残疾人扶贫开发纲要（2011—2020年）》，对10年农村残疾人扶贫开发工作进行全面部署。2015年11月，中共中央、国务院《关于打赢脱贫攻坚战的决定》明确要求："加大贫困残疾人康复工程、特殊教育、技能培训、托养服务实施力度。针对残疾人的特殊困难，全面建立困难残疾人生活补贴和重度残疾人护理补贴制度。对低保

---

① 中华人民共和国国务院新闻办公室. 平等、参与、共享：新中国残疾人权益保障70年白皮书[EB/OL].（2019-07-25）. http://www.scio.gov.cn/zfbps/32832/Document/1660476/1660476.htm.

家庭中的老年人、未成年人、重度残疾人等重点救助对象，提高救助水平，确保基本生活。"2017年9月，中共中央办公厅、国务院办公厅《关于支持深度贫困地区脱贫攻坚实施意见》对"解决因残致贫问题"作出重要部署，出台系列政策。

为贯彻落实中央决策部署，2016年12月，中国残联、国务院扶贫办等26个部门印发《贫困残疾人脱贫攻坚行动计划（2016—2020年）》，提出了10项贫困残疾人精准脱贫专项行动。2018年1月，中国残联、国家发改委等15个部门出台《关于扶持残疾人自主就业创业的意见》，促进残疾人自主就业创业，加快推进残疾人脱贫奔小康进程。2019年4月，民政部、国务院扶贫办等5部门印发《关于在脱贫攻坚中做好贫困重度残疾人照护服务工作的通知》。2020年5月，中国残联、国务院扶贫办等5部门下发《关于扎实做好疫情防控常态化背景下残疾人基本民生保障工作的指导意见》，要求克服疫情影响，采取有效措施，确保贫困残疾人实现精准脱贫目标。

从国家政策安排可看出，解决"因残致贫"问题，实现贫困残疾人精准脱贫，除了在基本民生、生活保障、康复照护、精神关爱等方面加大帮扶力度以外，还要在扶志扶智、自强自立、激发内生动力、鼓励自主创业、实行助残就业等方面，给予政策倾斜支持，引导和鼓励有行为能力的残疾人坚定脱贫信心，走自强自立、勤劳致富的路子。

◎ 创新实践

这里重点讲述的是两位身残志坚的脱贫致富带头人故事：高位截瘫的苗家姑娘杨淑亭和天生无臂的土家族青年陈兹方。同时，扼要介绍了部分残疾人楷模自强不息、脱贫带贫的先进事迹。

一、轮椅上的"扶贫花仙子"杨淑亭[①]

1991年，杨淑亭出生在国家级贫困县湖南省城步苗族自治县的一个贫穷落后的小山村——白毛坪乡歌舞村。她的父母是普普通通的农民。初中毕业后，杨淑亭进入邵阳医学专科学校学习护理。2009年，18岁的她成为一名护

---
① 杨淑亭的故事根据人民网、中国残联官网、友成基金会网站、湖南日报等相关报道编写。

士。2011年4月的某一天,一场突如其来的车祸,改变了杨淑亭的一切。她胸椎爆裂性骨折,高位截瘫。医生植入了9颗钢钉和2块钢板勉强将杨淑亭的胸背支撑住,她的生命得以挽回,但从此无法站立行走了。家里为给杨淑亭治伤欠下27万元外债。就在杨淑亭一家深陷绝境的时候,亲友乡邻、政府部门伸出了援助之手。杨淑亭一家被确定为建档立卡贫困户,基本生活从此有了些许保障。这些点滴温暖,慢慢地唤起了杨淑亭对生活的勇气,给了她坚强活下去、靠奋斗养活自己的决心。

(一)淘到7.7元"第一桶金",点燃了追求梦想的希望

在受伤一年半之后,杨淑亭在朋友的帮助下,接触到了互联网。通过网络,她看到许多身处逆境、追逐梦想的残疾人,他们身残志坚,不言放弃,重塑精彩人生的感人事迹,这深深地打动了她。一次偶然的机会,杨淑亭接触到了淘宝。靠着一台电脑做游戏代练,一个月时间她赚到了身残后的第一笔收入——7.7元钱。就是这微不足道的7.7元钱,让杨淑亭重新点燃了希望之火,让她意识到坐在轮椅上同样可以创造价值。

此后,杨淑亭在网上做游戏代练,做淘宝客服,开服装网店,就这样一分一毛地积累、一点一滴地钻研。通过残疾人网友群,杨淑亭了解到残疾朋友大多求职无门、生活堪忧。她和残疾朋友分享自己的经验,约200名残疾朋友在她的带领下,每月可实现收入1000～3000元。

2014年,她通过互联网看到仿真花在国内外市场热销,便和残疾人朋友一起开了一家仿真花工艺品淘宝店。她没日没夜地经营小店,一笔一笔地还清了家里为自己治伤所欠下的债务。

(二)兴办仿真花合作社,带领贫困乡亲增收脱贫

仿真花工艺品淘宝店生意红火,让杨淑亭敏锐地捕捉到了商机。她决定在家乡自产仿真花。2015年5月,杨淑亭在白毛坪乡歌舞村办起了城步"万红花卉专业合作社",把加工厂开在了自己家里,同时将脱贫攻坚的触角延伸到每位贫困社员的家里。合作社只生产和提供仿真花半成品,这样可使用大量劳动力将半成品拼接为成品,由合作社统一回收销售。她与周边农户(贫困户)签订合作协议,采取"合作社+贫困户"的带贫模式,让乡亲们在自己家里就可以上班，按件计酬，多劳多得。2015年，参加合作社的农户家家收入超过万元。杨淑亭也获得了一定的创业回报，她主动向村干部提出申请，摘掉了自家贫困户的帽子。

白毛坪乡歌舞村的李红贞是建档立卡贫困户。李红贞的丈夫患有老年痴呆症，家里离不开人。如今，李红贞在家中一边照料丈夫，一边组装仿真花。只要给"万红花卉合作社"打一个电话，工作人员就将半成品花送上门，让李红贞组装制作，在家中上岗就业。李红贞干活麻利，每天干完农活、做完家务后，可以拼装仿真花成品200多枝，一天能挣几十上百元钱，一个月能挣2000多元。在白毛坪乡，像李红贞这样的贫困户在家加工仿真花卉的就有200多户。

从2016年起，杨淑亭在城步县的儒林镇、白毛坪乡、兰蓉乡等乡镇设置了22个仿真花组装点，兴办了3个扶贫车间，吸纳贫困户优先到车间工作。合作社共带动380多贫困户劳动力、59名残疾人和700多户农民参与仿真花卉组装，人均月收入可达2000元至4000元。他们生产的百合、蝴蝶兰和绣球花三大系列仿真花栩栩如生，千姿百态，远销匈牙利、奥地利、俄罗斯以及东南亚国家。看着乡亲们的一张张笑脸，杨淑亭更加坚定了带领大家勤劳致富的决心。

（三）创业滚雪球，热心公益感恩社会

2016年12月，杨淑亭在城步县城创办了"湖南七七科技股份有限公司"，主要生产仿真花、箱包等外销产品。公司取名"七七"字号，是为了纪念当初那让她重拾希望的7.7元。

为了获得更多的出口订单，杨淑亭坐着轮椅到全国各地跑客户，参加一年一度的中国进出口商品交易会、上海国际工艺品展览会，广州、上海、西安、南京、青岛等城市，都留下了她执着的身影。医生曾反复交代她，"坐"不能超过3个小时，否则可能引发感染和并发症。然而，她克服了人们难以想象的困难，挑战生理极限，时常一连十几个小时坐高铁、汽车跑客户，拜访名师名家。她靠着一股子韧劲，付出了超出常人的努力，同员工们一道携手奋斗，使得公司业务一天天"滚雪球"式地好了起来，产品质量不断提升，出口订单不断扩大。截至2019年，七七科技公司累计出口创汇超800万美元。

事业成功后，杨淑亭念念不忘自己最困难的时候，朴实善良的乡亲们和当地政府给予她的温暖和帮扶。她开设的仿真花组装点和扶贫车间，为留守姐妹、建档立卡贫困户和残疾朋友，提供了就近就业的好门路。儒林镇塔溪村的彭石成，妻子患尿毒症，治病花了几十万元，孩子正上学。杨淑亭聘用彭石成为七七科技公司员工，每月给他保底工资2000元，给他安排相对灵活的工作时间，让他既能照顾妻子，又能拿到薪酬。丹口镇边溪村的唐圣华是箱包师傅，在外地工作多年。自从老母亲摔伤，这个离异家庭陷入困境。要照顾老母亲和读小学的儿子，他无法外出打工。杨淑亭聘用他做七七科技公司技术总监，每月可拿到6000多元的薪酬，每年还有业绩分红。儒林镇的肖明辉，患有先天性小儿麻痹症，40多岁仍打着光棍，家有70多岁的老母亲，全家靠他卖点小菜维持生计。杨淑亭的七七公司给了肖明辉就业机会，要他装背包拉链，每个月能挣2000多元。

2017年7月，城步县发生百年一遇的特大洪灾，尽管自己的公司也遭受了重大损失，她仍然带领员工冒雨驱车前往受灾最严重的白毛坪乡，将价值近2万元的被褥、衣物和食品送到灾民手中。几年来，她资助4名贫困学生上学，关爱留守儿童500余人，关爱孤寡老人200余人，累计公益捐款金额达20多万元。

杨淑亭以"小四轮上的花仙子"为网名，在淘宝直播间大力推介城步苗乡的特色农产品：牛奶、百花蜜、红薯干、竹笋、七彩椒等。在"快手"平台，拥有37万名粉丝的杨淑亭特别受欢迎，引来网友纷纷点赞和下单。"小四轮上的花仙子"正在成为互联网直播间里自强自立和脱贫致富的代名词。

创业以来，杨淑亭和公司得到了党和政府，以及全社会的关心和认可，获得了很多成绩和荣誉：七七科技公司荣获"全国残疾人之家"荣誉称号；杨淑亭2019年被评为"全国自强助残模范"，同年荣获"全国脱贫攻坚奖奋进奖"。2019年5月16日，杨淑亭应邀参加了第六次全国自强模范暨助残先进表彰大会。在人民大会堂，她受到习近平总书记的亲切会见。

在鲜花和荣誉纷至沓来的时候，杨淑亭时刻提醒自己要"不忘初心"，用脚踏实地的创业实绩和大爱情怀,来感恩乡亲,回报社会,扶助和带领更多的贫困农户和残疾人脱贫致富。

二、用双脚书写精彩人生的陈兹方①

在鄂西恩施土家族苗族自治州巴东县水布垭镇鞍场村,有这样一户建档立卡贫困户:户主陈兹方,31岁,天生无双臂,重度残疾;母亲鲁冬月,70岁,体弱多病,已丧失劳动能力。或许人们认为,如此深度的贫困户,只有靠政府保障政策兜底才能实现脱贫。然而,身残志坚的陈兹方并没有听天由命、等靠政府。他与命运抗争,突破生理缺陷,用双脚书写自强不息的精彩人生,走出了一条自立脱贫、先富帮后富的创业扶贫之路。陈兹方一家于2018年实现精准脱贫,并通过"陈兹方铺子"网店开展电商扶贫,带动本地140多户贫困户增收脱贫。他本人2017年荣获湖北青年五四奖章,2018年荣获湖北省劳动模范称号。2020年11月24日,被表彰为2020年全国劳动模范。

(一)从小立志挑战不可能

陈兹方命运多舛,1989年3月出生时没有双臂;不满1岁时,父亲病故,母亲独自抚养他和12岁的哥哥陈兹阶;4岁时他才艰难地站立起来,蹒跚学步;5岁时被人拐骗,胁迫他利用生理缺陷在城里乞讨,流落街头达两年;7岁那年,母亲费尽周折终于找回失踪两年的儿子。

眼看到了上学年龄,无臂无手的陈兹方决心学会自己洗澡穿衣、如厕系裤等基本技能。这对于四肢健全的儿童来说是轻而易举的事情,但对于陈兹方来说像登天一样难。经过日复一日、年复一年的苦练,陈兹方不仅学会了用双脚洗澡穿衣、如厕系裤,而且还能用脚趾持笔写字、画画。9岁那年,母亲多次带他到附近小学报名。一开始,学校颇感为难。后来,陈兹方当着老师们的面,演示了用脚穿衣、喝水、写字、画画等,老师们都被感动了。1998年9月,陈兹方终于踏进了学校大门。

2004年9月,陈兹方进入巴东县水布垭镇杨柳池民族中学念初中。由于他无法独立地自理寄宿生生活,每天上学需徒步往返20多公里,故念完初一

---

① 陈兹方的故事在实地调研基础上撰写,实地调研组成员有邹德文、谭诗斌、鲁长安、魏长仙。

以后就被迫中断学业。辍学后的陈兹方，开始很自卑、苦闷。但看到母亲日夜操劳、苦苦支撑全家生计的身影，陈兹方决心"以脚代手"挑战不可能，苦练基本生存技能，努力使自己成为一个能自食其力的人，以减轻母亲负担，改变家庭生活。经过长年累月的练习，他学会用双脚扫地、切菜、做饭、砍柴、喂猪、挖土豆、上山采药等，他的腿脚训练得跟普通人手臂一样灵活。

2008年，19岁的陈兹方初涉创业，发展养猪，但由于当年生猪行情下滑，亏了4000多元。2009年，陈兹方买了一只母羊，经过两年繁殖和精心喂养，山羊累计增加到了20只，年出栏山羊10余只，给家里带来了一些收入。陈兹方终于尝到了双脚创业、补贴家用的甜头。

2014年，陈兹方家被评为建档立卡贫困户。村里有人"劝导"陈兹方："你天生无臂无手，又是建档立卡低保贫困户，生活困难就直接躺在政府门口，等着救济得了，何必自己养猪养羊的，折腾遭罪、自讨苦吃？"对此，陈兹方的回答是："命运虽然夺去了我的双臂，但我还有双脚，有脚就有路；我决不能躺在政府身上等着救济过日子，要靠自身努力自食其力、改变命运，做一个对家庭、对社会有用的人。"

（二）双脚踏进电商互联网

一天，哥哥陈兹阶打工回来送给他一部智能手机，从此陈兹方能看到外面的世界了。他摸索着学会用脚趾操作手机、打字、上网，获取山外信息和商机，琢磨"生财之道"。

陈兹方家乡巴东县，地处武陵山腹地，盛产土豆、腊肉、茶叶、苞谷酒等富硒山货。作为国家贫困县和省级深度贫困县，由于山高路险，交通不便，农民们的山货很难运出山外变现增收。陈兹方萌生了开网店的念头，试图把乡亲们的土特产收购上来，放在网上卖。

政府对残疾人创业脱贫十分支持。2016年9月，陈兹方参加了县残联举办的电商培训班。县残联专门为他"量身定制"了适宜双脚操作的电脑桌椅。从没接触过电脑的陈兹方，经过半个多月的培训和刻苦练习，双脚十趾并用，熟练地敲击键盘，每分钟能打80多个字，并初步学到了网店营销的基本知识。

2016年10月，当地政府免费为陈兹方在集镇上提供了一个门面，相关部门资助了电脑和办公设施,陈兹方淘宝网店"陈兹方铺子"正式开张了。网店"试水"3个月,"陈兹方铺子"销售土鸡蛋、土豆、腊肉、橙子、苞谷酒等土特产,当年实现销售额12万元。2017年初,在当地政府、县扶贫办、县残联和中央定点扶贫单位国家电网公司支持下,"陈兹方铺子"在交通便利的巴东县野三关镇开设了新的店铺。这一年,网店销售额达到120万元,纯利润6万多元,陈兹方一举成为本地贫困残疾人的创业脱贫先锋。

2018年,他到武汉、杭州等地考察学习后,开始涉足新媒体,在"今日头条""百家号"等平台上注册认证。陈兹方用双脚自拍自剪,编发一些贴近山区农民生产生活的短视频,让更多粉丝、客户能直观地了解家乡特色产业发展和原生态土特产品,从而提高了家乡农特产品的知名度,扩大了"陈兹方铺子"的销售量。仅"今日头条",陈兹方的粉丝就达到36万多。线上销售渠道的拓展,带来了销售业绩的大幅上升,2018—2019年实现销售额705万元。

(三)率先脱贫倾情帮扶穷乡亲

2018年初,作为深度贫困户的陈兹方一家实现了精准脱贫目标,他主动向村委会提出退出低保,把低保指标让给更需要的困难农户。脱贫后的陈兹方,把主要精力放在"陈兹方铺子"打理上。他的想法是,争取把更多农户特别是贫困户生产出来的农副土特产品销售出去,帮助贫困户、残疾人增加现金收入,早日脱贫致富。

他牵头成立了"巴东县陈兹方生态农业专业合作社",采取"互联网+合作社+农户(贫困户)"的产业扶贫方式,与本县水布垭、野三关、清太坪等乡镇的260多户农户(其中贫困户140多户)建立了较稳定的产销合作关系。进村入户收购农产品,实行优惠价格并采取现钱现货交易方式,从不"打白条",让贫困农民有实实在在的增收获得感。2017年以来,"陈兹方铺子"共为当地农户、贫困户销售土豆364吨、橙子290吨、苞谷酒77.3吨、腊肉8.3吨、其他土特产品5.7吨。

2018年7月,水布垭镇鞍场村贫困户杨继汉的1500多公斤土豆滞销,陈兹方听说后,便来到他家,把3000多元现金送上门,将其滞销的土豆全部收购。2019年初，生猪行情不好，清太坪镇青果山村贫困户田从兴的3头肥猪屠宰后，腌制成200多公斤腊肉没法销出，陈兹方得知后，翻山越岭赶到田从兴家，采取自媒体视频直播方式，只花了3个小时就义务帮其销售完毕。清太坪镇石坪庄村贫困户董兴海，在驻村工作队支持下，兴办了一个加工苞谷酒的"董氏酒厂"，陈兹方与他建立起稳定的产销合作关系。2018年以来帮其销售苞谷酒2万多公斤，解决了董兴海的销售难题。

随着"陈兹方铺子"影响的扩大，一些外省外地有困难的贫困残疾人找到陈兹方，有的登门请教，有的远程求助，陈兹方总是一一应允，热情相助。2020年7月下旬，重庆市万州区双河口街学堂湾社区贫困残疾人陈琼，家里梨园的梨子滞销，几千公斤雪梨眼看要烂在地里，她通过微信向陈兹方求援。陈兹方闻讯而动，冒着酷暑乘车辗转300多公里来到万州。在39℃高温下，采取梨园基地自媒体视频直播方式，一周时间帮陈琼销售雪梨3000多公斤，助其获销售收入2.4万元。

专栏18-1　帮助贫困户酒厂解决销售难题促其增收脱贫

巴东县清太坪镇石坪庄村建档立卡贫困户董兴海，1971年1月出生，全家4口人。董兴海本人患肺气肿和腰椎间盘突出，妻子患Ⅱ型糖尿病，女儿大学在读，儿子上职高，属典型的因病、因学致贫贫困户。

董兴海夫妇勤劳苦干，会一手传统的土家族苞谷酒酿造技术。在驻村工作队的支持下，董兴海一家探索发展"玉米种植—玉米酿酒—酒糟喂猪"循环经济。2016—2017年，先后获村镇银行小额贷款15万元和扶贫贴息小额贷款5万元，办起了一个小型的苞谷酒厂（注册为"巴东县董氏酒厂"），年酿酒2万公斤，可加工转化当地农民种植的玉米4万公斤。"董氏酒厂"生产的苞谷酒，主要靠周边农民购买消费，销量十分有限。

为了解决苞谷酒销售难题，2018年初，董兴海的帮扶责任人——巴东县宣传部部长贾继建联系到陈兹方，促成"陈兹方铺子"与"董氏酒厂"建立起稳定的产销合作关系。两年多来，"陈兹方铺子"线上线下销售"董

> 氏酒厂"苞谷酒 2 万多公斤，使董兴海累计获得销售收入 20 多万元，帮助该贫困户实现稳定增收、脱贫发展。

（四）激发内生动力的鲜活标杆

陈兹方身残志坚、自立创业、用双脚书写脱贫致富精彩人生的事迹，在巴东县乃至恩施州引起较大社会反响，成为激励贫困群众和残疾人自强不息、向上向善的鲜活典型和身边标杆。

2018 以来，巴东县组织开展了一系列扶贫扶志巡回演讲活动，用身边人、身边事教育广大贫困群众，激发内生动力。陈兹方应邀参加了 60 多场次公益演讲，到场听众累计达到 2 万多人次。凡亲耳听到陈兹方的励志演讲，亲眼看见他用双脚演示劳动技能的贫困群众、残疾人等，都无不为之惊叹和感动。不少贫困群众发自内心地说："陈兹方无臂无手、不等不靠，克服了常人无法想象的困难，成为脱贫先锋和创业致富带头人；我们有脚有手、四肢健全，更应靠自身努力和辛勤劳动来养活家庭、贡献社会！"

"榜样的力量是无穷的。"脱贫攻坚期间，巴东县涌现出了一批类似陈兹方身残志坚、自强自立、勤劳致富的"群英"。如艰苦创业发展规模养猪的贫困户"轮椅猪倌"黄超；组织贫困户抱团开发烟叶基地的"拐杖"致富带头人徐泽龙；创办合作社带动贫困户养牛增收的肢残"牛老板"向家洪；带领本村贫困群众发展中蜂养殖、与脑梗抗争的贫困户李红平等。如今，巴东县在推进脱贫攻坚与乡村振兴有效衔接中，弘扬艰苦奋斗精神、崇尚劳动光荣的时代新风尚正在逐步形成。

三、一批自强不息的残疾人脱贫攻坚楷模[①]

脱贫攻坚以来，我国基层涌现出一批自强不息、勤劳奋斗的最美残疾人，成为带领贫困人口和残疾人自强自立、脱贫致富的楷模。他们当中有一批人获得 2016—2019 年全国脱贫攻坚奖，如黄勇、李娟、刘斌、刘入源等。

黄勇，2016 年全国脱贫攻坚奖奋进奖获得者。安徽省潜山县残疾人创业

---
① 黄勇、李娟、刘斌、刘入源等全国脱贫攻坚奖获得者的事迹摘自国务院扶贫办网站。

者。黄勇从小患有血友病,但他从不向命运低头,不断与死神和病痛抗争,以超常的毅力摆脱贫困。他因病辍学在家,从零开始学习电脑知识,克服种种困难在淘宝开网店,靠着他的勤奋和执着,9 年后成为销售双皇冠,销售额突破 300 万元,从公司的一个无名小辈成为销售业绩第一人。事业取得成功之后,他怀揣感恩之心,把自己的经验毫不保留地传授给 20 余名建档立卡贫困户,为数百名残疾人免费进行电子商务培训,帮他们获得谋生能力,摆脱贫困。

李娟,2017 年全国脱贫攻坚奖奋进奖获得者。安徽省砀山县唐寨镇唐寨村农民。李娟重度瘫痪,体重仅 25 公斤。23 岁时,她被确诊为脊髓性空洞症,全身除脖子以上可以有限活动,其他部位处于只有知觉而无力量的状态。身残志坚的她,依靠政府的支持帮助和自己的努力,抓住电商发展机遇,用嘴咬着触控笔,在手机上进行电商销售,不仅解决了自家卖水果的难题,还帮助村里的贫困户销售酥梨 4 万余公斤,实现了稳定脱贫。现在,她成了远近闻名的"电商 CEO",带领更多的贫困残疾人走上脱贫之路。

刘斌,2019 年全国脱贫攻坚奖奋进奖获得者。陕西省咸阳市淳化县马家镇桥上村村民。刘斌的父亲身患"布鲁菌病",丧失劳动能力;母亲聋哑,是一级残疾。2003 年,23 岁的刘斌在打工时不幸被棉花打包机轧断了双臂,成为"无臂青年",妻子弃他而去。他没有被生活的不幸打倒,带着幼子回到老家淳化,从练习吃饭、上厕所开始,坚强面对生活。2015 年,他学会操作笔记本电脑和用嘴使用智能手机开网店,当年收入超过 2 万元,顺利实现脱贫。2017 年,他发起成立淳化博涛养殖专业合作社,吸纳 6 户村民(3 户贫困户)入股,每年户均分红 1000 余元。目前,刘斌经营的合作社 10 栋羊舍正在建设中,建成后养殖规模可达到 2000 只左右,将带动 100 余户贫困户脱贫。

刘入源,2019 年全国脱贫攻坚奖奋进奖获得者。广西壮族自治区玉林市博白县桂源农牧有限公司总经理。刘入源 16 岁时因一场意外失去了右手掌,曾一度痛不欲生。2009 年,他用家里仅有的 3.5 万元积蓄买了 30 只母羊和 1 只公羊,因经验不足,赔了个精光。但他并没有被困难吓倒,四处学技术,又借了几万元购买了31只羊。他反复钻研，大大地提高了幼羊成活率。不到两年，羊群发展到近1000只。他成立的广西博白县桂源农牧有限公司是广西最早集山羊科研、科普、繁育于一体的农牧公司之一，年产值过千万元。他参与探索出"自主经营""托管代养""入股分红"三大产业扶贫模式，带领370多户建档立卡贫困户通过养羊走上了脱贫致富道路，带动了全县29个贫困村脱贫。

◎ **经验启示**

杨淑亭、陈兹方等残疾人楷模身残志坚、自强自立、脱贫致富的故事，给予我们一些启示。

（1）实现贫困残疾人精准脱贫，既需要加大兜底保障力度，同时也需要扶贫扶志、激发内生动力，鼓励自主创业就业。不少贫困残疾人尚有一定的劳动能力，自立脱贫的潜能较大。不能把贫困残疾人精准脱贫的出路，完全寄希望于政府兜底保障上。除了在基本民生、生活保障、康复照护、精神关爱等方面加大帮扶力度以外，还要在扶志扶智、激发内生动力、参与产业发展、鼓励自主创业、实行助残就业等方面给予支持和帮助，引导和鼓励残疾人坚定脱贫信心，走自强自立、勤劳致富、自主创业就业的路子。据《人民日报》2020年9月7日报道，2019年全国残疾人减贫120万人，其中有很大一部分残疾人是通过自主创业就业实现脱贫的。

专栏18-2　2019年残疾人减贫120万人[①]

为了帮助残疾人多渠道就业，中国残联联合国家发改委等15部门印发了《关于扶持残疾人自主就业创业的意见》，明确了20多项促进残疾人自主就业创业、脱贫解困的扶持政策。目前，全国共有残疾人就业服务机构2800余家，工作人员约1.5万人，500家国家级残疾人职业培训基地，350家省级残疾人职业培训基地。开网店、做客服、写编程、当咖啡师、

---

① 易舒冉. 去年残疾人减贫一百二十万 [N]. 人民日报，2020-09-07（13）.

> 做美编……越来越多的残疾人通过多种形式就业，增加家庭收入，重拾生活信心。
>
> 截至2019年底，全国城乡持证残疾人就业人数为855.2万人，新增残疾人就业人数达30万人以上。其中按比例就业74.9万人，集中就业29.1万人，个体就业64.2万人，公益性岗位就业14.4万人，辅助性就业14.3万人，灵活就业（含社区、居家就业）228.2万人，从事农业种养加430.1万人。与此同时，建档立卡贫困残疾人的数量从建档立卡以来的700多万人减少到了2019年底的48万人，仅2019年就净减少120万人。

（2）电子商务的迅猛发展和政府的政策性支持，为众多残疾人依托互联网创业就业提供了良好契机和发展空间。中国是全球第一大网络零售国。据国家统计局电子商务交易平台调查显示，2019年全国电子商务交易额为34.81万亿元，比上年增长6.7%；其中实物商品网上零售额8.52万亿元，占社会消费品零售总额的比重为20.7%。电子商务网络营销的最大特点之一是，买卖双方通过互联网，可以不谋面地进行各种商贸活动，包括网上购物、网上交易、在线电子支付等。这样一种新型的商业运营模式，为众多残疾人参与电子商务网络营销的创业就业活动，提供了良好契机和发展空间。残疾人尤其是肢体残疾人，由于生理缺陷限制了其空间上远距离移动；而网络经济和电子商务等新业态的出现，则可使残疾人"足不出户"地依托互联网进行创业就业。本案例中的杨淑亭、陈兹方以及黄勇、李娟等重度残疾人，都是通过互联网经济走上了网络营销、电商扶贫创业之路。在脱贫攻坚中，中国政府对农村残疾人依托互联网开展创业就业活动，提供了积极的政策性支持，包括实行免费培训、提供贴息贷款、减免税收，以及给予电商扶贫项目支持等，从而有效激发了残疾人的创业热情和发展动力。

（3）脱贫攻坚中涌现出的一大批身残志坚残疾人楷模，在激发贫困人口内生动力方面具有很强的感染力和示范效应。残疾人在精神、生理、人体结构上，因某种组织、功能丧失或障碍，从而丧失或部分丧失从事某种活动的能力。他们每干一件事或干成一件事，都要付出比健全人更多、更大的艰苦努力，克服更多、更大的困难障碍。像杨淑亭、陈兹方、黄勇、李娟、刘斌、刘入源等重度残疾人，其脱贫之路、创业之路走得十分艰辛，事迹十分感人。也正因如此，他们身上体现出的自强不息、奋斗不止的精神品质，更难能可贵，更具有感染力，在激发贫困人口内生动力方面，能够起到常人起不到的特殊感召、教化和示范带动作用。

（4）人的潜能是无限的，勇于挑战命运和生理极限，有志者事竟成。面对残疾厄运降临的时候，人们有两种选择，或选择放弃、听天由命，或选择奋斗、挑战命运。对于类似杨淑亭、陈兹方这样的重度残疾人来说，如果他们选择自我放弃，依靠政府兜底保障政策来维持生计、达标脱贫，没有人会去指责他们。但是他们不愿向命运低头，勇于挑战自我生理极限，充分挖掘和发挥自己的潜能，变不可能为可能。他们凭着永不言弃的信念和超乎常人的毅力，走上了不等不靠、自强自立的创业之路，在挑战命运的不懈奋斗中重拾生活信心，在脱贫攻坚中书写美丽精彩人生。

案例编写：谭诗斌

专题十九：激发内生动力

等不是办法　干才有希望
——云南省西畴县弘扬"西畴精神"治石治贫战胜绝对贫困*

◎ 案例导读

岩溶地区石漠化，是喀斯特山区的灾害之源、贫困之因、落后之根。中国石漠化地区分布涉及217个国家贫困县（其中石漠化较严重的特困片区县146个），占国家贫困县总数的26.1%；石漠化地区贫困人口占全国贫困人口约40%。①石漠化地区贫困县如何发扬"不等不靠、苦干实干"奋斗精神，坚持治石与治贫相结合，打赢脱贫攻坚战？本案例讲述了云南省文山壮族苗族自治州西畴县，在长期治石治贫的艰苦斗争中，铸成"等不是办法，干才有希望"的"西畴精神"，为全县综合治理石漠化、打赢脱贫攻坚战提供了强大精神动力，为全国石漠化贫困地区治石治贫提供了一个成功样本。

◎ 政策安排

中国政府历来重视石漠化地区的生态修复和贫困治理。《中国农村扶贫开发纲要（2011—2020年）》要求："在贫困地区继续实施退耕还林、退牧还草、水土保持、天然林保护、防护林体系建设和石漠化、荒漠化治理等重

---

* 本案例系作者在实地调研基础上原创撰写，文中涉及西畴县的相关数据由西畴县相关部门提供。
① 数据引自国家发展改革委等4部门发布的《岩溶地区石漠化综合治理工程"十三五"建设规划》。

点生态修复工程。"2015年11月，中共中央、国务院出台《关于打赢脱贫攻坚战的决定》，进一步强调："国家实施的退耕还林还草、天然林保护、防护林建设、石漠化治理、防沙治沙、湿地保护与恢复、坡耕地综合整治、退牧还草、水生态治理等重大生态工程，在项目和资金安排上进一步向贫困地区倾斜，提高贫困人口参与度和受益水平。"2016年3月，国家发展改革委会等4部门发布了《岩溶地区石漠化综合治理工程"十三五"建设规划》。2018年1月，国家发展改革委员会等6部门共同制定《生态扶贫工作方案》，要求"坚持'治石与治贫'相结合，重点支持滇桂黔石漠化区、滇西边境山区、乌蒙山区和武陵山区等贫困地区146个重点县的石漠化治理工程"。

石漠化地区的治石治贫是一项庞大系统工程。实施这项工程，不能仅仅依赖于国家治理工程项目安排和财政资金支持，也不可试图在较短时间内速战速决、毕其功于一役。它需要石漠化地区广大干部群众激发内生动力，不等不靠、苦干实干；需要数代人秉承"绳锯木断、滴水穿石"的精神而不懈努力、持续奋斗。

◎ 创新实践

云南省文山壮族苗族自治州西畴县，地处云南东南部边陲，区域面积1506平方公里，辖9个乡镇、69个行政村、1774个村民小组，总人口26.63万人，人口密度高达每平方公里176.8人。西畴县位于滇桂黔石漠化片区的核心区，裸露、半裸露的岩溶山区面积达1135平方公里，占区域面积的75.4%，曾被外国地质专家称为"基本失去人类生存条件的地方"。早在1986年，西畴就被认定为国家级贫困县。1990年，全县处在温饱线下的贫困人口占总人口的87.3%。缺粮、缺钱、缺水、缺电、缺路、缺燃料和上学难、看病难、行路难、饮水难等"六缺四难"现象比较普遍，贫穷、落后是西畴的代名词。2014年，全县农村建档立卡贫困人口3.8万人，贫困发生率为16.6%；贫困村62个，占行政村总数的90%。

一、"西畴精神"在长期治石治贫实践中孕育形成

面对极端恶劣的立地条件和生存环境，西畴人民没有怨天尤人，没有坐

等受穷。在国家公共财力支持有限的情况下，他们不等不靠、众志成城，凭着比石头还硬的坚强意志，数十年与石漠化抗争，向贫困宣战。从20世纪50—60年代开始，在治石治贫的长期斗争中，孕育和铸成了"等不是办法，干才有希望"的"西畴精神"，涌现出了一批批可歌可泣的"时代新愚公"。

——西洒镇龙泉村刘家塘村民小组，四面环山，地势低洼。"圆筒式"地形使村民出村要翻山越岭；一到雨季，山洪淹渍所有农田。为了解决内涝和出行难问题，1964年，村上的刘学金、刘学成2位共产党员率领24名青壮劳力投工投劳，日夜不停三班轮换，历时6年之久，投工5万多个，硬是靠人工在岩石中一锤一钎地凿通了一条长300米的隧洞，打通了出村道路和排涝通道，村民自豪称其为"胜天洞"。

——蚌谷乡木者村，乱石丛生，地无尺平，辛勤劳作一年，"石旮旯地"里刨不出几粒粮食。1990年冬天，木者村300多名村民群众动员起来，发出了"苦熬不如苦干，等不是办法、干才有希望"的呐喊，点燃了炸石造地的第一炮。他们用铁锤砸、炮杆撬、人工搬、双手扒，坚持苦战105天，把原来"跑土、跑水、跑肥"的40多公顷"石旮旯地"，垒成了"保土、保水、保肥"的"三保"台地。当年种上杂交玉米，产量是以前的4倍，一举甩掉了吃粮靠救济的"口袋村"帽子。木者村自此一举被誉为云南省扶贫攻坚"西畴精神"的发源地。

——鸡街乡肖家塘自然村，大山阻隔，道路不通，原本居住在村里的12户人家，有8户相继外迁。2006年，村里共产党员侯寿高与另外3户村民签盟立誓，在没有一分钱的外来资金情况下，决意自己动手修路。四户人家倾尽财力，断断续续自筹修路资金12万多元。他们早上8点出工，晚上7点收工，每天挖山不止，奋战6年之久，硬是在大山深处、悬崖陡壁上，凿通了一条5公里长的进村沙石公路。

——西洒镇岩头村民小组，15户人家居住在悬崖峭壁上，山高坡陡路不通，村民出行十分艰难。2002年，共产党员、村民组长李华明率15户村民立下誓言，自筹资金、自投劳工，决心修通"最后一公里"通村公路。他们完全靠铁锤、钢钎和双手，一锤一锤地敲，一錾一錾地凿，一石一石地垒。

村民们持续苦干12年,终于用双手修通了进村公路,使岩头村走上了脱贫之路。李华明也因此获得2019年全国脱贫攻坚奖奋进奖。

在西畴县,一代代淳朴坚毅的农民"新愚公",他们不等不靠、自强不息、开山辟路、治石治贫、永不放弃,用勤劳双手和钢铁脊梁续写了一个个真实感人的故事,铸就了可歌可泣、感天动地的"西畴精神"。

专栏 19-1 "西畴精神"发端于20世纪50年代

"西畴精神"形成于20世纪90年代,但发端可追溯到50年代。1955年9月,毛泽东主席对中共西畴县委关于西畴县东升农业生产合作社整顿工作经验材料《一个混乱的合作社整顿好了》作出重要批示:"这个材料指出了一个真理,就是任何情况混乱的合作社,都是可以整理的。……得不到党的领导,当然就要混乱。领导一加上去,混乱就会立刻停止。"

自此,西畴县各族人民从骨子里、血脉中融入了坚定听党话、坚决跟党走和艰苦奋斗、治石治贫的意志与决心。加强党对农村工作的领导,成为西畴县推进社会主义建设事业的一条根本经验。

二、"西畴精神"在脱贫攻坚中发扬光大

西畴作为国家重点贫困县、滇桂黔石漠化片区特困县,面临的脱贫攻坚目标任务是:到2020年以前,确保全县3.8万农村建档立卡贫困人口全部脱贫,62个贫困村全部出列,实现全县整体脱贫、贫困县"摘帽"。

为打赢脱贫攻坚战,中共西畴县委、西畴县人民政府出台了《关于弘扬"西畴精神"决战脱贫攻坚的决定》,制定了《弘扬"西畴精神"聚力脱贫攻坚推动跨越发展专项规划》,坚定践行习近平总书记关于"幸福都是奋斗出来的""好日子是干出来的"重要思想,让"等不是办法,干才有希望"的"西畴精神",成为防治"等、靠、要"顽疾的一味良药,为决战决胜脱贫攻坚提供自强不息、不懈奋斗的精神动力源。

西畴人民群众在"西畴精神"的激励下，缺粮食，炸石造地；路不通，劈山开道；没水饮，"一条龙"治水；没植被，封山造林；没柴烧，建沼气池……从"八七"扶贫攻坚到脱贫攻坚，年复一年地埋头苦干、创新实干，破解了长期困扰人民群众生存与发展的众多难题，走出了一条治石与治贫相结合的脱贫路子。

（1）炸石造地改田，破解群众吃饭难题。全县借鉴木者村的做法，持续对"石旮旯地"实施炸石造地和中低产田改造，累计建成"三保"台地7000多公顷，有效解决了农民群众吃饭问题。有人估算，西畴县人民炸石搬石造地，垒成的石埂加起来长达5万多公里，可绕地球赤道一周以上。

（2）内力外力结合，破解农村行路难题。"要想富，先修路"。但在悬崖峭壁、高山沟壑的恶劣条件下，修通全县村组公路谈何容易！政府补助资金有限，基础工程仍需村民们投工投劳。西畴县因势利导，依托胜天洞、肖家塘、岩头村等"西畴精神"现场教学基地，组织干部群众实地参观学习"当代愚公"先进典型，激发内生动力，增强群众投工投劳的主体性、能动性。县政府出台了村组公路硬化建设补助办法，每公里7万~10万元。2007—2018年，全县投入财政补助资金2亿元，带动群众自筹资金和投工投劳7亿余元，通过内力外力相结合，实现全县行政村通公路率和硬化率100%，村民小组通公路率100%和路面硬化率99%。

（3）"一条龙"治水，破解农村饮水用水难题。西畴县境内山大石多，溶洞密布，漏斗成群，地表不易涵水。面对缺水难题，西畴人迎难而上，千方百计地寻找水源，年复一年地打水井、建水窖、修水库、砌沟渠。在长期实践中，逐步探索了适应石漠化山区"引水、建水、蓄水、管水、活水"的"一条龙"治水模式。全县建成总库容1203万立方米的重点水源工程16项，实现农村集中供水率和自来水普及率79%；建成"五小水利"工程4.5万余件，新增和改善灌溉面积10.9万亩，有效解决了农村13.4万人饮水困难和全民安全饮水问题。

（4）"六子登科"综合施策，破解石漠化治理难题。西畴县创造性地探索出了"六子登科"综合治理模式，石漠化综合治理面积达到279平方公里。①山顶"戴帽子"。采取封山育林、植树造林、发展农村替代能源等措施，恢复森林植被，改善生态环境。累计造林3.3万公顷、封山育林5.8万公顷、退耕还林5133公顷，使全县森林覆盖率达到53.3%，提高了28个百分点。②山腰"系带子"。对山坡上耕作条件差的"石旮旯地"进行退耕还林，大力发展核桃、油茶等特色经济林产业，为农民建起"绿色银行"。③山脚"搭台子"。大力实施"坡改梯"，将山脚部分有改造条件的缓坡地和"石旮旯地"，通过砌石坎和回填土壤，建成"保土、保水、保肥"三保台地，改善耕地条件。④平地"铺毯子"。加强土地整治，实施中低产田地改造和高稳产农田建设，新建引水渠、拦沙坝等水利设施，增加灌溉面积。累计实施中低产田改造、土地整理1.63万公顷，新增耕地600多公顷。⑤农户"建池子"。大力推广小水窖、沼气池，实施节能改灶，安装太阳能，累计建成小水窖4.3万口、沼气池4.36万口。农民们改变了千年来上山砍柴、樵薪做饭的传统，保护了植被生态。⑥村庄"移位子"。对居住在生存条件恶劣和生态环境脆弱地方的村子和农户，有计划地实施生态移民、易地扶贫搬迁。全县累计实施生态移民扶贫搬迁2014户、7866人。西畴县的"六子登科"石漠化综合治理模式，为滇桂黔石漠化片区治石治贫提供了示范样本。

专栏19-2　治石治贫换新颜，"三光"村变"三来"村

西畴县兴街乡三光村，石漠化贫困极为严重，因"山上树砍光、水土流失光、年轻姑娘跑光"而得名。自2016年脱贫攻坚以来，西畴县在三光村片区推广"六子登科"治石治贫综合治理，共封山育林1133公顷，荒山造林120公顷，退耕还林36.5公顷，建"三保"台地307公顷，发展猕猴桃等高效经济林基地287公顷，兴建蓄水池31口，修主干公路13.5公里，并完成了移民搬迁、危房改造和村庄人居环境整治。

如今的三光村，已变成"山顶绿起来、肥土留下来、姑娘嫁进来"的"三来"村。2018年，该村摘掉了贫困村帽子，138户贫困户全部脱了贫。2018年5月，全国滇桂黔石漠化片区区域发展与扶贫攻坚现场推进会在

> 云南省文山壮族苗族自治州召开，三光村被确定为会议参观现场，其治石与治贫相结合的石漠化综合治理经验，受到与会代表好评。

（5）多业并举产业扶贫，破解贫困农民增收难题。西畴根据本县资源特点、市场需求和农民种植传统，采取"一村一品、多业并举"思路推进扶贫产业发展。到2019年，全县共发展核桃1.25万公顷、中药材5467公顷、八角5333公顷、蔬菜5000公顷、水果1667公顷；年出栏生猪46万头、乌骨鸡60万羽；建立各类专业合作社340多家。特色支柱产业的逐步形成和新型农业经营主体的大量涌现，为贫困农民增收提供了产业支撑，使西畴群众结束了长期以来"有粮吃、无钱花"的局面。

三、扶志扶智激发贫困人口内生动力

在脱贫攻坚中，如何弘扬"西畴精神"激发贫困人口内生动力，让其主要依靠辛勤劳动来摆脱贫困？西畴县的做法是：

（1）唱响"西畴精神"，让不等不靠、勤劳致富入脑入心。全县69个行政村都设立了"西畴精神讲习所"，开展常态化讲习活动。县里组成18支讲师队伍，定期深入各村讲习所，开展扶贫思想、扶贫政策、道德法制、"西畴精神"等为主要内容的讲习活动，为脱贫攻坚提供精神动力。尤其组织一批"西畴精神"的"活愚公"、亲历者到基层巡回宣讲，用身边人身边事教育身边群众，大大提振了基层干部和贫困群众的"精气神"，帮助贫困人口树立不等不靠、苦干实干、勤劳致富的信念和决心。

（2）完善参与式产业带贫机制，让贫困人口参与产业项目，靠劳动增收脱贫。西畴县采取政策激励和招投标方式，挑选了62个新型经营主体与5245户贫困户建立利益联结机制。采取基地务工、技术服务、产品销售、土地流转、分户承包等参与式产业带贫机制，让有劳动能力的贫困户通过参与产业项目生产劳动获得收益。如三光村贫困户钟先稳，向龙头企业文山浩弘农业开发公司流转土地9.5亩，年收入7600元；每年在基地打工200天以上，年收入16000多元；仅这两项年净收入23600元以上，全家一举脱贫。

> 专栏 19-3　残疾人贫困户符松林一家靠种菇增收脱贫

蚌谷乡龙正村采取"公司+合作社+农户"方式，带动 10 多户贫困户参与棚栽巴西菇产业。该村贫困户符松林一家 6 口人（1 个老母亲、5 个弟兄），5 弟兄均为四级智残和光棍，全家人生活来源主要靠"吃低保"。在驻村工作队帮助和专业合作社带动下，符松林弟兄 2018 年承包了一个大棚种巴西菇，自己动手种植、管理、采摘，当年收入 2 万多元。尝到甜头后，符松林弟兄几人的积极性被调动起来了，2019 年承包两个大棚，扩大了生产规模，一家人靠劳动种菇脱贫。

（3）广开就业门路，发展劳务经济增收并减少资源环境压力。西畴县作为石漠化生态脆弱地区，人口密度大，人多地少的矛盾十分突出，发展劳务经济是重要出路之一。西畴县采取劳务输出、扶贫车间、设公益岗位等多种途径，广开就业门路，实施就业扶贫。县、乡、村三级建立就业服务平台共 79 个，提高就业组织化程度。实施技能免费培训，累计培训建档立卡贫困户劳动力 19978 人次，共帮助 13200 多名贫困劳动力从事劳务经济，占贫困劳动力总数的 67%。全县共设立公益护林员岗位 1037 个；兴建扶贫车间 22 个和产业基地，吸纳贫困户劳动力 2084 人就业。创新"五分钱"工程，激励和吸纳 1469 个弱能贫困劳动力担任村保洁员，在家门口就业增收。

> 专栏 19-4　西畴县"五分钱"保洁劳务扶贫工程

西畴县在贫困村推行"五分钱"工程，基本运作方式是：村民小组召开村民会议形成村规民约，由村民自觉每人每天筹集 5 分钱（即每人每年 18 元），作为村小组聘请公共卫生保洁员（优先安排贫困户劳动力）的劳动报酬。县政府采取以奖代补方式，对开展"五分钱"工程的村小组给予财政资金奖励；奖励标准为 30 户以下村小组 200 元／月，30～50 户村小组 300 元／月，50 户以上村小组 300 元／月，奖励资金全部用于保洁员的劳动报酬。

> "五分钱"工程打破了单一由政府出资支付村组保洁员劳务工资的做法,体现了村民自治和村民群众共同参与,同时也是对"简单给钱给物"扶贫方式的改革,激励贫困人口靠劳动增收。2018年,西畴县财政共为1461个村小组的贫困户劳动力保洁员兑现"五分钱"工程奖补资金536.52万元,帮助贫困户劳动力在家门口实现就业,户均年增收约4000元。

(4)重视兴教扶智,阻断贫困代际传递。2014年以来,西畴县累计投入13.44亿元,新建和改扩建校舍15万平方米,使全县80所义务教育学校办学条件全部达标。对建档立卡贫困户子女实施学前教育至高中阶段教育资助政策全覆盖,确保精准资助、一个不漏。建立教育精准扶贫"一户一策""一生一策"跟踪管理责任制,全力做好控辍保学工作,建档立卡贫困户子女九年义务教育入学率达到100%,辍学率为零。

(5)创办"幸福超市",促进勤劳致富和乡风文明建设。"幸福超市"由村"两委"和驻村工作队管理,实行积分兑换制运行。积分采取建档立卡贫困户和一般农户差异化考核评定。对贫困户的考核积分主要包括以下激励性内容:劳务输出、产业发展、公益岗位劳动、子女义务教育、参加培训学习、家庭环境卫生、移风易俗、遵纪守法等。积分每个季度汇总核定一次。受助对象凭积分卡,按1分1元到村"幸福超市"兑换所需物品。"幸福超市"物资来源于民政救助、驻村帮扶单位干部职工、爱心企业、社会组织和爱心人士捐赠。自"幸福超市"开业以来,已覆盖全县50个行政村,有5580户贫困户通过劳动积分在"幸福超市"受益,对激发贫困群众内生动力、提升乡风文明水平起到了积极推动作用。

四、治石治贫脱贫攻坚取得历史性成就

在"西畴精神"激励下,到2019年底,西畴县脱贫攻坚累计减贫9881户37177人,贫困发生率降至0.12%;62个贫困村全部实现脱贫出列。贫困村的道路、水利、电力、通信、教育、医疗卫生等各项基础设施和基本公共服务体系建设逐步完善,人居环境、村容村貌明显改观,为实施乡村振兴打

下了坚实基础。经第三方评估和上级抽查，2019年4月，云南省人民政府批准和宣布，西畴县摘掉贫困县帽子，实现了消除绝对贫困的历史壮举。

西畴县以脱贫攻坚统揽经济社会发展全局，推动了县域经济加快发展。2019年与2013年相比，全县地区生产总值由22.32亿元增加到50.24亿元，年均增长14.5%；农民人均可支配收入由5124元增加到10565元，年均增长12.8%；分别比云南省同期年均增幅高出2.4个百分点和1.2个百分点。

经过数十年的不懈努力，西畴县石漠化趋势不仅得到有效控制，而且面积在减少，程度在减轻。全县石漠化面积减少了1/4，森林覆盖率由25.2%提高到53.3%。全县植被恢复、生态修复、水土保持成效显著，"石漠区变绿洲、旮旯地变良田"正在逐步成为现实。

◎ **经验启示**

西畴县人民在脱贫攻坚中，弘扬"等不是办法，干才有希望"的"西畴精神"，在石漠化极为严重的艰苦条件下，不等不靠、苦干实干、凝心聚力、治石治贫，战胜千百年的绝对贫困，打赢脱贫攻坚战，给予我们一些有益经验和启示。

（1）打赢脱贫攻坚战，改变贫困地区面貌，不能仅仅依赖于物质投入力量，更重要的是需要凝聚起精神力量。"人无精神则不立，国无精神则不强。"西畴县案例告诉我们，治理石漠化地区的贫困顽疾，怨天尤人、无所事事不行；企图"短平快"、毕其功于一役也不行；两眼向上"等靠要"、仅仅依赖于物质投入更不行。它需要贫困地区广大干部群众弘扬中华民族自强不息的奋斗精神，不等不靠、脚踏实地、苦干实干；需要数代人秉承"绳锯木断、滴水穿石"的坚定信念，久久为功、持之以恒、砥砺前行。西畴县人民在长期治石治贫的艰苦斗争中，铸成的"等不是办法，干才有希望"的"西畴精神"，是弘扬伟大中国精神的一个缩影，它为全县治理石漠化贫困提供了强大精神动力，成为打赢脱贫攻坚战、消除绝对贫困的制胜法宝。

（2）激发内生动力不是一句空洞的口号，最终落脚点是"干"。习近平总书记多次强调："好日子是干出来的。脱贫致富终究要靠贫困群众用自己的辛勤劳动来实现。"①"西畴精神"的基本要义就是"干",它体现了习近平总书记重要论述的思想精髓。在新时代脱贫攻坚背景下,"西畴精神"内涵进一步丰富,被诠释为苦干、实干、加油干、科学干、创新干、党员干部带头干。有了这"六干",激发干部群众内生动力就不是一句空话套话,就有了实实在在落脚点,就能落实到实干兴邦、励精图治、勤劳致富的自觉行动上来。

（3）用身边人、身边事"现身说法"十分管用。脱贫攻坚战打响以来,文山壮族苗族自治州及所属西畴县,对20世纪90年代形成的"西畴精神"重新进行了阐释和提炼;对进入新世纪以来特别是党的十八以来涌现出的一批新典型、"新愚公",进行了系统总结和发掘,推出一批"立得住、叫得响、可复制"优秀典型。为了发挥榜样的标杆作用,西畴县采取专题博物展览、巡回报告演讲、基层社区讲习、现场实景观摩、媒体广泛宣传等多种形式,大力营造弘扬自力更生、艰苦奋斗精神的浓郁社会氛围。尤其是用身边的人、身边的事,由一批"新愚公"现身说法,深刻影响和教育了身边的群众,大大提振了广大干部群众与石漠化抗争、与贫困抗争、决战脱贫攻坚的"精气神"。

（4）激励贫困人口勤劳增收,需在改进扶贫方式和创新益贫机制方面下功夫。公共扶贫政策的设计与实施,应尽量避免受益者产生"逆向选择"或福利依赖的道德风险。西畴县的做法是,对于有劳动能力的贫困人口,不搞简单地给钱给物或政策性固定分红,而是采取以工代赈、生产奖补、劳务补助等政策激励方式,动员和引导贫困群众积极参与产业项目劳动,以及从事公益劳务就业等,并实行"有劳有得、多劳多得"。同时,创新推出积分制"幸福超市""五分钱"劳务扶贫工程等,把扶贫方式改进与乡风文明建设有机结合起来,建立起引导贫困人口依靠自己双手勤劳致富的激励机制,使激发内生动力能行远、可持续。

案例编写：谭诗斌

---

① 在中央扶贫开发工作会议上的讲话（2015年11月27日）[M]//中共中央文献研究室.习近平关于社会主义经济论述摘编.北京：中央文献出版社.2017：230.

专题二十：精神扶贫

五扶并举拔穷根　精神扶贫显成效
——贵州省龙里县冠山街道平西村"五扶法"

◎ **案例导读**

扶贫先扶志，扶贫必扶智。古人云，有志者事竟成。要从根本上摆脱贫困，必须实施"志智双扶"，激发贫困群众活力，树立脱贫志向，从根本上铲除滋生贫穷的土壤。如何激励贫困群众志气，从"智志"入手，扶起他们的脱贫志向、挺起他们脱贫的腰板，做到既提高贫困群众致富的能力，又坚定他们的信心，鼓舞他们的斗志，增强"自我造血"功能。本案例讲述的贵州省龙里县冠山街道平西村精神扶贫"五扶法"的故事，从基层实践层面回答了这一问题。

◎ **政策安排**

十九大报告提出，坚持大扶贫格局，注重扶贫同扶志、扶智相结合。扶志就是扶思想、扶观念、扶信心，帮助贫困群众树立起摆脱困境的斗志和勇气；扶智就是扶知识、扶技术、扶思路，帮助和指导贫困群众提升脱贫致富的综合素质。

2015年11月，中共中央、国务院颁布《关于打赢脱贫攻坚战的决定》指出，大力弘扬中华民族自强不息、扶贫济困传统美德，振奋贫困地区广大干部群众精神，坚定改变贫困落后面貌的信心和决心，凝聚全党全社会扶贫开发强大合力。倡导现代文明理念和生活方式，改变落后风俗习惯，善于发挥乡规民约在扶贫济困中的积极作用，激发贫困群众脱贫热情。

2018年6月，中共中央、国务院关于《打赢脱贫攻坚战三年行动的指导意见》要求加强教育引导，开展扶志教育活动，创办脱贫攻坚"农民夜校""讲习所"等，加强思想、文化、道德、法律、感恩教育，弘扬自尊、自爱、自强精神，防止政策养懒汉、助长不劳而获和"等、靠、要"等不良习气。

2018年10月，国务院扶贫办、中央组织部、中央宣传部、中央文明办、国家发展改革委、公安部、司法部、财政部、水利部、农业农村部、文化和旅游部、国家卫生健康委、国家医疗保障局出台《关于开展扶贫扶志行动的意见》，要求开展扶志教育，组织贫困群众认真学习习近平总书记关于扶贫工作的重要论述，加强思想、文化、道德、法律、感恩教育，大力弘扬"脱贫攻坚是干出来的""幸福是奋斗出来的""滴水穿石""弱鸟先飞""自力更生"等精神，帮助贫困群众摆脱思想贫困、树立主体意识；加强技能培训，围绕贫困群众发展产业和就业需要，组织贫困家庭劳动力开展实用技术和劳动技能培训，确保每一个有培训意愿的贫困人口都能得到有针对性的培训，增强脱贫致富本领；提升乡风文明水平，持之以恒推进农村精神文明建设，着力培育文明乡风、良好家风、淳朴民风。

2018年11月，贵州省扶贫开发领导小组办公室印发《关于注重扶贫同扶志、扶智相结合大力开展精神扶贫的实施意见》，要求为消除精神贫困创造充分的物质条件，将扶贫与扶志、扶智相结合，帮助贫困群众树立起摆脱困境的斗志和勇气；强化典型示范，激发贫困群众改变自身贫困现状的强烈愿望和信心；加强精神文明建设，树立乡村文明和谐新风尚新气象新画卷和促进基本公共文化服务均等化，打破文化贫困困境。

◎ 创新实践

贫困群众是脱贫攻坚的主体，如何扶起他们的脱贫志向、挺起他们脱贫的腰板，激发出持久的脱贫致富动力，这对乡村基层组织的治理能力和实践智慧是一个考验和挑战。在这方面，贵州省人民政府发展研究中心驻黔南布依族苗族自治州龙里县同步小康工作队，敢为人先、大胆创新、因地制宜，首创精神扶贫"五扶法"，为贫困地区作出了示范，提供了实践借鉴。2018年5月29日，全国政协副主席刘奇葆到龙里县冠山街道平西村调研脱贫攻坚时指出："平西村'五扶法'思路清晰，有特色、有亮点，探索出了脱贫攻坚好做法、好经验。"随同调研的贵州省政协主席刘晓凯指出："五扶法"抓住了当前脱贫攻坚的重点，可行、可信，是脱贫攻坚的一种创新。山西、广东、吉林等省的考察团，先后到平西村现场考察、观摩、学习"五扶法"。

一、"五扶法"的提出

贵州省龙里县冠山街道平西村，山深坡陡，条件恶劣，基础设施薄弱，生产水平落后，农民群众生活困难，是全县脱贫攻坚难啃的一块"硬骨头"。

2016年初，贵州省人民政府发展研究中心驻龙里县同步小康工作队驻村干部与村组干部在开展脱贫攻坚过程中，遇到了三个难题：一是有的贫困群众缺志气、缺信心，脱贫致富的内生动力不足；二是有的贫困群众存在"哭穷要帽""等、靠、要"思想，自力更生、艰苦奋斗意识不强，苦干实干的干劲不足；三是有的贫困群众观念落后、道德迷失，不赡养老人。

如何克服这三个难题，帮助贫困群众提高认识、更新观念、自立自强，唤起他们的脱贫斗志和决心？在农村土生土长的贵州省人民政府发展研究中心派驻龙里县冠山街道平西村第一书记曹泽祥，凭着自己对农村情况的熟悉，对农民生活的了解，以及长期从事乡村工作的经验积累，在龙里县冠山街道和平西村"两委"的支持下，通过探索与实践，原创性地提出了精神扶贫"五扶法"。

二、"五扶法"的具体做法

（1）扶文化增志。针对部分贫困群众还存在"缺志气、缺信心"等两缺问题，平西村通过感恩教育、典型引领、政策宣讲、文化宣传等方式激励引导贫困群众增强勤劳致富的志气，树立脱贫致富的坚定信心和决心。一是唱"布依山歌"，唱出贫困群众脱贫致富的志气。采取驻村工作队主办、社会联办、群众自办等方式，平西村把党的十九大精神、扶贫政策、农业知识、勤劳致富典型和好逸恶劳反面典型编制成歌曲《党的政策暖心窝》《党的政策引领奔小康》《平西山村谢党恩》《十谢共产党》，歌舞《2018小康年》《美酒敬亲人》，小品《精准扶贫到我家》《懒汉变形记》等文艺节目，组建"感恩奋进·同步小康"文艺队，在节日、田间地头、农户家中表演，让广大群众在观看中了解并领会党的十九大精神，形成勤劳致富光荣、好吃懒做可耻的良好氛围，进一步增强贫困群众自力更生、艰苦奋斗的志气。二是绘"勤画"，绘出贫困群众脱贫致富的底气。充分挖掘浓郁、古朴、纯真的布依族风情，修建布依文化长廊，向群众讲述危房改造、易地扶贫搬迁、产业发展等政策，并向群众展示布依族祖先勤劳、善良、勇敢的优良传统，增强群众脱贫致富的底气，激发群众战胜贫困的内生动力。三是讲"孝事"，讲出贫困群众孝敬老人的风气。由驻村干部、群众代表、老党员等组成孝文化宣传队，打好"孝"字牌，深入村民家中，讲说"周仲由百里负米""江革行佣供母""吴猛恣蚊饱血""董永卖身葬父""汉文帝亲尝汤药"等典故，用"孝"文化感召群众念好"仁、义、礼、孝、信"五字诀，形成赡养老人、抚育儿女的良好氛围。

（2）扶教育增智。贫困村在教育方面还存在很大差距，针对这一问题，平西村通过扶思路、扶见识、扶技术，帮助和指导贫困群众着力提升脱贫致富的综合素质和本领，增强"造血"功能。一是扶思路，为贫困群众发展指明方向。围绕龙里县种植型、养殖型、服务型产业发展等关键环节，设置课程，编发实用技术资料，利用新时代农民讲习所对贫困群众进行讲习，不断拓宽贫困群众发展产业的思路。二是扶见识，拓宽贫困群众发家致富眼界视野。组织贫困群众到贵州省安顺市西秀区大坝村和平坝区塘约村考察学习，让贫困群众在大坝村"公司＋合作社＋农户"的组织模式中，见识现代产业组织模式的好处。在塘约村"村社合一"模式中，见识抱团发展的效果，拓宽了群众眼界视野。三是扶技术，增强贫困群众脱贫致富的本领。组织贫困群众到贵州颐光公司平西油茶种植基地学习香猪、跑山鸡、高山杜鹃、艳红桃、樱桃、枇杷等种养殖技术，让贫困群众在地头劳动中增长技术本领。

（3）扶观念增劲。针对贫困群众存在"等、靠、要"思想这一难题，着重根除贫困群众中消极落后的思想观念，树立不等不靠不要、勤劳致富价值观，激发他们苦干实干、追求美好生活的干劲。一是重讲习、促传播，让贫困群众树立感恩奋进的奋斗精神。结合贫困户信息核查走访行动，将新时代农民讲习所搬到"村头院落""田间地头"，通过与贫困群众面对面拉家常，用老百姓听得懂、记得住的语言，有针对性地将产业扶贫政策、种养殖知识等同群众密切相关的内容宣传到组到户到人。同时，向群众宣讲焦裕禄、文朝荣先进事迹，用焦裕禄、文朝荣精神启发人、教育人、激励人，帮助群众树立勤劳致富观。二是重规范、抓引导，让贫困群众树立自力更生的文明观。制定"五不五树立"责任清单，引导贫困群众不违约违法，树立遵规守法观；不种植低效作物，树立种植高效作物的生产观；不打骂老人，树立正确的道德观；不损害公共基础设施，树立正确的社会观；不等不靠不要、树立勤劳致富观。把贫困群众"要我脱贫"的思想观念转变为"我要脱贫"的思想观念上来。三是重访谈、促转变，让贫困群众树立勤劳致富的发展观。运用群众会、院坝会、入户访谈等方式，走访贫困户、低保户、危房户、重病户、残疾人户、无劳动力户、产业发展户，谈扶贫政策、谈贫困户识别、谈贫困户退出、谈帮扶措施、谈帮扶成效、谈村民自治、谈家乡发展变化的"七必访七必谈"，培养群众"自强不息、感恩奋进"的积极思想观念。在春节期间通过开展"感党恩、送春联、党的声音进万家"免费赠春联活动，将党的方针政策元素融入进来，寄新观念于春联，倒逼贫困群众摒弃"等、靠、要"的消极思想，激发改变贫困面貌的干劲和决心。

（4）扶机制增治。针对贫困村自治机制缺失这一问题，平西村聚焦脱贫攻坚和乡村振兴，积极推动乡村治理机制实践创新，提升贫困村自治水平。一是探索建立党建扶贫新机制。修改完善贫困村"三会一课"制度、"两学一做"学习教育常态化制度化实施方案，制定贫困村"磁铁"行动方案和村支部、村委会、驻村工作组责任清单，推进学习教育常态化制度化。通过开展"支部带动、增强凝聚力，党群互动、扩大向心力，产村联动、激活生产力，村企推动、提升竞争力"，形成了党建扶贫"四力模式"，发挥了村党支部刚性约束、正向驱动、服务延伸、干部带头的职能作用，推进了贫困村党建工作提质增效。二是探索建立村民自治理事机制。在自然村寨由村民自主推选有威望、公道正派的老党员、老村干、老教师等自然村寨中有公心的能人组成自治理事会，在村"两委"的领导下，帮助群众发展生产，化解矛盾，丰富拓展自我发展功能，进一步激发贫困群众干事创业的活力。三是探索建立"评懒"机制。对不愿参加生产劳动、不愿外出务工、长期酗酒、好吃懒做的建档立卡贫困户，列入"懒"的行列，在村寨醒目位置设置黑榜进行曝光亮丑，增强贫困群众荣辱观。

（5）扶产业增效。针对贫困村产业薄弱、带贫能力弱这一难题，平西村形成了《龙头企业＋合作社＋农户的组织方式是推动农村产业革命的关键要素》《发展壮大龙头企业充分发挥带动作用》《完善提升专业合作社切实强化组织联结作用》《进一步激发广大农户的内生动力》《加快推广"龙头企业＋合作社＋农户"的组织方式》等理论文章，这些研究是探索创新的提升，为驻村工作提供了指导和帮助，让贫困群众在学习理论知识中转变思想观念，抛弃传统落后生产方式。一是选择产业，优化组织方式，做实思想引导。请贵州省农科院专家对贫困村土壤、温度、湿度等种植因素进行检测，并结合传统农作物种植情况，选择了刺梨、辣椒、菊花等高效农业品种作为贫困户种植型产业。针对农民增收办法不多的实际，驻村工作队通过引进金银花、食用菌等项目，采取"龙头企业＋合作社＋农户"的方式组织开展刺梨、辣椒、菊花等高效农业种植。请省、州、县农业专家亲临田间地头进行技术指导培训，积极引导农民转变传统的种植模式，大力发展刺梨套种辣椒、菊花套种芍药等经济农作物产业，让产业项目覆盖所有贫困户。二是完善利益联结，强化产销对接，确保贫困群众的利益不受损失。在建成的刺梨、辣椒、菊花等种植基地，制定利益联结机制，明确规定公司股份、村委会与合作社股份、农户股份，公司流转土地费作为首次保底分红资金，每年盈利按股份进行分红。并对接贵州恒力源天然生物科技公司、贵州昌哥食品公司、贵龙中药材公司对群众种植的刺梨、辣椒、菊花、芍药等农产品及时收购，让群众在家门口就能享受产业带来的"红利"，拓宽致富门路，做到每户贫困户至少有1个致富增收项目。大力推行利益固定分成、入股分红、定价收购等多种利益联结模式，让贫困群众在参与中"长志长智长技"。三是村企合作、群众参与，大力调整农业产业结构。帮助群众流转土地给龙头企业，集中种植刺梨套种辣椒、菊花套种芍药，建起蔬菜大棚。农户除利用土地入股分红外，还可以参加基地务工获取报酬。四是村社合一，发展壮大村级经济，确保贫困群众可持续发展。帮助成立平西村股份经济合作社，支部引领，打造专业合作社组织文明链；点面一体，打造专业合作社产业文明链；注重市场，打造专业合作社产销文明链；多元一体，打造专业合作社利益文明链；文明实践，打造专业合作社服务文明链。抓住基层党组织和新时代文明实践发挥作用的"切入点"，找准农村党建工作与产业发展的"结合点"，增强了农村基层党组织功能，推动了产业发展。五是协调民间资本，发展壮大龙头企业，培育致富能手。加大农业龙头企业、致富能手培育。协调贵州颐光公司在平西村投资200万元，建成香猪养殖基地，养殖香猪，种植高山杜鹃、果树。引进贵州中康中药材有限公司在平西村流转土地种植菊花，培育致富能手。

三、"五扶法"的成效

2016年以来，平西村运用"五扶法"，以问题为导向，以补短板为重点，对贫困人口采取了一系列有针对性的精准扶贫措施，脱贫攻坚取得了实实在在的成效。

针对"贫困群众缺志气、缺信心"等两缺问题，平西村"感恩奋进·同步小康"文艺队把十九大精神编制成布依歌舞，在节日、田间地头、农户家中表演26场次。修建文化长廊60米，绘制墙绘700多平方米，以绘制的"布依文化长廊"为中心，向群众讲述危房改造、易地扶贫搬迁、产业发展等政策3600人次，并向群众展示布依族祖先勤劳、善良、勇敢的优良传统。用"孝"文化感召群众，扶文化增强了群众脱贫致富的底气，激发了群众战胜贫困的内生动力。

⌐ 专栏20-1　运用"五扶法"成果有针对性地形成赡、养、扶文化的良好氛围 ¬

> 平西村西联八组年过70岁的莫连模老夫妇长期无人赡养，居住的木瓦房房顶漏雨。老人膝下3个儿子，大儿子莫付民和小儿子莫付发居住较远。夫妇二人希望能与居住较近的二儿子莫付光居住，可二儿子莫付光是贫困户，脱贫致富的信心不足，没有能力赡养他们，莫连模夫妇与3

> 个儿子形成了"持久战"。一次雨后家中进水，莫连模夫妇找到村委会痛哭流涕，驻村干部、村组干部把3个儿子集中在一起，讲刺梨、菊花先建后补政策，讲刺梨、菊花种植技术；带他们到"布依文化长廊"前，向他们讲述布依族祖先勤劳、善良、勇敢的优良传统，并与他们讲说"周仲由百里负米""江革行佣供母""吴猛恣蚊饱血"等典故。在多次劝解，多次做莫连模及3个儿子的思想工作后，莫连模的小儿子莫付发将老夫妇俩接到家居住，大儿子莫付民和二儿子莫付光每月付莫连模夫妇300元生活费，老人老有所养的问题终于得到解决。

针对贫困群众文化水平较低、种养殖技术缺乏等实际，龙里县围绕种植业、养殖业、服务业编制3000份教材发放到人，通过新时代农民讲习所，打造种养殖传习基地，为贫困群众扶思路、扶见识、扶技术，帮助和指导贫困群众提升脱贫致富的综合素质和本领。2016年以来，共举办油茶、茶叶、果树、菊花、蔬菜等种植技术培训51次，养牛、养猪、养鸡等技术培训45次。通过技术培训，贫困群众的种养殖技术水平大幅度提高，"造血"功能增强。

针对贫困群众存在"等、靠、要"思想这一问题，制定"五不五树立"责任清单，着重根除贫困群众中消极落后的思想观念，树立不等不靠不要、勤劳致富价值观，激发他们苦干实干、追求美好生活的干劲。贫困群众自觉开展"比宣传发动、树生态文明观，比志愿服务、树互帮互助观，比整治效果、树爱护环境观，比群众干劲、树环境整治榜样"的"四比四树"人居环境整治大比武活动。2019年，全村520户村民集资30余万元，投工投劳2550人次，建设庭院1200平方米、挡土墙3500米，修建水井5口、山塘1个。

针对平西村自治机制缺失这一问题，聚焦脱贫攻坚和乡村振兴，在9个自然村寨由村民自主推选有威望、公道正派的老党员、老村干、老教师等自然村寨中有公心的能人组成理事会，在村"两委"的领导下，帮助群众发展生产，化解矛盾，丰富拓展自我发展功能，进一步激发贫困群众干事创业的活力。对不愿参加生产劳动、不愿外出务工、长期酗酒、好吃懒做的13户建档立卡贫困户，列入"懒"的行列，在村寨醒目位置设置黑榜进行曝光亮丑，增强贫困群众荣辱观。制定平西文明促进条约，规定酒席只办红白喜事，酒席规模不超过30桌，每桌饭菜不超过150元，礼金每户不超过100元，酒席不上烟酒，拒绝酗酒赌博，取而代之的是亲戚朋友唱歌跳舞，有效破除了喝酒打牌、大操大办、铺张浪费的陋习，形成了遵守村规民约、移风易俗的良好氛围，群众诚信友善文明观逐步形成。

针对平西村产业薄弱、带贫能力弱这一问题，优化组织方式、做实思想引导，完善利益联结，强化产销对接，确保贫困群众的利益不受损失。大力发展壮大村级经济，确保贫困群众可持续发展。协调民间资本，发展壮大龙头企业，培育致富能手。让贫困群众在学习理论知识中转变思想观念，抛弃传统落后生产方式。

专栏20-2 运用"五扶法"成果有针对性地形成产业发展的浓厚氛围

一天，驻村干部到平西村西联二组贫困户陈光钊家走访，看到夫妻两人拉长着脸，一番"追问"后才知道，打工回乡的陈光钊无事可做，正在发愁。驻村干部带领陈光钊到平西村新时代农民讲习所听专家讲果树种植、生态家禽养殖知识，到贵州颐光公司平西油茶种植基地学习果树种植和香猪养殖，陈光钊学到种养殖技术后，种植樱桃、脆红李、枇杷等果树25亩，并套种辣椒25亩，养殖生猪35头。2019年，陈光钊卖猪、卖水果收入11000元。

协调民间资金110万元，帮助张华阳、周兴刚、聂忠华等5户养殖大户发展生猪养殖700多头。动员帮助陈光钊、陈光信、陈明等6户村民种植果树60亩；动员帮助张付炎、陈国龙、张华久等50多户村民种植蔬菜100多亩；动员帮助陈国虎、莫连平、张富生等90户村民种植辣椒110亩，帮助张富信、杨志国等9户村民养山羊60多只。

经过几年的努力，到2019年底，平西村种植蔬菜510亩、黄豆350亩、菊花100亩、果树670亩、油茶170亩、茶叶130亩，养殖生猪3600头、

> 山羊 360 只、鸡 53000 只,全村建档立卡贫困户 91 户 334 人全部脱贫摘帽;全村农民人均可支配收入由 2014 年的 5630 元增加到 2019 年的 12800 元,增长 1.27 倍。

◎ 经验启示

平西村"五扶法",为摆脱思想意识上的贫困提供了有益经验和启示。

(1)以观念转变为导向,扶贫才能传递到心。志不强者智不达。从现实情况看,"靠人救济、等着小康"的情况在脱贫攻坚进程中并不少见。"五扶法"的实践证明,只有以观念转变为导向,扶贫才能真正传递到心,才能激发贫困群众在明志立向中萌生动力,彻底改变"干部在干,贫困户在看"的状况。

(2)以方法改进为杠杆,扶贫才能发动到人。方法对路,事半功倍。一些村组干部在脱贫攻坚工作收效不明显后打起了"退堂鼓",一些村组干部追求短平快的脱贫方式,而这些都导致了脱贫攻坚成果的反复和不扎实。"五扶法"的实践证明,只有以有效的脱贫攻坚方法改进为保障,扶贫才能真正发动到人。

(3)以产业振兴为依托,扶贫才能落到实处。扶贫只谈思想进步,不谈产业振兴,无异于画饼充饥。客观上一些贫困户之所以久扶难富,很大程度上是缺乏产业脱贫的"窍门",不懂发展什么产业、怎么发展产业。只有让贫困群众在产业发展实践中长见识、强本领,才是帮助贫困群众脱贫最直接最有效的办法。

平西村"五扶法"从激发群众内生动力入手,让贫困群众在民族文化的熏陶下增长脱贫致富的底气,在教育培训中增长脱贫致富的智慧,在改变思想观念中增加脱贫致富的门路,在制度机制的约束中树立"我要脱贫"的观念,在产业发展中增加脱贫致富的效果,既"授人以鱼"又"授人以渔",提升了贫困群众战胜贫困的信心和决心。

案例编写:贵州省人民政府发展研究中心课题组

第六篇
全社会动员：构建大扶贫格局

　　坚持社会动员，凝聚各方力量。脱贫攻坚，各方参与是合力。必须坚持充分发挥政府和社会两方面力量作用，构建专项扶贫、行业扶贫、社会扶贫互为补充的大扶贫格局，调动各方面积极性，引领市场、社会协同发力，形成全社会广泛参与脱贫攻坚格局。

——《在打好精准脱贫攻坚战座谈会上的讲话》（2018年2月12日），《习近平扶贫论述摘编》，中央文献出版社2018年版，第107页

　　切实强化社会合力。扶贫开发是全党全社会的共同责任，要动员和凝聚全社会力量广泛参与。要坚持专项扶贫、行业扶贫、社会扶贫等多方力量、多种举措有机结合和互为支撑的"三位一体"大扶贫格局，强化举措，扩大成果。要健全东西部协作、党政机关定点扶贫机制，各部门要积极完成所承担的定点扶贫任务，东部地区要加大对西部地区的帮扶力度，国有企业要承担更多扶贫开发任务。要广泛调动社会各界参与扶贫开发积极性，鼓励、支持、帮助各类非公有制企业、社会组织、个人自愿采取包干方式参与扶贫。

——《在部分省区市扶贫攻坚与"十三五"时期经济社会发展座谈会上的讲话（节选）》（2015年6月18日），《习近平扶贫论述摘编》，中央文献出版社2018年版，第99、100页

专题二十一：东西协作

山海手牵手　荒原变绿洲
——东西部扶贫协作的"闽宁模式"

◎ 案例导读

东西部扶贫协作和对口支援，是推动区域协调发展、协同发展、共同发展的大战略，是加强区域合作、优化产业布局、拓展对内对外开放新空间的大布局，是实现先富帮后富、最终实现共同富裕目标的大举措。24年来，福建、宁夏两省区党委、政府聚焦精准，真抓实干，真帮实扶，有力地促进了宁夏贫困地区特别是西海固地区的经济发展、社会进步和民族团结。山与海相遇，会有怎样的"化学反应"？从"干沙滩"变"金沙滩"，从苦涩荒原到幸福绿洲，这片土地沧桑巨变的奥秘何在？闽宁对口扶贫协作，为这一命题带来新的答案。

◎ 政策安排

1996年7月，国务院办公厅转发国务院扶贫开发领导小组《关于组织经济较发达地区与经济欠发达地区开展扶贫协作的报告》，明确提出扶贫协作要求和任务，确定了对口帮扶关系，9个省（市）和4个计划单列市对口帮扶西部10省（区、市），其中，福建省对口扶贫宁夏回族自治区。

2001年，《中国农村扶贫开发纲要（2001—2010年）》发布，重点指出东西部扶贫协作要"进一步扩大协作规模，提高工作水平，增强帮扶力度"，要"鼓励和引导各种层次、不同形式的民间交流与合作"。2010年，国务院对部分省区市扶贫协作关系进行调整，确定了新的东西部对口扶贫协作关系。2011年5月，中共中央、国务院印发《中国农村扶贫开发纲要（2011—2020年）》，提出扶贫的目标是要实现"两不愁三保障"。这一阶段的东西部扶贫协作由经济领域向社会领域拓展，政府引导、企业支撑、社会参与的多层次、全方位协作体系基本形成。

2016年7月20日，习近平总书记在银川主持召开的东西部扶贫协作座谈会，全面安排部署了"十三五"时期东西部扶贫协作和对口支援工作，要求认清形势聚焦精准，深化帮扶确保实效。2016年10月，中共中央办公厅、国务院办公厅印发《关于进一步加强东西部扶贫协作工作的指导意见》，调整了东西部扶贫协作结对关系，实现了对民族自治州和西部贫困程度深的市州的全覆盖，指出要开展携手奔小康行动，要探索在乡镇之间、行政村之间结对帮扶。2019年6月，国务院扶贫开发领导小组印发《东西部扶贫协作成效评价办法》，明确了考核内容、评价体系和考核结果的应用途径，倒逼东西部扶贫协作提高质量和绩效。2020年10月29日，中国共产党第十九届中央委员会第五次全体会议通过《中共中央关于制定国民经济和社会发展第十四个五年规划和二〇三五年远景目标的建议》，提出要"坚持和完善东西部协作和对口支援"。

◎ 创新实践

宁夏回族自治区，简称宁，首府银川，位于中国西北内陆地区，丘陵沟壑林立，地处黄河水系，三面环沙，干旱少雨，生态脆弱，是深度贫困地区。1995年，宁夏国内生产总值只有169.75亿元，农民人均纯收入只有1037元。[①]福建省，简称"闽"，位于中国东南部、东海之滨。1995年，福建国内生产总值2145.92亿元[②]，是沿海较发达省份。1996年，按照中央东西部扶贫协作的战略部署，福建对口帮扶宁夏。宁夏山地迭起，是为"山"，福建位于

[①] 数据来源于《宁夏统计年鉴2001》. 宁夏统计局官网. http://nxdata.com.cn/files_nx_pub/html/tjnj/2001/indexch.html？1=1&h=0.

[②] 数据来源于《福建统计年鉴2001》. 福建统计局官网. http://tjj.fujian.gov.cn/tongjinianjian/dz01/index1.htm.

中国东南沿海,是为"海",福建帮扶宁夏,被视为"山海协作"。

一、习近平同志倡导、推动闽宁对口扶贫协作

闽宁对口扶贫协作是习近平在福建工作期间亲自部署、亲自推动的重要工作。1996 年,中央确定福建对口帮扶宁夏。同年,福建成立了对口帮扶宁夏回族自治区领导小组,时任福建省委副书记的习近平担任组长,直接组织实施闽宁对口扶贫协作。① 习近平先后 5 次出席闽宁对口扶贫协作联席会议,3 次发表重要讲话,4 次到宁夏实地考察指导,发表了一系列讲话和指导意见,形成了系统的闽宁对口扶贫协作工作思路,为闽宁对口扶贫协作指明了方向。

(1) 确定闽宁对口扶贫协作的原则。1997 年 4 月,时任福建省委副书记的习近平参加闽宁对口扶贫协作第二次联席会议并发表讲话,会议确定了闽宁协作扶贫"优势互补、互惠互利、长期协作、共同发展"的原则。同年 4 月 17—21 日,习近平在考察宁夏南部贫困山区时坚定地说:"今日的干沙滩,明日要变成金沙滩。"② 在考察结束后,习近平接受采访时说:"闽宁对口扶贫协作是一项政治任务,我们要坚决完成。"③ 这些原则成为闽宁两省区对口扶贫协作的重要遵循。

(2) 对闽宁对口扶贫协作作出重要部署和安排。1996 年 11 月,在闽宁对口扶贫协作第一次联席会议上,习近平倡议两省区强化顶层设计,建立联席会议制度,每年轮流举办一次。1997 年,习近平在闽宁对口扶贫协作第二次联席会上指出,闽宁两省区对口扶贫协作要以促进贫困地区经济发展为中心,以解决贫困地区群众温饱问题为重要任务,广泛深入地开展多种形式的扶贫协作,动员更多的国有、乡镇、"三资"、民营的企业家到宁夏投资办厂,促进闽宁双方共同发展④。在他的建议下,这次联席会议决定共同建设以福建和宁夏两省区简称命名的闽宁村,作为两省区对口扶贫协作的示范窗口。

---

① 国家乡村振兴局. 闽宁对口扶贫协作大事记[EB/OL].(2016-07-19). http://www.cpaq.gov.cn/art/2016/7/19/art_5_51753.html.
② 王兆斌."干沙滩"变成"金沙滩"——银川市闽宁镇扶贫协作调查[J]. 求是,2019(6).
③④马国林. 习近平同志关心、倡导、推动、发展闽宁对口扶贫协作纪实[N/OL].(2015-11-27). http://www.xinhuanet.com//politics/2015/11/27/c_128472698_2.htm.

1998年6月,习近平参加第三次联席会议并发表重要讲话,提出福建今后开展对口扶贫协作的基本举措是:以基本解决贫困人口的温饱问题为重点,以产业协作为基础,进一步加大企业和社会力量扶贫协作的规模和力度,切实抓好教育、科技和人才的扶贫协作。2002年8月,时任福建省省长的习近平在第六次联席会议上发表讲话,指出要根据新时期扶贫开发的特点,创新帮扶机制,拓宽合作领域,扩大协作规模,增强帮扶力度,推动闽宁对口帮扶协作再上新台阶。①并启动实施"闽宁万名失学儿童救助工程"②。2008年4月,时任中共中央政治局常委、国家副主席的习近平深入宁夏实地考察时强调,要以改善民生为重点,进一步加大扶贫开发力度,要兴办更多的希望小学,让更多的儿童重回校园。2016年7月,习近平总书记到宁夏回族自治区考察时强调,当地企业在加快自身发展的同时,也要在产业扶贫过程中发挥好推动作用,先富帮后富,实现共同富裕。③随后还在银川主持召开东西部扶贫协作座谈会上强调,要认清形势,聚焦精准深化帮扶,确保实效,切实做好新形势下东西部扶贫协作工作。2020年6月,习近平总书记考察宁夏吴忠市红寺堡镇弘德村扶贫车间,高度肯定村级扶贫车间很有意义。④

(3)充分肯定闽宁对口扶贫协作。2016年7月,习近平总书记在永宁县闽宁镇原隆移民村实地察看了闽宁合作开展的移民搬迁安置和脱贫产业发展情况,深情回忆了20年前在福建工作时直接推动闽宁扶贫协作的情景,并肯定了闽宁镇的扶贫协作成就和闽宁协作的宝贵经验。⑤2016年7月20日,在银川召开东西部扶贫协作座谈会上,习近平总书记肯定了闽宁对口扶贫协作的成就,并总结了闽宁扶贫协作的经验。

---

①马国林.习近平同志关心、倡导、推动、发展闽宁对口扶贫协作纪实 [N/OL].(2015-11-27).http: //www.xinhuanet.com//politics/2015-11/27/c_128472698_2.htm.
②③新思想从实践中产生 系列报道十二·宁夏闽宁镇篇:总书记始终关心"闽宁协作"[N].人民日报,2018-10-06(1).
④中华人民共和国中央人民政府.习近平在宁夏考察调研 [EB/OL].(2020-06-10).http: //www.gov.cn/xinwen/2020-06/10/content_5518467.htm.
⑤霍小光.习近平在宁夏考察 [N/OL].(2016-07-19).http: //www.xinhuanet.com//politics/2016-07/19/c_1119245499_2.htm.

二、从闽宁村的建立到闽宁镇的飞跃

1997年7月15日,闽宁村正式奠基。2001年,经宁夏回族自治区人民政府批准,在闽宁村的基础上正式成立了闽宁镇。闽宁镇是一个以福建、宁夏两省区简称组合命名的移民镇,由西海固地区①搬迁来的困难移民构成,位于银川市南端、贺兰山东麓、永宁县西部,下辖6个行政村,现有常住人口9109户、45256人,其中回族居民占83%②。

当年的闽宁村,是一片荒漠戈壁,"空中不飞鸟,地下不长草,风吹沙子跑"是其真实写照。为了将"干沙滩"变成"金沙滩",闽宁镇在福建省的倾力帮扶下,开始了以基本解决贫困人口的温饱问题为重点,以产业协作为基础的全方位、多层次、多领域的扶贫协作。

(1)以改善基础设施为突破口。贫困地区,特别是深度贫困地区最突出的短板是基础设施落后、生产生活条件差,闽宁镇就更为突出。在帮扶闽宁镇的过程中,福建始终把改善基础设施、基本生产生活条件作为对口扶贫协作的先导和突破口。先是挖地坑、盖房打井、筛土平田、植树造林,将荒漠推整为农田;接着从扬黄灌溉入手,修建扬水泵站和灌溉渠系,解决群众生产生活用水问题;进而兴建水、电、路、通信等设施,建立水管所、粮库、卫生院、派出所、邮电所、学校等一系列公共社会服务机构。就这样,一个基本适合人类生存的移民区建立起来了。

(2)以发展特色产业为重要支撑。发展产业,是摆脱贫困的首要路径和长远对策。早在闽宁对口扶贫协作之初,习近平就明确指出,扶贫协作要以产业协作为基础,动员更多的企业家到宁夏投资办厂。随着闽宁两省区扶贫协作不断加深,一批批福建企业和人才带着资金、技术、先进的市场观念和拼搏精神来到宁夏投资兴业,给闽宁镇注入了巨大的发展活力。闽宁镇充分利用本地资源与福建优势,先后培育壮大了菌草、葡萄、黄牛、劳务、光伏

---

① 西海固位于宁夏南部山区,山大沟深,干旱缺水,生态环境脆弱,素有"苦瘠甲天下"之称,1972年联合国粮食开发署专家曾认为西海固是最不适宜人类生存的地方之一。
② 永宁县人民政府网站、闽宁镇扶贫开发和招商引资情况汇报[EB/OL].(2017-12-02). http://www.nxyn.gov.cn/zwgk/gkbm/ynxmnz-16075/201712/t 20171202_617413.html.

等特色支柱产业,建成了闽宁扶贫产业园、闽宁产业城两大园区,实现了由"输血式"扶贫到"造血式"扶贫的转变。截至2020年底,闽宁镇注册各类农产品商标48个,培育宁夏著名商标4个,自治区农业产业化龙头企业6家。①特别是近年来,福建企业不断在闽宁镇安家落户。截至2021年2月,已有13家福建企业、商户落户闽宁镇,投资近22.8亿元,带动当地3500人就业。②

专栏21-1　福建商人陈德启的葡萄种植产业

2007年,福建籍商人陈德启看到了闽宁镇葡萄种植产业的巨大前景,在贺兰山东麓一口气承包了10万亩荒地。13年来,他先后将500万棵树木扎根在戈壁滩上,5万多亩荒滩得到开发,葡萄生态产业园得以成立。葡萄种植带动3000多名当地移民实现了家门口就业,90名建档立卡贫困户借此摆脱贫困,人均年收入增加到3万余元。如今,4万亩酿酒葡萄茁壮成长,葡萄酒年产值超过10亿元。

---

(3)以结对帮扶为动力机制。1996年,闽宁对口扶贫协作第一次联席会议就确定了"点对点、一对一"的结对帮扶方式,闽宁镇作为示范窗口,也受益于结对帮扶。党的十八大以来,按照精准扶贫精准脱贫新要求,两省区结对帮扶由县区延伸到乡镇和行政村。2014年,漳州台商投资区的角美镇与永宁县闽宁镇签署了结对帮扶协议;2016年10月,台商区与永宁县签订结对共建协议,角美镇6个村与闽宁镇6个村签约结对帮扶,建立起了县镇村三级结对、互帮互助、共同发展的"3+1"对口合作新模式。随后,台商区角美中学、角美小学分别与闽宁中学、闽宁二小结成共建对子,对口扶贫协作不断向基层、向具体对象延伸。

(4)以选派挂职干部为有效途径。24年来,福建省共选派230余名干部到宁夏贫困地区挂职帮扶,闽宁镇也参与其中。福建的挂职干部一任接着一任干,因地制宜为闽宁镇探索扶贫开发的路径,千方百计吸引福建企业参

---

①②刘峰.山海携手荒滩变热土[N].人民日报,2021-02-24(4).

与扶贫协作，倾力为闽宁镇培育可持续发展的产业。结对帮扶的台商区与永宁县高效对接，互学互促，不断完善两地互派干部挂职锻炼和定期交流机制。角美镇和闽宁镇每年互派1名科级干部进行1~2年的挂职，闽宁镇还定期选派村干部及致富带头人到角美镇进行为期1个月的考察学习，截至2019年10月，已派出3批次6名村干部及3名致富带头人。同时，角美镇与闽宁镇还持续深化企业人才工作队常驻机制，派遣角美龙头企业人才到闽宁镇进行企业帮扶，切实打通人才帮扶"最后一公里"。

（5）以改善民生为落脚点。24年来，闽宁两地不断拓展扶贫协作领域，由单一的经济合作发展为教育、医疗、文化等多领域合作，使闽宁镇各项社会事业迅速发展。目前，闽宁镇已实现村村有小学、有卫生室、有文化活动中心、有民生服务大厅，居民享有城乡居民养老保险、医疗保险等20多项保险。通过棚户区改造和推进改水、改厕、改厨"三改"工程，自来水、天然气、太阳能100%入户，生活污水处理率达到85%，生活垃圾无害化处理率达到90%。同时，通过持续开展生态修复、防沙治沙、农田林网、镇村绿化等环境整治，闽宁镇生态环境得到极大改善，彻底告别了"晴天一身灰、雨天一脚泥"的历史。

在闽宁两省区密切配合和共同努力下，闽宁镇的扶贫开发取得显著成效。闽宁镇生态得到修复，基础设施和社会公共服务极大改善，社会建设稳步发展，形成了"特色种植、特色养殖、光伏产业、旅游产业、劳务产业"五大主导产业，已从8000多人的贫困移民村，发展为6.6万多人的移民示范镇，移民年人均可支配收入由搬迁之初的500元跃升到2020年底的14961元，村集体经济收入超过600万元。截至2020年底，闽宁镇6个村全部脱贫出列，累计脱贫退出建档立卡户1633户7046人，贫困发生率从1997年的近90%下降到不足0.2%，实现了"干沙滩"到"金沙滩"的美丽蝶变。2016年7月，习近平总书记到闽宁镇视察，深情地说："闽宁镇探索出了一条康庄大道，我们要把这个宝贵经验向全国推广。"① 2021年2月，党中央、国务院授予

---

① 霍小光．习近平在宁夏考察 [N/OL]．（2016-07-19）．http：//www.xinhuanet.com/politics/2016-07/19/c_1119245499_3.htm.

闽宁镇"全国脱贫攻坚楷模"荣誉称号。

三、从闽宁镇的探索到"闽宁模式"的形成

通过闽宁两省区的共同努力，闽宁镇作为闽宁协作示范窗口探索出了一条东西部扶贫协作的脱贫新路子。闽宁镇只是闽宁对口扶贫协作的示范和缩影，在宁夏有许许多多的闽宁协作示范。24年来，闽宁对口扶贫协作已经从单向扶贫发展到双向的互利共赢，从单一经济援助发展到教育、文化、医疗等多领域的深度合作，从单纯的政府行为发展到政府、企业和社会相结合的对口协作，形成了以长效机制、扶贫开发、产业带动、生态环境保护和激发内生动力为主要内容的"闽宁模式"。

（1）把建立长效机制作为前提。闽宁两省区建立了五大长效协作机制作为对口扶贫协作的重要保障。一是联席会议机制。联席会议是闽宁两省区加强对口扶贫协作顶层设计的重要制度安排，每年轮流举办一次，党委、政府主要负责人出席商定协作帮扶方向和重点，20多年来从未间断。二是结对帮扶机制。闽宁两省区已实现了从省、市、县（区）下沉至村一级的"一对一""点对点"的精准帮扶。三是产业带动机制。闽宁协作充分挖掘和发挥两省区的互补优势，积极引入市场机制，大力发展宁夏的特色产业，带动宁夏经济社会全面发展。四是互学互助机制。闽宁两省区通过互派挂职干部、专业技术人员、经商务工等互学互助形式，既使宁夏干部群众学到了福建的先进理念、致富思路，又使福建干部淬炼了思想、增长了才干、练就了真本事。五是社会参与机制。闽宁两省区搭建社会参与平台，引导和鼓励经济组织、社会团体、民间组织、爱心人士等多元社会扶贫主体通过投资兴业、科技帮扶、公益慈善等方式积极参与援助宁夏贫困地区，形成了全社会参与的帮扶格局。

专栏21-2　福建涵江区对口帮扶宁夏涵江村

福建莆田市有个涵江区，宁夏固原市西吉县偏城乡有个涵江村。涵江村原名叫"烂泥滩"，村如其名，村道脏乱差，贫困程度深。2017年，涵江区对口支援涵江村。3年来，"烂泥滩"开始蝶变：砖瓦房替代了土坯房，

> 硬化路通到家门口,家家用上了自来水。2019年,全村人均可支配收入近万元,3年增长3倍,深度贫困村摘掉了穷帽子。大家一合计,村子改名"涵江村"。

（2）把扶贫开发作为重心。闽宁两省区始终将宁夏的扶贫开发和困难群众脱贫作为对口协作的重点工作。闽宁协作精确瞄准宁夏脱贫要解决的重大问题和突出短板,重点实施了农村基础设施建设、公共事业建设、生产性项目及生态移民改善民生等项目。从"打井打窖""坡改梯"到美丽乡村建设；从"希望小学""闽宁万名失学儿童救助工程"到"母亲水窖"、闽宁医疗协作、小额循环扶贫；从援建马铃薯、菌草等产业到共建扶贫产业园；从示范窗口闽宁镇到宁夏示范村、易地搬迁安置区遍地开花。特别是精准扶贫以来,闽宁协作将帮扶精准到户到人,创造了闽宁镇原隆村的"4+1+1"模式、"企业+基地+合作社+农户"等模式,实现了贫困人口的精准脱贫。同时,闽宁两省区积极引导各方资本参与实施宁夏旅游扶贫"富民工程",推进"丝绸之路"旅游区域合作。

专栏21-3 西吉县充分利用闽宁帮扶资金进行扶贫开发

> 2019年,西吉县利用闽宁帮扶资金近亿元,对15个闽宁协作示范村的基础设施建设、金融扶贫服务、乡村人居环境等进行"升级换代"。示范村图书室、便民服务中心、文化活动广场等一应俱全,信息网络、光伏照明等全覆盖,5000多贫困人口受益。西吉县还探索了"信用+产业+金融"金融扶贫新路子,15个闽宁示范村建档立卡贫困户累计贷款1396户6887万元,户均贷款近5万元,覆盖率接近90%,实现了产业"造血"。

（3）把产业协作扶贫作为关键。闽宁对口扶贫协作过程中,两省区以市场为导向,把发展特色产业作为提高宁夏发展能力的根本举措,带动贫困人口长期稳定脱贫。一是实现两省区产业融合。宁夏利用得天独厚的自然条件和土地、光热、劳动力等资源优势，借助福建的资金和技术，实现了种养殖、光伏、能源、旅游等产业的深度融合。特别是近年来，闽宁两省以"一带一路"建设为契机，充分利用福建"海上丝绸之路"的地理优势和宁夏"向西开放"的中阿博览会的平台优势，加强两省区企业与"一带一路"沿线国家和地区的经贸往来，联手开拓海外市场。二是打造两省区企业合作平台，不仅共建闽宁产业园，还联合打造了"5·18"海峡两岸经贸交易会、"6·18"中国·海峡项目成果交易会、"9·8"中国国际投资贸易洽谈会等重要商贸活动平台。24年来，两省区共建10个产业园区和185个扶贫车间，在宁闽籍企业（商户）达5700多家，8万多名福建人在宁夏从业；近5万名宁夏人在福建实现稳定就业。三是狠抓项目落地。福建先后帮助宁夏因地制宜发展壮大了马铃薯、硒砂瓜、胡萝卜、西芹、中草药、食用菌等优势特色种植和牛羊等草畜养殖项目。

专栏21-4　宁夏盐池滩羊肉声名鹊起销四方

近年来，宁夏盐池滩羊肉被端上了二十国集团领导人杭州峰会、金砖国家领导人厦门会晤等重大国际会议的餐桌，在全国名声大震，成了响当当的"地方名片"。宁夏百草滩羊食品有限公司董事长张云龙为了把家乡的滩羊产业做出品质、做成品牌，他回乡创业，自主创立了"百草滩羊泉水涮羊肉"品牌。借助福建援宁干部、闽商的牵线搭桥和闽宁协作的平台优势，盐池百草滩羊相继落户泉州、福州。通过企业家朋友的推介和福建消费者的口耳相传，来自北京、江苏、湖南等地的企业家慕名而来寻求合作。

（4）把生态环境改造作为基础。宁夏是西北地区重要的生态安全屏障，对维护西北乃至全国生态安全有着重要的意义。远离干旱和贫困，实现山绿民富，一直是宁夏人民特别是西海固地区人民的梦想。而福建是习近平生态文明思想的重要孕育地，有丰富的绿色发展经验，着力改善宁夏特别是西海

固地区的生态环境就成了闽宁扶贫协作的重要内容之一。闽宁扶贫协作以习近平生态文明思想为引领，坚持生态优先、绿色发展，大力开展生态扶贫和生态修复，推动建设了一批闽宁生态示范林，开发了一系列特色农产品种植，发展了生态畜牧养殖，推进"产业＋生态＋科技"的扶贫开发新模式，改善当地生态环境的同时，促进产业生态化、生态产业化。如对集中搬迁的迁出区进行生态修复，实施固原"四个一"林草产业试验示范工程，重点打造六盘山云海梯田、中蜂、食用菌、中药材、生态农业、生态旅游业等增收致富的生态产业。

专栏21-5　荒山梯田变油牡丹生态园

2014年，来自福州市的企业家林锦云在固原市原州区河川乡通过土地流转方式，承包了1.5万亩荒山梯田，打造油用牡丹生产基地，并成立企业加工生产油牡丹系列产品。2018年，林锦云种下的7600亩油用牡丹已经开始产生效益，公司已就近吸纳村名300多人就业，其中建档立卡户39户，人均年收入2万多元。经过多年摸索，通过"企业＋基地＋合作社＋农户"的模式，林锦云的油牡丹种植基地已发展为以黄土台塬为背景，以牡丹文化为主线的集农业种植、生态修复、休闲观光、民俗体验等为一体的休闲农业示范园，从而带动更多农户发展绿色经济脱贫致富。

（5）把激发内生动力作为根本。摆脱贫困，内生动力是根本，闽宁扶贫协作始终将"富脑袋"与"富口袋"同步进行。一是强化思想教育，通过党员干部、致富带头人、道德模范等的宣讲，强化思想、政策和感恩教育，引导贫困群众树立"宁愿苦干、不愿苦熬"的思想，营造不养懒汉、脱贫致富光荣的鲜明导向。二是传授理念、知识、技术，增强贫困群众独立脱贫能力和自我发展能力。闽宁两省区通过教育扶贫、职业技能培训、转移就业等途径，使宁夏贫困群众解放思想，开阔眼界，同时增长知识技能和能力，用勤劳的双手创造幸福生活。三是引导和鼓励贫困群众主动参与发展特色产业或

是自主创业，在产业发展中实现与市场的接轨，实现由传统农民向产业工人、管理者或新型经营主体转型。

专栏21-6　泾源县激发内生动力的积分制

为激发贫困群众自主的内生动力，泾源县创造了村规民约积分卡制度。一是修改完善村规民约，围绕乡村振兴5个方面内容按贡献进行量化赋分，按照1个积分等值1元人民币的标准制作村规民约积分卡。二是成立管理领导小组和评议工作组，定期集中公示积分，每季度组织一次积分评比奖评大会。三是及时兑换积分，村民可在村级爱心公益超市兑换等价日用商品。目前，泾源县在97个行政村全面推行了村规民约积分卡制度。

闽宁协作24年来，宁夏发生了翻天覆地的变化。一是极大增强了宁夏基础设施和基本公共服务。福建省、对口帮扶市县（区）及社会各界投入宁夏各类帮扶资金达30.46亿元，先后援建公路385公里，打井窖1.5万眼，修建高标准梯田22.9万亩，完成危房危窑改造2000多户，近60万贫困群众从中受益；帮助宁夏新（扩）建学校236所，资助贫困学生9万多名，援建卫生项目323个，帮助宁夏培训教师近万名。二是宁夏的经济发展迅速，人民收入水平快速增长。2019年全年宁夏全区实现生产总值3748.48亿元，农村居民人均可支配收入12858元。三是宁夏脱贫攻坚成效显著。截至2019年底，宁夏总体贫困发生率为0.47%，贫困地区人均可支配收入增长到10415元。2020年11月，9个贫困县全部摘帽，1100个贫困村全部出列，现行标准下62.4万农村贫困人口全部脱贫。四是宁夏的生态得到修复和开发利用。宁夏森林覆盖率由2000年的8.4%提升到2020年的15.8%，真正实现了从生态扶贫走向生态富民，实现了苦涩荒原到幸福绿洲的华丽转变。同时，"闽宁模式"影响显现，宁夏涌现出了1个示范镇（闽宁镇），110个闽宁协作示范村，78个闽宁协作移民新村，320个易地搬迁安置区，累计易地搬迁100多万人。

四、"闽宁模式"背后的"闽宁对口扶贫协作援宁群体"

2020年7月,中宣部授予闽宁对口扶贫协作援宁群体"时代楷模"称号。虽然年龄不同、职业各异,但他们是"闽宁模式"背后的中坚力量和动力源泉。24年来,14批231名福建挂职干部接续奋斗,2000余名支教支医支农工作队员、院士专家、西部计划志愿者远赴西海固。他们用自己的智慧和汗水坚定践行着闽宁协作事业,与宁夏人民一起创造了东西部对口扶贫协作帮扶的"闽宁模式",迸发出彪炳史册的时代精神。

(1)爱国奉献、牢记使命。闽宁对口扶贫协作援宁群体始终牢记闽宁对口扶贫协作是落实"两个大局"的大战略、大布局、大举措,坚决扛起对口帮扶宁夏脱贫攻坚的历史使命,以实际行动将单向的经济扶贫拓展到两省(区)经济社会建设多层次、全方位、全领域的深度协作,取得了一系列丰硕成果。

(2)勇于担当、真情帮扶。闽宁对口扶贫协作援宁群体始终视宁夏人民为亲人,真扶贫、扶真贫,真心投入,争取了一笔又一笔帮扶资金,落实了一个又一个帮扶项目,全力帮助宁夏人民摆脱贫困,创造幸福美好的新生活。

(3)开拓创新、努力拼搏。闽宁对口扶贫协作援宁群体在极其艰苦的物质生活条件下,战天斗地、奋斗不息,与宁夏人民一起用智慧和汗水创造了东西部扶贫协作帮扶的"闽宁模式",探索总结出"把建立长效机制作为前提、把产业带动作为关键"等一系列宝贵经验,成为我国东西部对口扶贫协作的成功典范和缩影,为中国和世界的减贫事业贡献了"闽宁智慧"和"闽宁方案"。

(4)不畏艰苦、久久为功。24年来,闽宁对口扶贫协作援宁群体在宁夏西海固这个曾被视为"不具备人类生存的基本条件"的扶贫主战场,不畏艰难险阻,克服重重困难,一任接着一任干,一棒接着一棒跑,推动宁夏山乡巨变。

―――――――― | 专栏21-7　林月婵的援宁故事 | ――――――――

　　1996年，时任福建省脱贫办主任的林月婵第一次踏进了塞上宁夏。直到2007年退休，林月婵总共到宁夏40多次，从"移民吊庄"到"坡改梯"，从"井窖建设"到"劳务输出"，从"菌草推广"到"招商引资"，从"联办医院"到"援建学校"，几乎每一个援宁的项目里都有她的心血和操劳。退休后，林月婵被聘为宁夏回族自治区政府顾问，依旧操心闽宁协作。

◎ 经验启示

　　从1996年起，经过持续不断奋斗，闽宁镇由"干沙滩"变成了"金沙滩"，成为贫困地区通过东西部对口扶贫协作摆脱贫困的成功典范。像闽宁镇这样的奇迹，宁夏有很多，这无数的奇迹造就了东西部对口扶贫协作的"闽宁模式"。"闽宁模式"之所以能成功，其主要经验在于：

　　（1）坚持党的领导，发挥社会主义制度集中力量办大事的优势。这是我们最大的政治优势。实现贫困人口如期脱贫，是我们党向全国人民作出的庄严承诺。东西部对口扶贫协作是党中央的重大战略部署，是利用社会主义制度超强的组织动员能力协调统筹各方利益，调动全党全社会的力量做到合力攻坚的重要举措。在闽宁扶贫协作中，闽宁两省区坚持"两个大局"，坚决贯彻落实党中央的决策部署，积极搭建社会扶贫参与平台，培育多元社会扶贫主体，广泛调动政府、市场和社会的力量，构建起了全社会共同参与的大扶贫格局，将社会主义集中办大事的制度优势发挥得淋漓尽致。

　　（2）坚持先富帮后富、最终实现共同富裕。消除贫困、改善民生、实现共同富裕，是社会主义的本质要求。闽宁对口扶贫协作是东西部扶贫协作的重要组成部分，是先发展起来的东部沿海地区福建对口帮扶西部贫困山区宁夏。闽宁协作以来，闽宁两省区始终坚持"优势互补、互惠互利、长期协作、共同发展"的方针，充分利用宁夏的资源禀赋和区域比较优势，借助福建的人才、资金、技术等优势，促进宁夏经济社会全面发展，实现了闽宁两省区从扶贫帮困到合作共赢的转变。闽宁协作证明，东西部对口扶贫协作是行得通的先富带后富的重要举措。

（3）坚持推动区域协调发展、协同发展、共同发展。区域发展不平衡是我国的基本国情，特别是西部贫困地区与东部发达地区差距明显。闽宁对口扶贫协作既是扶贫协作，也是东部地区与西部地区协调发展的实践过程。宁夏资源富集、投资需求旺盛、消费增长潜力巨大，而福建需要广阔的市场和发展空间，两省区极具互补优势。两省区在对口扶贫过程中，以扶贫为焦点，优化产业布局、拓展对内对外开放新空间，促进了东西部市场的统一化。闽宁扶贫协作为推进区域合作互助和区域协调发展、促进发达地区和欠发达地区及东中西部和东北地区共同发展提供了可供借鉴的样本。

（4）坚持激发市场蕴藏的活力。市场在资源配置中起决定性作用。在扶贫协作中，闽宁两省区实现了由政府主导到充分发挥市场主导作用的转变。闽宁两省区政府坚持以市场为导向，以产业协作为基础，充分利用资本和市场规律，积极鼓励和引导市场主体发挥各自优势，互换资源、技术和渠道，将企业自身优势和地方特色结合起来，激发闽宁双方合作发展的内生动力和长效机制，增强了宁夏自我发展能力，促进了宁夏贫困地区的脱贫致富。

闽宁对口扶贫协作的创新做法和显著成效，充分证明了东西部扶贫协作和对口支援是实现区域协调发展、实现社会主义先富带后富的重要途径，是值得长期坚持下去的。闽宁对口扶贫协作的"闽宁模式"是可借鉴可复制的样本。

案例编写：邓小燕

专题二十二：消费扶贫

凝聚消费合力　助力脱贫攻坚
——深圳市"全链式"消费生态扶贫新探索[*]

◎ 案例导读

消费扶贫是社会力量参与脱贫攻坚的重要途径，是精准扶贫的重要抓手，也是巩固脱贫成果、让贫困户稳定增收的重要推动力。消费扶贫需要政府引导，也离不开社会参与，市场机制发挥着关键作用。消费扶贫一头连着贫困地区的"钱袋子"，一头连着城市的"菜篮子""米袋子""果盘子"。如何将贫困地区和贫困人口的产品即"供给侧"和城镇消费者的需求即"需求侧"有效链接起来，形成精准扶贫的合力，并通过调动全社会力量积极参与消费扶贫，形成消费生态，帮助贫困人口增收脱贫？这是本案例要讲述的故事和回答的问题。

◎ 政策安排

2018年12月，国务院办公厅出台《关于深入开展消费扶贫助力打赢脱贫攻坚战的指导意见》，将消费扶贫纳入"万企帮万村"精准扶贫行动，鼓励民营企业采取"以购代捐""以买代帮"等方式采购贫困地区产品和服务，帮助贫困人口增收脱贫。鼓励大型电商企业为贫困地区设立扶贫专卖店、电商扶贫馆和扶贫频道，并给予流量等支持。鼓励和引导农业院校、科研院所、龙头企业依托贫困地区资源禀赋，培育和研发适合不同贫困地区的农产品品

---

* 本案例的审稿得到深圳市扶贫协作和合作交流办公室的大力支持，在此表示感谢！

种，因地制宜推广先进适用种养技术。鼓励龙头企业、农产品批发市场、电商企业、大型超市采取"农户+合作社+企业"等模式，在贫困地区建立生产基地，大力发展订单农业，提高农产品供给的规模化组织化水平，增强农产品持续供给能力。明确"对在贫困地区从事农产品加工、仓储物流和休闲农业、乡村旅游的企业，在金融、土地等方面给予政策倾斜。对参与消费扶贫有突出贡献的企业、社会组织和个人，采取适当方式给予奖励激励"。

2020年2月，国务院扶贫办、中央网信办、教育部、农业农村部、商务部、国务院国资委、全国工商联联合出台《关于开展消费扶贫行动的通知》，鼓励各级预算单位通过优先采购、预留采购份额方式，采购扶贫产品。鼓励和引导各类企业充分发挥自身优势，利用自有平台渠道，积极推动扶贫产品进市场、进商超、进学校、进社区、进食堂等，通过"以购代捐""以买代帮"等方式促进扶贫产品销售。明确"东部省市为扶贫产品提供销售平台和渠道，动员本地区党政机关、企事业单位和社会各界积极购买"。

2020年3月，国家发展改革委印发《消费扶贫助力决战决胜脱贫攻坚2020年行动方案》，明确提出继续组织开展"万企帮万村"消费扶贫行动，采取集中采购、组织展销、开展扶贫产品专卖、搭建电商销售平台、落实东西部扶贫协作和对口支援任务等多种形式，继续面向贫困地区采购相关产品和服务。鼓励民营企业优先采购受新冠肺炎疫情影响滞销的贫困地区农副产品。

2019年11月，深圳市对口支援工作领导小组《关于深入开展消费扶贫助力打赢脱贫攻坚战的实施意见》指出，要重点打造深圳市首个面向全国的消费扶贫中心。消费扶贫中心采取政府支持与市场运作相结合方式，由市农产品集团股份有限公司负责建设和组建运营团队运维，总面积15000平方米。各区根据实际情况统筹考虑设立区级消费扶贫中心，原则上各区各建设一个消费扶贫分中心。明确"对在对口地区建立基地、物流（冷链）体系等项目的企业，采购销售对口地区农特产品达到一定金额的企业，来深设立扶贫产品展销点的对口地区企业，吸纳对口地区劳动力人数多、稳岗效果好的企业，在物流、采购、商铺租金、来深展示展销、社保等方面，按照一定标准给予补贴。对参与消费扶贫有突出贡献的企业、社会组织和个人，采取适当方式给予奖励激励"。

2020年6月,深圳市人民政府办公厅公布《深圳市消费扶贫行动推进方案》,提出"通报表扬、奖励补贴对消费扶贫有突出贡献的企业、社会组织和个人;安排专项资金,加大对受疫情影响较大的产业扶贫项目生产、储存、运输、销售等环节的支持;在市级、区级消费扶贫中心为对口帮扶地区设置消费扶贫产品展销专区,提供2020年至2022年3年免租政策等相关支持"。

◎ 创新实践

习近平总书记在深圳经济特区建立40周年庆祝大会上的讲话中指出:"深圳是改革开放后党和人民一手缔造的崭新城市,是中国特色社会主义在一张白纸上的精彩演绎。"[①]经历过40年的风雨历练,深圳社会生产力得到了极大解放和发展,已经由一座落后的边陲小镇成长为具有全球影响力的国际化大都市。截至2019年末,深圳常住人口1300多万人,再加上流动人口,平均每天需要消耗蔬菜水果9400吨,肉、蛋和水产品6190吨,口粮5480吨,市民"菜篮子""米袋子""果盘子"需求巨大。

近年来,深圳市紧紧围绕解决消费扶贫产供销问题,以中国特色社会主义先行示范区标准开展消费扶贫各项工作,在"政府引导、社会参与、市场运作、创新机制"上持续发力,着力构建"基地规模化,做强生产链;销售立体化,畅通供应链;产品优质化,提升价值链;帮扶组织化,优化消费链"的全链式消费生态扶贫新模式,系统推进消费扶贫行动,致力于打造立体式、全方位消费扶贫的"深圳样板"。

一、构建农产品"供深"基地,做强生产链

贫困地区的农业往往规模很小且比较分散,这对于消费扶贫来说,往往会导致产量、质量以及价格等方面的"不稳定",难以形成可持续发展。深圳以农产品供深基地合作为切入点,以产量稳定、质量稳定、价格稳定"三个稳定"为主攻方向,积极鼓励引导农业龙头和重点企业,到对口帮扶地区投资发展。

---

① 习近平:在深圳经济特区建立40周年庆祝大会上的讲话[M].北京:人民出版社,2020:2.

（一）在产量稳定方面，深圳推行"总部＋基地＋合作社＋贫困户"模式，以规模化保证农产品的稳定供应

2020年以来，深圳企业建设扶贫农产品基地的总投资达185亿元。深圳加快田阳杧果基地、茂雄巴马农产品示范基地等6家供深基地建设，力争到2022年建成超过30家。2020年9月24日，广西供深及大湾区农产品示范基地签约认证暨广西优质农产品"圳品"发布仪式在深圳举行，首批巴马香猪养殖基地等9家广西供深及大湾区农产品示范基地正式公布，2批20多个种类的优质农产品通过"圳品"认证。全市已有29家公司55个基地123个单品通过"圳品"评定并上市销售，"圳品"生产基地已覆盖14个省31个市，"圳品"评定工作取得了显著成绩，得到了国家、省、市各级领导的高度关注，也取得了一定的社会效益。

（二）在质量稳定方面，深圳推行供深农产品基地产品标准化建设，做到"四个统一"

"四个统一"即统一质量标准、统一加工要求、统一包装标志、统一品牌销售。四统一打造出百色杧果、大化七百弄鸡、都安瑶山牛、新疆小圆枣、察隅雪城高原猕猴桃、连平鹰嘴蜜桃、汕尾奶油南瓜等一批知名产品。比如引进广西木伦生态农业发展有限公司发展"优果工程"，与20个毛南族聚居贫困村集体经济组织开展参股、劳务等合作，着力建设标准化果园，种植沃柑、青皮柚、脆蜜金橘等特色水果数量达10万株。

（三）在价格稳定方面，深圳着力推进农产品生产链项目建设，增强农产品抗击价格波动的能力

深圳在2020年粤桂帮扶项目规划中，安排支持建设田头冷藏、县级分拣、清洗包装、冷链运输等农产品基础设施项目53个、总投资6.7亿元；引进顺丰在田阳打造顺丰百色杧果预处理中心，增设田阳至深圳、广州、杭州、上海、天津、北京的直发流向，极大降低农户物流运输成本。

二、打造立体化销售模式，畅通供应链

从田间地头到城市餐桌，消费扶贫产品要在市场上卖得俏，还要多方面

拓宽销售渠道。深圳针对扶贫产品"卖难"问题,强化"线上和线下""政府和市场""机关和企业"三协同,着力构建农产品从贫困村贫困户到市民餐桌立体式、全方位供应链条。

(一)在线上和线下协同方面,深圳打造市、区联动的"1+10"消费扶贫平台,并利用互联网新零售拓宽销售渠道

在线下,打造"1+10"市、区消费扶贫中心,"1"是重点打造投资约5000万元的深圳海吉星消费扶贫中心。"10"即在深圳10个行政区,设立若干个扶贫专柜专区、扶贫超市等,各区结合实际,创新多种形式促进扶贫产品采购销售,比如龙华区推出"线下超市展厅+线上数据平台+党群共建共享"模式,打造龙华区"1+6+N"爱心扶贫超市,即1个扶贫超市总部,6个在龙华市场运营有限公司开设的分店,"N"为龙华区消费扶贫网点、各电商消费扶贫馆、消费扶贫专柜等;坪山区结合坪山邮政12个网点实现社区消费扶贫网点功能,联合中国邮政深圳分公司打造坪山区消费扶贫中心。

专栏22-1　深圳海吉星消费扶贫中心

消费扶贫中心(深圳)项目位于深圳龙岗平湖白泥坑社区的深圳海吉星物流园,总规划建筑面积1.5万平方米,扶贫产品应进全进,并依托深农集团在北京、上海、成都等26个大中城市经营管理的38家综合批发市场和网上交易市场,合力销售扶贫产品。项目分两期建设,一期项目已经竣工,建筑面积约1万平方米,包括主展示区、仓储区、拓展洽谈区;二期项目规划中,建筑面积约0.5万平方米,包括配套仓储区等。该项目是深圳市首个面向全国全球市场,集农产品展示展销、交易撮合、产品自营等功能于一体的市级消费扶贫中心,可实现深圳市与对口帮扶地区特色农产品产销对接,帮助深圳对口帮扶地区农产品销售,实现市民在家门口采购消费扶贫产品,进一步丰富深圳市民乃至粤港澳大湾区菜篮子,并可通过市场化运营方式逐步打通供应链条,提高扶贫商品规模化销售水平,协作打造一批具备区域性特色的扶贫产品品牌,为助力打赢脱贫攻坚战、推进实施乡村振兴战略作出积极贡献。

在线上，打造"圳扶贫""京东深圳采购扶贫馆""电商联盟"等互联网平台，创新直播带货模式，多点开花挖掘流量红利。发动帮扶企业入驻中国社会扶贫网、广东东西部扶贫协作产品交易网等载体，累计开设网店3400余家。深圳市扶贫协作和合作交流办公室与深圳卫视联合开展"电商＋网红达人＋扶贫产品"系列活动，累计吸引近50万名观众在线观看，达成交易3000多笔（次）。扶贫干部与县（区）长当"网红"直播带货，尤其是2020年疫情期间，主动为对口帮扶地区扶贫产品代言，比如喀什市委副书记李杨、塔县县委副书记陈险峰出镜深圳卫视"圳帮扶·益起来"助农直播活动；深圳罗湖区区长刘智勇携手广西西林县县长欧阳可爽在拼多多上直播带货；深圳派驻河源、汕尾市324个驻村第一书记通过直播等方式为帮扶村代言，其中汕尾110个对口帮扶村的农产品，从2020年初的滞销3200多万元到2020年9月大部分脱销；还带动了一批当地青年发展电商，当起致富带头人。

（二）在政府和市场协同方面，深圳发放消费扶贫券、出台专项补贴政策等，激发市民消费热情，拓宽消费市场

福田、罗湖、宝安、龙岗等各区合计发放消费扶贫券2300万元，撬动市民购买消费扶贫产品超6000万元；宝安区出台专项补贴政策，对企业、个体户等采购农特产品的，按农产品采购额的20%给予高标准补贴；深圳市总工会举办"百万职工消费扶贫采购节"，分批发放1000万元扶贫满减消费券，撬动约1.5亿元扶贫消费额。

（三）在机关和企业协同上，深圳推动机关带头消费，发挥引领作用，辐射带动企业参与支持

深圳发动全市1000余家预算单位以不低于30%的预留预算额度定向采购扶贫产品，截至2020年9月，全市各级预算单位完成"832平台"扶贫产品采购额3151.64万元；引导企业和社会组织参与"深企帮千村""广东扶贫济困日"等活动。2020年平安集团等50余家企业"以购代捐"认购农产品金额5.42亿元。此外，平安集团还开发小程序，在小程序上为40万名工会会员发放工会福利，用于购买扶贫产品，每年的工会福利购买扶贫产品达1.5亿元以上。

三、助力扶贫产品优品质创品牌，提升价值链

贫困地区产品在进入市场时，由于受传统农业生产方式的影响，农产品标准化程度低、良品率不高，甚至出现生产的东西与市场需求不匹配等问题。深圳坚持帮扶贫困地区群众发展生产增收脱贫与解决城市"菜篮子""米袋子""果盘子"问题相结合，引入先进农业科技，助力扶贫产品走高质量发展之路，按照市场准入要求，通过"圳品"认证，打入深圳和粤港澳大湾区乃至更大的消费市场。

（一）在品质提升方面，深圳为农业振兴插上"科技"翅膀

（1）实施科技支农行动。引进中国农科院深圳农业基因组研究所、华大农业应用研究院等专业机构，为对口帮扶地区打造牦牛改良、海水稻、巴马香猪等科技品牌项目；创建深圳国际食品谷喀什创新分谷；支持禾富农业科技在喀什实施"南果北种"种植培育计划，杧果、番石榴、香蕉等南国有机水果长势良好。

（2）试行区块链技术。推行对农业产业项目实时监测、扶贫数据动态更新，并应用至农产品安全溯源、项目合约管理等领域，提升产品品牌形象和知名度。广东省河源市紫金金丰号公司运用区块链技术后，茶叶销量由2018年的2500~3000公斤提至2019年的10000公斤，价格由120~160元/公斤提至200~240元/公斤，并辐射带动河源市95个行政村种植茶叶，形成种植、生产、销售产业链条。

（3）实施科技特派员行动。2020年已遴选出首批68名农村科技特派员服务队伍，并形成对接服务清单。发挥社会专业人才优势，引导鑫荣懋、安鑫宝等农业企业派出技术人员，指导种养殖技术。

（二）在品牌创建方面，深圳推进农产品"特色化"发展，提升扶贫产品影响力

（1）扶贫产品"圳品"评价计划。"圳品"评价计划将扶贫产品纳入"圳品"体系进行指导管理。2020年，深圳组织"圳品"评价工作组，两次实地调研，开展"圳品"业务指导和现场评价，推动广西沃柑、油粘香米等7类10个产品纳入"圳品"体系管理。第二批广西贫困地区16家企业42个产品

正在接受评价,喀什、塔什库尔塔吉克自治县 36 个产品也在申请"圳品"。

(2)品牌提升计划。通过品牌提升计划引导本来生活网以"褚橙""红旗坡 100 冰糖心"等优秀案例为蓝本,对喀什、塔什库尔塔吉克自治县的雪菊、核桃、石榴、葡萄等产品进行品牌提升,预计可实现年增值 2 亿元。

(3)"一县一品"特色产业扶贫计划。帮助河源引入绿然灯塔农产品物流园、家顺康、饭饭得等涉农龙头企业,打造出田阳小番茄、环江沃柑、巴马香米、源城蔬菜、东源板栗、龙川油茶、紫金茶叶等县域品牌。此外,深圳创新形式加强品牌推广,2020 年 6 月 30 日,举办推进深圳消费扶贫关爱行动暨巴马乡村振兴共创行动,以"一瓶水献一分爱,一产业兴一座城"号召认购巴马扶贫感恩水等扶贫产品,打好情怀牌。

四、形成组织化帮扶体系,优化消费链

深圳始终将消费扶贫作为脱贫攻坚的重中之重,按照"短期见成效、长期可持续"原则,以强有力的组织领导支持构建消费扶贫生态。

(一)在组织领导体系方面,深圳提高政治站位,推动形成消费扶贫体制机制

(1)市领导挂点推动。出台《关于建立健全扶贫工作机制的意见》,市委书记、市长对脱贫攻坚负总责,2020 年以来挂点领导全部实现实地调研会商要求,引导企业签订消费扶贫等协议 22 个,金额超过 15 亿元。

(2)专班统筹推动。通过召开全市决战决胜脱贫攻坚推进会统筹部署,成立以分管市领导为班长的消费扶贫工作专班,每周一调度、每月一通报、每季一督办,统筹起扶贫部门、前方机构、后方有关单位的力量,凝聚壮大消费扶贫的组织力,实时跟踪推动消费扶贫任务落实到位。

(3)政策引导推动。制定"1+1+N"的消费扶贫推进体系文件,第一个"1"是《关于深入开展消费扶贫助力打赢脱贫攻坚战的实施意见》,作出总安排;第二个"1"指的是《深圳市消费扶贫行动推进方案》,盯住"从哪里买,买什么,如何买,谁来买",出台加强产销对接、完善线上线下采购平台、加大政府采购力度等 13 条措施,进一步推进消费扶贫;"N"指的是各部门

结合部门实际,出台专项政策,如深圳市总工会印发《关于开展消费扶贫行动的通知》,明确2020年未用工会费额度全部用于消费扶贫;市财政局印发《关于运用政府采购政策支持脱贫攻坚的通知》,对各预算单位采购任务作出硬性要求;市扶贫协作和合作交流办印发《关于开展深圳消费扶贫"十个一"宣传活动的方案》等。

(二)在社会消费生态体系方面,深圳市着力培育壮大消费市场,努力让消费扶贫成为市场和社会自觉

(1)"五进一巡"行动。2020年,深圳发起"五进一巡"行动,让消费扶贫进商超农贸市场、进机关、进工厂、进学校医院、进园区,推动公交巡展,让群众在家门口就能采购到扶贫产品。通过"五进一巡"行动,许多对口帮扶地区的产品走上深圳市民的餐桌,其中云南昭通腊肉就成了市民喜爱的"香饽饽",在深圳市公安局专柜销售尤为火爆。据初步统计,截至2020年7月底,深圳线上线下消费扶贫平台一共销售云南昭通腊肉2000公斤,价值27万元,占昭通腊肉目前总销量的1/5,并带动昭通当地28个贫困户走上制作腊肉的就业岗位,实现脱贫。截至2020年9月,全市累计组织设立消费扶贫专柜33个、消费扶贫专馆42个、消费扶贫专区23个。扶贫产品已全面走进各级机关事业单位饭堂,在市民中心等4个机关饭堂试点设立扶贫产品展销柜台和移动售卖机,在5家商超和4家农贸市场设立扶贫产品专柜门店,在5家园区设立扶贫产品专柜和自动售卖机,已在19条公交线路、7条地铁线路站点、列车内及物业电梯,投放2.3万个消费扶贫公益广告,并在广播电台高峰时段播出消费扶贫公益广告短音频。深圳市扶贫合作办与深圳卫视从2019底开始,联合打造《温暖在身边·深爱圳帮扶》特别节目,开启"电视+产销+导流"消费扶贫新模式,每周日播出。其中多条短视频被学习强国平台和广电总局抖音、快手新媒体平台"视听中国"转发,并作为扶贫优秀案例。同时,深圳积极完善统计通报和公开监督制度,强化扶贫产品质量价格、市场主体诚信经营、带贫成效监督,高标准、高质量推进消费扶贫工作。

> **专栏22-2　深圳消费扶贫专列**
>
> 　　2020年10月17日是第7个国家扶贫日,上午10:00在深圳地铁6号线科学馆站深圳消费扶贫专列首发,驶向"幸福站"(梅林关站),寓意深圳与对口帮扶地区共同奔赴小康幸福生活的美好愿景。深圳消费扶贫专列充分利用深圳地铁点多、面广、客流量大的优势,通过投放地铁列车广告,进行全方位展示宣传,营造"人人皆可为、人人皆愿为、人人皆能为"的社会扶贫氛围。登上消费扶贫专列,深圳海吉星消费扶贫中心主题口号"购买一份扶贫产品,奉献一片深圳爱心"全车可见。此外,车厢内部随处可见深圳市对口帮扶地区9省(区、市)54县(区)特色农副产品的宣传海报,乘客们拿起手机扫描二维码即可进入"圳扶贫"线上商城进行购买,十分便利。

　　(2)党建引领消费扶贫。在47个社区设立自动售卖机、流动售卖车和门店,并进入社区党群服务中心,党建引领消费扶贫。在全市1050个党群服务中心摆设消费扶贫专柜,党员带头购买,其中全市首批100个社区党群服务中心摆设消费扶贫专柜的选点已经确定;推出"线下超市展厅+线上数据平台+党群共建共享"消费模式,多样化打造区级消费扶贫暨党员活动中心。

五、"全链式"消费扶贫的整体效果

　　做强生产链、畅通供应链、提升价值链、优化消费链,形成"全链式"消费生态扶贫机制,这极大地推动了深圳的消费扶贫工作。根据"扶贫832"销售平台统计显示,深圳市在2020年9月的全国消费扶贫月活动当中累计采购贫困地区农产品1417.41万元,排名全国第一。据初步监测,2020年深圳市已经采购832个国定贫困县、粤东西北11市扶贫产品90多亿元,其中仅采购广西百色、河池的农产品就达16.06亿元。2020年来,深圳在全面采购"832扶贫产品"的同时,对深圳对口帮扶地区扶贫产品进行全面摸排、动态管理,制定深圳市消费扶贫产品名录。截至2020年7月底,深圳共收录

9省（市）54个县1125个产品，带动脱贫43576户131790人。[①] 深圳正着力培育壮大消费市场，激发全社会参与消费扶贫的积极性，营造全民扶贫"大格局"，形成社会扶贫"大合力"。

◎ 经验启示

深圳市着力构建全链式消费扶贫新模式，为解决好消费扶贫政策落实落地，提供了有益经验和启示。

（1）消费扶贫行动推进国内消费市场优势和贫困地区产品资源优势精准对接、实现互动共赢。消费扶贫行动是对消费扶贫的深化实化具体化。消费扶贫行动把中西部地区的特色产业与东部地区的市场需求结合起来，把促进贫困群众稳定增收与解决城市居民"菜篮子""米袋子""果盘子"问题结合起来，实现优势互补、互利共赢。消费扶贫行动是加快形成"以国内大循环为主体、国内国际双循环相互促进"新发展格局的新要求。开展消费扶贫行动，就是牢牢把握扩大内需这一战略基点，充分发挥国内超大规模市场优势，为中西部地区经济发展增添动力。开展消费扶贫行动，就是紧紧扣住消费这个经济增长的第一拉动力，抓住消费需求升级的战略机遇，为保市场主体、保产业链供应链稳定筑牢基石。

（2）构建消费扶贫长效机制，在共赢中谋长远。通过市场机制引领产业基地建设。贫困户生产的产品，如果放在自己手中，凭一己之力销售，不仅卖不到好价钱，而且还存在销售不出去的风险，无法实现增收；但如果在当地投资建设一个农产品基地，批量化收购贫困户的农副产品，帮助指导贫困群众有效生产，那么就能形成产品的规模效应，更能有针对性地适应市场的需求，从而使多方受益，促使贫困户增收脱贫。基地建设的作用就是规模化发展一种具有当地特色的产业，并且可以雇用和培训农民，生产出更多更优质的农产品，让全国的消费者都可以享受到当地的产品。发展品牌战略，做大做强扶贫产品。随着经济社会的发展和中国综合国力的提升，人民群众对美好生活的向往日益提升，对消费品质的要求越来越高，扶贫产品要想做大

---

① 杨阳腾.深圳：全产业链消费扶贫渐成气候[N].经济日报，2020-09-15.

做强，必须走高质量发展之路，紧跟时代发展的步伐，更好地服务于人民群众的消费。那么如何让贫困群众的产品形成品牌效应呢？引进高科技的农业生产技术和农业生产理念是必不可少的，此外深圳还依靠自身产品即"圳品"的影响力，让通过"圳品"认证的扶贫产品拥有了更加成熟的消费市场，消费者购买消费扶贫产品的意愿更强，也更加放心。

（3）市场化、社会化是消费扶贫的必由之路。必须创新思路，实现销售方式多样化。如今的中国是一个信息化、网络化的中国，扶贫产品的销售模式也应适应时代的潮流，线上线下同步进行，彻底打通销售环节的难点。中国拥有很广阔的消费市场，消费内需也很强劲，特别是年轻人消费观念不同以往，愿意在网络上，特别是直播间进行消费；在线下也愿意在一些装饰精美的实体店消费，如果有专业的网络主播对扶贫产品进行有效的推广，而且在线下设置若干具有鲜明特色的扶贫专柜专馆专区以及扶贫超市和扶贫自主消费点，贫困群众的产品就能在消费者的日常消费中消化，贫困户也能共享时代发展的好处，早日脱贫致富。需建立立体化全方位的帮扶体系，形成全民全社会扶贫的大合力。光靠一部分人或某部分力量是不够的，即使短期可以见效，但不可能形成长效机制。让扶贫事业可持续发展，有必要形成组织化的全方位的帮扶体系，不仅政府部门要进行高层设计，消化一部分扶贫产品，还要让企业融入进来，让市场机制在扶贫产品上也发挥作用；贫困户也应该激发起自己的脱贫的斗志，及时了解市场行情，生产出市场需要的产品，当然这需要多方面的帮助，包括职业技术培训，教育扶贫，等等。如此，消费扶贫才能真正解决产供销的问题，从"单向"扶贫转变为双向"互利"，切实带动贫困户脱贫。

案例编写：邹德文　张俊鹏

专题二十三：企业帮扶

产业就业加搬迁　但愿苍生俱饱暖
——恒大集团结对帮扶贵州省毕节市 *

◎ **案例导读**

企业帮扶是社会扶贫的重要力量，也是"三位一体"大扶贫格局的重要组成部分。民营企业如何积极投身扶贫减贫事业，与贫困县形成有效结对帮扶，从而为彻底打赢脱贫攻坚战，如期全面建成小康社会贡献应有力量？这是本案例要讲述的故事和回答的问题。

◎ **政策安排**

2014年11月，国务院办公厅印发《关于进一步动员社会各方面力量参与扶贫开发的意见》，鼓励民营企业积极承担社会责任，充分激发市场活力，发挥资金、技术、市场、管理等优势，通过资源开发、产业培育、市场开拓、村企共建等多种形式到贫困地区投资兴业、培训技能、吸纳就业、捐资助贫，参与扶贫开发，发挥辐射和带动作用。明确"按照国家税收法律及有关规定，全面落实扶贫捐赠税前扣除、税收减免等扶贫公益事业税收优惠政策，以及各类市场主体到贫困地区投资兴业、带动就业增收的相关支持政策。对积极参与扶贫开发、带动贫困群众脱贫致富、符合信贷条件的各类企业给予信贷

---

* 本案例的审稿和数据核实得到了贵州省人民政府发展研究中心的大力支持，在此表示感谢！

支持，并按有关规定给予财政贴息等政策扶持"。

2015年11月，中共中央、国务院颁布《关于打赢脱贫攻坚战的决定》，鼓励支持民营企业、社会组织、个人参与扶贫开发，实现社会帮扶资源和精准扶贫有效对接。引导社会扶贫重心下移，自愿包村包户，做到贫困户都有党员干部或爱心人士结对帮扶。吸纳农村贫困人口就业的企业，按规定享受税收优惠、职业培训补贴等就业支持政策。落实企业和个人公益扶贫捐赠所得税税前扣除政策。

2016年1月，全国工商联、国务院扶贫办、中国光彩会发布《关于推进"万企帮万村"精准扶贫行动的实施意见》指出，组织民营企业开展"万企帮万村"精准扶贫行动是贯彻落实中央扶贫开发工作会议和《中共中央国务院关于打赢脱贫攻坚战的决定》精神的重要任务，是引导广大非公有制经济人士积极参与理想信念教育实践活动、踊跃投身全面建成小康社会伟大实践的有效载体。

2018年6月，中共中央、国务院关于《打赢脱贫攻坚战三年行动的指导意见》要求深入推进"万企帮万村"精准扶贫行动，引导民营企业积极开展产业扶贫、就业扶贫、公益扶贫，鼓励有条件的大型民营企业通过设立扶贫产业投资基金等方式参与脱贫攻坚。

◎ 创新实践

毕节市位于贵州省西北部、川滇黔三省交界、乌蒙山腹地，属乌蒙山集中连片特困地区，是国家新一轮扶贫开发攻坚战主战场之一。毕节市总面积2.69万平方公里，截至2017年底，全市常住人口665.97万人，户籍人口927.52万人。2015年底恒大集团进入毕节开展扶贫工作时，当地贫困人口115.45万人，其中大方县贫困人口18万人。

恒大集团充分发挥民营企业的资金优势、产业优势、人才优势、渠道优势、信息优势和管理优势等，围绕产业扶贫、就业扶贫、搬迁扶贫、教育扶贫、特困群体生活保障扶贫等方面，积极创新企业扶贫方式，以"但愿苍生俱饱暖"的情怀主动承担社会责任。恒大集团从2015年12月1日开始结对帮扶毕节市大方县，无偿投入 30 亿元，到 2018 年底实现 18 万贫困人口全部稳定脱贫；2017 年 5 月 3 日开始，除大方县外，恒大集团又承担了毕节试验区 6 县 3 区的帮扶工作，再无偿投入 80 亿元，共计 110 亿元扶贫资金，又由整县帮扶扩展到帮扶毕节全市 7 县 3 区。截至 2020 年 11 月底，在各级党委政府的坚强领导下，恒大集团已帮助毕节 103 万人脱贫，大方、黔西、七星关、织金、纳雍、威宁、赫章等县区脱贫摘帽。[①]

一、产业扶贫：精准选择产业，打好扶贫"组合拳"

扶贫攻坚的核心在于产业支撑。因地制宜的产业扶贫，是实现永久脱贫的基础。

（一）因地制宜打造生态农业特色种养基地

毕节耕地细碎坡又陡，如何在"巴掌坡地盖高楼"成为产业发展的第一道难题。其实，机遇往往与挑战并存。山高谷深的地形，恰恰造就了良好的天然隔离条件，且夏秋气温凉爽，病虫害不易传播，适宜发展生态农业。"一山有四季、十里不同天"的独特气候，又为发展特色农业提供了条件。"思路一变天地宽，穷山也能变金山。"

恒大无偿投入 48 亿元，帮助毕节打造我国西南地区的两大基地，一个是最大的蔬菜瓜果基地，一个是最大的肉牛养殖基地，帮助 20 万户、70 万贫困人口发展蔬菜、肉牛以及中药材、经果林等特色产业。

（1）打造蔬菜产业链，"供、产、销"一体化助脱贫。毕节低纬度高海拔，是典型的夏凉山区，非常适合种植高品质高山冷凉蔬菜。恒大结合当地实际大力发展蔬菜产业，通过援建育苗基地、节水灌溉和蔬装大棚等农业基础设施，扶持互助合作社组织带动贫困户发展生产。同时引进蔬菜上下游龙头企业，并配套建设蔬菜集散中心，借助"互联网+"的手段，根据市场需求指导育苗中心生产。蔬菜成熟后，由集散中心到田间地头向合作社现场收购，然后集中洗、拣、分，把绿色蔬菜供给到全国各地。恒大集团这种"供、产、销"

---

① 2016 年 10 月，恒大集团董事局主席、党委书记许家印获首届"全国脱贫攻坚奖奉献奖"。在 2021 年 2 月 25 日全国脱贫攻坚总结表彰大会上，恒大集团有限公司获"全国脱贫攻坚先进集体"称号。

一体化的蔬菜产业精准扶贫模式,解决了农户"不知道种什么、不知道种多少、不知道卖给谁"的根本性问题,确保了贫困户持续增收、稳定脱贫。

（2）打造养牛产业链,推动"粮食改饲料"助脱贫。毕节自古有养牛的传统,受限于当地土牛品种不良,传统养牛业经济效益低。针对这一现状,恒大计划通过引调繁育10万头纯种安格斯牛和西门塔尔优质基础母牛,建设10万头饲养规模的养殖基地,通过引进200万枚国外优质精品牛,改良50万头当地土牛等途径全面助推毕节市优质肉牛产业发展,并以点带面迅速带动养牛全产业链条的发展,形成良种繁育、饲料加工、疫病防治和市场营销4大体系,为全市脱贫攻坚奠定坚实的产业基础。此外,以肉牛产业发展饲草料为基础,恒大和当地政府一道,引导贫困群众大力发展青贮玉米种植,待成熟后由恒大引进的肉牛产业上下游龙头企业按订单收购,切实确保了当地贫困户增收脱贫。这种带动"粮食改饲料"的做法也加快了毕节市产业结构调整。

（3）打造中药材、经果林产业基地,规模化发展特色产业助脱贫。"黔地无闲草,遍地是灵药",毕节自古就有种植中药材、食用菌及经果林等产业的传统。针对乌蒙山区独特的生态、气候,恒大计划帮助毕节建设25万亩经果林基地、25万亩中药材基地,毕节特色产业得到规模化、集约化发展,带动了贫困群众收入大幅度增长。

（二）探索出"企业＋合作社＋贫困户"的组织模式,通过利益联结助推产业发展

（1）打造"企业＋合作社＋贫困户"的组织模式,确保贫困户在产业发展中受益。2016年恒大集团在大方县帮扶过程中,帮助幸福新村成立互助合作社,引进企业,采取"企业＋合作社＋贫困户"的组织模式,发动贫困群众参加互助合作社,制定"四股份"利益联结机制和产销对接机制,发展种植业和养殖业,确保贫困户在产业发展中受益。

（2）对产业和基础设施进行确权,激发贫困群众脱贫致富的积极性。恒大集团把建成的育苗中心、冷库、清洗棚、蓄水池、提灌泵房、输水管道、机耕道等基础设施和购置的旋耕机等设备确权给贫困户,贫困户将其作为股份入股在互助合作社,再按照股权在互助合作社总体投入中所占的股份来进行分成。确权的方式，既确保了贫困户的利益，又调动了广大贫困户脱贫致富的积极性。

（3）培育致富能人，发挥示范带动作用。农村能人大户在产业等发展中具有带动和示范作用，恒大集团在互助合作社股份中明确规定，拿出15%的股权给种养殖大户、农技人员、村"两委"干部，鼓励种养殖大户、农技人员、村"两委"干部到产业基地发展蔬菜、中药材种植和养牛。通过养殖大户、农技人员、村"两委"干部做给群众看、带领群众干，不断增强贫困农户发展产业的内生动力。致富能人的示范带动，促进了土地流转，在解决土地撂荒问题的同时，促进贫困人口增收。

（三）创新金融扶贫方式，解决生产资金缺乏这一关键问题

资金短缺是贫困地区扶贫开发面临的最大问题。只有有效解决贫困户发展资金的问题，才能从根本上解决贫困户的发展问题。

2016年，恒大集团拿出1亿元资金，在大方县成立恒大大方扶贫融资性担保公司，为缺乏生产资金的贫困户提供银行贷款担保；利用大额度资金重点为互助合作社、致富能人发展特色产业提供贷款担保，充分发挥扶贫信贷投放的作用。担保贷款的方式，让贫困群众有压力才有动力，有效调动了贫困群众发展产业的积极性。融资性担保，让恒大集团的1亿元资金撬动了银行10亿元以上资金发放给贫困户、致富能人和合作社，打通了精准扶贫"输血"通道，有效解决困扰银行放款给贫困户的风险问题，也有效解决了贫困户缺乏发展资金的问题。在开展融资性担保的同时，恒大集团帮助政府组建扶贫开发公司，为老百姓贷款进行贴息，政府承担风险补偿的80%，金融机构承担20%，恒大集团对政府承担的80%风险补偿进行反担保。这样金融机构放心把资金贷给贫困户发展生产，恒大集团出钱对政府风险补偿进行反担保，减轻了政府的经济压力和负担。

二、就业扶贫：教育培训养老一体化，贫困群众能就业、能老有所养

为了阻断贫困代际传递，恒大集团在毕节市大力实施教育扶贫，修建小

学13所、幼儿园28所、完全中学1所和职业技术学院1所，与清华大学合作引进了优质教育资源，确保贫困儿童有学上、不辍学。

就业扶贫是最有效最直接的脱贫方式。恒大集团在毕节成立培训机构，围绕物业、园林、酒店管理知识编写教程，利用新时代农民讲习所，采取"课堂讲、基地习"的方式，安排物业、园林、酒店管理人员为贫困群众讲授物业、园林、酒店管理知识，组织贫困群众到物业、园林、酒店实习，对掌握物业、园林、酒店管理技能的贫困人员，吸纳到恒大集团物业、园林、酒店等下属企业和战略合作企业就业。截至2020年9月，恒大集团已帮助毕节市培训113217人，在旗下产业解决8万人就业，推荐到当地产业就业和异地就业的有75462人，人均年收入4.2万元，实现了"一人就业、全家脱贫"。

为切实解决孤寡老人看病难问题和孤儿抚养问题，恒大集团在毕节修建慈善医院1所、敬老院1所、儿童福利院1所，让孤寡老人老有所养、老有所医，让孤儿有住处、有饭吃。

专栏23-1　赵庆荣接受就业培训后全家脱贫

赵庆荣来自毕节市咸宁县新发乡联合村的一个6口贫困家庭。父母身体不好，还要努力劳作供养3名子女读大学，被沉重经济负担压弯了腰，致使"幺儿"赵庆荣学业止步于职中一年级。那时，他刚满16岁，要帮家里养牛耕作、四处打散工，和父母一起赚钱供哥哥姐姐们继续大学学业。2017年5月3日开始，恒大集团把结对帮扶范围从大方县扩大到整个毕节市，帮扶脱贫人口从18万人扩展到103万人。赵庆荣的命运就此迎来"逆袭"良机。这一年，他刚满17岁，已经打了一年散工。2017年7月底，他在咸宁县参加了恒大组织的第一期吸纳就业培训班，讲师给他打气："一人就业就能实现全家脱贫，你年轻又有冲劲，一定能行。"他起初不确信，问道："我学历低、无技能，能做什么工？"2017年8月初，恒大为大方县各大安格斯牛育种场引进的上下游龙头企业之一的中禾恒瑞招聘贫困户入职。自小能放牛能种地的赵庆荣硬着头皮去应聘，最后成功入职，随

> 即离开咸宁老家，走进大方县，成为"一育"的"养牛娃"——普通饲养员，底薪 2400 元／月。2018 年 2 月，赵庆荣凭借出色表现晋升为饲养组班长，工资又涨了，达到 4500 元／月。此时，他已经掌握了基本兽医学，能调度手下员工有条不紊运作农场。2018 年 11 月，"三育"要从员工中提拔一名新场长。刚过 18 岁生日的赵庆荣毫无悬念，成为见习场长，成为恒大在大方县的 19 个育种场中最年轻的场长。只要通过 3 个月的见习期，工资就会涨到 6500 元／月。赵庆荣接受恒大就业培训后不但使家庭摆脱了贫困，还可以帮助哥哥姐姐们继续完成学业。

三、易地搬迁扶贫：迁出深山，解决"一方水土养不活一方人"的难题

易地移民搬迁是有效解决部分贫困人口脱贫的有效途径之一。毕节的地质地貌结构十分复杂且破碎，是典型的岩溶山区，对于生活在自然条件恶劣区域的贫困人口，要让他们脱贫致富，必须把他们从深山区、石山区和自然灾害易发的地方搬迁出来。

毕节各县的移民搬迁工作都存在非常大的难度，恒大集团针对基本丧失生产生活条件地区的贫困群众，在充分尊重贫困户的意愿的基础上，十分重视农民搬迁后的生存与发展问题。2017 年，恒大集团承接了毕节市剩余的全部易地扶贫搬迁任务，易地扶贫搬迁涉及 24626 户 111325 人，恒大集团以打造幸福新村为主，建设房屋 891 栋，住房 26858 套。在幸福新村建设蔬菜种植基地和养殖产业基地，把产业和基础设施确权给贫困户，贫困户有了股权，还能在基地务工获得收入，也可以用安置房发展家庭旅馆、农家乐等服务业增加收入，让贫困群众真正搬得出、稳得住、能就业、能致富、不反弹。

| 专栏 23-2　大方贫困户易地搬迁换新颜 |

　　毕节市大方县安乐乡白宫村人丁学志搬迁之前一家五口人挤在一间不到 30 平方米、破败不堪的老房子里，日子过得捉襟见肘。他曾认命一家人的生活会一直灰暗下去，却不承想幸福会来得如此突然。2016 年初，丁学志听村干部说，自己一家属于建档立卡且符合搬迁条件的贫困户，可以免费搬迁至恒大集团修建的奢香古镇，他激动又忐忑，一晚没睡着。忐忑的原因是他认为"天上不会掉馅饼"，如果搬过去种地会不会不方便？那么经济来源又该如何解决？最后在政府和恒大的鼓励和帮助下，丁学志一家搬迁至恒大援建大方县的奢香古镇，拥有了属于自己的新房子，一幅人生的新画卷正在丁学志面前徐徐展开。经恒大帮扶后，丁学志还进入大方县纯种安格斯牛第七育种场工作，不仅包吃包住，每个月还有工资收入，一家人的生活越过越好。

◎ 经验启示

从恒大帮扶毕节的实践中，我们可以得出如下经验启示。

（1）变点式帮扶为区域整体推进。先富帮后富，东部帮西部，"万企帮万村"，以往企业参与扶贫大多是一个企业帮扶一个村、一个点的点式帮扶。恒大集团选择贫困程度深、致贫因素复杂、脱贫难度大、贫困人口多、脱贫任务艰巨的毕节试验区为帮扶对象，争当脱贫攻坚的贡献者、精准扶贫的实践者、社会风尚的引领者，体现了强烈的社会责任和使命担当。恒大集团从 2015 年 12 月 1 日开始结对帮扶毕节市大方县，无偿投入 30 亿元，到 2018 年底实现 18 万贫困人口全部稳定脱贫；2017 年 5 月 3 日开始，除大方县外，恒大集团又承担了毕节试验区 6 县 3 区的帮扶工作，再无偿投入 80 亿元，共计 110 亿元扶贫资金，由整县帮扶扩展到帮扶毕节全市 7 县 3 区，真正做到精准扶贫帮扶的区域整体推进。

（2）变间接帮扶为直接参与。恒大集团变间接参与扶贫为直接参与，彻底解决以前企业参与扶贫往往是间接参与,帮扶形式单一,其效果不好的状况。恒大集团参与毕节试验区精准扶贫脱贫,派恒大集团副总裁挂任毕节市副市长,成立恒大集团扶贫办,其副总裁担任扶贫办主任,在毕节各县区成立恒大扶贫管理有限公司。恒大还利用人才优势,从全集团系统选拔了321名精兵强将、优秀的扶贫干部和1500名本科以上学历的扶贫队员,组建精准扶贫工作团队,与大方县原有287人的扶贫团队组成2108(2018年3月达到2237名)人的扶贫队伍,派驻到县、乡、村,与当地干部群众并肩作战,利用企业管理经验,让团队直接参与到扶贫的各项工作中来,带领集团为民营企业参与补短板,保证毕节试验区精准扶贫、精准脱贫取得成效,从而促进共同富裕。

(3)变单一捐资为立体帮扶。大多企业参与扶贫的方式是以单一的捐资进行帮扶活动。而恒大集团改变企业帮扶的方式,改变单一捐资扶贫的方式,不仅出资,而且出优秀管理人员,从集团抽调员工常驻毕节办公,采用企业先进的管理办法,参与毕节试验区精准扶贫中产业扶贫、易地搬迁扶贫、发展教育扶贫、吸纳就业扶贫和特困群体生活保障扶贫等综合帮扶措施,全方位参与毕节试验区精准扶贫工作,补齐精准扶贫短板。采用既"输血"又"造血"标本兼治的方式,是全方位、立体式、可持续性的扶贫。

(4)变"大水漫灌"为"精准滴灌"。恒大集团创新精准扶贫工作方式,制定精准扶贫规划方案,把扶贫"大水漫灌"变为"精准滴灌"。恒大集团摸清贫困户的真实数量和数据,确保扶贫对象精准,针对贫困户实际,做到措施到户精准、项目资金精准、脱贫成效精准。把每户每个人的发展意愿等信息都收集汇总到大数据库中。然后为这些贫困户建档立卡建立数据库。恒大集团尊重自然规律,根据市场规律和当地产业发展市场前景,引导群众合理选择适宜产业。根据得天独厚的气候资源,因地制宜,通过产业扶贫带动模式,把发展特色产业作为产业扶贫的重中之重,把产业扶贫作为贫困群众增强自我发展能力的重要举措,结合当地贫困人口、贫困程度、致贫原因等,做到因户施策、因人施策,从而实现精准扶贫"对症下药",变"输血"为"造血",变"大水漫灌"为"精准滴灌"。

（5）回报社会，彰显了企业的社会责任。企业是效益导向的市场主体，从短期来看，企业参与对口帮扶工作，本身是与其追求利润最大化的主要目标冲突的。因此，恒大作为民营企业主动请缨定点帮扶毕节，其典型意义不一般，体现了高度的社会责任感。从长远、从社会全局来看，企业参与扶贫开发创造的社会效益将从多方面提高企业未来的经济效益，比如素质更高或技术更加熟练的劳动力、更开放更透明的商业环境、更好的生态环境等，最终实现帮扶企业和贫困地区的双赢，社会效益的最大化。

（6）形成合力，体现了中国特色社会主义的制度优势。打赢脱贫攻坚战，是促进全体人民共享改革发展成果、实现共同富裕的重大举措，是彰显中国特色社会主义制度优越性的重要标志。脱贫攻坚需要政府的推动和引导，也需要企业发挥市场经营主体的优势，形成社会合力。在中国特色社会主义制度下，国家通过激励相容的制度安排，引导企业包括一大批民营企业在追求经济效益的同时，投身脱贫攻坚，承担起自己的社会责任，成为社会力量的主力军，政府扶贫的好帮手，实现先富带动后富。

案例编写：邹德文　张俊鹏

第七篇
改革创新：推动扶贫体制机制变革

　　我在福建宁德工作时就说过，弱鸟可望先飞，至贫可能先富，贫困地区完全可以依靠自身的努力、政策、长处、优势在特定领域先飞。现在，许多贫困地区一说穷，就说穷在了山高沟深偏远。其实，不妨换个角度看，这些地方要想富，恰恰要在山水上做文章。要通过改革创新，让贫困地区的土地、劳动力、资产、自然风光等要素活起来，让资源变资产、资金变股金、农民变股东，让绿水青山变金山银山，带动贫困人口增收。

——《在中央扶贫开发工作会议上的讲话》（2015年11月27日），《十八大以来重要文献选编》（下），中央文献出版社2018年版，第50页

　　全面建成小康社会，实现第一个百年奋斗目标，一个标志性的指标是农村贫困人口全部脱贫。完成这一任务，需要贫困地区广大干部群众艰苦奋战，需要各级扶贫主体组织推动，需要社会各方面真心帮扶，需要不断改革创新扶贫机制和扶贫方式。

——对全国脱贫攻坚奖表彰活动作出的指示（2016年10月15日），《习近平扶贫论述摘编》，中央文献出版社2018年版，第105页

专题二十四：金融扶贫

金融"活水"精准"滴灌"乡村产业
——金融扶贫小额信贷的湖北郧阳模式*

◎ **案例导读**

为贫困群众提供金融服务是世界性难题。诺贝尔奖获得者、穷人银行家穆罕默德·尤努斯说，"传统上，金融是为富人提供服务的，而弱势群体难以得到金融服务，因为金融机构和系统并不是针对弱势群体而建立和制定的"。如何解决"贫困户贷款难"这一"世界难题"？如何有效发放扶贫小额信贷？如何使扶贫小额信贷与特色优势产业互融互促？这是本案例要讲述的故事和回答的问题。

◎ **政策安排**

2011年5月，中共中央、国务院颁布《中国农村扶贫开发纲要（2011—2020年）》，提出"继续完善国家扶贫贴息贷款政策。积极推动贫困地区金融产品和服务方式创新，鼓励开展小额信用贷款，努力满足扶贫对象发展生产的资金需求"。

2014年12月，国务院扶贫办、财政部、人民银行、银监会、保监会印发《关于创新发展扶贫小额信贷的指导意见》，要求丰富扶贫小额信贷的产品和形

---

* 本案例在实地调研的基础上撰写（调研组成员：邹德文、魏长仙、张俊鹏、王宇），郧阳区委区政府及相关部门和人员（李涛、秦子胤、李长明、胡昌华等）在案例调研、撰写、审稿中给予大力支持，在此表示感谢！

式,创新贫困村金融服务,努力促进贫困户贷得到、用得好、还得上、逐步富;明确了"对符合贷款条件的建档立卡贫困户提供5万元以下、期限3年以内的信用贷款。鼓励金融机构参照贷款基础利率,合理确定贷款利率水平"等政策。

2015年11月,中共中央、国务院印发《关于打赢脱贫攻坚战的决定》,要求创新金融产品,增加贫困地区信贷投放。对有稳定还款来源的扶贫项目,允许采用过桥贷款方式,撬动信贷资金投入。支持农村信用社、村镇银行等金融机构为贫困户提供免抵押、免担保扶贫小额信贷,由财政按基础利率贴息。支持贫困地区设立扶贫贷款风险补偿基金。积极发展扶贫小额贷款保证保险,对贫困户保证保险保费予以补助。

2017年7月,银监会与财政部、人民银行、保监会和国务院扶贫办联合印发《关于促进扶贫小额信贷健康发展的通知》(银监发〔2017〕42号),进一步明确扶贫小额信贷的政策要点:"5万元以下、3年期以内、免担保免抵押、基准利率放贷、财政贴息、县建风险补偿金";并强调"扶贫小额信贷要始终精确瞄准建档立卡贫困户。对已经脱贫的建档立卡贫困户,在脱贫攻坚期内保持扶贫小额信贷支持政策不变,力度不减"。

2019年5月,中国银保监会、财政部、中国人民银行、国务院扶贫办印发《关于进一步规范和完善扶贫小额信贷管理的通知》,指出"脱贫攻坚期内,在符合有关条件的前提下,银行机构可为贫困户办理贷款续贷或展期;在已经还清扶贫小额贷款和符合再次贷款条件的前提下,银行机构可向贫困户多次发放扶贫小额信贷。借款人年龄原则上应在18周岁(含)~65周岁(含)之间。银行机构应综合考虑借款人自身条件、贷款用途、风险补偿机制等情况,自主作出贷款决定"。

2020年7月,中国银保监会、财政部、中国人民银行、国务院扶贫办四部门联合印发《关于进一步完善扶贫小额信贷有关政策的通知》,对符合扶贫小额信贷及续贷、展期条件的,银行机构要确保应贷尽贷、应续尽续、应展尽展;符合追加贷款条件的,可予以追加贷款支持,但单户扶贫小额信贷总额不得超过5万元。

◎ **创新实践**

湖北省十堰市郧阳区地处鄂西北，属南水北调中线工程核心水源区，是秦巴山片区集老、山、边、贫、库于一体的国家级贫困县。全区总人口63万人，其中农业人口45.89万人，精准识别建档立卡贫困人口48173户162929人，重点贫困村85个，贫困发生率为35.63%。脱贫攻坚以来，郧阳区把扶贫小额信贷作为打破农村金融坚冰的"利斧"和撬动脱贫攻坚的"杠杆"，创新信贷模式，加强"政、银、保"三方合作，按照"政府主导、群众主体、人行牵头、银保参与、产业对接"的工作思路，积极探索，推动扶贫小额信贷落地开花，有力地推动了脱贫产业发展和贫困户增收。

一、扶贫小额信贷推进初期面临的三大难题

在推进扶贫小额信贷的初期，面临着诸多困惑，总结起来，主要是"三个点"：难点、痛点和堵点。

（1）难点是"同床异梦"。面对扶贫小额信贷，银行有"三怕"：一怕风险大，贫困户是弱势群体，名下资产差，产业弱，收入低；二怕任务重，郧阳区贫困人口16万多，但全区参与扶贫的主办银行只有4家、30个网点，一线信贷员人均服务1000户、4000人，任务十分繁重；三怕成本高，郧阳山大人稀，办理信贷成本高，比如白浪镇离城关100余公里，如果一个农户申请贷款1万元，银行仅跑一趟，租车需300元，还不算人工成本和贷款风险。群众有"三怕"：一怕贷不到，贫困户普遍文化程度低，金融知识了解少，平时不与银行打交道，生怕银行不给贷；二怕贷得慢，小额信贷主要用于农业产业发展，季节性强，但办理贷款手续复杂耗时，跟不上农时；三怕还不起，农业产业受自然条件影响较大，贫困户担心发展产业失败，还不起款，背上坏名声。

（2）痛点是"鸡飞蛋打"。一方面，银行怕"飞"了。郧阳有建档立卡贫困户近5万户，按每户贷款5万元测算，放贷金额达25亿元，数额巨大，风险很高。另一方面，群众怕亏了。贫困户属于弱势群体，自身能力不足、缺乏产业项目，担心投资失败或遇特殊情况血本无归，最终产生逾期或无法还款，让贫困户雪上加霜，造成"鸡飞蛋打"的局面。给银行松绑，给贫困户解难，显得尤其重要。

（3）堵点是"蜗牛爬树"。一方面，金融机构贷款所需要件多、程序繁、审批慢。办理扶贫小额信贷初期，一笔贷款需要24件资料，把资料准备齐，群众至少要跑5趟腿，银行至少要入3次户。另一方面，山区群众居住偏，距离远，出行不方便。郧阳是山区库区，贫困群众居住分散，50%以上的贫困户到中心集镇需1小时以上。正常办理一笔贷款业务，保守需要2个月时间。简化手续，加快放贷，方便群众，显得十分迫切。

二、建立"1351"扶贫小额信贷服务体系，确保贷得到

如何做好金融扶贫这篇文章，破解以上难点、痛点、堵点，创新是唯一出路。郧阳创新"1351"扶贫小额信贷服务体系，深化金融扶贫供给侧结构性改革，打消银行顾虑，解放群众思想。

（一）"1"，出台一个实施方案，破解银行的"怕"

商业银行作为企业，首要目的是防风险，底线是不亏本。郧阳区政府组织区内银行机构仔细研读国家政策，于2017年3月研究制定《郧阳区开展扶贫小额信贷业务实施方案》，该方案与银监会等五部委2017年7月印发的《关于促进扶贫小额信贷健康发展的通知》（银监发〔2017〕42号）政策要点一致。针对银行关注的风险，《方案》首次提出"5万元以下、3年期以内、免担保免抵押、基准利率放贷、财政按月直补贴息、建立风险补偿金"6个贷款要点，彻底消除银行顾虑。

（二）"3"，建立三级金融服务体系，破解群众的"怕"

针对金融机构基层站点少、业务开展单一、存多贷少、与有钱人打交道多、与贫困群众交往少的问题，创新构建区镇村三级金融服务体系，精准对接贫困群众贷款需求。村级：成立村级金融精准扶贫工作站。村支部书记担任村级金融精准扶贫工作站站长，专职驻村帮扶工作队长、主办银行信贷员、保险公司代理员担任村级金融精准扶贫工作站副站长，工作人员由党员代表、群众代表和贫困户代表组成。乡（镇）：设立金融扶贫专干。每日收集汇总辖区内的贷款信息，清单式报区会签中心。区级：组建扶贫小额信贷会签中心，

政府、银行、保险相关部门抽调专人全天候在会签中心集中办公，即报即审即签，提供"一站式"服务。

（三）"5"，创新"五步工作法"，破解程序的繁

第一步，评级授信。银行降低"门槛"授信。贫困户之所以贫困，最主要因素是无优质资产、无优质产业。银行对照"六看"信用评价模式，结合实际，调整优化授信标准，将建档立卡贫困户的诚信度权重适当提高，将粮、房、劳力等其他5个方面的权重适度调低，形成了"一看房、二看粮、三看劳力强不强、四看有无读书郎、五看是否诚信与善良、六看围绕什么产业忙"的"新六看"评级授信体系。分类设定指标分值，其中，看房标准分值20分，看粮标准分值10分，看劳动力标准分值20分，看有无读书郎标准分值10分，看诚信度标准分值20分，看产业标准分值20分，6项合计总分100分。按分值将信用等级分为A、B、C、D四档，银行根据信用等级对建档立卡贫困户进行授信，对得分60分以下的原则上不授信。同时，把贫困户评级授信和扶贫小额信贷审批权限统一下放到村级金融扶贫工作站，使评级授信等级由银行单独说了算，变为村级金融工作站和银行共同讨论决定，确保评级授信对象全覆盖、流程更科学、结果更公正。

政府出资增信。2017年4月，郧阳区财政筹集7000万元设立扶贫小额信贷风险补偿专项资金，用于银行贷款本息损失的补偿，每年根据贷款需求和损失补偿情况进行补充调整。同时，区政府累计出资1052万元用于购买保险公司服务，通过保险对贫困户意外死亡、逾期不还、因灾产业受损等情况进行保障，充分发挥保险的防护作用，为贫困户增信。

村级合作社出具文书证信。针对评级授信在D级以下的少数贫困户，郧阳区采用村级合作社为贫困户开具务工收入证明、农业产业收入证明等方式，提高贫困户信用等级，帮助贫困户顺利获得扶贫小额贷款。

第二步，收集资料。村级金融工作站帮助主办银行收集贷款申请资料、协助开展贷前调查、普及基本金融知识。

第三步，入户调查。扶贫工作队员负责按照贫困户需求，入户核实，然后组织群众进行一次面签，让群众一次办结。

第四步，集中会签。申贷对象资料收集齐全、村评贷委初审后，以村为单位直接报镇评贷委和区扶贫小额信贷会签中心审签。

第五步，发放贷款。所有审核通过的贷款以村为单位集中发放，第一时间发放到贫困户手中，并在全村和网上公示，接受群众监督。

（四）"1"，创新一张大保单，破解保险出单慢

保险作为放贷的重要环节，需上传至省级保险公司审批出单，全省每天最多只能审核60笔，仅郧阳区每天贷款至少500笔，根本无法满足群众贷款需求。郧阳区政府主动与省人保财险公司沟通汇报，促成并签订全国第一张保额为2亿元的扶贫小额信贷综合性大保单。这个2亿元大保单，是个概数，工作中以当年实际发放的扶贫小额信贷为准，涵盖种植业养殖业保险、价格指数保险、借款人意外保险、贷款信用保证保险等全方位、一揽子保险产品。按照贷款保证保险保费2%，意外伤害保险0.5%，将保险公司收取的保费建立保险资金池，全额用于理赔，当资金池资金不够支付时，财政再给予补充；政府通过购买保险公司服务，开展理赔工作，保险公司只拿取服务费。2018年，郧阳区又推行一镇一张大保单，再次提高保险出单速度，保障贫困户抢抓农时发展产业。

专栏24-1　李亚华获得2018年脱贫攻坚奖创新奖

湖北省农村信用联合社党委书记、理事长李亚华，在推进扶贫小额信贷的落实落地中，创新开发"政府＋市场主体＋农商行＋保险公司＋贫困户"扶贫模式，带领湖北省联社建立"专项计划、专门档案、专优利率、专属模式、专门流程、专项资金、专项考核"的金融精准扶贫"七专"工作机制，集中信贷资源，加大信贷投放，优化金融服务，建立覆盖全省1.35万个行政村的金融精准扶贫工作站。2015年至2020年8月，湖北全省农商银行累计发放扶贫贷款473394笔、金额360.11亿元；累计发放扶贫小额贷款406754笔，金额181.39亿元，直接和间接带动40万贫困户脱贫增收。2018年，李亚华荣获全国脱贫攻坚奖创新奖。

三、建立"2+N"产业支撑体系，确保用得好

脱贫靠产业，产业靠金融。郧阳区坚持把产业发展作为克服疫情影响、打赢脱贫攻坚收官之战、巩固脱贫成果的根本之策。全产业链、全生态链、全价值链发展香菇、袜业两个兜底产业+N个短平快增收项目的"2+N"扶贫产业，紧扣扶贫小额信贷政策要点和扶贫产业发展，精准推荐金融产品。

（1）投向香菇产业，建成特色小镇。定向使用扶贫小额信贷，开发香菇综合收入保险，因地制宜发展香菇产业，区建扶贫产业园、镇村建扶贫车间、户建扶贫作坊，以"龙头企业+基地+村级合作社+农户"模式，带动2万户贫困群众增收。郧阳区整理土地3000亩建设香菇小镇，集中安置就近选址难、产业配套难、就业增收难的18个乡镇4249户15165人，配建1000亩香菇产业基地。为引导易地扶贫搬迁户发展香菇产业，最大限度发挥扶贫再贷款的货币政策效应，人民银行对郧阳区地方法人机构——郧县农商行发放1亿元的扶贫再贷款，撬动农商行投入更多小额信贷资金，在贷款对象上定向贷给易地搬迁特殊贫困户，在贷款用途上定向集中发展香菇产业，在贷款区域上定向用于香菇小镇。2018年，香菇小镇2817户贫困户获得扶贫小额贷款1.32亿元，种植香菇288.6万棒，户均增收超过1万元，实现了搬到好地方、找到好门路、过上好日子、形成好风尚的目标。

（2）投向袜子产业，打造中部袜都。袜业企业发展前景广阔、市场订单饱满、带动就业较强。郧阳区先后引进上海东北亚新等26家袜业企业落户郧阳，按照"扶贫车间+扶贫作坊+农户"的袜业扶贫模式，引导贫困群众使用扶贫小额信贷，购买缝头、翻袜、定型、包装等加工设备，近万名群众在袜业后道工序加工链条中增收。柳陂镇贫困户明刚用扶贫小额信贷购买缝头机和翻袜设备开办扶贫作坊，月收入4000余元，挣钱顾家两不误，安幼养老都兼顾。

（3）投向"四小"产业，家家脱贫致富。探索实行"户贷户用户还社管"模式，全覆盖成立区、镇、村三级扶贫互助合作社，弱劳动力贫困户加入村级扶贫互助合作社，申请扶贫小额信贷发展小种养、小作坊、小庭院、小买卖"四小产业"，建成生产互助组，形成产业联合体，增强抵御市场风险的

能力。郧阳区共建成蔬果畜药油特色产业基地80万余亩，涌现出一大批汽车坐垫村、服装玩具村、黄酒酿造村、粉条加工村、蔬菜种植村、旅游养生村。通过龙头企业带动，扶贫小额信贷激励，全区种植油橄榄、核桃、木瓜、中药材等80万亩，让农民挑上"金扁担"、吃上了"旅游饭"，绿水青山变成了金山银山。

专栏24-2　父母种香菇，孩子织袜子

安阳镇王庄村贫困户武士有，因交通条件落后、一方水土难养一方人致贫，老两口都将近60岁，工厂不要、工地重体力活干不了，两个女儿读书少工资低，日子过得紧紧巴巴。

搬到湖北省最大的易地扶贫搬迁安置点青龙泉社区后，老两口贷款5万元，种植香菇8000棒，两个女儿进入棉伙棉伴公司干挡车工、平均月薪4000元。父母种香菇、孩子织袜子，全家人都有了收入。武士有2018年已如期脱贫，奔向小康生活。

四、建立"四位一体"风险防控体系，确保"还得上"

坚持"风险在哪里，防控措施就跟进到哪里"，构建政府、保险、村级、法院四位一体防控体系，加强扶贫小额贷款贷前调查、贷中监管和贷后风控，确保扶贫小额贷款放得出、收得回。截至2020年底，郧阳区贷款逾期率为零，到期还款率100%。

（1）政府：开展十星创建，专班清收一批。郧阳区扎实开展十星级文明农户创建活动，增强群众规范用款、按期还款的意识。①按时还款有奖励。对按期还款的信用户，给予授信额度优惠、适当资金补助激励，优先评为"十星级文明农户"，发放额度为3000元的信用卡，当年在商超、酒店、医院、学校、交通等6个指定地点消费可享受九五折优惠。②逾期还款有约束。对不守信用，贷款到期不还的，视其主客观原因对其提醒劝诫；对有还款能力但拒不执行还款义务的"老赖"，依法采取必要的惩戒措施：贷款人自己承担贷款本息和逾期罚息，不良信息将自动纳入人民银行征信系统，形成终身信用档案，情节严重的追究法律责任。③还款就在家门口。贷款清收工作由乡镇主抓、村级金融工作站主推，乡镇干部、村干部分组包干，点对点联系到户，协助清收贷款。

（2）保险：按照合同约定，保险理赔一批。一是一旦发生逾期3个月的贷款，政府、银行、保险按照1∶2∶7的比例承担风险。由主办银行与保险公司直接对接，保险公司除因借款人死亡或意外伤残无法还款的给予全额赔付外，其他情况按照贷款损失金额的70%予以赔付。二是若因种养殖、价格指数、意外等原因造成逾期3个月后，保险公司给予相应赔付，赔付第一受益人是贷款银行，优先用于抵扣银行贷款，超出贷款部分赔付给贷款户，用于帮助贫困户尽快恢复生产生活。

（3）村级：组建一社一司，过桥处理一批。依托湖北寿康永乐公司线上线下销售体系，利用区五小电商运营公司、三农通物流公司销售平台和物流体系，全覆盖组建以贫困户为主体的区、镇、村三级专业合作社和扶贫开发公司，引导贫困户入社入股，抱团发展。①带动发展增收。"一社一司"通过发展产业、项目建设、培训就业等方式，将大产业与小项目、大企业与小农户、销售链与供应链串联起来，让贫困群众链接在产业链上增收。通过资产入股分利金、土地流转收租金、就地务工拿薪金、政策扶持得现金，2018年90%的行政村集体经济收入达5万元以上，2.2万贫困家庭户均增收3000元以上。②监管资金投向。除了村级金融扶贫工作站、驻村工作队监督贷款群众资金投向外，还探索"户贷、户用、户还、社管"资金管理方式，扶贫小额信贷的所有权、使用权归贫困户，村级合作社主要负责贷款对象准入、资金投向监管、贷款到期清收工作，确保贷款用于产业。③提供过桥资金。对因生产周期与贷款期限不匹配，或因生产经营亏损暂时无力偿还、讲诚信的贷款农户，区扶贫专业合作社提供过桥资金，帮助贫困户解决临时还款难题。

（4）法院：分清逾期类别，依法清收一批。法院在参与清收贷款的过程中，实行"三步工作法"，第一步，从法律层面做群众工作，宣讲逾期约束措施。第二步，分清群众逾期类别，如果是贷款周期与产业发展周期不匹配，通过与银行协商，通过续贷、展期、村合作社过桥的办法先还后贷等办法解决；如果是自己发展产业成功的，有能力还款的，但是故意不还的，视为恶意欠贷。第三步，对恶意欠贷的，利用法律手段提起诉讼，依法清收，确保应收尽收。

五、坚持政银保三方协同发力，确保"可持续"

坚持"问题在哪里，改革创新就跟进到哪里"，精准对接群众需求，政银保三方协同发力，打造社区银行，升级一张保单，建立容错机制，满足发展需要。

（1）打造社区银行，拓展服务空间。建立区、镇、村三级金融扶贫体系，充分利用互联网技术服务，在村级金融扶贫工作站设置POS机、自助银行，指导农户开通使用手机银行、网络银行，破解金融服务网点覆盖不全的问题。把村级金融扶贫工作站打造成"社区银行"，让建档立卡贫困户足不出户就能办理转账、还贷、清息、缴费等业务，对愿意参与产业发展的贫困户和非贫困户，给予最优质、最快捷的金融服务。

（2）升级一张保单，拓展保障空间。健全农村风险防控体系，升级"一张保单保到底"的保障对象和保险内容，从过去只保贫困户到保全区所有人，从过去保贷款风险到保"三农"领域所有的风险，构建覆盖"三农"领域的风险防控体系，防范化解各类风险。

（3）实行尽职免责，拓展容错空间。出台扶贫小额信贷尽职免责办法，基层信贷员和扶贫干部在开展扶贫小额信贷工作中，只要做到依法依规、公平公正、对标聚焦、履职尽责，一旦出现贷款损失风险，区纪委监委、检察院免予对扶贫人员和基层干部追责，金融监管部门免予对基层信贷员追责。

（4）坚持防控并举，拓展安全空间。在防上，组织开展风险点摸排，建立扶贫小额信贷发放台账，加强资金跟踪和监管服务，对即将到期贷款，充分把握政策要求，提前制定分类处置预案，相应采取到期还款、展期、续贷、追加贷款等措施。在控上，对已经发生的逾期贷款，区分农户生产周期匹配、自然灾害、市场波动等情况，相应采取妥善清收、续贷、追加贷款、信用惩戒等方式，稳妥分类处置。积极引导保险机构创设完善农业保险、扶贫小额信贷保证保险、人身意外伤害保险等保险产品，发挥保险的风险保障功能，为产业发展、贫困户增收和贷款装上"安全阀"。加强诚信教育，引导群众树立"穷可贷、富可贷，不讲诚信不能贷"的诚信意识，打造良好的金融信用生态环境。

专栏 24-3　国家扶贫小额信贷项目组获得 2020 年脱贫攻坚奖组织创新奖

由中国银保监会普惠金融部扶贫协调处、财政部金融司普惠金融处、中国人民银行金融市场司信贷政策管理处、国务院扶贫办开发指导司金融处组成的国家扶贫小额信贷项目组坚持问题导向，创新工作机制，完善政策设计，为建档立卡贫困户发展扶贫产业量身定制了"5 万元以下、3 年期以内、免抵押免担保、基准利率放贷、扶贫资金贴息、县建风险补偿金"的扶贫小额信贷政策、产品和服务，切实解决了贫困户"贷不到""用不好""还不上""难持续"问题。通过 5 年多时间的努力，截至 2020 年 9 月底，全国累计发放扶贫小额信贷 6854 亿元，支持 1731.4 万户（次）贫困户发展生产。2020 年 10 月，国家扶贫小额信贷项目组获得"2020 年全国脱贫攻坚奖组织创新奖"称号。

六、郧阳区扶贫小额信贷的成效

（1）贷款规模大。郧阳扶贫小额信贷 2016 年仅有 36 户 227 万元，2017 年新增 2.5 万户 3.86 亿元，2018 年又新增 5430 户 2.69 亿元，截至 2020 年 10 月末，累计放贷 3.44 万户、8.34 亿元，贷款覆盖率由不足 0.07% 提高至 88.23%，实现 340 个贫困村全覆盖。截至 2020 年底，郧阳区扶贫小额贷款到期回收率 100%，不良贷款率为 0，到期扶贫小额贷款已全部收回，未出现逾期现象。

（2）产业发展快。充分发挥金融活水的作用，建设香菇制棒扶贫车间

28个、各类出菇棚4.9万个，成立华中食用菌研究院，配套建设香菇交易市场，形成集研发、种植、加工、销售于一体的产业链条，年种植香菇4000万棒，带动万余贫困群众脱贫。引进上海东北亚新等26家袜业企业落户郧阳，签约袜机11200台，到位袜机5980台，日产袜子120万双，2020年产值有望达到20亿元。培育汽车坐垫、服装、玩具等扶贫作坊1750余个，努力实现村村有产业、人人有事干、户户能脱贫。

（3）脱贫成效好。累计减贫4.8万户16余万人，贫困人口全部达到脱贫标准，2020年4月23日省政府批准郧阳区脱贫摘帽，连续3年在全省扶贫开发工作成效考核中被评为"好"等次。全国金融扶贫现场会在郧阳召开，金融扶贫经验连续4年在全国金融扶贫现场会上交流，杨溪铺镇鲍沟村扶贫小额信贷案例入选《扶贫小额信贷——破解贫困人口贷款难题的中国实践》。

郧阳区小额信贷是全国金融扶贫创新的生动样本。"打响脱贫攻坚战以来，土地增减挂指标跨省域调剂和省域内流转资金4400多亿元，扶贫小额信贷累计发放7100多亿元，扶贫再贷款累计发放6688亿元，金融精准扶贫贷款发放9.2万亿元，东部9省市共向扶贫协作地区投入财政援助和社会帮扶资金1005亿多元，东部地区企业赴扶贫协作地区累计投资1万多亿元，等等。"① 我们统筹整合使用财政涉农资金，强化扶贫资金监管，确保把钱用到刀刃上。真金白银的投入，为打赢脱贫攻坚战提供了强大资金保障。

◎ 经验启示

郧阳区扶贫小额信贷的做法与成效，彰显了中国脱贫攻坚、精准扶贫、精准脱贫的智慧，彰显了中国特色社会主义的制度优势、政治优势和组织优势，给我们提供了有益经验和启示。

（1）通过构建科学合理的扶贫小额信贷政策体系，破解了贫困户贷款难这一世界性难题。过去，贫困户没有财产、没有抵押、没有担保，即使有合适的产业发展项目，也很难获得贷款。扶贫小额信贷从贫困农户缺乏抵质押品和担保人的实际出发量体裁衣作出特惠制度安排，通过政府出资增信、银

---

① 习近平. 在全国脱贫攻坚总结表彰大会上的讲话[N]. 人民日报，2021-02-26（2）.

行降低门槛授信、村集体证信、财政贴息,对贫困户给予免抵押免担保的信用贷款,有效降低了贫困户贷款门槛和贷款成本,极大提升了贫困户获贷的便利度,解决了贫困户贷款难、贷款贵的问题。

(2)政银保企民五方联动打通政策落实"最后一公里",彰显了中国特色社会主义的制度优势。扶贫小额信贷政策创新与落地过程中形成了党委和政府领导、扶贫部门牵头、各部门负责、各金融机构主动参与的良好局面。驻村工作队、第一书记、村"两委"、帮扶小组等基层组织共同协助银行开展征信采集,消除了银行与贫困农户之间信息不对称;政府出资增信、财政贴息,银行可以直接从财政部门收取利息,降低了银行的运营成本和收息压力;县建风险补偿金,发生呆坏账以后,可以通过风险补偿金分担风险,补偿银行损失。多方联动的强大组织能力既解决了农民贷款难、贷款贵,也降低了银行的放贷成本和风险,使金融机构开展免抵押免担保的扶贫小额信贷业务成为可能。

(3)引导和支持农民改变传统的小农经济意识和文化观念,进入现代金融、现代市场,极大激发了农民的内生动力。在传统的小农经济下,农民极少与银行、市场打交道。湖北郧阳区扶贫小额信贷政策出台之前,全区90%以上的贫困农户基本没有与银行打过交道,扶贫小额信贷政策落实以后,贫困农户贷款覆盖率由原来的不足0.07%提高至88.23%,实现340个贫困村全覆盖。很多贫困农户主动要求贷款发展产业,自力更生的意识和自我发展的能力得到提升,实现从"要我脱贫"到"我要脱贫"的转变,真正把"扶穷不扶懒,帮穷不帮懒"的政策落到实处。

(4)扶贫小额信贷与特色优势产业互融互促,实现了多方共赢。一是农户获得了增收,贫困农户利用扶贫小额信贷资金,或扩大生产规模,或改良生产品种,获得了增收。二是金融机构获得盈利,在多方合力下,小额信贷规模不断扩大,到期还款率高,坏账呆账率低,银行和保险等金融机构都获得了利润。三是地方获得了产业发展和地区金融生态优化的双赢,各地为了让贫困农户用好扶贫小额信贷资金,千方百计发展优势产业,帮助贫困农户选择产业项目,提高生产组织化程度;充分发挥农村"熟人社会"道德约束作用，通过守信激励和失信惩戒，倡导诚信光荣的理念，淳朴了农村文明风尚，营造了良好的诚信环境和金融生态，为精准脱贫和乡村振兴注入源源不断的活力和动力。

案例编写：邹德文　魏长仙

专题二十五：资产收益

要素活起来　青山变金山
——贵州省六盘水市创造性提出农村"三变"改革

◎ 案例导读

通过改革创新，让贫困地区的土地、劳动力、资金、自然风光等要素活起来，让资源变资产、资金变股金、农民变股东（以下简称"三变"），让绿水青山变金山银山，带动贫困群众增收。"三变"变出了农民的收益，变出了农业产业结构的调整，变出了农村生产力的解放，变出了一片新天地。如何通过"三变"改革有效破除要素自由流动和平等交换的体制机制壁垒，促进各类要素在乡村汇聚并进入良性循环，为脱贫攻坚注入新动能？如何通过"三变"改革真正让贫困的群众富起来？贵州六盘水市的农村"三变"改革为我们提供了宝贵的经验与启示。

◎ 政策安排

2016年12月31日，中央一号文件《中共中央　国务院关于深入推进农业供给侧结构性改革 加快培育农业农村发展新动能的若干意见》指出，要"全面加快'房地一体'的农村宅基地和集体建设用地确权登记颁证工作"，"探索农村集体组织以出租、合作等方式盘活利用空闲农房及宅基地，增加农民财产性收入"，"从实际出发探索发展集体经济有效途径，鼓励地方开展资源变资产、资金变股金、农民变股东等改革，增强集体经济发展活力和实力"。

2018年1月2日，中央一号文件《中共中央 国务院关于实施乡村振兴战略的意见》指出，"要以完善产权制度和要素市场化配置为重点，激活主体、激活要素、激活市场"，"全面开展农村集体资产清产核资、集体成员身份确认，加快推进集体经营性资产股份合作制改革"；"推动资源变资产、资金变股金、农民变股东，探索农村集体经济新的实现形式和运行机制"。

2018年6月15日，中共中央、国务院印发《关于打赢脱贫攻坚战三年行动的指导意见》，明确规定要"积极推动贫困地区农村资源变资产、资金变股金、农民变股东改革，制订实施贫困地区集体经济薄弱村发展提升计划，通过盘活集体资源、入股或参股、量化资产收益等渠道增加集体经济收入"。

2019年1月3日，中央一号文件《中共中央 国务院关于坚持农业农村优先发展做好"三农"工作的若干意见》发布，强调要"加快推进农村集体经营性资产股份合作制改革，继续扩大试点范围"，"总结推广资源变资产、资金变股金、农民变股东经验"。

2020年1月2日，中央一号文件《中共中央 国务院关于抓好"三农"领域重点工作确保如期实现全面小康的意见》指出，要"全面推开农村集体产权制度改革试点，有序开展集体成员身份确认、集体资产折股量化、股份合作制改革、集体经济组织登记赋码等工作"。2020年3月30日，中共中央、国务院印发《关于构建更加完善的要素市场化配置体制机制的意见》，要求对土地要素、劳动力要素、资本要素等进行规范配置。2020年10月29日，中国共产党第十九届中央委员会第五次全体会议通过的《中共中央关于制定国民经济和社会发展第十四个五年规划和二〇三五年远景目标的建议》提出，要"探索通过土地、资本等要素使用权、收益权增加中低收入群体要素收入"。

2021年，《中华人民共和国国民经济和社会发展第十四个五年规划和2035年远景目标纲要》明确提出，要"完善利益联结机制，通过'资源变资产、资金变股金、农民变股东'，让农民更多分享产业增值收益"。

◎ 创新实践

六盘水市地处贵州西部乌蒙山腹地，喀斯特山区地貌突出，山高坡陡、耕地破碎，土地贫瘠、生态脆弱，城乡二元结构矛盾突出。4个县（特区、区）中，有3个国家扶贫开发重点县，1个省级贫困县。2014年贫困人口达50.99万人，贫困发生率为19.55%，比全国高出12.55个百分点。2013年前，全市城乡居民收入差距高达3倍以上，农民的财产性收入仅占1.63%。农民有土地没资产、有权利没利益，而资源分散、农民分散、资金分散是阻碍西部农村发展的瓶颈。如何带动贫困地区和群众精准脱贫？只有立足山地特色，唤醒沉睡的农村资源，把"山地劣势"转化为"山地优势"，才能走出一条精准扶贫、精准脱贫的特色之路。

2014年以来，贵州六盘水市积极改革创新，以"资源变资产、资金变股金、农民变股东"的"三变"改革为引领，研究出台了《农村资产评估管理办法》《农村产权流转交易服务平台组建方案》《农村产权流转交易管理办法（试行）》等10余项配套政策，通过开展农村确权登记颁证、村集体"三资"清理和股权量化改革、选准"三变"产业和项目等工作，充分整合农村资源入股、资金入股、管理与技术入股，让沉睡的资源活起来、分散的资金聚起来、增收的渠道多起来，实现了农民增收脱贫致富和集体经济的壮大。

一、推进资源变资产，让沉睡的资源活起来

推进资源变资产，就是将村集体土地、林地、山场、水域等自然资源要素，通过入股等方式盘活，变"死资源"为"活资产"。贵州六盘水市紧紧围绕盘活农村自然资源要素，对其进行核查清理、登记备案、评估认定，以股权形式入股企业、合作社、家庭农场等经营主体，聚集发展要素，激活发展潜能，推动农村加速发展。

（1）进行确权颁证。"三变"改革前，六盘水有大量林地和水域闲置，而且农民的承包地与房屋有待确认完整产权。六盘水市首先对农村土地所有权确权登记颁证，开展以农村土地承包经营权为主的农村产权确权登记到户到地，对贫困村、贫困户优先确权。全面开展农村集体"三清"工作，摸清可变资源、资产、资金的运行状况，确定权属关系，建立"三清"台账，做好集体资产折股量化和监督管理。通过确权颁证，农民和村集体有了产权清

晰的资产，不仅可用土地、房屋入股，还可用树木、河流等入股。

（2）引导农民以土地经营权入股。在坚持农民土地集体所有性质不改变、耕地红线不突破、农民权益不受损的前提下，六盘水市引导农民将已确权登记的土地承包经营权入股到合适的经营主体，促进农户与经营主体"联产联业""联股联心"。

（3）集体资源入股。在对农村集体资源进行清理核实、确定权属关系的基础上，经集体经济组织全体成员同意，将集体投资兴建或购置的房屋、建筑物、机械设备等资产评估入股；将集体所有的土地、林地、荒山、滩涂等自然资源经营权折价入股，使集体经济组织拥有合作社、企业、家庭农场等经营主体的股权，按比例获得收益，让农村闲置的资源活起来，发展壮大集体经济。

专栏25-1　集体资源确权入股的探索

一是对包括耕地、荒地、山场在内的土地资源直接量化入股、按股分红。如钟山区大河镇周家寨村将以前是"放牛坝坝"的210亩集体荒山入股民润合作社，占总股本的5%。

二是将基础设施和房屋等固定资产股份化。如钟山区大河镇大桥社区将节水灌溉工程设施入股管水协会，并获得80%的收益分配权。

三是对自然风光、名胜古迹、古树名木等自然资源量化折股。如盘县妥乐村将1451棵古银杏树入股到旅游公司，使银杏变资产、林权变股权。

二、推进资金变股金，让分散的资金聚起来

资金变股金，就是在不改变资金使用性质及用途的前提下，将投入到农村的发展类、扶持类资金等各类财政资金量化为村集体或农民持有的股金，通过产业带动、社会参与等方式集中投入到企业、合作社等经营主体中，按股份比例分享收益，形成农民稳定增收的长效机制。为此，六盘水市加大资金整合力度，积极争取中央和省级有关政策、项目和资金的支持，整合各类

涉农财政，吸引和撬动金融资本和社会资本投入到"三变"改革项目中。

（1）财政资金变股金。一类是政府财政项目资金变股金。把财政投入到农村的支持农业生产的生产性资金和支持村集体经济发展的专项资金，投入到经营主体作价按股分红。另一类是扶贫专项资金变股金。把精准到户的扶贫专项资金，投入到效益较好的企业，合理确定贫困户股份比例。对这些企业的生产经营实行专账核算，组成监督管理小组，对贫困户占股收益实行动态监督管理，并建立适时退出机制。如水城县米箩镇整合财政扶贫资金1.08亿元，作为全镇921户贫困户股金，投入到宏兴绿色发展有限公司，合作建设占地263.8亩的生产型连栋高效蔬菜大棚35座。其中，宏兴绿色发展有限公司占股12%，负责大棚经营的贵州远通公司占股12%，米箩镇负责协调服务的5个村占股20%，贫困户占股56%。

（2）社会资金变股金。六盘水在"三变"中，积极吸纳社会资金，特别是企业、合作社等经营主体的资金。如2017年，全市十几家平台公司采用PPP模式撬动金融资金14.13亿元、社会资金44.98亿元入股到各类经营主体中，并集中投入各类产业发展中。

（3）村级集体资金和个人资金变股金。贫困群众或农民自愿将村集体资金或自己的资金入股，根据"平等自愿、协商一致、利益共享、控制风险"的原则入股企业或合作社，确认好评估方式及持有的股权结构，按比例获得分红。在资金入股中，非常关键的就是确定村集体股金所占股权比例、收益分配办法及村集体股权收益的内部分配方案。六盘水市规定村集体与承接主体根据生产要素的市场价格，合理商议确定村集体股金所占股权比例及收益分配。对于村集体股权收益内部分配方案，则要求村集体根据股权收益，优先考虑贫困农户，合理确定股权收益在村集体、贫困农户、村民之间的分配比例，而且扶贫开发资金入股的股权收益在分配时必须覆盖80%的贫困农户。如六枝特区落别乡抵耳村将财政扶持村级集体资金100万元入股朝华农业科技有限公司种植茶叶，朝华公司以资金664万元入股，待产业见效后按"村集体+基地+贫困户"的模式进行分红，朝华公司占股70%，抵耳村村集体占股30%，并将村集体所得分红的40%用于完善基础设施建设及壮大村集体经济，其余 60% 用于支持本村现有精准扶贫贫困户。

三、推进农民变股东，让增收的渠道多起来

推进农民变股东，就是让农民自愿将个人的资源、资产、资金、技术、管理、技能、知识等入股到经营主体，根据折价获得股权成为股东，参与分红。如水城县陡箐镇陡箐村猴儿关组自筹资金成立水城县蒙多彩民族工艺农民专业合作社，采取"合作社+农户"的模式，合作社负责经营管理占股 3%，农民以农民画技艺入股占股 97%，收益按股比进行分红。

（1）政府主导农民入股实现增收。充分发挥政府主导作用，统筹做好资源配置、资金整合、产业规划、政策保障等工作，引导农民积极入股到企业、合作社、家庭农场等经营主体。钟山区就利用贫困户的"特惠贷"在城区建设停车场，贫困户按第一年 8%、第二年 10%、第三年 12% 进行收益分配。

（2）政府推动农民入股实现增收。在政府统筹规划的基础上，鼓励和推动农民以土地、资金、技术等多种方式入股企业、合作社、家庭农场等经营主体，从而变为股东，采取"公司+基地+农户""合作社+集体+农户"等多种组织形式，在参与规模化、组织化、市场化发展中提高土地产出率，增加农民收入。如盘州市岩脚村将总库容 318 万立方米的哒啦仙湖水面经营权入股，参与贵州农熠农业开发有限公司建成的湖畔休闲度假区，合作社占股 10%（村集体 3%，农户 7%）。仅 2016 年，度假区营业收入达 1500 万元，村集体股权收入 45 万元，农户股权收入 105 万元，受益农户 356 户 993 人，其中贫困户 18 户 25 人。

（3）农民自愿入股实现增收。农民自愿将个人的资源、资金、技术、管理、知识、技能等入股到经营主体中去。水城县保华镇二道坪村农民张忠祥 20 年来致力于"雪凝红"核桃品种的研发，并于 2015 年 9 月取得植物新品种权证书。张忠祥用知识产权及 300 余万元资金入股凉都萌盛苗圃场合作社发展核桃基地，占股 49%；当地农户以 400 余亩土地入股，占股 50%；贫困户安忠林、祝均均等用管理技术等入股，占股 1%。

| 专栏 25-2　啊榔村的增收故事 |

　　盘州市普田乡啊榔村蔬菜基地以"三变"为依托，通过"合作社+基地+农户"的模式，将村民、村集体、合作社连接成工农互补、互利共赢的"三变"利益共同体。农民通过土地入股，成为合作社股民，不但享有分红，还可以在蔬菜基地上班、务工，实现了"一份土地，双份收益"。

　　村民陈友能入股软籽石榴基地，一年分红700多元；入股蔬菜基地，一年收入1520元；特惠贷5万元入股合作社，一年又可以分红3000元。他说："光是入股分红，一年就有5000来元。加上自家还能做点木工活，日子是越来越好过了。"

　　通过"三变"改革，六盘水将各生产要素通过股权纽带，让集体和农民能得到股份分红，取得持续性的资产收入，同时想方设法增加农民资产性收入。但是农民有了资产，并不意味着一定能获得资产性收入。因此农民的资源、资金、资产等要想实现价值增值，必须与市场、产业对接。那如何与市场、产业对接呢？首先，六盘水让资源、资金、农户等与企业、合作社等经营主体对接。六盘水市创立创新了多种对接实现模式（表25-1），通过依法订立合同或协议，在经营主体、村集体、农民之间约定股份分红模式（表25-2），形成"利益共享、风险共担"的股份合作联结机制。其次，通过与经营主体相连接和大力发展融资平台，将整合来的资源和资金投入到猕猴桃、刺梨、茶叶、天然资源景观和民族文化特色旅游等市场潜力大、经济效益高、品牌效应明显的特色产业、加工业和农村服务业中，实现农民资产的保值增值，打造脱贫致富的长效机制。

表25-1　"三变"改革主要实现模式

主要实现模式	特点	实施示例
农民专业合作社模式	农民参与的门槛低，有效解决农村剩余劳动力就业问题，激发农民主动性	六枝特区永兴种养殖农民专业合作社
"政府+金融机构+农户"模式	为贫困户分享经济增长成果提供机会，保障弱势群体的基本生活	钟山区财政扶贫资金入股农商行

续表

主要实现模式	特点	实施示例
异地置业模式	把各类财政资金整合起来变为"两无"人员的持有股金,异地入股到企业或农民专业合作社,解决生态环境恶劣地区贫困人口脱贫问题	钟山区居住在深山区、石漠化地区、不具备脱贫条件的无资金、无技术的"两无"人员
"公司+基地+农户"模式	发挥政府的主导作用,提高了整合财政资金的利用率,充分发挥企业熟悉市场、掌握技术的优势	六枝特区郎岱镇猕猴桃产业

表25-2 贵州"三变"改革中股份分红模式

主要股份分红模式	一般做法	优势
固定分红	保底分红,农民或村集体作为投资者均不参与经营管理	属于资源租赁关系,农民或村集体得到租金
按比例分红	村集体、农户与企业按占股比例分红	村集体、农户与企业利益共享,风险共担
固定分红+按比例分红	先固定分红,再按比例分红	资源租赁关系+股份分红,前期有效降低风险,后期持续提高收益
实物分红	农产品按比例进行实物分红	降低企业的监督成本,提高经营管理效益
按年限分红	不同的年限不同的分红比例	保障扶贫与效率扶贫的结合

四、"三变"改革取得的成效

贵州六盘水市的农村"三变"改革,先后6次写入中央文件,得到了中央领导和贵州省委、省政府领导的高度关注和充分肯定,中央办公厅、中央改革办、国务院扶贫办、农业部、财政部、中国人民银行等有关部门领导到这里深入调研指导。

截至2020年8月,六盘水市共有198.67万亩承包地、41.67万亩集体土地入股,54.93万户农户入股成为股东,入股受益农民182.62万人,贫困户户均分红2340元。通过"三变改革",全市农村居民人均可支配收入实现稳步增长——2012年5253元,2013年6015元,2014年6791元,2015年7522元,2016年8230元,2017年9069元,2018年9967元,2019年11043元,2020年12004元。随着2020年3月3日水城县退出贫困县序列,六盘水3个国家级贫困县全部"摘帽",615个贫困村全部出列,累计减少农村贫困人口

61.42万人，贫困发生率下降到0.5%。水城县的成功脱贫也得益于"三变"改革。如水城县的扶贫产业园以"三变"改革为引领，充分整合土地资源入股、管理技能入股、种植技术入股、整合资金入股。截至2019年，产业园共有3.14万亩村集体土地、15.29万亩承包地实现资源变资产，4.72亿元各级财政资金、580万元村集体资金、9.46亿元社会资金实现资金变股金，3.32万户、13.28万人实现农民变股东，累计带动5295户16763人脱贫，占全县脱贫人口的26.17%。

"三变"改革不仅解决了资源、资金、农民分散这一阻碍农村发展的顽症，而且以股份合作为纽带，推动了农村经济规模化、组织化、市场化发展，激活了农村发展内生动力，探索出了一条切实可行的精准扶贫、科学脱贫之路。

（1）"三变"改革促进了农业转型升级。六盘水"三变"改革实现了生产资料的突破、农民变产业工人的突破和劳动对象的突破，使得资源变成了资本，提高了农民的劳动技能，培育了适合种植的刺梨、猕猴桃等产业。通过推进农村"三变"改革，六盘水市加快了农业产业统一布局、统一开发，帮助村集体和农民找到了适合当地发展的特色产业项目，培育起了有本地特色的农产品，壮大了一批种养、加工、冷链、物流等农业龙头企业，加速了一二三产业融合发展，有力促进了农业的转型升级和可持续发展。如水城县坪寨乡已建成以坪寨村为核心，覆盖坪寨乡普联村、箐马村、播落村以及云南省宣威市更底村的3800亩优质红香椿产业。

（2）"三变"改革为农业规模经营构建了新机制。农村如何脱贫致富？解决这个发展短板问题，不能仅仅依靠现代农业要素的投入来实现，必须依靠农业生产组织的变革，将自给自足、单一的小农户转变成现代化程度比较高的农业经营组织。通过"三变"改革，六盘水引导农村土地、林地、山场、水域等资源入股到企业、合作社、家庭农场等经营主体，改变了主要通过土地流转发展规模经营的方式，将农民整合到现代农业体系中来，创造了一个合理组织农民、深化产业分工的机制。如水城县坪寨乡创建的"公司+合作社+种植大户""公司+基地+农户"等发展模式；岩脚镇创建的"党建+'三变'+扶贫"的发展模式等。

（3）"三变"改革壮大了农村集体经济，优化了乡村治理体系。六盘水

"三变"改革，坚持把发展壮大集体经济作为引领农村发展的突破口，通过盘活农村资源、资产，不断发展壮大集体经济，有力促进了农业增效、农民增收和农村繁荣。如今，六盘水已全部消除"空壳村"，形成了乡乡有产业、村村有实体、户户有门路的良好局面。2020年，六盘水全市村级集体经济从2014年初的0.78亿元增加到4.87亿元，村均56.1万元。如六枝特区梭戛乡乐群村，2019年实现村级集体经济经营性收入37.6万元，创造就业岗位1万余人次，全村户均增收达3000余元。同时，通过推进农村"三变"改革，成立市县乡三级"三变"改革工作领导小组和工作专班，构建了乡镇党委—联村党委—村党组织三个层级的乡村治理领导体系，完善了联村党委领导下的多种经济组织合作的乡村治理结构，形成村集体与市场紧密结合、党的领导与各种经济组织和农民的衔接互动的社会治理体系。

◎ 经验启示

六盘水"三变"改革变"输血"式扶贫为"造血"式扶贫，促进了各类要素更多向乡村流动，在乡村形成人才、土地、资金、产业、信息汇聚的良性循环，用发展的办法解决扶贫开发中遇到的实际问题，实现"产业连体""股权连心"，促进了农业增效、农民增收。

（1）"三变"改革必须紧盯贫困人口。为了让"三变"改革惠及更多贫困户，六盘水实行优先产业覆盖、优先财政注资、优先提供贷款、优先企业带动、优先易地搬迁、优先确权颁证等"八个优先"，注重分类指导、因户施策、一人一法。对不具备脱贫条件的"两无"人员，主要是帮助他们将土地经营权入股，或者将扶贫开发类资金等量化为他们持有的股金入股；对于有资金、有技术的"两有"人员，鼓励和引导他们以土地、资金、技术等多种方式入股，从中获取租金、薪金、股金。同时，要求村集体的股权收益优先考虑贫困农户，并且扶贫开发资金的股权收益分配必须覆盖80%的贫困农户。此外，六盘水还积极支持返乡大学生、外出务工人员等回乡就业、创业，推动城市资源向农村流动和集聚，涌现出一大批带领群众脱贫致富的新型职业农民。

（2）"三变"改革要将发展集体经济作为有效抓手。由于公共服务大多要靠集体的力量，集体经济在我国农村发展中扮演着重要的角色，发挥着组织农民的重要作用。六盘水在"三变"改革中，注重培育新型经营主体，注重建立利益联结机制，强化产业龙头带动，引导村集体将土地等自然资源、土地补偿款、扶持资金等整合到国有平台公司重点投资的农业产业中，壮大了集体经济，做到了以产业发展长期带动群众可持续增收。

（3）"三变"改革必须要以增加农民资产性收入为目标，推动农民资产保值增值，加强利益机制的建设。资产性收入是更稳定的、可持续性的收入。六盘水"三变"改革将农民个人和集体的资源转化为资产并进行量化，通过平台与经营主体与特色产业连接起来，获得资产的保值增值，从而获得稳定持续的资产性收入，实现长期、稳定的脱贫致富。同时，"三变"改革中还特别注意建立合理的利益制衡机制。六盘水创造了多种不同模式的股份分红模式，不同的地方根据各地实际进行相应的选择。这些利益机制调动多方积极性，使得政府、企业、农民、金融机构等利益相关方有想头、有奔头、有盼头。

（4）"三变"改革为解决相对贫困，实现乡村振兴提供了可行的实现路径。解决绝对贫困只是第一步，解决相对贫困则更为复杂艰难且漫长，需要更为根本和稳定的解决措施。一方面，六盘水"三变"改革实现了农村集体和农民个人资产的保值升值，让农民通过取得资产性收入脱贫致富，为解决相对贫困奠定了坚实基础。另一方面，六盘水"三变"改革破除了城乡间要素自由流动和平等交换的体制机制壁垒，促进各类要素汇入乡村并进入良性循环，这对打造城乡统一市场，推动形成工农互促、城乡互补、协调发展、共同繁荣的新型工农城乡关系，全面实现乡村振兴，有重大意义。

六盘水市创造性提出农村"三变"改革，既是对精准扶贫脱贫路径的创新，也是大力增加农民财产性收入的体制机制创新，更是促进城乡融合发展的重大创新，是值得借鉴的有益探索。

案例编写：邓小燕

专题二十六：易地扶贫搬迁

从藤梯到钢梯再到楼梯
——四川省凉山彝族自治州昭觉县"悬崖村"易地搬迁脱贫

◎ **案例导读**

易地扶贫搬迁是精准扶贫"五个一批"工程的重要组成部分，是2020年实现全面建成小康社会发展目标的重大民生工程，也是贫困群众实现跨越式发展的重要途径。针对生产生活条件恶劣、常规扶贫措施成效不显著的地区，如何做好群众工作，确保贫困人口搬得出，解决贫困人口的"生存性"难题？如何因户因人施策帮助搬迁群众稳定脱贫，确保搬迁贫困群众稳得住、能发展、可致富，解决群众"发展性"难题？这是本案例讲述的主题和回答的主要问题。

◎ **政策安排**

2011年5月，中共中央、国务院印发《中国农村扶贫开发纲要（2011—2020年）》，将易地扶贫搬迁作为专项扶贫的重要举措，提出"坚持自愿原则，对生存条件恶劣地区扶贫对象实行易地扶贫搬迁"，并将扶贫搬迁与城镇化、工业化相结合，将目标从"搬得出、稳得住、能致富"发展为"搬得出、稳得住、能发展、可致富"。

2014年9月，国家发展改革委印发《关于做好新时期易地扶贫搬迁工作的指导意见》，指出易地扶贫搬迁要坚持"政府主导、群众自愿"的原则；

搬迁区域重点是中西部地区，尤其是连片特困地区；搬迁方式原则上是整体迁出，对于规模较大的村落优先搬迁贫困户；群众安置要"因地制宜、分类实施"，宜集中则集中、宜分散则分散、宜农则农、宜工则工。这标志着有中国特色的新时期易地扶贫搬迁政策体系逐步形成。

2015年11月，中共中央、国务院印发《关于打赢脱贫攻坚战的决定》，将实施易地搬迁脱贫作为精准扶贫方略的重要举措，提出要紧密结合推进新型城镇化，编制实施易地扶贫搬迁规划，支持有条件的地方依托小城镇、工业园区安置搬迁群众，帮助其尽快实现转移就业，享有与当地群众同等的基本公共服务；支持搬迁安置点发展物业经济，增加搬迁户财产性收入；探索利用农民进城落户后自愿有偿退出的农村空置房屋和土地安置易地搬迁农户。

2015年11月，国家发展改革委、国务院扶贫办、财政部、国土资源部、中国人民银行五部委联合印发《"十三五"时期易地扶贫搬迁工作方案》，提出到2020年，实现约1000万人口搬迁任务，帮助他们与全国人民同步进入全面小康社会。迁出区域主要为自然条件严酷、生存环境恶劣、发展条件严重欠缺且建档立卡贫困人口相对集中的农村贫困地区，具体分为4类：不具备基本发展条件的地区；国家主体功能区规划中的禁止开发区或限制开发区；基础设施、基本公共服务设施十分薄弱，解决难度大的地区；地方病严重、地质灾害频发，以及其他确需实施易地扶贫搬迁的地区。搬迁对象为经国务院扶贫办扶贫开发建档立卡信息系统核实，确需易地扶贫搬迁的建档立卡贫困人口约981万人，以及各地计划同步搬迁的群众约647万人。安置方式一是集中安置，包括村内就近安置、建设移民新村、小城镇或工业园区安置、乡村旅游区安置、特困人员集中供养；二是分散安置，包括插花安置和进城务工、投靠亲友等其他方式。安置住房建设要求严格执行不超过25平方米/人的标准。脱贫发展上对于已搬迁群众通过发展特色农林业脱贫一批、发展劳务经济脱贫一批、发展现代服务业脱贫一批、资产收益扶贫脱贫一批、社会保障兜底脱贫一批，解决贫困群众的后顾之忧。

2018年3月，国家发展改革委会同国务院扶贫办、财政部、自然资源部、中国人民银行等部门制定并发布《中国的易地扶贫搬迁政策》白皮书，进一步明确易地扶贫搬迁要瞄准"一方水土养不起一方人"地区贫困群众（1/3在生存条件恶劣区，1/3在基础设施、基本公共服务缺乏区，1/6在禁止开发区或限制开发区，以及其他地区）。对迁出区开展生态修复与宅基地复垦，打造青山绿水。要帮助搬迁群众融入新社区，以集中安置为主，及时帮助协调户口迁移、子女入学、养老低保等，让搬迁群众共同参与社区治理。易地搬迁资金多渠道筹措，大幅增加中央预算内投资，引入开发性、政策性金融资金，搬迁群众自筹资金每户不得超过1万元。

2019年6月，国家发展改革委联合10个部门印发《关于进一步加大易地扶贫搬迁后续扶持工作力度的指导意见》，提出要将易地扶贫搬迁工作重心向后续扶持转移，把主要精力放到产业培育、就业帮扶、社区管理与社会融入等后续工作上来，逐点逐户落实后续扶持措施，确保搬迁一户、稳定脱贫一户。

2020年2月，国家发展改革委联合12个部门出台《2020年易地扶贫搬迁后续扶持若干政策措施》，从完善安置区配套基础设施和公共服务设施、加强安置区产业培育和就业帮扶、加强安置社区管理、保障搬迁群众合法权益、加大工作投入力度、加强统筹指导和监督检查6个方面明确了25条具体措施，进一步细化实化了国家层面的后续扶持政策。

◎ 创新实践

阿土列尔村，位于四川省凉山彝族自治州昭觉县支尔莫乡，曾因村民出入要借助12段218级藤梯，需要攀爬落差800米的悬崖，被叫作"悬崖村"（以下用"悬崖村"代指阿土列尔村）。悬崖村共有98户常住户，其中，有76户358人住在山上，2014年建档立卡贫困户84户、344人，贫困人口年均可支配收入不足2000元。2016年，悬崖村因一组孩子们爬天梯上学的照片刷爆网络，引起广泛关注。

一、曾经：步步惊心，出入靠藤梯的彝家山寨

悬崖村，海拔1400~1600米，彝族同胞早在元朝（1271—1368年）就

来到这里定居。① 虽交通不便，但土壤肥沃、阳光充足，村民们自给自足，农作物产量远高于凉山州平均水平。在战乱年间，因为地理位置特殊，这里没有匪患，没有战乱。当外界开始拥抱和平并快速地向前发展时，这个数百年"与世隔绝"的村子依然停留在它建立之初的样子。"与世隔绝"这个词，开始因为贫穷而显得刺眼。地处偏僻，交通不便，曾经为这里的人们抵挡了战乱与匪患，如今却变成村庄发展最大的困境。

（1）出行难。多年来，山顶上的彝族村民走向外界，勉强能称作路的有 3 条：第一条是从峡谷走，这条路相对平缓，可以携带一些东西，有大件运输的时候彝族同胞会选择这条路，尽管要多绕行几公里山路；但这条路最大的问题是位于河谷，每年只有枯水期能走 3 个月，到了夏季，古里拉达河流水涨得很高，人根本不敢贸然进入。第二条是绕行另外两个村的山路，不那么陡峭，但绕得很远；从村里到山下的小学，大概有 18 公里。第三条就是村民们走得最多的"天梯之路"，长约 4 公里，其中有 13 处峭壁，攀爬全靠藤梯。村民需要顺着落差 800 米的悬崖断续攀爬 17 条藤梯共 218 级，其中几乎垂直的两条相连藤梯长度约 100 米，一些惊险路段，能下脚的地方不到手掌大。这 3 条路上，都曾发生过意外，村民们记忆中有 10 人在路上坠崖身亡，摔伤的人更多。

（2）上学难。因为山上面积太小，人口不多，难以修建学校，上学路的安全问题是村民们最担心的。2016 年，央视新闻中心前往悬崖村采访报道的时候，全村有 15 个适龄儿童在山脚下的勒尔小学上学，最小的 6 岁，最大的 15 岁。孩子们背着书包，里面塞满了书和作业本，分量不轻，上学路极不好走。这里的孩子上 10 天课，放 5 天假，平时住校，每月月中和月底的周末才回家，上学放学都要由家长轮流接送。前面一个家长引路，中间一个家长护送，最后一个家长押尾。孩子们累了，就坐靠在崖壁上休息片刻，崖壁下面，就是"万丈深渊"。在 3 个家长的保护下，他们大约要用 2 个小时，才能到达悬崖村。由于安全和贫困问题，悬崖村还有很多适龄儿童没有进过学校。

（3）嫁娶难。因为交通闭塞，村里的年轻人嫁娶也困难。已经 25 岁的

---

① 新华社. 易地搬迁村民将贫困留在"悬崖村"[J]. 对外传播，2020（6）.

某色拉博的婚事是父母最担心的事。"没有女孩愿意嫁到这山上来",像某色拉博这样到了结婚年龄的男青年娶不到媳妇的现象很普遍,而村里的女孩子出嫁也成了一件难事。村里嫁娶有准备彩礼的习俗,一般山上的男青年娶妻需要准备更多的彩礼,而山上的女孩出嫁收到的彩礼要比周边其他村少。

（4）发展难。悬崖村本身土地资源和气候条件不错,土豆亩产量比全州的平均水平还高一倍,青花椒等特色农作物的品质好、产量高。可是由于受到交通条件的限制,养殖的牲口除了山羊之外其他都运不到山下,基本都是自产自销。村民们把产量有限的花椒和核桃背到山下,换回日用品和少量的现金,还经常会被压价出售。某色拉博常常背土豆、玉米下山去卖,同样的东西,收购商偏要给他压压价。为什么呢？"人家晓得你从那么高的山上背下来,哪个瓜娃子会再背回去哟！硬是要贱几块钱。"不甘心,但也没办法。因为缺少收入来源,村民普遍处于贫困线下,一大半年轻人选择外出务工。

二、破局：扶贫干部爬上山,且将藤梯变钢梯

行路这么难,那能不能修路呢？悬崖村过去就建有连接山下的索道,不过开动一次索道需要几百度电,村里人根本用不起,后来就干脆拆除了。当地也曾几次争取到几十万不等的修路资金,但均因地形条件复杂,工程建设成本难以负担而搁置。昭觉县公路管理局算了一笔账——悬崖村全部是陡峭的岩壁,测算下来,修条路需要投资4000万元,昭觉县一年的财政收入才1个亿,修一个村的路就要花掉相当于三分之一的财政收入。更重要的是,当时昭觉县不通路的村还有33个,要修通悬崖村和这些村的路,县财政承担不起。

与此同时,也有人提出了悬崖村整体搬迁的建议。2016年,政府就对悬崖村村民的易地搬迁意向做过调查。当时,悬崖村多数村民对于搬迁还有顾虑,不少村民已经习惯了大山里的生活,对于山外的世界十分陌生,还是希望村庄的改造能够在原址上进行。况且,凉山州还有很多比悬崖村更需要搬迁的地方：凉山州有40%以上的村子海拔都在悬崖村之上,有1600多个村位于石漠化严重地区,还有一部分村庄位于泥石流等地质灾害频发的区域,

随时可能威胁到老百姓的生命安全，这些村庄是凉山州首要搬迁的地区。

虽然路的问题不能马上解决，但脱贫攻坚不能等。从2016年起，悬崖村的脱贫攻坚就在悬崖上开始了。凉山州委组织部选派干部担任悬崖村第一书记，昭觉县政府办公室也抽调干部驻村帮扶，驻村工作队队员与当地干部一起，成为带领悬崖村群众脱贫致富的领路人。扶贫干部意识到要扩大经营并尽快改善村里的生存和生活环境，还得从路上做文章。花4000万修公路不可能，那就先改造藤梯。2016年7月，凉山州、昭觉县两级政府筹措了100万元资金，决定把悬崖村年久危险的藤梯，改造成更加坚固和安全的钢梯。因为地势太过险峻，没有施工队愿意接这个工程，干部们便发动村民自建，对此，村里的每一户都积极响应。当地州、县两级财政出资，村民出工出劳，用了200多天的时间，克服千难万险，依靠人力将120多吨6000多根钢管一根根背上悬崖，搭建起了宽1.5米、总长2.8公里的2556级牢固钢梯，于2017年6月竣工。村民的进出通道大为改善，由3个小时缩减到1个小时，安全系数也大大增加。

藤梯改成了钢梯，许多新的事物和思想也传到了村庄。宽带网络和4G信号的接入，打通了悬崖村的信息"天路"。智能手机和一大批家用电器纷纷搬上了山，让村民的生活更加便捷。随着与外界的隔离被打破，有效信息的流入，悬崖村村民的认知模式也得到升级：有的村民开始了第一次直播，有的村民开起了第一家商店、第一家农家乐，村里还有了幼教点，学前的孩子们学起了普通话……

外表看是梯子变了、路变了，真正的变化是人变了，这里开始真正融入外面的世界、现代化信息化的世界，有了致富的观念和希望。

三、发展：搬出去能致富，下钢梯上楼梯

要真正让大家过上好日子，搬出去仍然是更好的选择。因为即便进出村子有了钢梯，但大件家具、大宗货物想上山，村里的土特产想下山，仍要靠人力来背，既慢又危险。更为重要的是，随着村民们和外界的接触越来越多，他们的思想观念也在悄然发生着变化——他们逐渐希望融入山下的社会、山外的世界，因为孩子们能够在县城接受更好的教育，村民们可以获得更好的

医疗和更多的就业机会。悬崖村村民尤其是年轻人的搬迁意愿越来越强烈。

随着凉山州整个易地搬迁工作的深入推进，2019年，昭觉县将悬崖村建档立卡贫困户列入易地扶贫搬迁范围，悬崖村迎来搬迁的好时机。

（一）谁搬走

2019年4月，一个激动人心的消息飞到了悬崖村：贫困户将通过易地扶贫搬迁，迁入县城集中安置点的新家。要确保困难群众"搬得出"，首先就要解决好"谁搬走"的问题。

根据国家政策安排，易地扶贫搬迁首要考虑建档立卡贫困户，在条件允许的情况下，兼顾同一村庄的非贫困群众。基于这一原则，经反复研究，并召开村民大会讨论，悬崖村首批易地搬迁重点解决的是悬崖村里84户建档立卡贫困户的住房问题。之后，经双向选择，青壮年可自愿留在悬崖村参与旅游项目开发。

（二）搬到哪

昭觉县县城附近的城北乡沐恩邸社区、昭美社区和新城镇南坪社区、伊乌社区，是四川省规模最大的易地扶贫搬迁安置点之一，将安置3914户18569人，搬迁民众来自昭觉县28个乡镇的92个边远山村。2020年5月，悬崖村的84户建档立卡贫困户共344人告别了攀爬钢梯才能出行的生活，搬到了这里，住进了楼房。村民们的新房面积从25~100平方米不等，配有现代化的厨房和卫生间设施，以及配套的水、电和煤气，基本可以拎包入住。

整个安置点是开放式街区，房屋主体设计采用了现代元素与民族风貌相结合的方式，道路、绿化等配套一应俱全。同时为了丰富居民的生活，安置点在设计和规划上也有充分考虑，正在建设7所学校、扩建3所医院，并分区域修建了中心花园、健身娱乐设施，可以满足搬迁群众就近就医、子女就近就学和文化活动等需求；还通过举办"农民夜校"，帮助搬迁群众学习现代社会知识、移风易俗养成良好生活习惯，切实让村民群众体会到安全感、获得感和归属感。

搬迁中，平均每人需为新房支付3000元人民币，按照政策要求，搬迁群众自筹资金每户不得超过1万元。比如，一个四口之家搬入100平方米的新房，总共只需支付 1 万元人民币。根据 2019 年的脱贫验收数据，悬崖村贫困户的人均纯收入已超过 6000 元，村民的现有收入完全可以负担易地安置小区的房款。同时，政府按每户 5000 元的标准，统一免费给老乡们购置了"四件套"：钢制的桌椅、碗柜、衣柜和床；当地政府还通过以奖代补的方式，按户均补助 1600 元的标准鼓励贫困户添置"五件套"（沙发、电视、洗衣机、电视柜、茶几），提供了大部分基础家具。一系列补贴政策，不仅帮助走出大山的贫困户改善了家居环境，也鼓励他们逐渐转变生活方式，接触更多信息，跟上时代的发展。

51 岁的某色达体是此次搬迁的 84 户贫困户中的一员，在政府的资助下，某色达体仅花了 1 万元就搬进一套三居室公寓，他的女儿也有了自己的卧室。不过，这还不是某色达体最高兴的事，他更开心的是搬迁以后孩子的教育、家人的就医有了着落——社区配备了学校、医院、商店等基础设施，从安置房走到县城最繁华的地带，只需 2 公里路。某色达体 17 岁的女儿现在就在昭觉县城一所中学上学，过去，因为悬崖上没有教育设施，下山的路又太危险，直到孩子 11 岁，她的家人认为她足够高、足够壮，才放心让她爬藤梯上学。现在，住在新房子里，不仅女儿上学更容易、更安全，某色达体自己头疼的毛病也更方便治疗了。按照村里集体产业发展的规划，某色达体家的老屋被保留下来并进行了加固翻新，"等新家一切安置妥当，我还要和老婆轮流回村里搞民宿接待"，这是某色达体的新打算。

（三）如何发展

就像某色达体一家一样，村民走出"悬崖村"，并不意味着扶贫的终止，而是扶贫方式由"授人以鱼"转向"授人以渔"的开始。从长远来说，造血式扶贫的成效，是决定"悬崖村"村民易地搬迁后能否稳得住的关键。虽然悬崖村大部分人离开了，但悬崖村还在。县城安置房内，村民们经历着从"乡"到"城"的身份转变；而在村庄内，原本的旅游业、种养业，也因为这次搬迁迎来天翻地覆的变化。

（1）针对搬迁群众多措并举提供就业岗位。政府在集中安置点附近创建了农业产业园，村民们可以通过进厂务工获得收入；安置小区依托物业经济,开发了清洁工等公益性岗位,重点安置年龄偏大、弱劳力的贫困户就业;鼓励贫困群众在家门口就业,既能挣钱又能顾家,安老养幼两不误;开展订单式技能培训,根据用工单位需求,有针对性地培训工人,为村民们今后就业增加更多的途径和技能,增强群众就业自信;同时为鼓励青壮年外出务工,对于到省外务工人员一次性提供2000元交通补贴。

(2)发展旅游业带动脱贫。进城后,村民们在原村的土地(宅基地除外)仍然会被保留,年轻人还可以回到村里继续发展民宿旅游。悬崖村不仅拥有峡谷、原始森林、修建的"天梯",还有溶洞、温泉等,旅游资源相对丰富。经过中外媒体报道后,四方游客蜂拥而至,仅2019年悬崖村就接待了10万名游客。村民们靠经营小卖部、为游客提供食宿、出售蜂蜜和橘子等农产品,收入近100万元。① 川投集团、成都天友旅游集团公司共同出资成立四川川投天友悬崖村文化旅游开发有限公司,拟投资6.3亿元,在此打造山地度假旅游目的地,以及彝区农文旅体验目的地和文旅产业扶贫示范基地。② 打造景区,不仅对开发商有利,对于当地居民也是一项"福利"。在政府引导下,村里一些青壮年留下来发展民宿旅游,参与景区运营工作,或者开一些小店铺,既保留了民族特色,又实现了就地就近就业。像旅游索道、缆车,甚至是村民们原有的土坯房都会纳入旅游开发的大盘子,打造成民俗村落,带动老百姓发展致富。

(3)发展特色种养业带动脱贫。大部分人搬出去了,但村里的地并没有荒着。早在2016年,村里就引进了青椒、油橄榄、高山蜂蜜等项目,为村民带来土地流转、就业、农产品销售和利润分红等收入。4年过去了,油橄榄、青椒等结出了硕果,通过政府搭建的电商销售平台和拼多多等互联网平台开始了悬崖村的致富之旅,农产品变现,为村民们拓展了收入来源。当地政府还引导村民种植产值较高的经济作物,种植业、养殖业、旅游业齐头并进。

在脱贫验收预评估中,阿土列尔村年人均收入已由2014年不到2000元,增长到2019年近9000元,其中84户贫困户的人均年收入超过了6000元,

---

① 新华社. 易地搬迁村民将贫困留在"悬崖村"[J]. 对外传播, 2020(6).
② 本报记者. 当"悬崖村"牵手旅游脱贫[N]. 四川日报, 2018-01-17(7).

远高于脱贫标准。

◎ **经验启示**

从藤梯到钢梯再到楼梯,从山头到城里,从闯"悬崖关"上学到在家门口上学,悬崖村的故事是中国易地扶贫搬迁实践的典型样本,是"全面建设小康社会,不让一个人掉队"的扶贫理念的具体体现。8年来,全国"790万户、2568万贫困群众的危房得到改造,累计建成集中安置区3.5万个、安置住房266万套,960多万人'挪穷窝',摆脱了闭塞和落后,搬入了新家园"[①]。

(1)易地扶贫搬迁对生存条件恶劣地区居民的生产生活方式进行重构,解决了群众生存难题。深度贫困地区,往往是恶劣的自然条件与极为原始的生产方式相伴,人口的快速增长与劳动力总体知识水平偏低并存,基础设施落后和教育医疗等公共服务供给严重不足兼具。如本案例中,悬崖村因交通闭塞,导致交通、水利、电力、通信等基础设施欠缺,教育、医疗、卫生等基本公共服务能力严重不足。通过易地扶贫搬迁,将贫困群众集中安置,配套建设产业园,为贫困群众提供就业岗位,从根本上改变了贫困群众的生产生活条件,解决了群众生存难题。

(2)易地扶贫搬迁解决群众发展难题,阻断贫困代际传递。悬崖村村民不仅面临出行难,更有上学难、嫁娶难的困境,贫困产生了代际传递。通过易地扶贫搬迁,统筹利用安置点周边原有教育资源和规划建设安置点配套学校,让搬迁群众适龄子女在家门口就能上学,同等享受城镇教育资源,切实增强教育获得感、幸福感、满意度,搬迁群众子女受教育程度和生产生活方式的改变,将彻底阻断贫困的代际传递。

(3)易地扶贫搬迁顺应人民对美好生活的向往,推进城乡一体化发展。贫困群众虽然搬迁愿望强烈,但受自身能力和收入水平限制往往有心无力。中国政府以强大的动员力量,筹措资金超过9000亿元[②],有计划、有组织地

---

① 习近平.在全国脱贫攻坚总结表彰大会上的讲话[N].人民日报,2021-02-26(2).
② 国家发改委:《全国"十三五"易地扶贫搬迁规划》(发改地区〔2016〕2022号),2016年9月.

帮助分布在全国22个省（自治区、直辖市）约1400个县（市、区）急需搬迁的近1000万贫困群众实现了易地扶贫搬迁。当这些边远深山区和生态脆弱区的居民迁移出来之后，城乡之间的差距逐步缩小，经济社会发展的一体化程度将大为提升，有利于社会和谐与稳定，有利于整个国家的长治久安。这方面效应在我国边疆和少数民族地区体现得尤为显著。

（4）易地扶贫搬迁通过构建"经济—社会—文化"系统性制度框架，为贫困地区群众整体脱贫和可持续发展提供综合性解决方案。搬迁是手段，发展是目的。中国为解决深度贫困问题以及人与自然的生态矛盾而进行的易地扶贫搬迁，其核心是构建"经济—社会—文化"系统性制度框架，其目的是改变人的生存状况、提升人的生存能力、改善人的资源禀赋结构，从而为深度贫困地区人民的整体脱贫和未来的可持续发展提供综合性的解决方案。经济层面，通过产业发展和就业创业扶持，为易地扶贫搬迁提供牢固的经济基础，为搬迁群众创造稳定的就业渠道和稳定的收入来源。社会层面，通过社区重建和社会保障、社会公共服务体系的构建，为搬迁群众提供具有安全感、幸福感的新社区生活，增强搬迁群众对新社区的认同感和归属感。文化层面，要增强搬迁群众的文化适应性和文化融合能力，既要保持其原有散居文化和宗族文化的承递性，又要在新的社区环境中为其创造一种新的文化，并运用各种形式加快搬迁群众文化融合的进程。

案例编写：刘娟　魏长仙

第八篇
基本公共服务：多维度编织扶贫保障网

要紧紧扭住包括就业、教育、医疗、文化、住房在内的农村公共服务体系建设这个基本保障，编织一张兜住困难群众基本生活的安全网，坚决守住底线。

——《同菏泽市及县区主要负责同志座谈时的讲话》（2013年11月26日），《做焦裕禄式的县委书记》，中央文献出版社2015年版，第29页

要把发展教育扶贫作为治本之计，确保贫困人口子女都能接受良好的基础教育，具备就业创业能力，切断贫困代际传递；要把社会保障兜底扶贫作为基本防线，加大重点人群救助力度，用社会保障兜住失去劳动能力人口的基本生活。

——《习近平春节前夕赴河北张家口看望慰问基层干部群众祝伟大祖国更加繁荣昌盛 祝各族人民更加幸福安康》（2017年1月24日），《人民日报》2017年1月25日第1版

专题二十七：教育扶贫

用教育阻断贫困代际传递

——云南省大理白族自治州教育扶贫实践

◎ **案例导读**

扶贫必扶智，治贫先治愚，把贫困地区的孩子培养出来，是扶贫的根本之策。相对于经济扶贫、政策扶贫、项目扶贫等，"教育扶贫"直指导致贫穷落后的根源，直指我国农村地区特别是老少边穷地区发展滞后的最短板。脱贫攻坚如何补齐教育这块"短板"，阻断贫困的代际传递，这是本案例要回答的问题。

◎ **政策安排**

2016年，教育部会同有关部门印发《教育脱贫攻坚"十三五"规划》，统筹推进"两不愁三保障"义务教育有保障、脱贫攻坚"五个一批"发展教育脱贫一批任务、阻断贫困代际传递等各项教育脱贫攻坚工作。坚持把教育扶贫作为脱贫攻坚的优先任务，强化组织领导，聚焦重点难点，合力攻坚克难，构建了较为完善的教育扶贫制度体系。

为深入实施一系列补短兜底的教育扶贫工程项目，教育部于2019年2月印发《关于打赢脱贫攻坚战进一步做好农村义务教育有关工作的通知》、2019年4月印发《禁止妨碍义务教育实施的若干规定》、2019年8月印发《关于解决建档立卡贫困家庭适龄子女义务教育有保障突出问题的工作方案》，不断落实政府控辍保学法定职责，指导全国2811个县（占比95%）"一县一案"制定了控辍保学工作方案。切实做好义务教育控辍保学工作，全面改善贫困地区义务教育薄弱学校基本办学条件，加强乡村教师队伍建设，不断完善精准到人的困难学生资助体系，推动落实有针对性的教育扶贫倾斜政策，加强科技人才支撑。努力实现"人人有学上、个个有技能、家家有希望、县县有帮扶"，促进教育强民、就业安民，全面完成教育扶贫各项任务。

◎ 创新实践

云南大理地处中国西南边陲，也是全国唯一的白族自治州。由于山多坝子少，山区面积占比93.4%，坝区面积占6.6%，大理同时也是全国14个集中连片特困地区之一——滇西边境山区的主战场。2014年，全州12县市中有11个县是贫困县，共有建档立卡贫困乡镇34个、贫困村541个、贫困户10.97万户、贫困人口42.09万人。其中，深度贫困乡镇5个、深度贫困村153个，贫困发生率为11.62%，脱贫攻坚任务无比繁重、十分艰巨。

由于地处偏僻、封闭落后，有些民众几乎是从原始社会直接过渡到社会主义社会，文盲率较高，人均受教育程度只有6年，思想理念上和内地其他地区存在较大差异。村民普遍缺乏脱贫致富技能，农业科技普及率低，生产生活方式落后，市场经济意识不强，与外界交往少，接受新生事物能力不强。素质型贫困是这里致贫的主要原因之一。

针对这一问题，云南省大理白族自治州聚焦教育扶贫攻坚，精准施策，建立起覆盖学前教育到高等教育全学段、多层次的教育扶贫体系和教育保障体系，为大理的未来点亮了希望之光。

一、织密教育脱贫保障网

（一）紧盯教育资助，不让一个孩子因贫失学

精准资助是教育脱贫攻坚的兜底工程，必须抓准抓实、一个不漏。为此，大理建立了以政府为主导、学校和社会为补充的"三位一体"资助格局，形成普惠性资助、特困性资助、奖励性和补偿性资助有机结合的"多元混合"

资助模式，实现了各学段全覆盖、公办民办学校全覆盖、家庭经济困难学生全覆盖。

与此同时，不断建立健全教育扶贫信息员制度，实行教育精准扶贫信息在线管理、动态更新、精准资助，突出做好建档立卡家庭经济困难学前幼儿精准资助、义务教育学生生活补助、高中生精准资助、中职学生生活补助、大学生精准资助和绿色通道、普通高校面向农村和贫困地区的专项招生计划及对建档立卡家庭经济困难大学毕业生就业创业的帮扶等7项政策，让党和国家的教育惠民政策落到实处。

仅2016—2018年，全州从学前教育到高中教育阶段共投入25.1亿元资助资金，资助家庭经济困难学生近500万人次，坚决不让一个孩子因贫失学，不让一个家庭因学致贫。

专栏27-1　大理州"爱心圆梦"行动

自2008年起，大理州连续10年实施"爱心圆梦"行动，多渠道筹措资金帮助家庭经济困难大学新生顺利入学，视家庭情况对在当年高考中被二本高校以上录取的家庭经济困难学生给予3000元或5000元资助，资助金额累计达7500多万元。此外，云南省优秀贫困学子奖励计划等多种资助政策同步实施，免除建档立卡普通高中和职业学校家庭经济困难学生学费，覆盖率达100%，让所有家庭经济困难大学生都能顺利入学。在澜沧江畔云龙县检槽乡出生的邓昊哲，原本是一个幸福的孩子，从未想过自己的人生会有那么多波折。2000年、2012年，父母先后因病去世，年仅16岁的邓昊哲成了孤儿。面对家庭剧变，他几乎失去了继续读书的信念。在老师和亲友的劝说和鼓励下，邓昊哲回到了学校，2015年考入云南民族大学，大理"爱心圆梦"行动给他颁发了助学金，使他安心踏上了求学之路。

(二)优化办学条件,改善义务教育学校薄弱面貌

大理山区面积广大,人口居住分散,让所有低龄儿童都往返奔波或是离家住校不现实,保留并建设好一定数量的教学点有助于农村儿童就近入学、控辍保学。然而,这些教学点的环境普遍还十分艰苦,校舍老旧,设施落后,教学质量难以提高。

从2015年起,大理州在《云南省贫困退出机制实施方案》中,把实现县域内义务教育基本均衡,并通过国家认定,作为贫困县脱贫摘帽的基本条件之一。州教育局成立均衡发展办公室,列出时间表、路线图,实施动态监测、跟踪问效,通过中小学校舍安全工程、"全面改薄"[①]工程、寄宿制学校建设等工程项目的实施,大力提升了贫困地区义务教育阶段学校办学条件。现在,即便只有一个教师驻守的教学点,硬件设施和教学设备也是今非昔比。

(三)加强队伍建设,提升乡村教师水平

大理州积极围绕统筹城乡教育发展,进一步夯实基层基础,聚焦师资优化配置,打好乡村教师队伍建设"组合拳",切实破解乡村教师"下不去、留不住、教不好"的难题。

(1)多渠道补充乡村教师。加大紧缺学科教师招聘力度,认真实施"特岗计划",补足配强乡村教师,优化队伍结构。按照严控总量、盘活存量、优化结构、增减平衡的要求,加强统筹协调和管理创新,在认真落实城乡中小学统一编制标准的基础上,对农村边远地区实行政策倾斜。对学校规模较小的村小、教学点,按师生比和班师比相结合的方式核定教职工编制;对学生规模在200人以下的村小、教学点,原则上按班师比不低于1∶2的比例核定教职工编制。

(2)多方面落实倾斜政策。认真落实长期在农村基层和艰苦边远地区工作教师各项倾斜政策,着力解决乡村教师待遇偏低,职业吸引力不强的问题。大力实施乡镇工作岗位补贴和集中连片特困地区乡村教师生活补助差别化政策;认真落实乡村小学推荐中职和乡镇中学推荐中、高职教师不受岗位数额限制,城市中小学教师晋升高级教师职称,应有在乡村学校或薄弱学校

---
① "全面改薄"工程即全面改善贫困地区义务教育薄弱学校基本办学条件的简称。

任教 1 年以上的经历等要求；加大乡村学校教师保障性住房建设力度；建立乡村教师荣誉制度，积极为乡村教师扎根基层、安心从教创造条件。

（3）多形式加大教育培训。以教师队伍素质提升为重点，全面实施教师全员培训工程，严格执行 5 年一周期、不少于 360 学时的教师全员培训，并注重加大培训经费保障力度，加强骨干教师梯队建设，不断提升山区教师专业化水平。党的十八大以来，先后组织中小学教师履职晋级培训、中小学校长培训、新课改通识培训、省骨干教师培训、"国培计划"等各类培训近 20 万人次，小学、初中、高中专任教师学历合格率分别达 99.07%、99.69%、98.33%；积极争取财政保障，州政府每年安排 50 万元的中小学校长、教师专项培训经费；4 所县级教师进修学校被评为一级教师进修学校，州、县、校三级教师培训网络基本形成；充分发挥 16 个中小学教师学术工作站、19 个名师工作室的示范带动作用，认真组织开展"一师一优课、一课一名师"、城乡学校结对帮教、名师送教下乡和教师技能大赛等活动，山区教师专业素养不断提升。

（4）多举措推进交流轮岗。督促指导各县市因地制宜采取定期交流、跨校竞聘、对口支援、教师走教、名师名校结对帮带等多种途径和方式，大力推进县域内义务教育学校校长教师交流轮岗工作。同时将校长教师交流轮岗与实施"三区"人才支持计划教师专项计划、鼓励专业技术人员到基层服务等工作有机结合，重点推动优秀校长和骨干教师到农村学校、薄弱学校任职任教并发挥示范带动作用。仅 2018 年，中小学校长交流轮岗 107 人，其中交流到校点、村小的 29 人；教师交流轮岗 1046 人，其中交流到校点、村小 299 人。

二、筑牢基础教育根基

（一）破解入园难题，补齐农村学前教育短板

"基础教育是教育脱贫的根基，学前教育是基础教育的基础"。目前在贫困地区，学前教育仍是基础教育的短板。2015 年，大理州先后出台《第二期学前教育三年行动计划（2015—2017）》《幼儿园教师学历提升计划（2015—2020）》。至 2018 年，大理重点推进贫困地区"一村一幼、一乡一公办、一

县一示范"建设，推动直过民族等民族聚居区学前双语教育，切实解决贫困地区学前教育基础设施薄弱、适龄幼儿"入园难"、学前教育优质资源稀缺等一系列难题，累计投入32069.08万元建设资金。2018年后，大理州还实施了第三期学前教育行动计划，继续扩充农村学前教育资源，推动公办资源向农村聚集"兜底线"、引导市场力量向城镇发展，构建更公平更有质量的学前教育公共服务体系。

专栏27-2 马鞍山中心幼儿园

巍山彝族回族自治县马鞍山乡位于哀牢山腹地，居住着彝、汉、白、苗等各族群众1.6万人，是一个地广人稀的高寒山区乡。过去，这里"行路基本靠走，交流基本靠吼"，全乡的学前教育基本为零。针对全乡山高路远、群众居住分散、留守儿童较多的情况，3年间，马鞍山乡建成了高大敞亮的中心幼儿园，覆盖乡政府片区和三胜村委会15个村民小组782户农户3200多人。此外还建成青云幼儿园、三鹤幼儿园两所公办寄宿制幼儿园，合理的区位布局解决了山区孩子入园难问题，让孩子们可以在这里学习玩耍、快乐成长。

（二）聚焦"控辍保学"，确保义务教育一个都不能少

"控辍保学"不是"硬骨头"，而是"金刚石"。近年来，大理州严格按照"一个都不能少"的要求，强化建档立卡贫困户子女义务教育阶段无辍学工作，全力做实辍学学生劝返复学工作。各县市人民政府认真履行控辍保学主体责任，多措并举狠抓控辍保学，落实挂包责任，组织人员深入遍访摸排情况，针对学生及家庭具体情况开展思想动员工作，县乡各级政府积极履行主体责任，扎实开展劝返工作。以"六长"责任制（县市长、教育局长、乡镇长、校长、村主任、家长）、"双线八包"工作机制（县级领导包乡镇、乡镇干部包村、村干部包村民小组、组干部包户，教育局领导包学校、学校领导包村小、班主任包班、科任教师包人）为抓手，强化依法控辍保学"四

步法"（宣传教育、责令改正、行政处罚、申请强制执行或提起诉讼），进一步压实县、乡、村"一把手"责任，采取人盯人的办法，把具体工作落实到县、乡、校，落实到找得着、劝得回，是全力控辍保学，助力脱贫攻坚，推动义务教育高质量发展的有效渠道。仅 2017 年，就有 1040 名义务教育阶段辍学学生重返课堂，基本实现建档立卡贫困家庭子女无辍学。

专栏 27-3　控辍保学，弥渡法院敲响"官告民"法槌

赵某波、周某就读于弥渡县新街中学，是该校九年级的学生。2019 年秋季开学后，两名学生未按期返校继续接受教育。发现两名同学辍学后，新街镇组织镇村干部、一线挂联人员、驻村工作队、教师，通过多种渠道与两名学生家长多次沟通，反复做思想工作、讲解法律法规，送达《新街镇人民政府责令送被监护人接受义务教育通知书》和《弥渡县新街镇人民政府履行行政决定催告书》，要求家长履行法定监护义务，送孩子到校接受义务教育，但一直未果。2019 年 10 月 1 日，新街镇人民政府向弥渡县人民法院提起诉讼，请求法院判令两被告履行法定监护责任，将未成年的孩子及时送到学校继续完成学业。

庭审中法官释法说理，两案被告均认识到作为监护人放任适龄儿童、少年辍学也属违法，应承担相应的法律责任，并充分认识到辍学将极大地限制孩子素质能力的提升和今后工作的选择。两起案件被告均表示愿意劝导孩子返校继续完成学业，案件最终得以调解结案，切实维护了未成年人接受义务教育的权利。

三、激活职业教育发展动力

职业教育可以帮助一个贫困家庭实现快速脱贫。2017 年 9 月，教育部启动了《职业教育东西协作行动计划滇西实施方案（2017—2020 年）》，实施上海、江苏、天津、浙江东部四省市对口兜底式招录滇西 10 州市建档立卡未升学应往届初高中毕业生接受优质中等职业教育，确保建档立卡户子女、"两后生"

（初中毕业后、高中毕业后未升学的学生）实施职业教育精准帮扶。

以此为契机，大理州全面深化职业教育改革，强化精准招生，不断扩大职教规模。实施中等职业教育招生、五年制大专专项招生、东西协作招生等各项招生扶贫政策，鼓励广大初中毕业生到职业学校学习一技之长；为促进职业教育与企业用工紧密结合，把与省内外高校、大中型企业联合办学，以及订单培养作为学校工作重点，提升学校办学质量，拓宽就业渠道；为切实保障"招得好、送得出、稳得住、学得好，送出一个学生脱贫一个家庭"的目标，确保建档立卡贫困家庭学生去江苏顺利完成学业和就业，推出了多项资助政策，在给予前往学习的学生享受免学费、国家助学金及当地学生同等奖补政策的基础上，还给予每名学生每年9000多元的资助，分别是"润雨计划"每生每年5000元、中国教育发展基金"雨露计划"每生每年2000元以及州县两级给予的生活和交通补贴。有了以上补助，可基本满足学生的学习生活各项开支，一般情况下家庭不需要再承担更多的费用。2017年，大理中等职业教育录取近2.2万人，形成了职业教育发展的良好氛围。

此外，大理还启动了新型职业农民培育工程，通过职业教育助力产业扶贫，举办现代青年农场主等新型职业农民培训班、农村劳动力技能培训班。结合个人意愿和现实需求，采取送训下乡、集中办班、现场实训等多种形式，灵活开展中药材和水果种植、水产养殖、家畜家禽饲养建筑、家庭农场经营管理、装潢、汽车维修、厨师、保洁、餐饮服务、客栈服务等培训，提升脱贫带头人致富带富能力和贫困户职业技能与综合素质，确保每个建档立卡贫困户有1人接受职业技能培训，每户家庭至少掌握一门致富技能。

四、集聚高等教育脱贫力量

大理是文献名邦，办一所大学，是当地人民的夙愿。搭乘教育部定点联系帮扶滇西的东风，2015年，大理人愿望成真。教育部正式批准"滇西应用技术大学"总部在大理筹建，并发文批准"大理学院"正式更名为"大理大学"。大理大学同时被北京大学、清华大学等7所部属高校确定为学科建设对口帮扶单位。结合滇西地区拥有的丰富的生物资源，大理大学致力于开展昆虫药物产学研一体化研究，目前昆虫药研究或专利授权 93 项，其中发明专利 71 项，达到云南领先、全国先进水平；参与两个国家级重大科技专项——"水体污染控制与治理"及"艾滋病和病毒性肝炎等重大传染病防治"的研究工作；围绕"三江并流"区域的生物多样性保护和研究，取得了丰硕的成果，直接服务于长江上游地区的生态保护。

在大理大学的对面，荒山之中的海东新区，滇西应用技术大学也在崛起。作为"扶智"的标志性工程，这是我国第一所为扶贫而生的大学。它借鉴瑞士应用技术大学模式，结合滇西 10 个州市的特色优势产业，以"创办一个学院、振兴一个产业、造福一方百姓、传承一方文化"为目标，采取总部加若干特色学院、研究中心的开放式办学构架建设新型应用技术大学，所属各特色学院按"空间贴近、立足滇西、服务云南、辐射带动周边"的原则布局在产业聚集区，通过购买服务、委托管理、网络资源共享等形式，嫁接优质教育资源，将区域特色优势产业需求与特色学院专业设置有机结合，实现资源最大整合与共享。首批已启动了普洱茶学院、珠宝学院、傣医药学院。至此，大理高等教育"两翼齐飞"的格局初步形成，不仅为贫困学生就近接受高等教育创造了条件，而且共同为滇西经济社会发展提供智力支持。

截至 2019 年 7 月，大理实现了义务教育基本公共服务全覆盖，并保持义务教育阶段建档立卡贫困家庭子女无辍学；贫困乡村办学条件极大改善，校容校貌焕然一新。义务教育信息化建设加快推进，全州中小学生机比达到 6∶1，多媒体班级配备率达 96%，互联网接入率达 100%，实现各级各类学校具备网络教学环境和备课环境；全州 11 个贫困县按 500～1000 元/（月·人）不等标准发放集中连片特困地区乡村教师生活补助，实现了贫困乡村教师生活补助政策全覆盖；全州共下达各级各类学生资助资金 7.58 亿元，惠及学生 95.93 万人次。全州 12 县市全部通过国家义务教育均衡评估验收，祥云、宾川、巍山、洱源、鹤庆、漾濞、南涧、永平 8 个县的教育指标均达到贫困退出标准，弥渡、云龙、剑川 3 个县教育工作符合贫困退出条件，职业教育与技能培训协调开展，教育扶贫工作健康稳步推进。

◎ 经验启示

教育牵涉千家万户，是最重的任务、最细的工作、最实的民生。8年来，我国实施教育扶贫成效显著，"累计改造贫困地区义务教育薄弱学校10.8万所，帮助800多万贫困家庭初高中毕业生接受职业教育培训，重点高校定向招收贫困地区学生70多万人，每年为3700多万农村义务教育阶段学生提供营养餐，贫困家庭辍学学生全部劝返就读"[①]。大理州是教育扶贫的典型代表，它立足本地实际，将教育扶贫作为打赢打好脱贫攻坚战的基础性、长远性举措，努力让大理千万家庭享有教育获得感，走出了一条特色鲜明的教育扶贫之路，带给我们许多启示。

（1）输血与造血相结合，由"因学致贫"转向"以学治贫"。"发展教育脱贫一批"工程既要"扶教育之贫"，更要"靠教育脱贫"。要将教育作为扶贫的目标、任务和内容，通过结构调整、政策扶持和投入增加等手段及方式实现教育领域脱贫。特别是要完善政府主导、社会参与的教育培训体系，加大贫困地区职业教育与培训投入，开发贫困地区人力资源，提高贫困人口的文化科学素养，培养农村专业技术人才，提升受训人员的知识素养与技能水平，增强可持续发展能力。转变"输血"模式成为"造血"模式，实现"因学致贫"转向"以学治贫"。

（2）起点与过程相结合，让贫困地区孩子共享教育机会和资源。贫困地区教育脱贫要解决教育公平的问题。对于贫困地区的孩子尤其要注意起点公平与过程公平，从根本上保障他们受教育的权利。一方面要注重起点公平，通过提高资助水平、改善教学环境、加大乡村教师培育力度，让每一个孩子享有平等的教育机会。另一方面要加强过程公平，让贫困地区共享优质教育资源。这就需要通过合理调配教育资源，发挥优质教育资源的帮扶功能，保证深度贫困地区能够享受到我国教育现代化所带来的福利，比如远程教育、"互联网+"等，提高贫困地区教育教学质量、缩小城乡差距，将教育扶贫的政策供给与实际需求进行精准对接。

---

① 中共国家乡村振兴局党组. 人类减贫史上的伟大奇迹[J]. 求是，2021（4）.

（3）短效与长效相结合，发展多层次的教育扶贫体系。教育扶贫是一项基础性工作，也是一项长期性工作，需要短效与长效相结合。农村学前教育能为贫困人口提供基本的学前启蒙，义务教育阶段和高中阶段既能促使贫困人口向上流动，又能阻止贫困的代际传递；职业教育、继续教育和成人教育能直接提高贫困人口的职业技能，增强贫困人口的就业能力。因此，发展多层次的教育扶贫体系，既需要提高基础教育质量阻断贫困代际传递，又需要发展职业教育促进脱贫致富能力，才能兼顾长期与短期的扶贫效果，提高教育扶贫的效益。

案例编写：刘娟

专题二十八：健康扶贫

没有全民健康就没有全面小康
——山东淄博、河北围场、湖北长阳的健康扶贫实践

◎ 案例导读

"辛辛苦苦奔小康，得了大病全泡汤"，这句话曾道出了不少贫困群众心头的苦和难。健康对于每个人、每个家庭都很重要，尤其是对贫困户而言，疾病直接影响着他们脱贫的步伐。特别是在同样条件下，劳动力健康或相对健康的贫困户容易脱贫，越到后期，贫困人员绝对数大幅下降，因病致贫占比就会相应升高甚至成为贫困主因。如何确保贫困群众"健康有人管，患病有人治，治病能报销，大病有救助"？健康扶贫成为实现脱贫目标的"关键一招"。

◎ 政策安排

健康扶贫是指通过提升医疗保障水平，采取疾病分类救治，提高医疗服务能力，加强公共卫生服务等措施，让贫困人口能够"看得上病、方便看病、看得起病、看得好病、防得住病"。党的十八大以来，围绕实现贫困人口基本医疗有保障目标，构建防止因病致贫返贫长效机制，我们深入实施了健康扶贫工程，努力让农村贫困人口有地方看病、有医生看病、有制度保障看病和少生病。2016年以来，国家卫生健康委、国务院扶贫办、国家医疗保障局等多部门联合出台一系列健康扶贫政策文件，指导各地深入实施健康扶贫工程，如2016年《关于实施健康扶贫工程的指导意见》，2017年《关于印发

〈健康扶贫工程"三个一批"行动计划〉的通知》，2018年《关于印发〈健康扶贫三年行动实施方案（2018—2020年）〉的通知》，2019年《关于印发〈解决贫困人口基本医疗有保障突出问题工作方案〉的通知》，2019年《关于坚决完成医疗保障脱贫攻坚硬任务的指导意见》等，明确了以县医院能力建设、"县乡一体、乡村一体"机制建设、乡村医疗卫生机构标准化建设为三大主攻方向，全面提升贫困地区医疗卫生服务能力；救治预防双管齐下，逐人逐户逐病摸清贫困人口患病情况，实行大病和慢性病分类救治；立足基本医保、大病保险、医疗救助三重制度，实现综合保障、梯次减负，实行县域内住院"先诊疗后付费"和"一站式"直接结算报销服务，努力减轻农村贫困人口医疗费用负担；开展疾病预防和健康宣教，推动疾病预防关口前移。截至2019年12月底，农村贫困人口参保率达到99.99%，基本实现应保尽保。全国已有1600多万贫困人口得到基本救治和管理服务，贫困人口县域内就诊率达到90%以上，已有997万多户因病致贫返贫的贫困户实现脱贫。8年来，我国实施健康扶贫成效显著，"将贫困人口全部纳入基本医保、大病保险、医疗救助三项制度保障范围，贫困人口住院医疗费用实际报销比例从50%提高到80%左右，累计救治贫困患者2024万人，组织1007家三级医院与832个贫困县医院结对帮扶，完成贫困县所有乡村医疗卫生机构标准化建设"[①]。

◎ 创新实践

健康扶贫对于保障农村贫困人口享有基本医疗卫生服务，推进健康中国建设，防止因病致贫、因病返贫，实现到2020年让农村贫困人口摆脱贫困目标具有重要意义。围绕如何让老百姓"少生病""看得好病""看得起病"，各地积极探索，从提升贫困人口医疗保障水平到提高基层医疗卫生服务能力，各种具有地方特色的健康扶贫创新模式不断涌现。

一、如何让老百姓"少生病"——山东淄博"第一村医"卡住因病致贫因病返贫第一关口

山东省淄博市是典型的组群式城市，医疗资源丰富，居民素质和健康素

---

① 中共国家乡村振兴局党组. 人类减贫史上的伟大奇迹[J]. 求是，2021（4）.

养较高，但有大量的山区、库区和黄河滩区。基层医疗服务能力不平衡，城市大医院虹吸现象明显，如何引导上级医院丰富的医疗资源下沉，破解基层医疗资源缺乏、服务能力偏弱是亟待解决的突出问题。基于此，淄博市在借鉴学习"第一书记"基层党建、扶贫工作做法基础之上，于2017年11月在全国首推"第一村医"帮扶机制。初期方案设定3年内派驻6批（每批100名，派驻期半年），600名"第一村医"直接帮扶600个薄弱村，同时实行"一托三"模式，覆盖1800个村，为偏远、贫困地区的群众提供健康服务，从源头上卡住脱贫人口因病致贫因病返贫"第一关口"。

专栏28-1　"第一村医"周华

淄博市中心医院消化内二科主治医师周华，作为第四批"第一村医"被派驻高新区王南村，同时覆盖刘斜、罗斜两个村。自从到岗以来，周华除了完成基本的工作之外，还充分发挥自己的技术专长和石桥中心卫生院的优势医疗资源——内镜技术的开展，以她派驻的三个村为试点开展早期胃癌筛查工作。如此一来，不但可以改善老百姓的健康状况，更可以有效减少因病致贫家庭的产生，成为健康扶贫的一项重要举措。不仅如此，她还积极带动优质医疗资源下沉，联合大后方淄博市中心医院的消化内二科、儿科、心内一科，利用晚上休息时间，以开展"医疗夜市""第一村医"科普讲堂的义诊形式，把优质的医疗资源送到百姓身边。

截至2019年7月，淄博市已派出"第一村医"413名，覆盖1238个村，惠及贫困人口23420户，49308人。这些"第一村医"医学知识丰富，学历高；后援团强大，每名"第一村医"依靠的是所在的科室、所在的医院，资源丰富、可信力、权威性均具备；他们爱心醇厚，自愿到偏远山区、黄河滩区、水库库区奉献，他们勇于实践，不断创新，采用多种方式服务贫困群众。

（1）"双一联动"整合健康扶贫力量。"第一书记"主要是关注增收做加法，"第一村医"则是减少家庭支出做减法，让优质医疗资源下沉，促进优质医疗资源向基层流动，提高基层医疗卫生服务能力，增强医疗卫生的公益性，为群众提供全方位、全周期的健康服务。这"一增一减"，既提高了脱贫数量的绝对数，又大大提升了扶贫成效。

（2）"医疗夜市"增强健康服务主动性。基于农村白天农忙的客观实际，"第一村医"还创新性地提出了"医疗夜市"，利用晚上时间为群众提供医疗咨询、健康讲座、义诊查体、针灸推拿等健康服务，对特殊病种人群建立上级转诊、会诊的绿色通道，增强了健康服务的主动性。特别是"科普讲堂"针对患者或患者家属进行医疗知识的科普讲座，通过具有群众影响力的专家教授参与，群众的认可度和影响效力高，预防效果好。

（3）"第一村医讲堂"为基层医疗造血。"第一村医"定期为乡村医生及卫生院医务人员进行业务培训，轮流安排部分"第一村医"每周到乡镇卫生院坐诊一天，并查房带教，由看病"输血"升级为授业"造血"。

（4）"流动医院"为贫困群众提供健康保障。整合"第一村医"多学科、多专业优势，打造群众身边的高端"流动医院"。一支支"第一村医"组成的联合医疗团队在农村义诊、巡诊、健康宣教、签约医疗服务构成了群众身边的高端"流动医院"，大大便利了贫困群众的就医需求，让群众在家门口便可享受到大医院医疗专家的优质健康服务。

根据相关数据显示，截至2019年7月，淄博市已派出413名"第一村医"，派驻（覆盖）1238个村，惠及贫困人口23420户，49308人。"第一村医"累计组织卫生政策和健康知识宣讲2.25万次，宣讲群众16.67万人，发放宣传材料19.67万份，门诊接诊16.98万人次，上门服务3.97万人次，45个村卫生室在"第一村医"派驻帮扶下实现了标准化，357个村卫生室经过"第一村医"的派驻帮扶，标准化水平有了较大提升。可以说，"第一村医"是扎根老百姓身边的医疗顾问和健康管家，更是健康扶贫政策的"守门员"，成为打通健康扶贫"最后一公里"的有力措施。

二、如何"看得好病"——河北围场智慧医疗分级诊疗让基层百姓家门口享受三甲医院服务

河北围场是全国唯一一个满族蒙古族自治县,是国家扶贫开发重点县、河北省十个深度贫困县之一。截至 2019 年 7 月,尚有贫困村 108 个,建档立卡贫困户 19491 人,基层群众看病远、看病难、看病贵,因病致贫、因病返贫成为脱贫攻坚难中之难、坚中之坚。

2016 年 3 月,在中关村华医移动医疗技术创新研究院的技术支持下,为围场县免费搭建了分级诊疗平台,包括远程影像、远程心电、双向转诊、远程会诊、家庭医生签约服务等。简单地说,就是借助互联网实现全县医生资源的整合及再分配,促进县医院医生资源下沉,从而保障基层村民,特别是贫困人口享有基本医疗卫生服务。

(一)上可治未病,下可治已病

围场县率先引进了健康扶贫家庭医生签约软件系统,组建签约团队 127 个,签约医生 736 名,按内、外、妇、儿、中医抽取 50 名业务骨干组成县级专科医生团队,为每名建档立卡贫困户签约一份协议,每名贫困人员和慢性病患者明确一个签约医生,并公示到乡、村、户,严格执行履约程序。对建档立卡贫困户、65 岁以上老年人、0~6 岁儿童、孕产妇、残疾人、计生特殊家庭 6 类人群,高血压、糖尿病、结核病、重症精神病 4 种慢性病每年随访 4 次以上,对所有贫困人员体检一次,建立"家庭医生健康档案",建立预防、治疗、康复三位一体的卫生健康管理长效机制,做到签约有手册、管理有档案、服务有记录,有效的防病先行。

除了治未病,分级诊疗平台更是治已病的"高手"。目前,分级诊疗平台依托围场县医院建立县域心电、影像诊断中心,辐射各基层医疗机构,实现由基层医疗机构进行检查,县域诊断中心医生提供远程诊断。例如,在基层医院完成的影像拍摄,通过医学影像分级诊断平台将该影像上传。上传成功后,大概 5 分钟的时间,大夫的手机上便可以收到一条围场县医院诊断报告已经生成的短信提示,通过医学影像分级诊断平台即可查看或打印该报告。围场健康扶贫智慧分级诊疗平台连接的 37 个乡镇联网运行 35 个月以来,影

像诊断平台病例总数 28170 例、心电分级诊断平台病例总数 3094 例，病例合格率为 99%。40.83% 的病历在半小时内完成诊断，71.74% 的患者在一小时内完成诊断。

而这在以前是根本没法想象的。围场县人口众多，有 53 万人口，但医疗资源匮乏，过去全县 36 个乡镇卫生院，基层影像医师只有两三名，所以，之前大部分村民拍片子不得不到县医院。比如，朝阳地镇的百姓看病去县城要 60 公里，坐班车就得 2 个半小时，到了县医院正赶上就诊高峰，最快也要当天下午才能返回。坐班车单程车票是 15 元，如果是急症打车就得 200 多元了。而现在离镇卫生院最远的村民只有 7.5 公里，打车 10 多分钟就到了，花费 20 多元，仅路费一项就给老百姓省了不少钱。

（二）信息多跑路，患者少跑腿

现在围场县医院影像基地的诊断医师在县卫生局进行了备案，全系统、全域内诊疗服务是同质化的，诊疗结果是共享共认。通过建立这种机制，解决了医师定点执业、患者诊疗不方便的问题。同时，通过基层的影像、心电，能够及时发现一些重症，及时转到县级医院，县医院和基层卫生院之间都有绿色的转诊通道，可以直接转诊到县级技术中心。而且，患者在镇卫生院通过分级诊疗平台完成的检查数据均被围场县医院承认，可直接住院治疗，不需要重复检查。这样既方便了群众看病，降低患者就医成本，还降低了群众在基层诊疗服务质量不高、医疗人员不足带来的医疗风险。特别是解决了乡镇卫生院缺医生，尤其是缺放射诊断医生的问题。像诊断医师的培养周期比较长，需要 5~8 年，而且现在诊断医师毕业的很少，一个乡镇卫生院配一个诊断医师是很难实现的，但是培养一个技师就容易得多。

患者不用"劳民伤财"地外出就医，围场县医保的钱袋子也"鼓"起来了。据统计，围场县自从 2016 年 8 月实施分级诊疗平台以来，到 2019 年 1 月，全县上传病例 21860 例。县级拍片一例是 95 元，医保报销 75%；乡镇拍片一例是 56 元，医保报销 85%。通过计算，如果百姓都到县级医院拍片，21860 例就需要医保支出近 156 万元，而现在只需要 104 万余元，仅此一项就为县医保节省开支 50 余万元，而患者每一例拍片也少花费近 15 元。算上没有上传的在乡镇卫生院就诊断的，所以节省的费用远多于此。

（三）从看得上病到看得好病

有了分级诊疗平台以后，像急性心肌梗死这种急症，直接走绿色通道到县医院，立即溶栓，这个人就活过来了。但如果基层没有这套技术，看着心脏有毛病，但是是心绞痛还是急性心肌梗死，就诊断不出来了，耽误了抢救时间。如果县里的医院也看不好怎么办？分级诊疗平台也能解决。在县里、市里看不了的病可以申请北京的专家进行远程会诊，而且在平台上做服务的医生除了在卫生局备案，还会在国家认可的第三方机构进行电子签名的认证，确保服务的质量。

通过互联网的方式让医疗资源下沉，实现"基层检查、上级诊断、高级会诊""数据共享、信息互认、结果互认，避免信息孤岛"的综合性区域医疗信息平台，让基层老百姓在家门口就可以享受到一流的专家资源。同时通过这一平台还可以提升基层医疗卫生服务能力建设和学术水平建设，把顶端的医疗平台输送到基层来，带动学科建设，努力实现小病不出社区，大病不出县，疑难病转三甲医院的就医"新模式"，不断提高健康扶贫成效。

三、如何"看得起病"——健康扶贫"长阳模式"，让贫困患者享受政策福利

湖北省长阳土家族自治县是中国农村合作医疗的发源地，同时又是全国新型农村合作医疗的第一批试点县，为探索发展新型农村合作医疗制度，健全完善农民的医疗保障制度积累了丰富经验，两次受到国务院领导人充分肯定，两次被评为全国新型农村合作医疗先进县。2009年颁布实施全国第一部新型农村合作医疗地方法规，实现了依法管理。从2011开始，长阳县委、县政府创立"大病关爱壹佰基金"，2013年启动实施大病医疗保险，对大病患者实施长效救助措施，对农村特别是贫困户抵御大病重病风险发挥了重要作用，在全国属首创。2016年，为加大对建档立卡贫困户的救助力度，出台了《长阳土家族自治县城乡医疗救助实施办法》，2017年10月1日起，长阳县正式实施健康扶贫医疗保障政策。自此，形成了"基本医疗保险＋大病保

险＋民政救助＋健康扶贫兜底保障＋大病关爱壹佰基金"五道保障线，大幅减轻贫困患者大病重病医药费负担。

（一）建立完备的重病兜底保障机制

2017年，全县贫困人口参合率和重大疾病医疗救助覆盖率均达到了100%。建档立卡贫困人口、城乡低保和重点优抚对象当年在各级医疗机构住院，经基本医疗保险报销、大病保险赔付后，其医保目录内费用补偿比例达不到90%的，由健康扶贫兜底保障资金补偿到90%，个人年度累计自付费用不超过5000元。民政部门确认的特困供养人员，年度住院累计个人负担目录内费用按100%的比例给予救助。对健康扶贫对象实行医保政策倾斜，在县内定点医疗机构住院，取消基本医疗保险住院起付线。同时加大参保资助力度，对2018年精准扶贫一般对象按人均60元的标准资助59790人、359万元，对特殊困难对象按人均180元的标准资助22932人、412万元。

（二）建立大病集中救治工作机制

在湖北省确定的大病集中救治9种疾病的基础上，新增宫颈癌、儿童先天性动脉导管未闭2种疾病。针对11种大病确定了定点医院、专家团队，并对11个病种确定了诊疗方案临床路径以及收费标准，健康扶贫对象大病保险起付线降低至5000元，报销比例提高5%。

（三）建立慢性病签约服务管理机制

长阳是一个劳务输出大县，山大人稀，留守老人和儿童较多，针对这个实际情况，将贫困人口中患有糖尿病、高血压、严重精神障碍、结核病的健康扶贫对象纳入签约服务管理重点对象，管理率均达到了100%。开展个性化健康管理服务，对纳入35种慢性疾病门诊的给予兜底补偿，报销比例达到90%。同时，优先为贫困人口开展家庭医生签约服务，免费进行健康体检，建立动态电子健康档案。

（四）动员社会力量参与健康扶贫

"大病关爱壹佰基金"是长阳县独创的具有慈善性质的医疗补充制度，即由县财政供养人员每年捐献不少于100元建立壹佰基金，同时鼓励企业、社会团体和有爱心的人士捐助。救助办法是在基本医疗保险、大病保险和民政医疗救助3种制度补助后,对自费数额仍较高的患者进行一次性资助。对贫困人口住院后目录外费用较高的给予补助,对非贫困人口患大病医疗费用较高的进行集中救助。壹佰基金年最高资助额为10万元。仅2018年,"大病关爱壹佰基金"共筹集社会资金523.67万元,救助大病患者453人次,救助总金额289.7万元,其中救助贫困患者93人次,救助资金66.4万元。

(五)让健康扶贫更加便捷

在建立五道保障线的同时,健康扶贫对象在县内定点医疗机构住院,也实现了"先诊疗后付费"和出院时"一站式"结算服务。入院不缴费,救助对象住院一律取消新农合起付线和入院预付金,实行"先诊疗、后付费";报账一站式,简化住院报销结算流程,健康扶贫对象在出院时只需支付自费部分即可,其他费用由医院先行垫付,然后集中到各部门结算,变健康扶贫对象四处跑,为就诊医院集中办;就诊一卡通,全县各级定点医疗机构设立健康扶贫绿色通道,实行省、县、乡三级定点医疗机构双向转诊、分级诊疗、无缝对接。

专栏28-2 十年花费近百万 曾经的富裕户成了贫困户

长阳土家族自治县龙舟坪镇两河口村方明松15岁外出打工,做工程渐渐积累了经验,也积累了财富。然而,2008年的春天,他在西安建筑工地上突然浑身没劲,站不起来,随后被诊断患上了急性再生障碍性贫血。"在西安住院7个星期,花了49万!"方明松说,多年积蓄一下子被掏光,他只好回家乡继续治病。常见的特效药对他失了效,在宜昌市中心人民医院住了3年,靠输血维持生命,尽管通过新农合和长阳县自办的"大病关爱壹佰基金",治疗费得以报销62%,但这些年来自费的救命钱高达90多万元。

方明松家曾是村里的富裕户,一场大病令他变成了贫困户,还欠下了一笔债。2017年,长阳健全健康扶贫"基本医疗保险+大病保险+医疗救助+健康扶贫兜底保障+大病关爱壹佰基金"五道保障线,像他这

> 样身患重病或慢性病的贫困者，优先得到保障。如今，方明松每月仅自付300多元，90%以上看病的钱都能报销，解决了"心头大患"，他开始考虑和弟弟做点小生意，憧憬过上正常的生活。

长阳采取超常规、强有力的工作措施不断提高贫困人口医疗保障水平，助力脱贫成效显著。2018年全县因病致贫户减少了53.5%，占全县脱贫总户数的30.53%。全县100%的建档立卡贫困人口参加了城乡居民基本医保和大病保险。全县建档立卡贫困人口住院目录内报销比例从2017年的91.85%提高到2018年的96.12%，住院总费用实际报销比例提高到91.68%，切实减轻了贫困群众医疗费用负担。2018年10月15日，长阳健康扶贫工作被国家卫健委、国务院扶贫办通报表扬。

◎ 经验启示

到2020年稳定实现农村贫困人口不愁吃、不愁穿，义务教育、基本医疗、住房安全有保障，是贫困人口脱贫的基本要求和核心指标。但即使在2020年以后，因病致贫因病返贫的风险在也会长期存在。三个地方三种模式，各有侧重点，但都致力于让贫困群众"少生病，看得好病，看得起病"，也为中国的健康扶贫之路行稳致远提供了有益的参考。

（1）转变思想观念，推动从治到防。《黄帝内经》提到，"上医治未病，中医治欲病，下医治已病"。对于贫困群众而言，预防疾病比治疗疾病更加迫切管用。要改变以往重治轻防、重标轻本的观念，将注意力从治病转移到保健康上来，把诊疗前移，从治未病和健康促进的角度，让基层老百姓能够及时得到检查和健康体检，也是防病的一个有效途径。而在预防的过程中，也要找准与老百姓的契合点，像"第一村医""医疗夜市"就是依据基层群众的生产生活习惯，主动适应他们的就医需求，既填补了乡村医疗卫生方面的短板，也为群众提供便捷、安全、优质的医疗保障服务，真正把好事办好。

（2）利用"互联网+"，科技赋能顶端医疗到基层。通过"互联网+

医疗健康"服务形式，开发了面向基层提供公共卫生服务互联互通系统，在贫困地区开展健康扶贫，建成连接市县乡村四级的智能分级诊疗系统，在乡村一级提供村级智能工作终端和便携式医疗设施，提升了乡村医生服务能力和服务效率，做实了家庭医生签约服务，建立了村民健康档案；同时借助互联网技术提升区域医疗服务和覆盖能力，提供远程会诊支持和转诊服务，病患健康档案和历史病历数据互联互通，提高了诊疗的服务效率和精准性；通过智能分级诊疗、移动诊疗系统，让基层医疗机构有了名医专家的能力。可以说，互联网助力健康扶贫，向上连接全国优质医疗资源，向下综合调节区域医疗资源，推进优势医疗资源下沉，服务场景前移，实现了贫困地区群众家门口看好医的美好愿景。

（3）撬动金融杠杆，助力长效机制建立。越往后走，健康扶贫工作任务就越重。针对贫困地区抵抗风险能力弱等痛点，要坚持问题导向，完善健康扶贫政策，不断探索建立长效工作机制：一方面，合理引导社会预期，适当调整贫困户以及非贫困户的双方报销比例，保持适度水平。另一方面，要充分运用金融手段撬动外部资金，实现普惠性帮扶。在政策支持下，结合群众自身实际推出"扶贫保"等举措，为贫困户"量身打造"保险安全保障线，既能填补政府医保与纯商业保险间的空白，更兜住了因病致贫返贫底线，增强了群众发展的信心。

案例编写：刘娟

専题二十九：社保兜底

社会保障"兜底" 民生幸福"有底"
——河南省南阳市"四集中"确保脱贫路上不落一人

◎ **案例导读**

全面小康路上，一个都不能少。兜底保障作为脱贫攻坚的一项重要制度安排，担负着全面小康的底线任务，是解决贫中之贫、困中之困、坚中之坚的最后一道防线。它主要针对特殊贫困群体，特别是患有重病、重残、无劳动能力贫困人口、贫困户，在其他帮扶政策发挥不了作用时实施的政策性保障兜底。如何通过这项制度，"兜"住最困难群体，"保"住最基本生活，确保脱贫路上不落一人？是本案例要回答的问题。

◎ **政策安排**

党的十八大以来，我们不断完善最低生活保障制度，对老弱病残等缺乏劳动能力的贫困人口，综合运用社会保险、社会救助、社会福利等保障救助措施，实现应保尽保，确保兜住基本生活底线。

民政部等部门积极完善农村低保兜底保障政策，推动农村低保制度与扶贫开发政策实现有效衔接，将符合条件的建档立卡贫困人口及时纳入兜底保障范围，实现"应保尽保"；督促农村低保标准低的地区逐步提高标准，确保全国所有县（市、区）的农村低保标准均达到或超过国家扶贫标准，在脱贫攻坚兜底保障方面发挥重要作用。脱贫攻坚以来，我国农村低保标准大幅提高，从 2015 年的 3177.6 元提高到 2020 年三季度的 5841.7 元。8 年来，"近 2000 万贫困群众享受低保和特困救助供养，2400 多万困难和重度残疾人拿到了生活和护理补贴"①。同时，进一步健全特困人员救助供养制度，规范特困人员认定，科学制定救助供养标准，优化供养服务，优先集中供养生活不能自理特困人员，全面落实分散供养特困人员委托照料服务，不断提高特困人员兜底保障能力，将符合条件的建档立卡贫困人口及时纳入救助供养范围，确保实现应救尽救、应养尽养。

中国残联等联合印发了《贫困残疾人脱贫攻坚行动计划（2016—2020 年）》，贫困残疾人家庭通过劳动就业、产业分红和社会保障兜底政策实现不愁吃、不愁穿，建档立卡的适龄残疾儿童少年接受了义务教育；建档立卡贫困残疾人纳入基本医疗保障，医疗支出的负担明显减小；贫困残疾人危房户全部纳入农村危房改造项目，优先得到危房改造；各级残联通过康复治疗、辅具适配、家庭无障碍改造等政策措施扶持，有效助推了贫困残疾人脱贫攻坚进程。建档立卡贫困残疾人由建档立卡之初的 600 余万人减少到 2019 年底的 48 万人。

人力资源和社会保障部积极落实社会保险扶贫相关政策，主动为贫困群众提供政策宣传、参保缴费、领取待遇等各项经办服务，到 2019 年底，全国享受基本养老保险待遇的贫困老人达到 2885.5 万人，为 3808 万贫困人口代缴城乡居民养老保险费，近 6700 万贫困人口直接受益，符合参加基本养老保险条件的建档立卡贫困人口参保率达到 99.99%。

◎ 创新实践

截至 2020 年 11 月，全国共有 2004 万建档立卡贫困人口纳入低保或特困人员救助供养范围，从对象看，老年人、未成年人、重病重残人员等农村特殊困难群体是社会兜底保障的大多数，占比约 67%，是脱贫的难中之难、艰中之艰。

在河南省南阳市 1198 万总人口中，曾经有 81.46 万是贫困人口，居河南

---

① 习近平. 在全国脱贫攻坚总结表彰大会上的讲话[N]. 人民日报，2021-02-26（2）.

省第一位。作为河南脱贫攻坚任务最重的省辖市，截至 2019 年底，还有 6.53 万贫困人口未脱贫，其中，像重病患者、重度残疾人、重度精神病人、无人赡养生活不便老人等失能半失能特殊贫困人员就有 1.24 万人，占比近 1/5。他们面临着无业可扶、无力脱贫的困境，一般的扶贫手段难以奏效。如何使这 1.24 万人如期脱贫？如何使他们有尊严、有体面地生活？并没有现成经验可借鉴。

南阳市委、市政府在调研的基础上，探索了对建档立卡特殊贫困群体"四集中"兜底办法，实现了"困有所养、应养尽养"，为决战决胜脱贫攻坚、实现"不漏一户、不落一人"的目标奠定了坚实基础。

专栏 29-1　张永奎的幸福生活

78 岁的张永奎是河南省南阳市唐河县赵朗庄村的建档立卡贫困户，家里只剩下他一个人，患有肺气肿，腿脚也不利索。在政府的兜底保障政策下，尽管各项扶贫政策都享受了，能够在经济上实现脱贫，但他还是有所困扰：年纪大了，无人照料，生活极不方便，有时一天只吃两顿饭。自从张永奎被村干部接到了村里的幸福大院后，衣服脏了有人洗，生活起居有人照料，还有一帮"老兄弟"能说说话。他丢掉了原来一直不离身的拐杖，没事儿就在院里溜达，精神头儿越来越好。可以说，张永奎的幸福生活正是南阳市探索农村特殊困难群体实施"四集中"带来的新变化。

一、何谓"四集中"

简单来说，就是按照保障对象类型，区分不同情况，精准施策，分四类进行集中托养供养。

从保障对象类型来看，主要包括三类人员含六种情形的特殊困难群体——即农村无自理能力或半自理能力人员、80 岁以上独居分散特困供养人员、其他需要集中照料人员等三类重点人群，包含特困供养人员、重度残疾人、重症慢性病人、失能半失能人员、孤儿、孤寡老人六种情形。与此同时，为了确保有需求的特殊贫困群体得到充分兜底保障,凡达不到"一有两同四保障"条件的(即有管护能力的人员照料,与照料人饮食相同、居住相同,供养人员保暖、保医、保四季有换洗衣服、保必需日常开支),全部实行集中供养。

经过普查、筛查和核查,全市共排查登记"六种情形"人员98540人,其中特困供养对象81380人,重度残疾人员5449人,重症慢性病人员2144人,失能半失能人员3396人,孤儿3144人,孤寡老人1390人。全市需集中供养40169人,落实"一有两同四保障"并签订代养协议58371人。

而针对以上六种情况人员不同的困难情形和自身需求,南阳市根据任务类型,进行分级分类供养,切实解决困难群众的后顾之忧。

(1)村级幸福大院集中托管。主要针对建档立卡贫困户中适宜就近看护的半失能人员等,采取日托或全托形式就近集中托管,这不仅能有效解决被托管人员不愿离村问题,而且方便家人探望照料。

(2)乡镇敬老院集中供养。对达不到代养标准的特困供养人员、重度残疾、失能半失能人员、家中无力照料的重度残疾人员以及自愿入住等特困人员,实施集中供养,专人护理。

(3)社会福利机构集中托养。对需要长期护理且家庭无力照料或因照料负担较重影响脱贫的重度残疾人员,因突发事故致残致贫且家庭无养护能力的特困人员,无法定监护人或监护人监护能力达不到标准的孤儿,纳入民办福利机构等场所进行集中托养。

(4)卫生机构集中康复治疗。对无自理能力、半自理能力的重度精神病和病情稳定的重大疾病患者等人员,进行集中康复治疗。其中,村级幸福大院主要托管需初级照料、就近照料的对象;民办养老机构作为公办机构的补充,主要承担政府购买服务任务。

同时,对"四集中"供养机构的设置,按市县乡三级明确任务,依照"232N"模式进行了合理布局:即市级扩建福利院和救助站两个集中供养场所;县级建设福利中心、残疾人托养中心和精神病人康复医院三类机构;乡级建设乡镇敬老院和卫生治疗康复中心两类机构。市县乡三级机构为"四集中"机构建设刚性任务；同时，根据"四集中"任务，统筹布局村级幸福大院和民办养老机构。要求"四集中"机构必须达到服务系统化、管理精细化、布局科学化、生活家庭化的"四化"标准，确保"四集中"对象应养尽养、应养能养。全市规划建设"四集中"机构1233家，其中县级机构61家，乡镇机构454家，村级幸福大院716家。

二、如何集中

要建设"四集中"场所，首先面对的是建设用地有限、新建房屋资金紧张的问题，如何既确保安全，又让集中场所尽快建成，贫困群众尽早入住呢？在实施"四集中"兜底保障过程中，南阳印发了《南阳市建档立卡特殊贫困群体"四集中"兜底保障实施细则》，破解了场所怎么建、资金哪里来、如何确保服务、工作谁来干等一道道难题，形成了一整套完整的机制和实施办法。

（一）压实各级责任，解决"谁来建"问题

在"四集中"机构建设方面，按照"县市区负总责，乡（镇）村抓落实"的原则，统筹部署，上下联动，分级负责。市级福利园区的建设管理主体是市级人民政府；县级福利中心、精神病院、残疾人托养中心的建设管理主体是县级人民政府；乡（镇）级敬老院、卫生机构治疗康复中心的建设管理主体是乡镇人民政府；村级幸福大院的建设管理主体为乡镇人民政府。

（二）统筹各类资源，解决"怎么建"问题

通过充分挖掘资源，最大限度整合资源，解决场地问题。一是采取"一村一建"或"联村共建"等形式，将村内闲置村部、校舍、厂房、民宅或危房改造集中安置点等现有资源，改扩建一批村级幸福大院集中托管点，节约投入费用。二是新建或改扩建一批乡镇敬老机构集中供养点。三是依托民办养老院、民办托养中心等社会福利机构，采取民办公助、政府购买服务等方式，建设一批社会福利机构集中托养点。四是依托乡镇卫生院、县级医院、精神病医院等医疗机构，采取医养结合、购买服务等方式，建设一批卫生机构集中康复治疗点。同时鼓励有条件的乡镇敬老院、村级幸福大院增设医务室、

护理站、医生、病房、医疗设备等，开展相关的医疗服务，实行同等医保报销政策，满足特殊困难群体的医疗需求。

（三）创新运营机制，解决"钱从哪来"问题

要做到"应养尽养"，资金保障是根本问题。各类"四集中"机构的费用支出一般由供养费用、医疗费用和运营费用三部分组成。为了解决筹资难问题，南阳市采取"财政投入一部分、部门整合一部分、社会捐赠一部分"的思路，充分发挥各级政府主导作用的同时，积极协调各相关部门共同推进。一方面，各县区将"四集中"机构建设和运营补贴投入资金纳入财政预算。截至2020年9月，全市共投入"四集中"资金20多亿元。另一方面，整合政策资源，出台《南阳市"四集中"兜底保障工作政策整合意见》，集中整合民政、残联、医保、卫健、政法、人社、住建、扶贫8个部门27项政策，敬老院的特困供养对象可整合使用5种政策：特困供养经费、护理补贴、养老金、高龄津贴、扶贫产业分红。而所有"四集中"对象均享受居民医保、大病保险、困难群众大病补充保险、政康保、医疗救助、政福保政策，通过六次报销可全部解决医疗费问题。通过对政策的顶格使用，由政策的分散运行变为集中执行，使有限的资金用在刀刃上，为"四集中"工作提供充足资金保障。"四集中"对象到这儿以后，不但不要一分钱，每月还有零花钱。

以数量最多的村级幸福大院来说，南阳市将所有建成的幸福大院纳入社会养老机构政策扶持范围，以每个床位不低于1500元的标准给予一次性建设补贴，按每人每月60元的标准给予养老运营补贴。同时，公建民营、共建民营、民营公管，引入社会力量使建设运营模式多样化也是"四集中"机构能够健康发展的重要措施。此外，机构要实现长效运营也需要尊重市场经济规律。根据相关规定，在实现应兜尽兜的前提下，还可以将空余床位以略低于市场价的价格面向社会开放，这种灵活性能够促进机构可持续发展。

（四）优化管理服务，解决"留不住"问题

机构建得好，还要有人住。如何让被托养对象"住进来、能留住"是关键。或许是受"金窝银窝不如自己旧窝"观念的影响，有些符合条件的困难人员刚开始入住"四集中"机构时不太适应。为确保特困人员"住进来、能

留住、可持续、得幸福",南阳市对"四集中"机构提出"十具备一安全"建设标准,为"四集中"对象提供一个舒适、安全的生活环境。例如,幸福大院一般选择离困难群体比较近的地方,实行"五位一体"(村文化活动中心、日间照料中心、集中托养中心、村级养老中心、村卫生服务中心)规划和建设,具备养老、日间照料、康复健身、文化娱乐、餐饮等功能,不断增强吸引力。有些区县为让困难群众住的安全、安心、舒心,真正感受到家的感觉,制定了村级幸福大院建设标准,要求建设幸福大院要符合房屋安全,院内地坪要整修平整,卧室、厨房、洗浴房、厕所、娱乐活动室、消防等必要的硬件配套设施一件都不能少。特别考虑到居住的多数是老年人,在厕所的改造上不仅要求水冲式卫生厕所,而且特意安装了坐便器和扶手,洗浴房安装热水器和取暖设备,24 小时供应热水。为丰富老年人的生活,每一个幸福大院都配备了电视机,可以随时收听收看电视节目。此外,安排公益岗位人员、聘用贫困户中有劳动能力的人来担任幸福大院的管家,照料帮助这些老人。这些护工通常从托养对象家人中选择,让他们在这里没有陌生感。有些区县为了彻底打消入住人员的顾虑,采用"试住"的方法,先来试两个星期,觉得好了再确定入住。这样,通过建立健全完善托养中心入住标准、用工条件、饮食安全、消防安全、卫生保洁等规章制度,实现日常管理科学化、制度化,确保特困人员"住进来、能留住、可持续、得幸福"。

三、集中效果怎么样

"四集中"兜底保障模式不仅为重度残疾人贫困家庭的生活兜了底,还让他们燃起了生活的希望。南阳市从托养人员家属或建档立卡贫困户中挑选身体健康、年龄适中的人员培训组成护工队伍,负责照料托养人员的饮食起居,以此带动他们稳定就业、稳定脱贫。

"四集中"兜底保障模式实施以来,解决了特殊贫困群体难以解决的难心事、烦心事、揪心事,得到了各界的广泛认可。"四集中"兜底保障场所形成物化资产,归村集体所有,资金变资产,一次建成,重复使用,一举多得。同时,原来家中忙前忙后照料特困人员的其他人员被"解放出来",腾出了更多的精力和时间发展产业、外出就业，增加家庭收入。

而随着农村特殊困难群众"四集中"兜底保障模式良性运行，在广大农村地区也集聚了向上、向善正能量，唤醒了农村尊老、敬老新风尚，倡树了乡村文明新风。

专栏29-2　女护工王书侠

在南阳市内乡县马山口镇福星托养中心，女护工王书侠的丈夫郭运景也是一名供养对象。"老郭2011年脑出血重度偏瘫，我天天不出门照顾他，儿子初中没毕业就辍学了，穷得柴米油盐钱都拿不出，现在他托养了，我的担子一下就轻了。"王书侠说，现在，丈夫生活治病都有政府兜底，当护工每月能收入1000多元，儿子也出门打工了，全家都有了继续生活的动力。

截至2020年6月，全市已有998家机构建成并具备入住条件，建成率为81%；入住"四集中"对象31733人，入住率达79%，"释放"出1.5万多名贫困劳动力，带动贫困家庭增收2亿多元，赢得了社会普遍满意和认可。

◎ 经验启示

兜底保障不仅是解决绝对贫困问题的必要举措，也是巩固脱贫攻坚成果，解决相对贫困问题的重要安排。站在这个承上启下、继往开来的重要历史节点，更需要巩固提升脱贫攻坚兜底保障成果。南阳市的"四集中"模式也为我们接续推进全面脱贫与乡村振兴有效衔接，建立健全解决相对贫困长效机制提供了有益借鉴。

（1）精准聚焦，解难纾困。为了让兜底保障政策惠及更多困难人群，南阳市采取分级分类的方式精准聚焦三类共六种情形人员，全部实行集中供养。主要在于这"六种情形"人员生活生存能力差，大部分自理困难，需要专人护理照料。既影响自身脱贫，也拖累家人的生产、生活。同时，扶贫干部需要用大量的精力帮助他们脱贫，而无暇顾及发展扶贫产业、"三保障"的实施等全局性工作，影响脱贫攻坚全局发展。因此，将"六种情形"人员集中供养起来，改变以往"一兜了之""一发了之"等简单的发钱发物形式，主要解决"生活难、自理难、照料难、护理难、医疗难"等"五难"问题，使他们的生活有人照顾，吃穿不愁，治病不愁，保证生活质量。同时还能将其家人和扶贫干部解放出来，脱贫的同时实现解困，把更多精力用在产业发展上，有助于进一步提高脱贫攻坚质量。

（2）创新机制，激发活力。在各级各类"四集中"机构建设、管理、运营方面，能够因地制宜，大胆创新，最大限度地整合资源，优化养老服务质量。同时还能充分尊重市场经济规律，依法依规引进社会资本、先进管理办法、多种经营方式，积极推广"公建公管、共建民营、公建民营、民办公助、统一公管"等工作机制，调动各方面积极性，建立"四集中"兜底保障工作长效机制，保证了"四集中"工作的持久生命力。

（3）政府主导，社会参与。充分发挥各级政府在"四集中"工作中的主导作用，对"四集中"工作统一安排部署，统筹资金政策，通盘调配资源。各部门积极配合，用足政策，创造条件，为建档立卡特殊贫困群体"四集中"工作提供充足的政策保障。同时还要重视发挥社会组织在扶贫开发中的积极作用，广泛动员社会参与，挖掘社会资源，充分发动群众，调动各方面积极性，为特殊贫困群体"四集中"兜底保障工作积聚力量、创造条件、营造环境，让社会保障"兜底"，民生幸福"有底"。

案例编写：刘娟

第九篇
贫困退出与防返：巩固脱贫攻坚成果

　　解决好"如何退"的问题。精准扶贫是为了精准脱贫，目的和手段关系要弄清楚。要加快建立反映客观实际的贫困县、贫困户退出机制，努力做到精准脱贫。

　　——《在中央扶贫开发工作会议上的讲话》（2015年11月27日），《十八大以来重要文献选编》（下），中央文献出版社2018年版，第44页

　　脱贫既要看数量，更要看质量，不能到时候都说完成了脱贫任务，过一两年又大规模返贫。要多管齐下提高脱贫质量，巩固脱贫成果。要严把贫困退出关，严格执行退出的标准和程序，确保脱真贫、真脱贫。要把防止返贫摆在重要位置，适时组织对脱贫人口开展"回头看"，对返贫人口和新发生贫困人口及时予以帮扶。要探索建立稳定脱贫长效机制，强化产业扶贫，组织消费扶贫，加大培训力度，促进转移就业，让贫困群众有稳定的工作岗位。

　　——《在解决"两不愁三保障"突出问题座谈会上的讲话》（2019年4月16日），《求是》2019年第16期

专题三十：精准退出

让脱贫成效经得起实践和历史检验
——陕西省完善贫困退出机制确保脱贫质量的实践[*]

◎ 案例导读

贫困退出是实施精准扶贫、精准脱贫基本方略的重要一环，也是客观反映脱贫攻坚成效、实现打赢脱贫攻坚战既定目标的重要标志。如何建立一个实事求是、科学规范的贫困户、贫困村、贫困县退出机制，确保脱贫质量，让脱贫成效得到群众认可、经得起实践和历史检验？这个问题事关脱贫攻坚全局。本案例简要介绍了国家关于贫困退出的工作部署和政策要求，重点讲述了陕西省完善贫困退出机制，并采取"三排查三清零"等措施，确保脱贫攻坚质量的做法与经验。陕西省的实践案例在全国各省（自治区、直辖市）中具有一定的代表性，是全国扎实做好贫困退出工作的一个缩影。

◎ 政策安排

2016年4月，中共中央办公厅、国务院办公厅印发《关于建立贫困退出机制的意见》，要求"以脱贫实效为依据，以群众认可为标准，建立严格、规范、透明的贫困退出机制，促进贫困人口、贫困村、贫困县在2020年以前有序退出，确保如期实现脱贫攻坚目标"；"严格执行退出标准、规范工作流程，

---

[*] 本案例系作者2019年在赴陕西省镇安县、旬阳县、耀州区等国家重点贫困县调研基础上，以及收集2020年最新资料基础上原创撰写的。

切实做到程序公开、数据准确、档案完整、结果公正"。《意见》对贫困人口、贫困村、贫困县的退出标准和程序作出原则规定;要求各省(自治区、直辖市)按照省(自治区、直辖市)负总责的要求,因地制宜制定贫困退出具体方案,明确实施办法和工作程序,精心组织实施。

贫困退出工作涉及面广、政策性强,需要各省(自治区、直辖市)按照"省负总责"的要求,在实施过程中逐步完善退出机制,以确保贫困退出实事求是、规范有序,确保脱贫结果真实可信、经得起实践和历史检验。几年来,各省(自治区、直辖市)按照中央统一部署,因地制宜地扎实推进贫困退出工作,推动脱贫攻坚有序有效进行。本案例讲述的陕西省完善贫困退出机制、确保脱贫质量的实践样本,在全国具有一定的代表性。

◎ 创新实践

陕西省是西部地区贫困面大、贫困人口多、贫困程度深的省份之一。全国14个集中连片特困地区中,陕西涉及秦巴山片区、六盘山片区、吕梁山片区3个,全省107个县(区)中96个有扶贫任务,56个是国家级贫困县。到2015年,全省仍有建档立卡贫困人口356.12万人[①],脱贫攻坚任务十分艰巨。

自2016年以来,陕西省的贫困退出工作大致分为两个阶段:① 2016—2019年,建立和完善贫困退出机制,开展各年度的贫困退出工作。② 2020年,开展脱贫攻坚"三排查三清零"脱贫攻坚"回头看"行动。由这两个阶段,构成了陕西省贫困退出工作的"完整链条"。

一、建立较完善的"577标准—664程序"贫困退出机制

为了建立严格、规范、透明的贫困退出机制,确保精准脱贫质量,按照中央统一部署,陕西省就贫困退出工作先后出台了一系列文件,制定了一整套具体实施方案。2016年10月出台《陕西省贫困退出实施意见》;2017年8月印发《陕西省贫困退出工作实施细则》;2018年4月,下发《关于进一

---

① 根据陕西省2017—2020年政府工作报告公布的减贫数据倒推加总计算。

步规范贫困退出认定工作的通知》；2019年8月，印发《关于进一步规范贫困退出认定工作的补充通知》。2016—2019年，陕西省采取"边实践、边探索、边完善"的方式，将国家统一部署要求与本省实际情况相结合，逐步建立起较完善的贫困户、贫困村、贫困县退出机制。其贫困退出机制可简称为"577标准—664程序"。

（一）贫困户脱贫退出机制：5条标准6项程序

陕西省规定的建档立卡贫困户脱贫退出5条标准是：

（1）家庭年人均纯收入超过国家扶贫标准（2010年不变价2300元）。收入计算周期为上年度10月1日至当年9月30日。

（2）有安全住房。指贫困户现有住房能保证安全居住，达到国家A级或B级标准。

（3）除身体原因不具备学习条件外，贫困户无义务教育阶段辍学学生。

（4）家庭成员全部参加城乡居民基本医疗保险和大病保险。

（5）有安全饮水，即贫困户家庭饮用水质符合国家《生活饮用水卫生标准》。

陕西省规定，贫困户脱贫退出工作原则上于每年10月上旬启动，10月下旬完成乡镇交叉核查；11月上旬完成县级抽查、乡镇批准退出工作；11月中下旬完成退出贫困户备案及系统标注。具体操作须严格执行以下6项程序：

（1）民主评议，初定名单。由村"两委"结合年度脱贫计划，组织召开村民代表大会进行民主评议，提出当年拟退出贫困户名单，征得拟退出贫困户签字同意，初步确定拟脱贫退出贫困户名单。

（2）收集信息，核实认定。村"两委"和驻村工作队按照退出标准，对拟退出贫困户进行家庭调查，收集相关信息数据，核实认定贫困户家庭有关情况。

（3）村内公示，申报乡镇。对初步核实认定的拟脱贫退出贫困户，在村内公示10日，无异议后，向乡镇政府申报拟退出贫困户名单。

（4）乡镇核查，确定名单。由乡镇政府组织乡镇干部、村"两委"和驻村工作队，对各村申报的拟退出贫困户实地进行交叉核查，最终确定名单并向县级脱贫攻坚领导小组申报。

（5）县级抽查，乡镇批准。县级脱贫攻坚领导小组对各乡镇申报的拟退出贫困户实施入户抽查核实，抽查比例不低于拟退出贫困户数量的10%，每个乡镇不少于30户。对核查没有异议的，由乡镇对符合退出条件的贫困户批准退出，并在贫困户所在行政村公告10日。对核查有异议的不予退出。

（6）上报备案，县级标注。县级脱贫攻坚领导小组将全县贫困户退出结果上报市级脱贫攻坚领导小组备案，并由市上报省备案。在市级扶贫主管部门监督下，县级扶贫部门统一在全国扶贫开发信息系统平台中做脱贫标注。

专栏30-1　镇安县创新"户分三类、补缺补短"精准扶贫脱贫机制

镇安县隶属于陕西省商洛市，是国家扶贫重点县、秦巴山集中连片特困地区片区县和陕西省11个深度贫困县之一。全县共有建档立卡贫困户25765户，贫困人口79148人，贫困发生率高达32.4%。

镇安县在脱贫攻坚中创新推出"户分三类、补缺补短"的精准扶贫、精准退出工作机制。其做法是，在坚持"两不愁三保障"现行扶贫标准、锁定建档立卡贫困人口对象的前提下，依据建档立卡贫困户家庭劳动力状况、家庭成员健康状况以及脱贫达标实现难易程度，对贫困户进行再识别、再分类，细分为"有劳动能力户、弱劳动能力户、无劳动能力户"三大类和六个子类（即拟达标户、缺项户、可脱贫户、脱贫沉底户、特困供养户和兜底低保户）。

镇安县根据"户分三类"结果，对标"两不愁三保障"，本着"缺啥补啥"的原则，逐户逐人量身定制精准帮扶措施：对有劳动能力贫困户，重点实施产业、就业和补短补缺帮扶；对弱劳动能力户，重点实施公益就业岗位倾斜和政策保障帮扶；对无劳动能力户，主要实施社会保障兜底。"户分三类"的做法，确保了各项精准扶贫政策落实到户到人，为贫困户达到"两不愁三保障"脱贫标准、保证脱贫质量提供了保证，为全县实现脱贫摘帽目标打下了坚实基础。

到2018年底，镇安县的农村建档立卡贫困人口减少到724户、2178人，贫困发生率下降至0.89%。经上级抽查核查和第三方评估，镇安县于2019年5月宣布整体脱贫，成为全省11个深度贫困县中第一个脱贫摘帽的贫困县。

（二）贫困村脱贫退出机制：7条标准6项程序

陕西省规定的贫困村脱贫退出7条标准是：

（1）贫困发生率低于3%。即全村年末剩余贫困人口占全村当年年末农村户籍总人口的比例低于3%。

（2）全村农民人均可支配收入增长幅度高于全县平均水平。

（3）村通沥青（水泥）路。

（4）全部农户生活用水达到国家安全饮水标准。

（5）电力入户率达到100%。

（6）贫困人口参加城乡居民基本医疗保险和大病保险达到100%。

（7）有标准化村卫生室。标准化卫生室是指：建设规模不少于60平方米；卫生室设有诊断室、治疗室、公共卫生室、药房，且"四室分离"；卫生室原则上配备1名或1名以上有资质的乡村医生，不具备医生配备条件的，由乡镇卫生院选派医生定点服务。距离乡镇中心医院5公里以内贫困村（行政村），原则上可以不设村级卫生室，由乡镇卫生院代为服务。

陕西省规定，贫困村退出工作原则上于每年10月中旬启动，10月底完成县级交叉检查；11月中旬完成市级抽查、县级批准退出工作；11月下旬完成退出贫困村备案及系统标注。具体操作须严格执行以下6项程序：

（1）民主评议，初定名单。乡镇政府结合年度脱贫攻坚规划，组织各村"两委"负责人开展民主评议，提出拟退出贫困村名单，征得拟退出贫困村"两委"签字盖章同意，初步确定脱贫退出贫困村。

（2）收集信息，核实认定。乡镇政府按照贫困村退出标准和指标要求，调查收集拟退出贫困村脱贫信息数据，核实认定脱贫退出贫困村名单。

（3）乡镇公示，申报县级。乡镇政府对核实认定的退出贫困村，在乡镇和该村公示 10 日，无异议后，向县级脱贫攻坚领导小组申报。

（4）县级核查，申请抽查。县级脱贫攻坚领导小组成立核查组，对各乡镇申报的拟退出贫困村实地进行全面交叉核查。对核查符合退出条件的贫困村，报市级脱贫攻坚领导小组。

（5）市级抽查，县级批准。市级脱贫攻坚领导小组，对各县市区申报的拟退出的贫困村进行抽查，抽查比例不得低于拟退出贫困村的 10%。对抽查符合退出条件的贫困村，由县级政府批准退出。

（6）上报备案，市级标注。市级脱贫攻坚领导小组将贫困村退出名单报省脱贫攻坚领导小组备案。在省级扶贫部门的监督下，以市为单位统一组织县级扶贫部门在全国扶贫开发信息系统中对备案的退出贫困村做退出标注。

（三）贫困县脱贫退出机制：7 条标准 4 项程序

陕西省规定的贫困县退出 7 条标准是：

（1）农村贫困发生率低于 3%。

（2）农民人均可支配收入增长幅度高于全国平均水平。

（3）通沥青（水泥）路的行政村比例达到 97%。

（4）农村饮水安全指标达到国家要求。

（5）电力入户率达到 100%。

（6）贫困人口参加城乡居民基本医疗保险和大病保险达到 100%。

（7）贫困县退出申报必须符合以下 3 项条件：①"两率一度"。贫困户精准识别率、精准退出率均达到 95% 及以上，群众满意度达到 90% 及以上；且贫困户错退率不得高于 2%，漏评率不得高于 2%。②90% 以上的贫困村有村集体经济或合作组织、互助资金组织。③各单项指标（指前述的 6 项指标）达到省级认定标准。以上 3 项条件如果有一项未达标，县级不得申报，省级不组织核查验收。

陕西省规定贫困县退出，必须严格执行以下 4 项程序：

（1）县级自查。拟退出贫困县根据脱贫计划，在 11 月中旬完成自查自评工作。自查自评达到脱贫退出标准后，填写《贫困县（区）退出审批表》，连同脱贫退出书面申报材料一并报送市脱贫攻坚领导小组。

（2）市级核查。根据拟退出县提出的书面申请，市脱贫攻坚领导小组成立核查组，对照退出标准、工作程序开展核查，12月底完成市级核查审核工作，认定贫困县脱贫结果，填写《贫困县（区）退出审批表》，向省脱贫攻坚领导小组申报专项评估检查报告。

（3）省级专项评估检查。次年3月，由省脱贫攻坚领导小组组织实施专项评估检查工作。

（4）国家抽查。次年5—6月，由国务院扶贫办按照20%的比例，对通过省级专项评估检查的县区进行抽查，由省政府批准退出。

二、按照规范要求有序实施贫困退出

从2016年开始，陕西省各级各地严格执行中央《关于建立贫困退出机制的意见》和陕西省《贫困退出实施意见》，对标落实"577退出标准"和"664退出程序"，采取有效措施，确保全省贫困退出工作有条不紊地推进和规范落实。陕西省采取的措施是：

（1）坚持脱贫标准不动摇。严格执行国家规定的"贫困人口退出以户为单位，主要衡量标准是该户年人均纯收入稳定超过国家扶贫标准且吃穿不愁，义务教育、基本医疗、住房安全有保障"。要求各地严格执行省定的"577"退出标准。既不脱离实际盲目拔高标准，也不降低标准影响脱贫成色和质量。

（2）坚持规范操作严把关。要求各地严格执行"664"工作流程，做到程序公开、数据准确、档案完整，确保结果公正。贫困人口退出须进行民主评议，贫困村、贫困县退出须进行审核审查，做到全程透明。坚决杜绝数字脱贫、虚假脱贫，强化监督检查，严格考核问责，开展第三方评估，确保脱贫结果真实可信，确保脱贫质量。

（3）坚持正向激励增动力。陕西省明确，贫困人口、贫困村、贫困县退出后，在一定时期内保持现有帮扶政策总体稳定，过渡期内严格落实"四个不摘"（摘帽不摘责任、摘帽不摘政策、摘帽不摘帮扶、摘帽不摘监管）要求，做到政策支持力度、工作力度不减，驻村工作队不撤。同时，对退出的贫困县出台相应奖励政策，鼓励积极脱贫不保"穷帽子"。陕西省的激励政策是，对于按计划脱贫的贫困县，一次性奖励本县上年度中央和省专项扶贫项目资金的10%，最低300万元；对提前脱贫退出的贫困县，一次性奖励本县上年度中央和省专项扶贫项目资金的30%，最低500万元。对扶贫成效显著、提前完成脱贫任务的贫困县（区）、省脱贫攻坚领导小组予以表彰。

自2016年贫困退出机制建立以来，陕西省2016—2019年共有序推进贫困人口脱贫退出337.78万人，剩余18.34万贫困人口计划2020年全部脱贫退出；全省56个国家级贫困县分三年先后有序退出，全部摘掉了贫困县帽子，其中2017年摘帽4个，2018年摘帽23个，2019年摘帽29个（表30-1）。

表30-1　2016—2020年陕西省贫困退出情况

年度	贫困人口脱贫退出数量（万人）	国家贫困县摘帽退出数量（个）
2016	130	
2017	45.4	4
2018	104.5	23
2019	57.88	29
2020	18.34（计划）	
合计	356.12	56

说明：本表各年度贫困人口脱贫数据和贫困县摘帽数据，引自陕西省2017—2020年政府工作报告。

三、克服疫情影响开展"三排查三清零"行动

到2019年底，陕西省脱贫攻坚取得决定性成就，农村建档立卡贫困人口减少到18.34万人，贫困发生率下降至0.75%；6462个建档立卡贫困村全部脱贫出列；56个国家级贫困县全部实现脱贫摘帽目标。2020年春，一场突如其来的新冠肺炎疫情，对打赢脱贫攻坚"收官战"带来了较大影响，对巩固脱贫攻坚成果提出了严峻挑战。

为了克服疫情影响，巩固脱贫攻坚成果，2020年3月，陕西省作出部署，在全省全面开展以"三排查三清零"为重点的脱贫攻坚"回头看"工作，着力查漏点、补短板、强弱项、防控风险点，全面提升脱贫攻坚质量，全力打赢脱贫攻坚"收官战"。"三排查三清零"脱贫攻坚"回头看"的主要工作

内容是:

(一) 排查政策落实，脱贫任务清零

陕西省提出的"脱贫任务清零"，有两层含义：一是确保剩余 18.34 万贫困人口在 2020 年全部脱贫；二是确保已脱贫人口不返贫。通过"脱贫任务清零"，切实做到"小康路上一个不掉队、一个不能少"。那么，如何做到"脱贫任务清零"？陕西省主要采取"排查政策落实"的"回头看"措施，促各项政策落实、促脱贫任务清零。①对有劳动能力的贫困人口，进一步落实产业就业帮扶政策，加大帮扶力度。②对完全丧失劳动能力和部分丧失劳动能力且无法依靠产业就业帮扶脱贫的贫困人口，限时将低保、医保、养老保险、特困人员救助供养、临时救助等综合社会保障政策全部落实到位，做到应兜尽兜、应保尽保，确保剩余特困人口脱贫清零。③坚持贫困户九年义务教育在校生"一生一策"，巩固控辍保学教育扶贫成果。④全面落实贫困人口"参合参保"补贴、县域内"先诊疗后付费""一站式"即时结算等政策，加强慢病签约服务、大骨节病等地方病防治工作，巩固健康扶贫成果。⑤加强贫困户安全住房监测，着力解决部分地方供水不及时、水质不达标等问题，确保安全住房和饮水安全方面问题清零。⑥加快推进具备条件建制村通客车、贫困村网络全覆盖、贫困村全部通动力电以及贫困村人居环境保持干净整洁等工作，确保三年行动《指导意见》确定的目标任务扫尾清零。

(二) 排查存在问题，整改任务清零

坚持以问题为导向，以整改促落实。陕西省针对不同问题，提出的分类整改要求是：①对于上级督查巡查要求整改的问题，必须限期全部整改到位；②对于需长期整改的问题，必须全面建立长效机制；③对于近期各方面反馈的问题，必须建立和完善问题台账，销号管理，拿出针对性措施，逐个打歼灭战；④对于自身排查出的问题，要在脱贫攻坚"回头看"中，采取有效措施，确保问题全清零、工作高质量。

(三) 排查长效机制，漏点短板清零

陕西省采取的重点措施是：①健全监测预警和动态帮扶机制，对存在返贫风险监测人口、存在致贫风险边缘人口以及因疫情或其他原因收入骤减或

支出骤增户加强监测,及时将有返贫致贫风险的人口纳入帮扶,确保贫困群众稳定脱贫,或在出现不可抗风险后能及时得到帮扶救助而不返贫。②进一步完善稳定增收的带贫益贫、扶贫资产管理、基础设施管护机制,确保贫困群众能有稳定收入,实现稳定脱贫不返贫。③扎实做好易地扶贫搬迁后续扶持,全面落实各项后扶政策措施,"扶上马、送一程",帮助搬迁群众稳得住、有就业、逐步能致富。④加大扶志扶智力度,激发内生动力,提高自我发展能力,激励贫困群众依靠勤劳双手脱贫致富。这是建立长效机制的治本之策。

经过百日行动,陕西省的"三排查三清零"取得明显进展。2020年4月底以前,各市、县已完成整改任务并逐级提交整改自查报告。2020年6月上旬,全省组织开展县际交叉核查,促进查漏补缺整改,6月底前绝大部分问题见底或清零,为打赢脱贫攻坚"收官战"奠定了坚实基础,为脱贫成效经得起实践和历史检验增添了"底气"。

专栏30-2 榆林市"三排查三清零"查漏补缺见实效

自2020年3月"三排查三清零"行动开展以来,榆林市始终瞄准脱贫攻坚中的突出问题和薄弱环节,查漏补缺、强弱补短,确保决战决胜脱贫攻坚,确保脱贫质量。截至8月底,全市8.2万户有劳动能力的建档立卡贫困户全部落实了产业扶贫项目;剩余未脱贫人口中符合条件的17362人全部落实低保、特困、孤儿等兜底政策;贫困家庭义务教育阶段适龄儿童无一人失学辍学;贫困人口实现基本养老保险、基本医疗保险和大病保险全覆盖;易地扶贫搬迁对象已全部入住,并加强后扶支持力度,进一步完善安置点基础设施、公共服务配套设施和就业支持,确保搬迁群众搬得出、稳得住、有就业、能致富。

为了防止脱贫人口返贫,榆林市在全省率先制定了《防止返贫动态监测办法》,对已脱贫人口做到"结对不脱钩、监测不放空、政策不断档"。通过"户申请、村发现、乡报警、县录入、部门预警"的实时监测体系,对脱贫不稳定人口和边缘人口进行动态监测;建立健全"市负责、县统筹、部门分类施策"的帮扶体系，及时对有返贫致贫风险的人口给予帮扶，防止返贫现象发生。

针对新冠肺炎疫情对农民外出务工带来的不利影响，榆林市全面推行点对点服务，积极推进"对外输出一批、本地吸纳一批、开发公益岗位安置一批、扶贫车间或社区工厂就业一批"政策落地。截至2020年8月，全市已累计开发光伏公益性岗位5185个，村级公益岗位6920个，贫困劳动力外出务工总数达到11.5万人。同时，深入开展电商扶贫和扶贫产品进机关、进学校、进企业、进超市等消费扶贫行动，已累计销售扶贫产品近亿元。

（根据榆林市人民政府网站2020年8月26日报道摘录整理）

◎ 经验启示

习近平总书记提出，打赢脱贫攻坚战需解决好"扶持谁、谁来扶、怎么扶、如何退"的问题。这四个问题构成了精准扶贫精准脱贫的完整工作链条。从这个意义上来说，建立科学规范的贫困退出机制，是力保脱贫攻坚成色、确保精准脱贫质量的最后一道关口或屏障。陕西省实践案例作为全国的一个缩影，从中我们可以获得一些有益的经验与启示。

（1）坚持现行扶贫标准，是建立科学规范贫困退出机制，确保脱贫质量的根基。中共中央、国务院提出的脱贫攻坚目标是："到2020年，稳定实现农村贫困人口不愁吃、不愁穿，义务教育、基本医疗和住房安全有保障"（以下简称"两不愁三保障"）；"确保我国现行标准下农村贫困人口实现脱贫，贫困县全部摘帽，解决区域性整体贫困。"这是中央审时度势，根据我国现阶段经济社会发展水平，实事求是提出的符合中国基本国情的现行扶贫标准。陕西省在建立贫困退出机制中，始终坚持严格执行"两不愁三保障"扶贫标准不动摇。他们提出的"577"贫困退出标准，是对"两不愁三保障"国家标准的具体化，符合陕西省实际，做到了既没有降低标准，也没有拔高标准。

实践证明，这种在坚持"两不愁三保障"现行标准下的具体化或可测量化，使得所建立的贫困退出机制具有科学规范的上位依据，也能确保在基层实践中具有可操作性；既保证了贫困退出的脱贫成色，又避免脱离实际而"吊高胃口"、陷入"福利陷阱"或产生"悬崖效应"。

（2）采取自下而上、公开透明的认定程序，是确保贫困退出和脱贫成效能得到群众认可的重要保证。陕西省贫困退出机制的一个重要方面，是"664"工作流程，即贫困户和贫困村的脱贫退出，各需要经过6道程序才能予以认定；贫困县的脱贫退出，需经过4项流程才能给予认定。"664"工作流程是自下而上的、公开透明的。尤其是贫困人口的脱贫退出，必须经过村民代表大会民主评议，让村民群众参与评价，拟退出贫困户认可签字，做到程序公正、过程透明。这样，可以有效防止虚假脱贫，杜绝数字脱贫，让贫困退出和脱贫成效能得到群众的普遍认可。

（3）全面开展"三排查三清零"行动，是保证脱贫质量、巩固脱贫成果的一项实践创新。突如其来的新冠肺炎疫情，对如期完成脱贫攻坚任务带来了较大负面影响，对巩固脱贫攻坚成果、防止因病因疫返贫，提出了严峻挑战。为了克服疫情影响，巩固脱贫攻坚成果，陕西省结合本省实际，于2020年3月提出以"三排查三清零"为主要内容的脱贫攻坚"回头看"，对标对表全面"找问题、查漏点、补短板、强弱项、防风险、建长效"，着实提升了脱贫攻坚质量，巩固了脱贫攻坚成果。在陕西，"三排查三清零"不是一句空洞的政治口号，而是一项实实在在的"回头看"行动，是巩固脱贫攻坚成果的重要抓手和实践创新，为脱贫成效经得起实践和历史检验奠定了坚实基础。

案例编写：谭诗斌

专题三十一：防范返贫

临贫设防　返贫即保

——河北省魏县创新建立"防贫保"机制

◎ **案例导读**

"防返贫、控新增"是脱贫攻坚的关键一环，也是实现稳定脱贫、长效防贫的重要举措。以往"防返控增"多为政府主导，以定人、特惠等方式，实施巩固和救助。进入脱贫攻坚后期，"返贫"和"新增"户明显增加，如何以政府引导、市场运作、用商业保险的办法建立"防贫保险"，做到既防"脱贫返贫"又防"临贫致贫"？这是本案例讲述的主题和需要回答的问题。

◎ **政策安排**

2016年5月26日，中国保监会、国务院扶贫办印发《关于做好保险业助力脱贫攻坚工作意见》，提出保险扶贫政策和支持措施（保险扶贫21条），鼓励保险机构开办"扶贫特惠保""防贫保"等一揽子保险产品。

2019年3月，中国银保监会印发《关于做好2019年银行业保险业服务乡村振兴和助力脱贫攻坚工作的通知》，提出对收入水平略高于建档立卡的非贫边缘户，通过保险实施中长期帮扶。

2020年3月20日，国务院扶贫开发领导小组印发《关于建立防止返贫监测和帮扶机制的指导意见》，同年4月18日，国务院扶贫办、财政部就落实该"指导意见"下发通知，细化相关措施，提出以家庭为单位，主要监测脱贫不稳户、边缘易贫户及帮扶举措。

2020年6月30日，国务院扶贫办印发《关于及时防范化解因洪涝地质灾害等返贫致贫风险的通知》，要求将因洪涝灾害、因打工回流、因扶贫产品"卖难"、因种养转产等造成返贫致贫人口和"风险点"纳入监测帮扶。

综上，在脱贫攻坚中，尤其在攻坚收官之年，面对突如其来的新冠肺炎疫情带来的挑战，中国在不到半年时间里，出台并部署了系列防范返贫的政策举措，足以见证从高层到基层对稳定脱贫和长效防贫的重视和决策。

◎ 创新实践

魏县是国家扶贫开发工作重点县，被确定为贫困县的历史已经30多年。全县总人口105万人，其中农村户籍人口80万人。至2017年底，全县共有建档立卡贫困对象24270户94252人，其中已累计稳定脱贫22446户89022人，剩余1824户5230人，贫困发生率降至0.86%。

一、问题起源

"防贫保"最初源于河北邯郸市。邯郸是一个农业大市，2015年、2016年全市20个县区减贫29.1万人，但新增贫困人口55176人、返贫人口3072人，共计58248人，占已脱贫总数的20%。其中，人口超过百万的魏县，原有贫困人口达到10万人。两年多来，减贫虽然取得显著成效，但两类对象引起关注：一是有的已脱贫户"两不愁三保障"问题已经解决，但收入不稳定，一旦家庭成员发生大病，或子女考上大学，或出现失火、被盗等意外情况，很容易返贫。二是有的非贫困户虽然不符合建档立卡条件，但家庭收入处于贫困线边缘，一旦发生因病、因学、因灾等特殊情况，极容易致贫。如果这两类问题得不到长效解决，到2020年就很难实现"不落一人"的目标。邯郸市委、市政府深感防贫问题迫在眉睫，道阻且长！必须与脱贫攻坚一起安排部署，一揽子长效解决。

用"试验的方法"探索解决脱贫攻坚中出现的返贫难题，邯郸市委、市政府在深入调研的基础上，首选该市所辖的魏县、馆陶县进行试点。2017年

6月，市扶贫领导小组下发《关于开展精准防贫试点工作的实施意见》，中国太平洋财产保险公司对接政府和防贫需求，参与魏县试点工作。经过一年的试验，魏县"临贫设防、返贫即保"实践模式取得进展。2018年6月，中国太平洋财产保险公司在邯郸召开"全国'防贫保'推广现场会"，国务院扶贫办、中国保监会及湖北等5省区扶贫办参会，魏县经验受到与会代表的普遍关注和好评。

二、"四防机制"实施运行

魏县"防贫保"机制，于2017年试点中首创，2018年贫困县摘帽中补充，2019年巩固提高中完善。主要内容包括：

（一）怎么防——政、保联手，引入商业防贫保险

政府选择购买商业保险防贫，魏县作了大胆尝试。但商业保险大多"保到人头"，最多"只保一家"。而骤贫、返贫对象很难固定，魏县农村人口高达80万人，理赔对象很难事先确定到"具体人"。为此，县委县政府先后与中国太平洋财险、中国人寿财险等多家保险公司协商洽谈，最终与中国太平洋财产保险公司达成协议，合作创设"精准防贫保险"，即由县财政拿出400万元作为防贫保险金，按每人每年50元保费标准，为全县农村户籍人口80万人的10%购买保险，通过购买"第三方"服务，借助保险公司专业化手段，实施入户勘察核算，负责对经综合认定符合条件的防贫对象发放保险金。该保险最大的特点是：不针对"一个人"，而是"一类人"，且财政投入的保费，以一年为期限，"多退少补"，"余额结转下一年度"使用。

（二）为谁防——针对"两非户"，划定"两条线"

所谓"两非户"：一类是"非高标准脱贫户"，即已经达到脱贫标准，但收入不够稳定，一有变故很容易返贫的户；第二类是"非贫低收入户"，即不符合建档立卡条件、但家庭收入处于贫困线边缘的户。

所谓"两条线"：一条线是"预警监测线"，即通过对全县农村人口近三年医疗、就学、灾情、产业、就业等方面的情况，进行"大数据"分析研究之后确定的。以"因病"防贫为例，只要生病住院自费额达到划定的标准，

就纳入防贫监测范围；第二条线是"防贫保障线"，以当年农村扶贫标准的1.5倍定线。凡是家庭年人均可支配收入低于这条线的，就纳入防贫监测范围。

（三）防什么——瞄准五大重点，实施"3+2"防贫

一是瞄准"因病""因学""因灾"3项致贫返贫高发因素，将有关对象及时纳入防贫序列。

二是2020年疫情发生后，在"3因"基础上升级扩展"因产业""因就业"2种类型。为此，县财政增加拨付290万元保费，专项用于"2因"防贫：①"因就业"。以县内外务工人员为对象，按务工总数10%的比例，确定3万人基数，为每人每年购买10元保费，计30万元；②"因产业"。扶贫微工厂保费约20万元；农业扶贫产业保费约20万元；全县"两非户"产业保费约220万元，三项计260万元。

以上5项，由保险公司按照协议期限、保障范围等进行承保、理赔，自负盈亏，形成精准防贫"3+2"模式框架。每一类防贫对象在救助补偿上划分不同区间，以一年为结算，经过系统审查、评议等程序认定后，给予救助补偿。

1."因病"赔付办法

（1）非高标准脱贫户。以自付医疗费用0.5万元为预警线，在扣除新农合、大病保险、大病救助、补充医疗已报销的四道防线后，"自付费用"超出预警线的：0.5万元以内（含），按30%比例发放；0.5万~1.5万元，按50%比例发放；1.5万~3.5万元，按70%比例发放；3.5万元以上，按90%比例发放。

（2）非贫低收入户。以自付医疗费用2万元设置预警线，在扣除新农合、大病保险、大病救助、补充医疗已报销的四道防线后，"自付费用"超出预警线的：2万元以内（含），按30%比例发放；2万~7万元，按50%比例发放；7万~12万元，按70%比例发放；12万以上，按90%比例发放。

2."因学"赔付办法

以年支付学费、住宿费、教科书费0.8万元为预警线，在扣除义务教育、职教等相关补助后，"自付费用"超出预警线的：0.3万元以内（含），

按 100% 比例发放；0.3 万 ~ 0.5 万元，按 80% 比例发放；0.5 万元以上，按 60% 比例发放。

3. "因灾"赔付办法

（1）自然灾害类。以 1 万元为预警线，家庭损失超出预警线的：1 万元以下的，按 40% 比例发放；1 万 ~ 3 万元的，按 60% 比例发放；3 万元以上的，按 80% 比例发放，最高一年不超过 3 万元保险金额。

（2）交通事故类。经司法等程序未得到相应赔偿或已得到赔偿但需要长期医治等，分两种情况发放防贫保险金：一是因财产损失过重可能返贫或致贫的，参照"因灾"办法发放；二是因医疗花费过高可能返贫或致贫的，参照"因病"办法发放。

4. "因产业"赔付办法

（1）基础农业产业。主要针对"两非户"在项目生产、使用过程中，因遭遇各类自然灾害和火灾等风险发生损失而致贫返贫的。预警监测线为 1000 元，在获得其他商业保险赔偿后，"自付费用"仍超出 1000 元的，按照阶梯式比例予以防贫救助，最高救助金额为 50000 元，具体比例如下表所示。

超出 1000 元部分	赔偿比例（%）
5000 元以下	100
5000 ~ 20000 元	80
20000 元以上	60

（2）扶贫资金形成的项目产业。因遭受各类自然灾害（包括病虫害）和火灾事故，导致损失发生的，根据保险条款予以赔付。由县扶贫办牵头组织乡镇和保险公司，对实际损失进行核定，据实赔付。

（3）扶贫微工厂。已建和在建的各类房屋建筑物及附属设施、机器设备和各类原材料、半成品和成品（具体以清单为准）。因自然灾害和火灾、爆炸等意外事故所导致的各类损失（含人身伤亡）。经核定，对于物质损失部分每次事故免赔 2000 元或损失金额的 10%（标准按照就高不就低执行）。每次事故物质损失和对第三者人员的赔偿总计以 30 万元为限。

5. "因就业"赔付办法

原则上针对18～60周岁，在本地或在外务工期间所发生的各类风险事故，导致家庭收入中断或减少而致贫或返贫的进行救助。

（1）身故救助金。具体补偿标准如下表所示。

年龄（周岁）	补偿年限（年）	金额（元）
18	10	50000
19	11	55000
20	12	60000
21	13	65000
22	14	70000
23	15	75000
24	16	80000
25	17	85000
26	18	90000
27	19	95000
28～60	20	100000

（2）伤残救助金。伤残救助金以5000元/（人·年）为标准，按20年计算。根据所评定的伤残等级不同，按照以下比例计算伤残救助金。

一级	二级	三级	四级	五级	六级	七级	八级	九级	十级
100%	90%	80%	70%	60%	50%	40%	30%	20%	10%

（3）防贫助业金临时救助。对因受疫情或其他因素影响，致使"两非户"短暂失业或就业不稳定可能致贫返贫的，可从社会捐赠的防贫助业金中列支救助。救助标准为每人每月500元创业基金。原则上，短暂失业几个月救助几个月，最多不超过6个月。

（四）谁来防——政府主导、四方联动抓落实

魏县成立了防贫工作领导小组，防贫办设在县扶贫办。坚持县、乡、村、太保财险四方联动，明确分工、各有侧重，相互配合、密切协调，建立了环环相扣、衔接顺畅、高效快捷的运转流程。

（1）信息收集。由扶贫、人社、教育、民政、卫生、农业、公安等相关部门按照因病、因学、因灾、因产业、因就业不同监测线，框定防贫对象并将其相关信息（包括致贫返贫原因、实际支出费用等）报告县防贫办公室。

（2）情况交办。县防贫办公室接到相关信息后，以委托书的形式转交"第三方"（中国太平洋财产保险公司）逐一调查核实。

（3）调查核实。中国太平洋财产保险公司依据县防贫办提供的核实名单，发挥查勘、评估、认定等专业优势，组织专业人员进村入户，实行"四看"：看住房、看家用、看大件、看儿女；"一算"：算收入；"一核"：到县直相关部门核查比对房产、车辆、实体等信息，提出其家庭人口、收入、重大开支、致贫返贫风险等调查取证结果报告，反馈县防贫办公室。

（4）结果交办。县防贫办公室以乡镇为单位，进行任务转办，实施评议、公示。

（5）评议公示。由涉及乡镇按村进行任务分解，对调查结果进行评议、公示（为期五天），无异议的，将人员名单连同评议记录、公示照片等交至乡镇，再以乡镇为单位上报县防贫办公室。

（6）审批备案。县防贫办公室负责对有关乡镇上报结果进行审批、备案，并通知中国太平洋财产保险公司发放防贫保险。

（7）资金发放。由中国太平洋财产保险公司对照审批名单，采取集中发放与进村入户相结合的办法发放保险金（银行卡），并由银行工作人员当场激活（对于行动不便的群众直接入户送达并激活），并将有关凭证上报县防贫办存档。

同时，为防止因防贫对象监测不全而出现漏查、漏报，县防贫办印发"防贫政策告示"张贴到各村，并在各村设立防贫工作站，乡镇设立联络员，接受群众咨询、申报。此外，在保险公司设立防贫专柜，在银行设立绿色通道，最大限度为办理群众提供方便。

三、魏县实践取得实效

（一）致贫返贫问题得以有效防止

"3+2"防贫保险制度实施以来，魏县共监测相关对象13383人，纳入防贫救助 1084 人，支付救助金 1430 万余元。防贫机制实施当年，全县新增贫困户 42 户，比 2016 年下降 98.6%；返贫户 35 户，比 2016 年下降 86%。2018 年贫困县摘帽以来，没有出现一例新增返贫、致贫对象。2020 年疫情发生以来，全县"因产业""因就业"已赔付 17.8 万元，至 2020 年 6 月，全县未新增一户致贫返贫对象。

（二）实现了"控增、防返"全覆盖

县财政首先投入 400 万元设立因病、因学、因灾 3 项防贫保险，名义上框定的是农村 10% 的返贫、临贫风险人口"8 万人"（以此交保费），实际上覆盖了 80 万农村人口，因为这不是某一个人，而是一类人。病、学、灾的险情发生后，立即启动防贫理赔。这种"不记名投保、实名制理赔"的事后到户、到人的办法，不需要繁杂的事先识别，实现了从"框定人口"中瞄准了"两非户"，从"两非户"中赔付了"已经发生"的贫困户。其投保机制是：通过财政资金投保，集合多数人的保费（投保 10% 农户），补偿已发生的少数人的损失，实现对"两非户"覆盖性兜底。

（三）群众退出满意度大幅提高

通过建立防贫机制，让脱贫户在享受现有扶贫政策的同时又多了一层保障，增强了脱贫致富的信心；让不是贫困户的低收入家庭也能得到有效保障，增加了脱贫积极性。2020 年 60 岁的张印，是魏县后闫庄村的村民，一场重病花了十几万元，刚刚脱贫的家庭面临返贫风险。魏县防贫办监测到相关信息后，给他送去了 4 万多元的"防贫保"赔付金，并帮他办理了低保手续。

（四）"扶贫不养懒"导向得以树立

防贫机制不发福利，不给股份，不管"因懒"，只管"5 因（3+2）"致贫返贫，客观上引导了靠内生动力脱贫的风气。魏县大庄村村民张林峰养猪，疫情期间 6 头大肥猪全死了。正在他发愁之际，"防贫保"送来了 6700 多元的产业扶贫保险赔付金，帮他挽回了经济损失。他说："有防贫保兜底，'干'的很放心"。

四、魏县机制广为复制

魏县经验成功落地后，2018年12月31日，中央电视台《焦点访谈》栏目全面介绍了魏县"防贫保"试点经验，国务院扶贫办新闻发言人出镜评点赞赏。同年8月17日，河北省扶贫领导小组下发"建立精准防贫机制指导意见"，在全省推广试点模式和经验。

2019年10月17日，凭借精准防贫机制创新，中国太平洋财产保险公司、河北魏县分别荣获"全国脱贫攻坚奖组织创新奖"。同年，中国浦东干部学院全国贫困县党政正职研修班专题设置了"防贫保"经验分享课程。

2020年1月6日，中国太保产险"防贫保"案例（含魏县经验），获颁第一届"全球减贫案例征集活动"最佳减贫案例，进入南南合作减贫知识分享网站——中外减贫案例库及在线分享平台，为全球减贫输入中国经验。

随着"魏县防贫"的普遍关注和攻坚进入脱贫摘帽、巩固提高的关键阶段，"两非户"进入"全国扶贫开发信息系统"。2019年底，国务院扶贫开发领导小组组织各地对全国已脱贫的9300多万人进行了全面排查，发现脱贫不稳户、边缘易致贫户分别为200万人和300万人，全部纳入"全国防止返贫监测"。

中国太平洋财产保险公司深化推广"魏县机制"，"防贫保"在河北、湖北、甘肃、云南、四川、青海等16省区160个县（市、区）落地，累计为超过1.3亿"两非户"人群提供"防贫保"赔付1.5亿元。近两年来，贵州、河南、海南、湖南、山东、山西、天津、广西等20个省（区、市）分别到邯郸魏县考察学习精准防贫工作。

安徽、吉林、内蒙古等省（区）借鉴魏县经验，聚焦因病、因疫、因残、因产、因灾等10个易返、易贫风险点，构建预警、识别、利益联结、协同参与、政策保障五大防范返贫机制，从源头上兜住返贫致贫风险。

◎ 经验启示

魏县精准防贫机制，既防"脱贫返贫"又防"临贫致贫"，他们在减存量、控增量、提质量上，探索了行之有效的工作机制，取得显著的防贫成效和良好的社会影响，具有重要推广价值。

（1）问题把握得准。魏县经过调查分析，"两非人群"致贫返贫的原因，集中表现为因病、因学、因灾、因产业、因就业，这5类因素占致贫返贫的90%左右，其中因病的比例超过60%。有了这些问题导向，防贫工作做到有的放矢，各项具体险种不是一刀切，而是接地气，具有很强的针对性。因而，在实施过程中得到基层普遍认同，呈现出很强的执行力。

（2）体现了扶贫政策公平。贫困线以下能享受扶持政策，而刚刚跨过贫困线的非贫困户则不能享受。同在一村一组，家境相差不大，但"卡内"与"卡外"，得到的实惠却大不一样，容易引发新的社会矛盾。精准防贫机制，提供了对边缘户的政策支持，弥补了政策"空白点"。这些人在遇到困难和变故时，能够及时得到"防贫保"的救助，以免陷入贫困，体现了"有贫必扶"的原则。同时，也减少了攀比心理，促进了社会和谐建设。

（3）为下一步解决相对贫困问题提供了实用便捷借鉴。过去贫困识别建档立卡，需要面向所有人口，开展进村入户调查，这种识别手段虽然精准程度较高，但行政成本也较高。同时，非高标准脱贫户和非贫低收入户群体数量大、变动频繁，如延续全面入户调查、申请审核、补贴发放等，单靠政府力量很难短时间完成。现在，实施精准防贫机制后，改变以往的贫困人口识别救助方法，从"事先确定"转为"事后审定"，大数据从上到下筛选和基层群众从下到上申报相结合，精准锁定群体，工作量大幅降低，这种低成本、高效率的方法，为2020年后如何解决相对贫困问题提供了一条值得借鉴的路子。

（4）有效降低了廉政风险。设立防贫保，查勘、理赔政府不直接操作，由第三方专业机构实施，请专业人做专业事，不仅提高了工作效率，达到了"少花钱、多办事"的目的，而且使干部由操作者变为监管者，避免了优亲厚友等问题发生，确保操作公平公正，降低了廉政风险。

案例编写：洪绍华

专题三十二：新民风建设

"五字新风"进村户　筑牢脱贫精准治理根基
——陕西省安康市推进"诚孝俭勤和"主题行动

◎ **案例导读**

健全精准治理体系，解决减贫"最后一公里"问题，既能实现物质脱贫，也能实现精神脱贫，从而有效提振人们的"精气神"，促进基层精准治理。脱贫攻坚中，如何以"五字新风"破解陈规陋习？如何以文明创建破解精神贫困？如何以新民风建设筑牢基层精准治理体系这一治本之基？这是本案例讲述的主题和解决的问题。

◎ **政策安排**

2015年11月29日，中共中央、国务院印发《关于打赢脱贫攻坚战的决定》指出，要坚持群众主体，激发内生动力。继续推进开发式扶贫，处理好国家、社会帮扶和自身努力的关系。允许按照一事一议方式直接委托村级组织自建自管。倡导现代文明理念和生活方式，改变落后风俗习惯，善于发挥乡规民约在扶贫济困中的积极作用，激发贫困群众奋发脱贫的热情。

2018年6月，中共中央、国务院印发《打赢脱贫攻坚战三年行动的指导意见》，要求扶贫同扶志扶智结合，注重培养依靠自力更生实现脱贫致富的意识，提高自我发展能力。要加强思想、文化、道德、法律、感恩教育，大力开展移风易俗活动，完善村规民约，发挥村民议事会、道德评议会、红白理事会、禁毒禁赌会作用。把扶贫领域诚信纳入国家信用监管体系，将不履行赡养义务、严重违反公序良俗等行为人列入失信名单。

2018年10月，国务院扶贫办、中央组织部等13个部委办局下发《关于开展扶贫扶志行动的意见》，提出营造健康文明新风，形成"有劳才有得、多劳才多得"的正向激励，树立勤劳致富、脱贫光荣的价值取向和政策导向，凝聚打赢脱贫攻坚战的强大精神力量。

◎ 创新实践

地处中国西北的地级市安康，位于陕西省东南部秦岭大山脉，属川陕革命老区和秦巴山集中连片特困地区。总面积2.35万平方公里，总人口305万人，所辖9县1区都是贫困县，其中深度贫困县4个，贫困人口数量和贫困发生率均居陕西省之首。全市1772个行政村（含居委会、社区），有建档立卡贫困户26.01万户。

脱贫攻坚战打响后，安康市坚持物质扶贫与精神扶贫并举，在全市行政村大力推进新民风建设，旗帜鲜明地倡导"诚、孝、俭、勤、和"五字新风，实施于"六大活动"载体，健全减贫精准治理体系，推动脱贫攻坚深入发展。

一、两大致贫痛点，催生"五字新风"创建

脱贫攻坚进入2016年，安康市级领导分头深入基层，调研致贫痛点，破解瓶颈堵点。

（一）"等靠要"痛点

市委主要领导调研显示：随着精准扶贫纵深推进，部分群众"等要靠、缠访闹"的消极思想开始滋生，"靠着墙根晒太阳，等着政府送小康"的现象有所抬头。有的争当贫困户，脱贫不愿退出；有的提出"要懒懒到底，政府来兜底"；有的缠闹扯皮甚至以闹求解、以访谋利；有的平时不是在牌场，就是在酒桌，却经常到政府要救济；还有的看着庄稼成熟了等着扶贫干部来帮忙收，家里没粮油向帮扶干部要，甚至有的还让帮扶干部给自己解决找对象问题，等等。如平利县长安镇双杨村贫困户颜某，"50多岁，不种地、不打工，整天找不到人。一到饭点，就去别人家锅里舀饭吃"。村党支部副书

记提起他直摇头叹气。

上述"不怕穷、习惯穷、争当穷、无奈穷"的思想和行为,虽然总体数量不大,但在每个贫困乡村或非贫困村总少不了一些户和一些人,其负面影响直击扶贫取向和民生公平,成为脱贫攻坚"一个都不能少"的最棘手、"最难啃的硬骨头"。

同时,面对这一"懒汉难扶"现象,市、县、乡三级一直未能从政策和机制上找到有效破解办法。有的为完成"帮扶留痕"任务,过度扶持,包办代替贫困户搞生产、做项目;有的帮扶干部和帮扶单位把精力花在募捐钱物上,经常给贫困户送钱送物惯了,造成"过大年"时,一些懒汉们天天在村口等着上面送"慰问";有的帮扶政策全面包揽、什么都扶,等等。这种"一给了之"的"保姆式"扶贫方式,政策"养懒汉"的偏执型缺陷,在一些地方造成"越懒越有收益"的负面影响,贫困户与"非贫户"存在"扶"与"未扶"的"悬崖效应"。而缺乏内生动力的贫困户,即便当年脱贫了,过两年即又返贫,照此下去,他们永远也扶不起来。因此,扶贫扶志、帮教转化,在脱贫攻坚的当下,十分急迫、不可或缺。

(二)送礼陋习痛点

市政协领导牵头一县一区调研显示:紫阳县某村每年户均送礼达34次,年送礼支出超过3万元的农户占总数的17%,1万~3万元的占78%,1万元以内的占5%。汉滨区双龙镇谢坪村贫困户王远银,2016年借债1万余元送礼,由此背上沉重负担。

综合各县调研:一部分群众本身很穷,却借钱送礼、办酒,除了婚丧嫁娶,诸如满月酒、生日酒、升学酒、建房酒、搬家酒等,名目多不胜数。为了"挽回"送出的礼金,有人总结:"一个家庭如果3年不搞出点'动静'来,送出去的礼金就回不来。"而穷人没有机会盖房子、过生日等,他们从过年开始,送礼的范围由一个组蔓延到两三个组,加上七大姑八大姨,一年要送20个左右的礼,少则二三百,多则五百、一千,每年开支在1万~2万元。有的贫困家庭十几年也搞不出一点"动静",却要送出20万元左右的人情费用。

为了收成本,随礼攀比之风愈演愈烈。有的巧立名目今年盖一层平房,过一年续盖一层，过两年又盖个厨房，三次都要请客送礼。有的小孩上幼儿园、甚至母猪下崽也要摆酒请客。有人试图阻止穷人不送礼，却没有一个贫困户不送："人情大于天"！他们身在其中、深受其苦，却难以自拔。

这种陋习的棘手之处还在于：法律手段用不上，行政措施难奏效，说服教育不管用。急需创新一种机制，下决心打造民风高地，为打赢脱贫攻坚战奠定坚强持续的社会思想基础。

（三）果断亮牌

针对以上两大致贫痛点和"不诚、不孝、不俭、不勤、不和"等"五不"现象，安康市明立规矩，果断亮牌：以"五字新风"破解陈规陋习，以文明创建破解精神贫困。在旬阳县先期试点的基础上，市委于2017年3月，以1号文件出台《关于大力推进新民风建设的实施意见》和7个配套实施方案，旗帜鲜明地倡导践行"诚、孝、俭、勤、和"五字新风。

"诚"即厚道实在、诚实守信。以诚实做人、坦诚待人为立身处世之本，心怀善良，光明磊落，信义立身，言而有信。旗帜鲜明地反对耍弄小聪明、贪图小便宜，口是心非、投机取巧、见利忘义等不厚道、不诚信行为。

"孝"即孝老爱亲、知恩感恩。以奉先思孝、善待家人为品德基础，感恩父母，孝敬老人，关爱子女，尊师重道，淳正家风。旗帜鲜明地反对忤逆不孝、虐待老人，重养轻教、亲情淡漠、家庭暴力等不孝老、不爱亲恶习。

"俭"即节省简朴、量入为出。以勤俭节约、反对浪费为良俗品行，节俭办事，婚事新办，丧事简办，理性消费、注重积蓄、殷实家庭。旗帜鲜明地反对大操大办，奢侈浪费，摆阔气、好面子等陈规陋俗。

"勤"即勤奋劳作、踏实苦干。以艰苦奋斗、自强自立为生存之基，脚踏实地，勤劳实干，不等不靠，不懒不要，自主脱贫。旗帜鲜明地反对好逸恶劳，游手好闲，小富即安，等靠要闹，玩风盛行等不勤奋、不上进的思想和行为。

"和"即以和为贵、宽容礼让。以和衷共济、崇尚合作为思想共识和行为遵循，处事包容大度，邻里和睦、守望相助，礼善待人，尊崇法治，团结和谐。旗帜鲜明地反对损人利己，缠闹扯皮，逞强斗狠，蛮横霸道，寻衅滋事等严重不良行径。

二、"六大活动"载体，助力脱贫攻坚

为使"五字新风"落地践行，安康市确立了"道德评议、移风易俗、文化传播、文明创建、诚信建设、依法治理"六大活动载体，将"民风创建"由"无形"变为"有体"。

（一）评议道德，促"勤劳脱贫"

在全市广泛开展"群众说、乡贤论、榜上亮"道德评议活动，以村（社区）为单位，推举老党员、老干部、道德模范、人大代表和政协委员等乡贤能人，组成道德评议委员会，由群众推荐先进典型及感人事例，揭摆"等靠要""缠访闹"等反面典型及不良现象，每季度由评议委员会集中评议。目前，全市共成立村级"道德评议委员会"1700多个，累计开展道德评议8000多场次，树立"自力脱贫"正面典型12713例，帮教转化"等靠要"负面典型4422例，1762户群众主动退出贫困户。安康市贫困人口由2015年底的58.17万人减少至目前的3.34万人，贫困发生率由23.5%下降到1.3%，连续两年获评陕西省脱贫攻坚工作成效考核优秀单位，《新民风助推扶贫扶志的"安康经验"》，入选全国宣传干部学院教材和《2018全国宣传思想和文化工作案例》，受到广泛关注和借鉴。

（二）"一约四会"，促"移风易俗"

即发动群众修订村规民约，成立红白理事会、村民议事会、道德评议会、禁毒禁赌会。全市1883个村（社区）通过"四议两公开"、村民大会表决、人人签字确认程序，将"五字新风"纳入村规民约，做到"一村一约"，避免"千村一面"。为提高实效，镇（办）每年对"四会"负责人培训1次，引导公职人员、村组干部、乡贤能人带头践行，党员干部操办婚嫁喜庆申报率达100%。2019年，全市举办集体"升学礼"近200场，每个高考家庭平均节约开支2600元；农村摆酒席同比减少三分之二，人情送礼下降七成，红白喜事节约4000万元。紫阳县制定了《人情新风八种喜事新办简办仪式》，引导移风易俗常态化、婚丧事务规范化、民间习俗文明化。岚皋县村规民约规定："份子钱"不超过100元，红白喜事宴席每桌不超过200元。统一的

行为规范和约束准则，推动"新民风"和"新生活方式"一步一个脚印地往深里走、往心里走、往实里走。

（三）以"文"化人，促"仁爱孝道"

针对忤逆不孝之风反弹、少数群众孝道缺失、把难题矛盾推向政府等问题，安康市以传承优秀文化为根本，挖掘推广"汉阴沈氏""白河黄氏""岚皋杜氏""安康谢氏"等12部家训家规，编印《安康优秀传统家训注译》《安康最美家庭故事选编》，大力开展家训家规进村、进组、进社区、进家庭、进学校、进单位"六进"活动，靠近源头提取祖传精华，贴近村户启迪后辈，净化家风。2018年，汉阴县沈氏家训展览馆举办清明祭祖活动，来自全国各地的400余名沈氏族人齐声诵读沈氏家训二十条，传承祖德，启迪后人。

（四）先进引领，促"真善美廉"

结合"新民风"建设，安康市大力推进"树千名自强标兵、交万名农民朋友"活动，广泛开展道德模范、身边好人、文明家庭、勤劳致富先进个人等评选表彰。近年来，全市涌现出各级各类"最美家庭"1万余户，荣登"中国好人"38人，"全国五好家庭""全国最美家庭"4个，荣获"全国道德模范"提名奖和"全国文明家庭"称号各1人，18个单位获得全国文明单位称号，13个村镇获得全国文明村镇称号。2017年以来，市和县区共评选表彰"好婆婆""好媳妇""好妯娌"12710人；树立勤劳致富典型4562例，脱贫攻坚自强标兵3713人。该市郑远元成为全国脱贫攻坚获奖者，他修脚修出脱贫路，带动紫阳县1.6万人从事修脚脱贫，有效发挥了榜样标杆和正向激励作用。

（五）励惩双施，促"诚实守信"

通过建立"诚信榜"发布、实施激励惩戒办法、集中开展"诚信教育"等，综合运用经济、行政、社会管理等手段，为脱贫攻坚营造"讲诚守信"社会环境。以2018年为例，安康人发现，自己认识的某人名字及照片，被市中级人民法院晒在了网上，他们都是失信被执行人，"标的"从几千元到上千万元不等。在市级信息平台和改版升级的安康"信用网站"集群，目前归集信息总量5885万条，信用安康网站点击量537万人次，综合得分位居全省第一。同时，建立覆盖城乡的社会征信系统，健全村民守信记录，推行各领域红黑名单常态化发布，共享及联合奖惩典型案例报送制度。2017年以来，全市共完成市场主体信用等级评定5万多户，12万户主动开展了信用承诺。

（六）德治教化，促"遵约守法"

坚持道德教化与法治约束结合，扎实开展普法教育"六进"和法治文化"八进"活动，开展"促守法、调纠纷、打邪恶"为主要内容的刹歪风、正民风专项行动，持续整治社会治安突出问题，严厉打击"村霸"和宗族恶势力等违法犯罪，挖掉一批影响民风和脱贫攻坚的"毒瘤"。其中，针对基层群众反映最强烈的打牌"带彩"发展到聚众赌博等违法行为，组织民警深入辖区乡村，"零距离"向群众讲解赌博的严重危害性。通过下发文件、召开会议、提醒谈话、发送警示卡、签订承诺书、下发倡议书等方式，引导干部群众远离赌场。制定出台《关于健全完善多元化矛盾纠纷预防解决工作机制的实施意见》，成立各级人民调解协会，打造"老哈调解室"等民间调解品牌，使各类矛盾纠纷排查调处成功率达97.5%以上，群众安全感和社会治安满意度连续3年位居全省前列。

三、创建成效显著，三年达标再启航

安康市"五字新风"创建，在时间安排上突出"三年三个阶段"，即"一年初见效、两年大变样、三年成新风"。在推进步骤上突出"三个三分之一"，即市、县、镇每年分别培育三分之一的示范县、示范镇、示范村，一级抓一级，层层抓示范，三年全覆盖。为此，市委建立了考评体系，2019年全市组织了考核验收，9县1区全部实现目标。

在新民风的强势推动下，全市"诚孝俭勤和"的典型人物越来越多，一人带动一批，形成良好的示范效应。在"一约四会"的大力倡导下，人们一改往日铺张浪费、盲目攀比等陈规陋习，孩子高考参加集体"升学礼"，红白喜事小范围简办。通过道德评议激发内生动力，大家争着用劳动换积分到"爱心超市"兑生活日用品，以文明善行到"道德银行"存积分换商品……2017年以来，全市有1065个新民风爱心超市先后建成，数量居全省第一，诚信体系建设进入全省第一方阵，公众安全感保持全省第一。

安康市这一创新做法，得到了党和国家领导同志的批示肯定；《新民风助推脱贫攻坚扶贫扶志的"安康经验"》在全国推广；新华社、《人民日报》等媒体专题报道安康做法300余篇。目前，"诚孝俭勤和"安康新民风，对内已成为"成风化人"的主流价值，对外已成为"铸魂塑形"的宣传品牌。

鉴于安康"五字新风"建设取得显著成效，在全国第六个扶贫日前夕，上级相关部门对"安康新民风"进行了系列考察、公示，经国务院扶贫开发领导小组审批，"安康市新民风建设领导小组办公室"荣获2019年全国脱贫攻坚奖组织创新奖。

获全国大奖5天后，面对这份至高荣誉，安康市新民风建设工作现场推进会如期在首个实现整县脱贫摘帽的镇坪县召开。市委、市政府提出，要理性对待荣誉，清醒看到问题，坚决杜绝"放一放、歇一歇、松一松"的思想倾向，围绕既定目标和测评体系，自觉用更高的标准、更严的要求、更实的举措，始终干在实处、走在前列，确保进一步实现社会风尚成功转型升级，进一步让"新民风"入其心，成其规，约其行，成为安康经济社会发展的道德基石和恒久动力！

◎ 经验启示

安康市新民风建设成功践行，为我们提供了三个关键点：

第一是人，人的志气，人的技能，这是实现脱贫的两大决定因素。安康市在坚持物质脱贫的同时，通过"五字新风"创建实现精神脱贫，从而有效提振了贫困人口的"精气神"和主观能动性，清晰摆正了"脱贫主体"和"帮扶客体"的关系，充分显示了扶贫扶志的重要作用，进而显著提高了脱贫的质量和成色。扶贫扶人，强基固本，安康为我们提供了经验和启示。

第二是家，家是扶贫细胞工程。以"扶贫到户"为主要内容的脱贫攻坚，家风、家教在潜移默化中一直影响和推动着一家的脱贫进程。安康让"五字新风"走进千家万户，提高了精准扶贫的家庭认知和价值底线，润物细无声，对于家人自觉接受道德规范、依靠自力更生、家庭合力实现脱贫，具有积极指导意义。

第三是村，安康市"村为基础"的"五字新风"创建，是诸多政策、措施、制度、机制落地践行的一线现场。一个村的"村情民风"正不正，直接关系脱贫攻坚的效果好不好。扶贫须正风，风正促扶贫。安康市坚持把"治陋习、树新风"作为增强内生动力的重要措施，有效破解了扶贫扶志中"法律手段用不上、行政措施难奏效、说服教育不管用"的难题，筑牢了基层精准治理的根基，为打赢脱贫攻坚战提供了优良民风保障和社会思想基础，值得各地学习和借鉴。

案例编写：洪绍华

名词解释

1. 绝对贫困。指一个人或一个家庭的生活水平达不到一种社会可接受的维持基本生存的最低标准，他们缺乏某些满足基本需要所必需的生活资料和服务，生活处于困难境地。脱贫攻坚主要解决的是绝对贫困问题。

2. 现行农村贫困标准。在2011年11月召开的中央扶贫开发工作会议上，中央宣布将农民人均年纯收入2300元(2010年不变价)作为新的国家农村贫困标准。这一贫困标准按2011年国际购买力平价（PPP）换算，相当于每人每日2.3美元，高于每人每日1.9美元的国际极端贫困标准。

3. 农村贫困发生率。又称农村贫困人口比重指数，指农村居民人均纯收入低于贫困标准的人口数占农村户籍人口数的比重，它反映的是一个地区的农村贫困发生广度或贫困面。

4. 脱贫攻坚总体目标。2015年11月，中共中央、国务院印发的《关于打赢脱贫攻坚战的决定》指出，脱贫攻坚总体目标是：到2020年，稳定实现农村贫困人口不愁吃、不愁穿，义务教育、基本医疗和住房安全有保障。实现贫困地区农民人均可支配收入增长幅度高于全国平均水平，基本公共服务主要领域指标接近全国平均水平。确保我国现行标准下农村贫困人口实现脱贫，贫困县全部摘帽，解决区域性整体贫困。

5. 两不愁三保障。国家制定的针对建档立卡贫困人口的扶贫标准，指到2020年，稳定实现农村贫困人口不愁吃、不愁穿，义务教育、基本医疗和住房安全有保障。

6. 建档立卡贫困户。指按照国家规定的识别标准和程序，经过农户申请、村民代表大会评议、乡镇审核、县级审批"两公示一公告"等程序识别出来的农村贫困户，对其家庭成员基本信息和生产生活状况实行建档立卡，并录入全国扶贫开发信息管理系统平台。建档立卡贫困户是脱贫攻坚精准扶贫的主要或重点工作对象。

7. 国家贫困县。指中央确定的享受国家扶贫政策的贫困地区县级行政区划。脱贫攻坚前，全国共有832个贫困县，涉及中西部22个省、区、市。其中，国家扶贫开发工作重点县592个，14个集中连片特困地区片区贫困县680个，包括二者交叉贫困县440个。到2020年底，全国832个国家贫困县全部实现脱贫摘帽。

8. 国家扶贫开发工作重点县。中央从1986年开始确定重点扶持的贫困县，此后进行过三次调整。2011年《中国农村扶贫开发纲要（2011—2020年）》颁布实施，中央确定国家扶贫开发工作重点县592个，其中，有440个县列为14个集中连片特困地区片区县，其余152个县为集中连片特困地区之外的重点县。

9. 集中连片特困地区。为了突出扶贫开发重点区域，根据《中国农村扶贫开发纲要（2011—2020年）》精神，2011年，国家确定了11个集中连片特殊困难地区，加上已明确实施特殊扶持政策的西藏、四省藏区、新疆南疆三地州，全国共计14个片区，确认片区贫困县680个。

10. 三区三州。三区三州是中央确定的国家级深度贫困地区，全国脱贫攻坚重点帮扶地区。"三区"是指西藏自治区和青海、四川、甘肃、云南四省藏区，以及新疆维吾尔自治区南疆地区的和田地区、阿克苏地区、喀什地区、克孜勒苏柯尔克孜自治州；"三州"是指四川省凉山彝族自治州、云南省怒江傈僳族自治州和甘肃省临夏回族自治州。

11. 革命老区。指土地革命战争时期和抗日战争时期，在中国共产党领导下创建的革命根据地。

12. 直过民族。指新中国成立后，未经民主改革，直接由原始社会形态跨越几种社会形态过渡到社会主义社会的少数民族。直过民族聚居区称为"直过区",大多属于深度贫困地区或脱贫攻坚重点地区。

13. 六个精准。习近平总书记2015年6月在"部分省区市扶贫攻坚与'十三五'时期经济社会发展座谈会"上首次提出。六个精准,指扶持对象精准、项目安排精准、资金使用精准、措施到户精准、因村派人精准、脱贫成效精准。六个精准是精准扶贫精准脱贫基本方略的核心内容。

14. 五个一批。习近平总书记2015年6月在"部分省区市扶贫攻坚与'十三五'时期经济社会发展座谈会"上首次提出,并于2015年10月在"减贫与发展高层论坛"和2015年11月召开的中央扶贫工作会议上进一步完善。五个一批包括发展生产脱贫一批、易地搬迁脱贫一批、生态补偿脱贫一批、发展教育脱贫一批、社会保障兜底一批。

15. 五个问题。指"扶持谁""谁来扶""怎么扶""如何退""如何稳"的问题。解决好这五个问题,涵盖了精准扶贫精准脱贫的核心要义、主要内涵、关键环节和工作流程。

16. 五级书记抓扶贫。在以习近平同志为核心的党中央坚强领导下,省、市、县、乡、村五级书记抓扶贫,全党动员促攻坚。"五级书记抓扶贫",体现了我国反贫困的政治优势,充分发挥了各级党委总揽全局、协调各方的领导核心作用和基层党组织的战斗堡垒作用,为打赢脱贫攻坚战提供了坚强的组织保证。

17. 开发式扶贫。我国20世纪80年代中期确立并一直坚持的农村扶贫工作方针,其要义是鼓励和帮助贫困地区、贫困人口通过合理开发本地优势资源,发展生产,增加收入,增强自我发展能力和自我"造血"功能,解决生存和发展问题,实现脱贫致富。开发式扶贫方针的核心理念是用发展的办法解决农村贫困问题,促进共同富裕。开发式扶贫是中国特色反贫困治理的基本经验之一,得到国际社会的普遍认同和赞扬。

18. 专项扶贫。指国家安排专项财政扶贫资金投入,由各级政府扶贫部门负责组织实施开发式扶贫项目和相关扶持措施,扶持和帮助贫困地区和农村贫困人口改善基本生产生活条件,发展特色产业,增加经济收入,提高自我发展能力等。

19. 行业扶贫。指各级政府行业部门按照部门职能分工，运用各行业部门所能配置的公共资源和项目计划，把改善贫困地区、贫困人口的生存与发展环境条件，推进基本公共服务均等化，缩小地区发展差距，加快脱贫致富，作为行业部门重要工作任务，在政策、资金和项目等方面向贫困地区、贫困人口倾斜。

20. 社会扶贫。指动员社会各界力量，弘扬中华民族扶贫济困、守望相助的传统美德，积极参与扶贫开发脱贫攻坚，利用社会各类资源和各自优势，帮助贫困地区、贫困人口改善生存与发展环境条件，发展社会公益事业，加快脱贫致富，促进共同富裕。

21. "三位一体"大扶贫。指专项扶贫、行业扶贫、社会扶贫等多方力量、多种举措有机结合、互为支撑、共同推进的扶贫开发工作格局。大扶贫改变了专项扶贫"单打一"的局面，是中国特色反贫困治理的重要实现方式，体现了中国特色社会主义的制度优势。

22. 国家扶贫日。经国务院批复，自2014年起，将每年的10月17日设立为中国"扶贫日"。设立国家"扶贫日"，旨在大力弘扬中华民族扶贫济困、守望相助的传统美德，促进全社会对扶贫事业的关注，增强共同参与减贫意识。10月17日也是国际消除贫困日。

23. 中国特色脱贫攻坚制度体系。指脱贫攻坚期间建立和完善的八项扶贫工作制度体系：各负其责、各司其职的责任体系；精准识别、精准脱贫的工作体系；上下联动、统一协调的政策体系；保障资金、强化人力的投入体系；因地制宜、因村因户因人施策的帮扶体系；广泛参与、合力攻坚的社会动员体系；多渠道全方位的监督体系；最严格的考核评估体系。在这一制度体系中，最根本的是中央统筹、省负总责、市县抓落实的管理体制，从中央到地方逐级签订责任书，明确目标，增强责任，强化落实。

24. 脱贫攻坚监督体系。指中央为加强脱贫攻坚督导监察，建立的党内与党外相结合、政府与社会相结合的全方位监督体系。包括党内监督，运用巡视利器，将脱贫攻坚纳入巡视范围；民主监督，从2016年开始，受中共中央委托，8个民主党派中央对口8个脱贫攻坚任务重的省份开展民主监督；

督查巡查，2016年以来，原国务院扶贫开发领导小组每年开展一次脱贫攻坚督查巡查；审计监督，审计署每年持续组织实施脱贫攻坚政策措施落实和重点资金项目跟踪审计，对832个贫困县的扶贫审计全覆盖；行业监督，发展改革、财政、教育、住房建设、卫生健康、医疗保障、水利等部门围绕脱贫攻坚政策举措和任务落实加强行业监督；社会监督，2014年12月开通12317扶贫监督举报电话，接受社会监督。

25. 驻村帮扶。具有中国特色的农村扶贫方式和工作落实机制之一。指在现有农村基层组织的基础上，动员全国各级党政机关、事业单位、国有企业等力量，向贫困村精准选派第一书记和驻村扶贫工作队，确保每个贫困村都有驻村工作队，每个贫困户都有帮扶责任人，加强脱贫攻坚一线工作力量，打通政策落实"最后一公里"。

26. 精准滴灌。精准扶贫方式的形象化表达，"大水漫灌"扶贫方式的对称概念。指在精准识别贫困人口、诊明致贫原因、摸底贫困底数的基础上，针对特定贫困人口制定特定的帮扶措施，坚持分类施策，因人因地施策，因贫困原因施策，因贫困类型施策，实行对症下药、靶向治疗，扶到点上，扶到根上，确保扶贫成效、实现精准脱贫的一种贫困治理方式。

27. "造血式"扶贫。与"输血式"扶贫相对称概念。指通过发展产业、教育、职业技能培训，改善基本生产生活条件，扶贫扶志扶智等办法，激发内生动力，提升贫困地区、贫困人口自我发展能力，增强自我"造血"功能，引导和帮助贫困群众依靠自身能力实现脱贫致富的一种扶贫方式。

28. 产业扶贫。指通过扶贫项目和政策扶持等形式，支持贫困地区、贫困农户因地制宜发展特色优势产业，并依托扶贫龙头企业、农民合作组织等市场主体，提高生产经营组织化程度，建立利益联结机制，带动扶贫对象增加收入。

29. 就业扶贫。是指通过就业援助、技能培训、劳务输出、公益岗位、产业带动就业、创业带动就业等措施，帮助贫困家庭劳动力发挥人力资源增收作用，增加就业机会，获得劳动报酬，实现增收脱贫。与产业扶贫相比，就业扶贫具有投资小、见效快等特点。脱贫攻坚中，各地实施的就业扶贫行动计划或就业途径主要有：扶持贫困地区发展劳动密集型产业、建立农民工创业园、兴办扶贫车间、开发农业产业基地、发展乡村旅游、发展小城镇和农村二、三产业，增加就地就近就业机会；依托东西部扶贫协作、对口支援、定点扶贫等合作机制，有组织地开展跨地区的劳务输出协作；开发护林、生态、保洁、农村基础设施管护等公益性岗位，为贫困劳动力提供就业机会；采取以工代赈方式实施农村人力可及的公共工程，增加贫困人口劳动收入等。

30. 易地扶贫搬迁。指在群众自愿的基础上，将居住在生存条件恶劣、生态环境脆弱、自然灾害频发等地区的农村贫困人口搬迁安置到其他地区，并通过改善安置区的生产生活条件、调整经济结构和拓展增收渠道，确保搬迁对象有业可就、稳定脱贫，做到搬得出、稳得住、能致富的一种扶贫方式。截至 2020 年底，全国易地扶贫搬迁规划建设任务全面完成，累计建成集中安置区约 3.5 万个，建设安置住房 266 万余套，960 多万易地搬迁贫困人口全部入住并实现脱贫。

31. 资产收益扶贫。指利用中央和地方各级财政专项扶贫资金和其他涉农资金投入设施农业、养殖、光伏、乡村旅游等项目形成的经营性资产，进行折股量化给村集体、合作社或其他村集体经济组织，享受股份权利，按股比获得收益，其中部分资产收益权明确到贫困户特别是缺乏劳动能力的贫困户，使贫困村集体和贫困户分享资产投资产业增值收益。同时，村集体和县乡相关主管部门负责对这部分资产的运行管理、保值增值进行监管。

32. 光伏扶贫。光伏扶贫电站是以扶贫为目的，在具备光伏扶贫实施条件的地区，利用政府性资金投资建设的光伏电站，其产权归村集体所有，全部收益用于扶贫。截至 2020 年底，全国光伏扶贫容量达到 1865 万千瓦，10 万个村有村级电站，村年均收益 20 万元左右，主要用于设立公益岗位、实施小型公益项目、开展小微奖励补助等。

33. "三变"改革，是农村"资源变股权、资金变股金、农民变股民"改革的简称。其中，资源变资产是指将合法的集体土地、林地、林木、水域、湿地和闲置的房屋、设备等资源的使用权，通过一定的形式入股到新型经营主体，取得股份权利。资金变股金是指将各级各部门投入到农村的发展生产和扶持类财政资金(财政直补、社会保障、优待抚恤、救济救灾、应急类等资金除外)，按照各自使用管理规定和贫困县统筹整合使用财政支农资金、资产收益扶贫等国家政策要求，量化为村集体或农户持有的股金，集中投入到各类经营主体，享受股份权利，按股比获得收益。农民变股东是指农民自愿以土地(林地)承包经营权、林木所有权、集体资产股权、住房财产权(包括宅基使用权)，以及自有生产经营设施、大中型农机具、资金、技术、技艺、劳动力、无形资产等各种生产要素，通过协商或评估折价后，投资入股经营主体，享有股份权利。

34. 电商扶贫。将电子商务融入扶贫开发，通过政府引导、市场主导，动员政府、电商、生产经营主体和社会各方力量，培育发展贫困地区电商产业，不断提升贫困人口利用电商创业、就业能力，注重农产品上行，促进商品流通，拓宽贫困地区特色优质农副产品销售渠道和贫困人口增收脱贫渠道，让互联网发展成果惠及更多的贫困地区和贫困人口。电商扶贫项目包括改善贫困地区电商基础设施、制定适应电子商务的特色产业发展标准、贫困地区电商人才培训、贫困户依托电商创业就业、电商扶贫服务体系建设、电商扶贫示范网店建设、基层传统网店信息化改造升级、东西部电商扶贫产业对接协作等具体项目。

35. 扶贫小额信贷。为解决贫困群众贷款难、贷款贵问题，政府和金融机构专门为建档立卡贫困户发展生产量身定制的扶贫贷款产品。其政策要点是，为贫困户提供5万元以下、3年期以内、免担保免抵押、基准利率放贷、财政贴息、县级建立风险补偿金的信用贷款。扶贫小额信贷是支持有意愿贷款的建档立卡贫困户用于发展产业，增加收入的专项贷款，不能用于建房、理财、还债、购置家庭用品等非生产性支出。截至2020年底，全国扶贫小额信贷累计发放7100多亿元，累计支持贫困户1500多万户。

36. 生态补偿。指以保护生态环境、促进人与自然和谐发展为目的，根据生态系统服务价值、生态保护成本、发展机会成本，运用政府和市场手段，调节生态保护利益相关者之间利益关系的公共制度。我国贫困地区特别是连片特困地区大部分处在国家主体功能限制开发区和自然保护区，对全国生态文明建设大局的影响举足轻重。《中国农村扶贫开发纲要（2011—2020年）》对加强生态补偿提出了如下政策性要求：（1）建立生态补偿机制，并重点向贫困地区倾斜。（2）加大重点生态功能区生态补偿力度。（3）重视贫困地区的生物多样性保护。

37. 绿色发展。在习近平总书记关于"绿水青山就是金山银山"的思想指引下，正确处理经济发展与生态保护的关系，促进人与自然、经济发展与社会和谐、生态环境与人文建设等良性互动、协调并进，让良好生态环境成为人民群众美好生活的增长点，成为经济社会持续健康发展的支撑点的一种发展方式。绿色发展是中国新发展理念的重要内涵之一。

38. 科技扶贫。指应用适用的科学技术改革贫困地区封闭的小农经济模式，提高农民的科学文化素质，提高其资源开发水平和劳动生产率，促进商品经济发展，加快农民脱贫致富的步伐。具体举措包括建立科技帮扶结对、选派科技特派员、围绕特色产业实施科技项目、推广应用先进实用技术、支持贫困地区建成创新创业平台等。

39. 教育扶贫。指通过采取一系列倾斜政策、投入支持和扶持措施，推动贫困地区公共教育事业均衡发展，提高贫困地区人口素质和受教育程度，阻断贫困代际传递的一种扶贫方式。教育扶贫工程，包括健全各个教育阶段对建档立卡贫困家庭学生和其他困难家庭学生的资助制度、加大对乡村教师队伍建设的支持力度、实施贫困地区农村中小学校"薄改计划"、加强有专业特色并适应市场需求的中等职业学校建设、努力办好贫困地区特殊教育和远程教育、实施教育扶贫结对帮扶行动计划、"雨露计划"等具体措施。

40. 健康扶贫。有效遏制和防止因病致贫、因病返贫，提高贫困地区群众健康素质的一种重要扶贫方式。通过建立多重医疗保障扶贫机制，实施大病集中专项救治，开展家庭医生签约服务，组织三级医院结对帮扶，改善贫困地区基层医疗卫生条件，加强贫困地区地方病、传染病、慢性病防治，健全基层公共卫生服务体系，促进基本医疗公共卫生服务均等化等扶持措施和制度安排，保障贫困地区群众享有基本医疗卫生服务，实现贫困人口"基本医疗有保障"。

41. 农村危房改造。国家长期实施的一项重要民生扶贫政策，采取就地、就近修建、翻建的改造方式，优先帮助住房最危险、经济最贫困农户，解决最基本的住房安全问题。其中，农村危房认定是指依据住房和城乡建设部《农村危险房屋鉴定技术导则（试行）》鉴定属于整栋危房（D级）或局部危险（C级）的房屋，属整栋危房（D级）的应拆除重建，属局部危险（C级）的应修缮加固。农村危房改造资金以农户自筹为主，政府补助为辅。中央财政补助对象限定为四类人员，即建档立卡贫困户（未脱贫），低保户，五保户，贫困残疾人。

42. 农村社会保障制度。国家民生战略和扶贫政策体系的重要内容。我国的农村社会保障主要包括农村社会保险、农村社会救助、农村社会福利三个方面。目前，农村社会保险主要有两项制度，即城乡居民基本医疗保险和新型农村社会养老保险制度（简称新农保）。农村社会救助主要有五项制度，即农村五保供养制度、农村最低生活保障制度、医疗救助、自然灾害救助、困难群众临时救助。农村社会福利主要有社会福利院、儿童福利院、敬老院等公共服务保障。

43. 扶贫同扶志扶智相结合。习近平总书记在党的十九大报告中正式提出。这一思想的要义是，扶贫不能简单地给钱给物，不能只注重物质扶持和外力帮扶；要注重精神扶贫，注重内因决定作用，激发贫困人口内生动力，增强自我脱贫志向、志气和信心，提高贫困人口科技文化素质和自我发展能力，变被动接受帮扶和福利依赖，为主动依靠自己双手勤劳致富，实现可持续发展。

44. 东西部扶贫协作。在中央统一部署下，动员和组织东部发达地区结对帮扶西部贫困地区。这是国家为加快西部贫困地区扶贫开发进程，缩小东西部发展差距，促进共同富裕作出的一项重大决策和战略布局。1996年，中央确定9个东部省市和4个计划单列市与西部10个省区开展扶贫协作，东西扶贫协作正式启动。2016年，中央对东西部扶贫协作做了新的部署和调整，现有东部地区9个省（直辖市）结对帮扶西部地区14个省（自治区、直辖市），东部343个经济较发达县（市、区）与中西部573个贫困县开展"携手奔小康"行动。

45. 对口支援。在中央统一部署下，动员和组织经济较发达地区扶持和帮助民族地区、经济欠发达地区，以协调地区发展，增强民族团结，促进共同富裕。对口支援包括支援西藏和新疆、支援四川、云南、甘肃、青海四省藏区等。

46. 定点扶贫。指中央和国家机关、民主党派中央和全国工商联、人民团体、参照公务员法管理的事业单位和国有大型骨干企业、国有控股金融机构、国家重点科研院校、军队和武警部队等，根据中央统一部署，与国家扶贫开发工作重点县开展结对帮扶，在资金、物资、技术、人才、项目、信息等方面对结对帮扶县给予倾斜和支持。脱贫攻坚以来，共有307家中央单位定点帮扶592个国家扶贫开发工作重点县；2013年至2020年，中央单位累计投入帮扶资金和物资427.6亿元，帮助引进各类资金1066.4亿元。军队帮扶4100个贫困村，92.4万贫困群众实现脱贫。各省、区、市党委、政府根据本地区实际情况，统一组织开展了地方定点扶贫工作。

47. 万企帮万村。2015年10月17日，全国工商联、国务院扶贫办、中国光彩会正式发起"万企帮万村"行动。该行动是以民营企业为帮扶方，以贫困村、贫困户为帮扶对象，以产业、就业、公益、智力扶贫等为主要帮扶形式，签约结对、村企共建，帮助贫困村加快脱贫进程的精准扶贫行动。

48. 消费扶贫。动员社会各界通过购买消费来自贫困地区、贫困农户的产品与服务，是帮助贫困人口增收脱贫的一种扶贫方式，也是社会力量参与脱贫攻坚的一种有效途径。大力实施消费扶贫，有利于动员社会各界扩大贫困地区产品和服务消费，调动贫困人口依靠自身努力实现脱贫致富的积极性，促进贫困人口稳定脱贫和贫困地区产业持续发展。

49. "三留守"人员关爱。指针对农村留守儿童、留守妇女、留守老人等特殊群体，帮助解决需求难题，提供人文关怀、精神慰藉和心理健康服务等关怀服务，保障其合法权益，改善他们的生存发展状况。

50. 四议两公开。是指在村党组织领导下对村级事务进行民主决策的基本工作程序。"四议"指党支部会提议、村"两委"会商议、党员大会审议、村民代表会议或村民会议决议；"两公开"指决议公开、实施结果公开。

51. 脱贫攻坚普查。脱贫攻坚普查是精准扶贫精准脱贫的重要基础性工作，是对脱贫攻坚成效的全面检验。2020年至2021年，中国在中西部22个省份开展了国家脱贫攻坚普查，重点围绕脱贫结果的真实性和准确性，全面了解国家贫困县脱贫实现情况。普查内容包括建档立卡基本情况、"两不愁三保障"实现情况、获得帮扶和参与脱贫攻坚项目情况，以及县和行政村基本公共服务情况等。

52. 扶贫工作考核。由国务院扶贫开发领导小组组织进行，围绕落实精准扶贫、精准脱贫基本方略，每年开展一次的扶贫工作考核。考核内容主要包括减贫成效、精准识别、精准帮扶、扶贫资金等方面。考核工作包括省级总结、第三方评估、数据汇总、综合评价、沟通反馈等步骤。

53. 精准扶贫第三方评估。由国务院扶贫开发领导小组委托有关科研机构和社会组织，采取专项调查、抽样调查和实地核查等方式，对相关考核指标进行评估的一种方式。精准扶贫第三方评估的主要内容包括贫困人口识别准确率、贫困人口退出准确率和因村因户帮扶工作群众满意度等。第三方评估是一项确保扶贫成效，防止"数字脱贫"和"虚假脱贫"的一种制度创新。

54. 贫困退出。指脱贫攻坚期间，对稳定达到脱贫标准的贫困人口、贫困村、贫困县，实行退出贫困序列的一种制度机制。贫困退出严格执行贫困县、贫困村、贫困人口退出的标准和程序，贫困人口退出实行民主评议，贫困村、贫困县退出进行审核审查，退出结果公示公告，让群众参与评价，做到程序公开、数据准确、档案完整、结果公正。

55. 四个不摘。国家对脱贫攻坚已退出的贫困县、贫困村、贫困人口，保持现有帮扶政策总体稳定，在巩固拓展脱贫攻坚成果过渡期内实行"摘帽不摘责任、摘帽不摘政策、摘帽不摘帮扶、摘帽不摘监管"。

56. 防止返贫监测和帮扶机制。指提前发现并识别存在返贫致贫风险的人口，采取针对性的帮扶措施，防止脱贫人口返贫、边缘人口致贫的一种机制。监测对象为建档立卡已脱贫但不稳定户，收入略高于建档立卡贫困户的边缘户；监测范围为人均可支配收入低于国家扶贫标准1.5倍左右的家庭，以及因病、因残、因灾、因新冠肺炎疫情影响等引发的刚性支出明显超过上年度收入和收入大幅缩减的家庭。

57. 巩固拓展脱贫攻坚成果。指全面打赢脱贫攻坚战后,仍然需要采取有效措施,预防出现规模性返贫,在稳定脱贫基础上继续前进,推动共同富裕取得更为明显的实质性进展。主要举措包括:设立过渡期,在过渡期内,继续实行"四个不摘";主要的政策措施不能"急刹车",无论是帮扶的资源,还是帮扶的力量,总体保持稳定;健全防止返贫监测和帮扶机制,建立农村低收入人口和欠发达地区的帮扶机制。

魏长仙、邓小燕整理

参考文献

[1] 习近平. 习近平谈治国理政（第一卷）[M]. 北京：外文出版社，2014.

[2] 习近平. 习近平谈治国理政（第二卷）[M]. 北京：外文出版社，2017.

[3] 习近平. 习近平谈治国理政（第三卷）[M]. 北京：外文出版社，2020.

[4] 习近平. 摆脱贫困 [M]. 福州：福建人民出版社，1992.

[5] 中共中央文献研究室. 十八大以来重要文献选编（上）[M]. 北京：中央文献出版社，2014.

[6] 中共中央文献研究室. 十八大以来重要文献选编（中）[M]. 北京：中央文献出版社，2016.

[7] 中共中央文献研究室. 十八大以来重要文献选编（下）[M]. 北京：中央文献出版社，2018.

[8] 中共中央党史和文献研究院. 习近平扶贫论述摘编 [M]. 北京：中央文献出版社，2018.

[9] 人民日报评论部. 习近平讲故事 [M]. 北京：人民出版社，2017.

[10] 人民日报海外版. 习近平扶贫故事 [M]. 北京：商务印书馆，2020.

[11] 国务院新闻办公室. 人类减贫的中国实践 [M]. 北京：人民出版社，2021.

[12] 中共中央党史和文献研究院. 中国共产党一百年大事记：1921年7月—2021年6月 [M]. 北京：人民出版社，2021.

[13] 中共中央党史和文献研究院. 全面建成小康社会大事记 [M]. 北京：人民出版社，2021.

[14] 特约调研组. 习近平调研指导过的贫困村脱贫纪实 [M]. 北京：人民出版社，2020.

[15] 脱贫攻坚先锋系列图书编辑委员会. 脱贫攻坚先锋：2016年全国脱贫攻坚奖获奖者事迹 [M]. 北京：中国劳动社会保障出版社、中国人事出版社，2018.

[16] 脱贫攻坚先锋系列图书编辑委员会. 脱贫攻坚先锋：2017年全国脱贫攻坚奖获奖者事迹 [M]. 北京：中国劳动社会保障出版社、中国人事出版社，2018.

[17] 国务院扶贫开发领导小组办公室，脱贫攻坚先锋系列图书编辑委员会. 脱贫攻坚先锋：2018年全国脱贫攻坚奖获奖者事迹 [M]. 北京：中国劳动社会保障出版社、中国人事出版社，2019.

[18] 国务院扶贫开发领导小组办公室，脱贫攻坚先锋系列图书编辑委员会. 脱贫攻坚先锋：2019年全国脱贫攻坚奖获奖先进个人事迹 [M]. 北京：中国劳动社会保障出版社、中国

人事出版社，2020.

[19]2020年全国脱贫攻坚奖获奖先进个人和先进单位公告[N].人民日报，2020-10-19（08、13-18）.

[20]国家发展和改革委员会.《"十三五"脱贫攻坚规划》辅导读本[M].北京：人民出版社，2017.

[21]国务院扶贫开发领导小组办公室.脱贫攻坚典型案例选[M].北京：中国农业出版社，2016.

[22]国务院扶贫办政策法规司、国务院扶贫办全国扶贫宣教中心.脱贫攻坚前沿问题研究[M].北京：研究出版社，2018.

[23]中国国际扶贫中心.扶贫案例编写指南[M].北京：知识产权出版社，2011.

[24]中国国际扶贫中心.中非减贫与发展五届会议综述报告（上、下）[M].北京：世界知识出版社，2016.

[25]中国国际扶贫中心，联合国开发计划署驻华代表处.国际减贫与发展论坛集萃（2007—2011）[M].北京：社会科学文献出版社，2013.

[26]中国国际扶贫中心，中国互联网新闻中心.外国人眼中的中国扶贫[M].北京：外文出版社，2019.

[27]中央和国家机关工委.中央和国家机关驻村第一书记扶贫典型案例集[M].北京：研究出版社，2019.

[28]中共中央组织部组织二局.抓党建促脱贫攻坚案例选：第一书记[M].北京：党建读物出版社，2017.

[29]中共中央组织部组织二局.抓党建促脱贫攻坚案例选：战斗堡垒[M].北京：党建读物出版社，2019.

[30]中共中央组织部组织二局.抓党建促脱贫攻坚案例选：先锋引领[M].北京：党建读物出版社，2019.

[31]中共中央组织部干部教育局，国务院扶贫办政策法规司，国务院扶贫办全国扶贫宣传教育中心.新发展理念案例选：脱贫攻坚[M].北京：党建读物出版社，2017.

[32]中共中央组织部干部教育局.五大发展理念案例选：领航中国[M].北京：党建读物出版社，2016.

[33]全国扶贫培训宣传中心，吉首大学.干部驻村帮扶实务参考[M].长沙：湖南人民出版社，2015.

[34]全国扶贫宣传教育中心.贫困村创业致富带头人培育工程优秀案例选编[M].北京：中国农业出版社，2018.

[35]中共湖南省委组织部，凌鹰.我的十八洞村[M].长沙：湖南人民出版社，2018.

[36]邹德文.精准扶贫 精准脱贫：科学决策大数据案例精选[M].北京：人民出版社，2019.

[37]周宗敏.中国扶贫故事[M].北京：新华出版社，2019.

[38]王曙光.中国扶贫——制度创新与理论演变（1949—2020）[M].北京：商务印书馆，2020.

[39]汪三贵.脱贫攻坚与精准扶贫：理论与实践[M].北京：经济科学出版社，2020.

后　　记

本书是"中国精准扶贫经验国际分享案例研究"课题成果。该课题由中国国际扶贫中心 2020 年 3 月发布，公开征集承担机构及研究团队，在众多参选团队中，经过专家匿名评审，2020 年 5 月最终选定中共湖北省委直属机关工作委员会党校校长邹德文教授团队承担该项研究任务。

为确保课题研究进度和质量，中国国际扶贫中心实行双主持人制度，中心主任刘俊文担任课题联合主持人。刘俊文主任高度重视本课题研究，给予大力支持并精心指导；谭卫平副主任在课题执行过程中，对研究方向和重点提出了不少建设性意见，使课题增色颇多；李昕副主任、研究处主持工作的徐丽萍副处长、研究处贺胜年博士在课题进行的各个阶段组织大家讨论研究并协调推动进度；许飞、赵倩、雷新舟、霍莉、林华珰等同志参与了课题讨论研究。在课题启动会、中期评估和结题评审中，中国国际扶贫中心领导和专家评委提出了很有价值的意见建议。在此，对中国国际扶贫中心、联合课题组成员和专家评委所给予的帮助表示衷心感谢！

课题承担单位充分发挥团队协作精神，特别是专家教授的带头和指导作用，在充分调研、反复讨论、广泛征求意见的基础上，编写了本书 9 篇 32 个专题 32 个经典案例。课题主持人邹德文教授在大家的支持下，统筹全书的策划、框架设计、内外联系协调和案例的选择、编写、修改、统稿等工作。课题组成员主要有原国务院扶贫开发领导小组专家咨询委员会委员、华中科技大学减贫与发展研究院副院长谭诗斌研究员，华中科技大学减贫与发展研究院副院长洪绍华研究员，中共湖北省委党校马克思主义基础理论教研部副主任鲁长安副教授，中共湖北省委直属机关工委党校魏长仙、刘娟、邓小燕讲师，中共湖北省委党校硕士研究生张俊鹏。全体成员都参与了案例的编写，做了大量工作，所编写篇目的撰稿人已在相应案例篇尾注明。本书的英文翻译由中共湖北省委党校硕士王宇、吕丹完成。

习近平总书记指出"脱贫攻坚不仅要做得好，而且要讲得好"。在案例开发与后续出版过程中，我们时时被奋战在扶贫一线的典型人物和事迹感动着，时时被这些单位的支持帮助激励着，大家不仅仅把它当作一个课题、一项工作，而是按照习近平总书记讲好脱贫攻坚故事的要求，把它当作一项事业、一项使命来完成。在2020年10月课题圆满结项并被评为优秀之后，党中央召开全国脱贫攻坚总结表彰大会，习近平总书记发表重要讲话；国务院新闻办公室发布《人类减贫的中国实践》白皮书；庆祝中国共产党成立100周年大会隆重举行，习近平总书记发表重要讲话；《中国共产党一百年大事记：1921年7月—2021年6月》《全面建成小康社会大事记》先后发布……围绕着这些最新精神和研究进展，大家反复修改，十易其稿。在出版社编校和样书审定过程中，不断校对和完善，是真正用心用情用力在做这项事业、完成这项使命。我们总担心由于自己能力和水平的不足，挂一漏万，没能讲好精准扶贫中人们咬定青山不放松、敢叫日月换新天的精神情怀，没能展现好中国和人类反贫困史上这一前无古人的伟大事业和人间奇迹；尽管这样，我们还是鼓起勇气，愿为书写这一奇迹添砖加瓦，略尽绵薄之力，愿以此书向伟大的中国共产党百年华诞献礼！

本书的素材主要选取获得全国脱贫攻坚奖表彰、入选原国务院扶贫办示范案例的典型地区、典型集体和典型事迹、典型人物，并经案例编写人员线上线下调研论证，确保真实可靠。编写过程中，参考了《人民日报》、新华社等中央和地方主流媒体的相关报道，案例的写作修改完善、配图、配表得到了相关各方（包括案例中提到的典型地区、先进单位和个人）的协助，贵州省人民政府发展研究中心课题组编写修改了有关案例。中共湖北省委直属机关工作委员会、原湖北省扶贫开发办公室、华中科技大学减贫与发展研究院、中共湖北省委党校、中共湖北省委直属机关工作委员会党校等对课题研究给予了大力支持。湖北人民出版社社长、总编以及责任编辑等对本书的出版高度重视、精心策划、敬业严谨、耐心细致。没有他们无私的帮助和支持,在百年不遇的新冠肺炎疫情及常态化防控期间,完成如此大的工作量几乎是不可能的。在此,谨向所有对课题研究和成果出版给予关心支持帮助的单位和个人表示衷心感谢!

由于时间紧迫,加上水平有限,书中难免有不当之处,敬请批评指正!

课题组

2021 年 7 月